逐利之网

从库克船长到淘金热的太平洋世界

The Great Ocean

PACIFIC WORLDS FROM
CAPTAIN COOK TO
THE GOLD RUSH

[美] 戴维·伊格莱尔 / 著
David Igler
姜智芹 王佳存 / 译

浙江人民出版社

图书在版编目（CIP）数据

逐利之网 ：从库克船长到淘金热的太平洋世界 /
（美）戴维·伊格莱尔著 ；姜智芹，王佳存译. — 杭州 ：
浙江人民出版社，2024.3
ISBN 978-7-213-11217-1

Ⅰ．①逐… Ⅱ．①戴… ②姜… ③王… Ⅲ．①世界史
Ⅳ．①K1

中国国家版本馆CIP数据核字(2023)第197108号

浙 江 省 版 权 局
著作权合同登记章
图字:11-2023-048号

逐利之网：从库克船长到淘金热的太平洋世界

[美] 戴维·伊格莱尔　著　姜智芹　王佳存　译

出版发行：浙江人民出版社(杭州市体育场路347号　邮编　310006)
　　　　　市场部电话:(0571)85061682　85176516
责任编辑:莫莹萍　　　　　　　　　营销编辑:陈雯怡　陈芊如　张紫懿
责任印务:程　琳　　　　　　　　　责任校对:马　玉
封面设计:东合社·安　宁
电脑制版:杭州天一图文制作有限公司
印　　刷:杭州广育多莉印刷有限公司
开　　本:880毫米×1230毫米　1/32　　　印　　张:11.875
字　　数:270千字　　　　　　　　　插　　页:5
版　　次:2024年3月第1版　　　　　　印　　次:2024年3月第1次印刷
书　　号:ISBN 978-7-213-11217-1
定　　价:88.00元

如发现印装质量问题,影响阅读,请与市场部联系调换。

献给辛蒂，因她所做的平凡而伟大的一切

中文版序

　　拙著《逐利之网：从库克船长到淘金热的太平洋世界》被翻译成中文并由浙江人民出版社出版，我深感荣幸。我相信，中美两国的学术界和大众读者保持对话交往，包括研究交流，是非常必要的。如果有可能，重要的机构和个人，比如出版社和译者，可以在这些对话交往中发挥重要的作用。正是基于这一认识，我要向浙江人民出版社，特别是向翻译我这部著作的姜智芹教授和王佳存博士表示诚挚的感谢，感谢出版社和译者对本书的厚爱。

　　在加州大学尔湾分校，我每年都上一门关于美国早期历史的大课。这门课旨在帮助"国际"学生完成学校对"美国政治"必修课的要求。通常来说，选修这门课的学生，大多数来自中国。我发现，与中国学生交流非常有意思，因为他们都是从慎思的角度来听我的课，而且他们非常聪慧。他们多数人对美国历史真的感兴趣吗？或许不是，但是作为讲授这门课的教授，我却感受到了挑战，于是尽我所能地让他们认识到，在这个全球化的时代，学习其他国家的历史越来越重要。我所在的历史系每年还围绕中国历史开设十门不同的课程，我也鼓励这些学生同时选修。他们常常询问我出版的著作和发表的论文，现在，我期待着能够将本书的中文版提供给他们。

这部著作的研究起源于对环太平洋不同地区和国家非常广泛的考察。我考察的地方包括俄罗斯控制的太平洋远北地区、北美洲和南美洲海岸、太平洋岛、新西兰、澳大利亚和中国。通过集中研究环太平洋地区 1800 年前后几十年的历史，我的目的是希望更好地了解将这些曾经互相隔绝的地区连接起来的因素。我研究了贸易航线和商船，研究了毁灭土著人口的欧洲疾病的输入，研究了对太平洋自然资源的掠夺，研究了早期考察生物物种和土著人口以及自然力量的科学家的著述。太平洋是如何变成一个相互连接的海洋空间的？这个海洋空间是什么时候形成的？我认为，这发生在加利福尼亚淘金热时期，是不断增长的商业往来和人口流动的结果，比如大量中国人在 19 世纪 50 年代来到加利福尼亚。我的这个结论可能既不石破天惊，也非完全独创，但是在研究导致这一历史结果的途径的过程中，我发现了精彩曲折的故事和意想不到的世界观。

其中一个世界观是关于美国人在独立战争以后和 19 世纪初期如何看待中国的。坦率地说，美国人对中国心驰神往，对于那些开展贸易和制定政策的美国人来说，尤其如此。在本书的第一章，你会读到一位美国商人，他叫威廉·谢勒（William Shaler），通过把海獭皮贩卖到广州（在他的讲述中，那是一个繁荣的港口城市）赚了一大笔钱。他描述了与中国进行商品贸易的方法，介绍了中国主要的商行，就好像是为未来与中国做买卖的外国商人写了一个指南。谢勒虽然只是一个个体，但他代表着一大批对中国充满丰富想象的美国人。在这些美国人的脑子里，他们期待获取财富，赢得成功，希望中美两国贸易关系将来不断发展。与当时的很多美国人一样，谢勒对于美国人能够向中国商人和消费者出售什么几近一无所知，对于中国人如何看待他这个外国人也同样如此。但是当谢勒从中国回到美国以后，他在最有名的刊物之一上发表了讲述他贸易之旅的长篇文章，对于中国和美国在未来将开展持续不断的交往进行了分析，是这方面最早的文章之一。

不过，美国对中国的心驰神往早在威廉·谢勒的文章发表之前就开始了。在我看来，这至少可追溯到"中国皇后号"（Empress of China）。那是一艘美国商船，于 1784 年驶往中国，返回的时候装满了中国商品。从贸易买卖的角度衡量，这次航行可能没有多大的**盈利**，但它同样是成功的，因为它向美国人传递了一个信息，那**就是，中国**是一个潜在的巨大市场。同时，它还激发了美国人对中**国文化**、人文传统以及历史的兴趣。在其后的几十年里，由于这个遥远的甚至有点异国情调的国度的吸引，几百艘美国船只前往中国。今天，即便美国政府一直纠缠于地缘政治问题，但是在美国大众的心里，依然和从前一样，怀着对于中国和中国人的强烈好奇。

撰写本书的主要目的之一，是要说明美国是如何成为一个"太平洋"国家的。几十年来，美国的历史学家在关于美国起源的研究中一直把美国作为"大西洋世界"的一部分。"大西洋世界"这个术语指的是欧洲人和非洲人及其商品和思想，而这一切形成了我们的殖民特征，形塑了我们的民族性格。北美的英国殖民地最初建立在大西洋沿岸，而且，跨大西洋关系激发建立了早期的美国共和国。考虑到这两点，说美国源于"大西洋"是一点问题都没有的。然而，美国共和国建立以后就开始了往西部的帝国扩张，穿越美洲大陆，甚至靠近了太平洋。通过与墨西哥的战争以及对美洲土著的剥削或驱逐，美国在 19 世纪 40 年代成为一个大陆帝国。站在帝国大陆的西边，美国人可以一览无余地看见太平洋。

虽然很多美国人赞赏通过征服实现国家西进拓疆的政策，但是依然有人对于这样的领土扩张提出质疑和批评。美国成为帝国，这意味着什么呢？帝国会因为国内的争端而不可避免地分崩离析吗？最初的 13 个州"联合"在一起，宣布从大英帝国独立出来，不就是因为拒绝成为大英帝国的一部分吗？在美国通过美墨战争吞并墨西哥北部大片土地包括太平洋沿岸有着深水港口的加利福尼亚的时候，这些问题引发了激烈的政治辩论。在美国，"帝国"是一个很有争议的话题，但是它在太平洋上的新地位已经为大多数美国人所接受，并且认为，那从总体上来看对美国人是有好处的。

正是从这一点上说，美国变成了一个"太平洋"国家。然而，正如本书所揭示的，美国在太平洋上的航海行动早在获得加利福尼亚、俄勒冈和华盛顿（更不用说后来获得的阿拉斯加和夏威夷了）之前几十年甚至上百年就开始了。我认为，美国通过航海贸易获得商业利益的时间，远远早于美国基于陆地构建帝国的时间。这些商业利益包括从中国获得特产、从太平洋岛获得原材料、从太平洋获得美国早期工业时代机械润滑所需的昂贵的鲸油。我在第五章中提出，如果没有鲸油，美国的纺织工业就会戛然而止。

由于研究帝国历史、自然资源掠夺、人口迁徙、战争以及其他问题的学者的卓越工作，现在从"太平洋"的视角来探寻美国历史才成为可能。研究太平洋的美国历史学家聚焦于这个大洋如何影响了美国的历史，聚焦于美国如何参与了（不管是好的方面还是坏的方面）太平洋人口和区域的发展。早在 1898 年发生的帝国争霸的美西战争以前，美国就在夏威夷、智利、墨西哥以及大洋洲的很多岛屿等环太平洋地区施加了自己的影响。美国向包括中国在内的很多地方派遣了传教士，虽然不是特别受欢迎。美国在19世纪80年代对某些环太平洋地区的人口特别是华人，实行了移民限制措施。从"太平洋"的视角研究美国历史会涉及大量的国家行为，这些行为都可以归结为帝国主义的，但是同时，这种视角也涉及美国人如何借助科学、文化和文学，来研究太平洋的历史。作为美国人，我们不能因为政治目的而扭曲或淡化我们的某些历史。

在研究太平洋的历史方面，中国学者采用了类似的方法，只是很多研究成果没有翻译成英语。我期待在今后几年里能阅读到中国学者更多的学术文章。特别是，我想知道中国历史学家如何探寻那些远离家乡到诸如菲律宾等地谋生闯荡的华工、企业家和商人的漫长历史。对于中国科学家如何从地理和海洋的层面看待太平洋，我也怀有同样的好奇心。我期待拜读关于中国与其周边海域及整个太平洋的历史关系方面的研究成果，这与美国如何利用大洋空间将会形成有趣的对照。最后，我还希望拜读中国学者撰写的关于海外华人的研究成果。这些课题和很多其他研究可以在中美两国学者之间产生生动活泼的跨太平洋对话。

关于历史的跨太平洋对话在我的课堂上已经切切实实地发生了，是由来自北京、上海、成都和其他很多小城市的学生发起的。我的中国学生听我讲授关于美国初期历史的课程，问了我许多关于历史事件的问题，比如跨大西洋奴隶贸易、美国土著部落、1692年塞勒姆女巫审判案件、美国独立战争以及美国宪法，等等。此外，还有一些刨根问底的学生问了我很多完全不同的问题，尽管这些学生主修的专业是计算机、哲学和生物学，但这些问题反映了他们对历史研究的好奇。比如，我们如何以及为什么学习和研究历史？我为什么在我的课程中强调使用第一手文献资料？我为什么高度重视诸如美国早期历史中的种族和阶层问题？历史本身会重演吗？谁有权决定哪种历史解释是可以接受的？一个来自北京的学生问了我一个让我印象最深的问题：我为什么对普通人的行为和经历那么感兴趣？对于她的问题，我这样回答说，掌握权力的人往往不想让我们知道普通人的历史。另外，我还补充道，建设美国这个国家的，是普通人，是那些农夫、商人和劳动者。

让我感到自豪的，是学生的这些问题，因为他们表达了发自内心的渴望，期盼了解一种完全不同于对历史日期和事件进行死记硬背的学习方法。对学生来说，历史是令人困惑的，对那些试图了解一个与自己国家完全不同的国家的学生来说，情况尤其如此。但是我告诉他们，研究历史还需要培养批判性思考和分析的技能，这些技能对于所有的学科，不管是企业管理还是土木工程，都是至关重要的。对于一份报表的数据和价值，我们必须进行批判性的分析，同样，对于历史文件以及过去的事件，我们也必须如此。正是本着这样一种精神，我在本书中认真分析了历史人物的经历，比如商人威廉·谢勒，比如捕鲸船船长的妻子玛丽·布鲁斯特（Marry Brewster），比如法裔德国博物学家阿德尔贝特·冯·沙米索（Adelbert von Chamisso），比如夏威夷国王卡米哈米哈（King Kamehameha），比如地理学家詹姆斯·德怀特·达纳（James Dwight Dana），还有本书里出现的很多其他人物。我想让我的学生了解这些人，因为他们的经历推动创建了太平洋世界，而他们中很多人都是普通人。

20年前的一次教学经历激发我研究和撰写这本书。有一天在教室里，一名学生问了我一个关于太平洋的比较简单的问题。她认为我知道答案，因为我的研究重点是加利福尼亚和美国西部。但是，对于她的问题，我并不知道如何回答。为了解疑释惑，我先是去图书馆查阅资料，然后到近处的太平洋档案馆搜寻信息，甚至去其他国家的图书馆进行研究。经过数年的漫长研究，通过撰写这本书，我成为研究海洋的历史学者。这本书力图强调太平洋与美国历史和世界历史的关系，但是其他研究太平洋的历史学者则强调其他不同类型的关系，有的太平洋研究以"岛屿为中心"，有的太平洋研究聚焦于人口和文化的跨太平洋流动，凡此种种，不一而足。有些学者侧重于远北太平洋，而其他学者则专门研究拉丁美洲、澳大利亚或新西兰。太平洋覆盖地球表面积的三分之一，几乎可以为学者的研究提供无穷无尽的区域和主题。

最后，我想再一次感谢浙江人民出版社在中国出版我的这部专著。我期待将来与中国学者进行学术交流，我也希望更多的读者喜欢我研究太平洋历史的思路和方法。

戴维·伊格莱尔

加州大学尔湾分校

2023 年 10 月

目　录

致　谢

　　像许多其他历史著作一样，本书源于和一位古道热肠的档案管理人员的一次对话。2001 年，我对太平洋历史的了解仅限于课本上的那一点知识，所以找到加州大学伯克利分校班克洛夫特图书馆（Bancroft Library）馆长沃尔特·布莱姆（Walter Brem）先生，请他给我推荐一些能够反映美国西部与环太平洋其他地区之间贸易模式的档案资料。沃尔特先生阅历丰富，世事洞明，在接待像我这样带着幼稚问题的研究人员时，既幽默风趣，又儒雅体贴。他本来可以简单地把我打发走，让我多花点时间去检索一下班克洛夫特图书馆的网上目录，但他没有那样做，而是亲切地指点我去查阅加州大学伯克利分校历史学家阿德尔·奥格登（Adele Ogden）50 年前收集的航运记录。然后，只是略微想了想，沃尔特就如数家珍般地说出了世界各地档案馆收藏的太平洋资料，这是一份长长的目录清单，也是我需要去查询的。现在，本书已经完稿，尽管我只查阅了那份长长目录清单中的一部分藏品，不过我想，沃尔特一定会谅解我的。

　　我的很多朋友和同事慷慨应允，审阅了本书大部分的初稿。这项工作很烦琐，我要特别感谢斯蒂文·哈克尔（Steven Hackel）、马特·K. 松田（Matt K. Matsuda）、安·费必安（Ann Fabian）、比尔·德弗雷尔（Bill Deverell）、詹妮弗·格雷厄姆·斯塔夫（Jennifer Graham Staver）、安妮·萨尔蒙德（Anne Salmond）、瑞恩·琼斯（Ryan Jones）、赛斯·阿奇尔（Seth Archer）、卡里安·横田明美（Kariann Akemi Yokota）、丹·刘易斯（Dan Lewis）以及雷纳·布施曼（Rainer Buschmann）。非常感谢他们提出的建议和批评，期待将来能够回报这份厚爱。

　　我们这个学术领域的其他许多人以其渊博的知识以及专业技能，给我提供了很大帮助。埃利奥特·韦斯特（Elliott West）和我一起吃午饭时非常耐心地听我唠叨鲸脂（说老实话，这是我的一个小小爱好）。约什·瑞德（Josh Reid）让我阅读了他还未发表的关于马卡海洋社区的论文。劳里·迪克梅耶（Laurie Dickmeyer）不辞辛苦地梳理了我书稿中乱成一团的脚注，帮我编写了参考文献目录。肯尼斯·欧文斯（Kenneth Owens）给我分享了他关于极北地区土著人的广博知识。《美国历史评论》（*American Historical Review*）编辑迈克尔·格罗斯伯格（Michael Grossberg）接受了我投给该刊物的很不成熟的论文。《太平洋历史评论》（*Pacific Historical Review*）的几位高水平编辑［卡尔·阿博特（Carl Abbott）、大卫·约翰逊（David Johnson）以及苏珊·弗拉达沃-摩根（Susan Wladaver-Morgan）］在编校我的书稿时所表现出的严谨再一次给我上了一课。鲍勃·穆勒（Bob Moeller）无数次不遗余力地帮我解决难题。不论是在专业方面，还是在其他方面，史蒂芬·阿伦（Stephen Aron）都给我提出睿智的建议。

　　亨廷顿图书馆是我的家外之家。这么多年来，除了给我提供各种支持外，还提供了极好的学术环境。我要特别感谢罗伊·里奇

（Roy Ritchie）、阿兰·乔齐（Alan Jutzi）、彼得·曼科尔（Peter Mancall）、詹妮特·费勒曼（Janet Fireman）、道格·史密斯（Doug Smith）、菲利普·戈夫（Philip Goff）、苏西·克拉斯诺（Susi Krasnoo）以及史蒂夫·欣德尔（Steve Hindle）。美国西部手稿特藏馆的彼得·布洛杰特（Peter Blodgett）馆长提供了许许多多的档案线索，他一直以来的建议对我来说既是祝福，也是提醒，让我知道还有那么多的研究没有完成。

我的其他学术同行，也就是加州大学尔湾分校历史系的同事，以其各自领域的专业知识和学术友谊，对我的这个项目产生了极大影响。我要特别感谢我们的美国专题研究团队和世界史研究团队，包括艾丽丝·法什（Alice Fahs）、艾米丽·罗森伯格（Emily Rosenberg）、莎伦·布洛克（Sharon Block）、陈勇（Yong Chen）、乔恩·威纳（Jon Wiener）、维姬·鲁伊斯（Vicki Ruiz）、莎伦·塞林格（Sharon Salinger）、莎拉·法默尔（Sarah Farmer）、劳拉·米切尔（Laura Mitchell）、华志坚（Jeff Wasserstrom）、彭慕兰（Ken Pomeranz）、道格·海因斯（Doug Haynes）、雷切尔·奥图（Rachel O'Toole）、马克·巴尔（Marc Baer）以及史蒂夫·托皮克（Steven Topik）。在加州大学尔湾分校，令我尤为高兴的是，我指导了一些非常优秀的博士研究生，他们都是富有创新精神、充满活力的青年学者，会烤超级棒的馅饼，对于什么时候不听从我的建议，内心十分清楚。在他们攻读博士学位的艰难日子里，令我深受感动的有詹娜·雷米（Jana Remy）、卡伦·詹克斯（Karen Jenks）、安吉拉·霍克（Angela Hawk）、埃里克·斯泰尔格（Eric Steiger）、罗伯特·蔡斯（Robert Chase）、奥布里·亚当斯（Aubrey Addams）、埃里克·阿尔滕本德（Erik Altenbernd）、詹妮弗·格雷厄姆·斯塔夫、劳里·迪克梅耶以及亚历克斯·雅各比（Alex Jacoby）等人。

不少机构和基金会对于本项目给予了慷慨的支持，包括国家人文基金会（National Endowment for the Humanities）、安德鲁·W.梅隆基金会（Andrew W. Mellon Foundation）、美国学术团体委员会（ACLS）的弗里德里克·伯克哈特驻访学者研究项目（Frederick Burkhardt Residential Fellows Program）、亨廷顿图书馆以及加州大学尔湾分校人文学院。美国多所大学邀请我在其举办的研讨会和论坛上介绍我的部分研究成果。我要感谢耶鲁大学霍华德·R.拉马尔中心（Howard R. Lamar Center）、哈佛大学国际与全球历史论坛、斯坦福大学比尔·莱恩中心（Bill Lane Center）、德克萨斯大学奥斯丁分校历史研究学院、加州大学洛杉矶分校历史系的美国学术讨论会、加州大学北岭分校的 W. P. 惠特西特年度讲座、亨廷顿图书馆与南加州大学合办的加利福尼亚和西部研究院。参加这些活动，我每每感到学识浅薄，但是我也收获了极富建设性的批评建议。我还要感谢牛津大学出版社的编辑苏珊·费伯（Susan Ferber）以及三位匿名评审专家提出的非常有帮助的审稿意见。

最后，我要感谢我的家人。我得说（正如很多作者所说的那样），我的孩子们为我撰写这部著作提供了各种各样的帮助。但是，这句话其实更多的只不过是为人父母的言不由衷。更真实的心情是：我对诺亚和萨姆给我带来的劳神与欢愉充满感恩。我要感谢辛蒂，她是我的福星，给我带来了好运，在大学三年级，她就对我芳心暗许了。在撰写这部书的日子里，她不仅给我提供了非常宝贵的生活上的帮助，还提供了极富洞察力的学术建议。我深爱着我的娇妻，并把这部著作献给她。

xi

导　言
海洋世界

　　我们返回大洋，这里一直被叫作太平洋和南海，但这
两个名字同样都是不恰切的。

　　　　——阿德尔贝特·冯·沙米索：《博物学家评论》（1821）

　　约翰·肯德里克（John Kendrick）一直过着风云激荡的生活，
直到 54 岁那年被一通霰弹击中身亡。他出生于马萨诸塞州，当时
独立战争的烽火还没有在这片殖民地燃起。他少年时期就出海闯
荡，在 18 世纪 70 年代初期就拥有了自己的海岸贸易船。像很多爱
国海员一样，他在独立战争期间效力于大陆海军（Continental
Navy），指挥一艘装配有 18 门大炮的单桅纵帆船"番尼号"
（Fanny）。肯德里克和他的船员扰乱了英国在大西洋上的航运，俘
获了几艘船，这给他带来了财富和名声，并让他积累了足够的本领
可在未来岁月里继续率领海上私掠船。

　　不过，肯德里克后来的声望不是来自大西洋上的活动，而是来
自太平洋上的活动。1787 年，他率领"华盛顿夫人号"（Lady
Washington）和"哥伦比亚复兴号"（Columbia Rediviva）这两艘

船进行了美国首次由私人资助的环球航行。通过这次航行，他帮助美国在北美西北海岸建立了自己的商业地位，激发了美国这个年轻国家对中国贸易的兴趣。这次航行以后，肯德里克再也没有返回波士顿，而是在以后的六年时间里带着"华盛顿夫人号"的船员继续在太平洋上做买卖，他的大副罗伯特·格雷（Robert Gray）则指挥"哥伦比亚复兴号"完成了环球航行。

从参军服务于独立战争到去太平洋闯荡，肯德里克的人生奋斗将美国过去的殖民与未来的商业和扩张联系了起来。即便是他1794年在夏威夷死亡，也体现着美国的历史和命运。在火奴鲁鲁湾（Honolulu Bay）的暖阳下，"华盛顿夫人号"准备与一艘英国双桅纵帆船鸣炮互致礼节上的敬意，并首先鸣炮。紧随其后，英国船只"杰卡尔号"（Jackall）上的大炮发出了雷鸣般的响声。[1] 诡异的是，其中一门大炮装满了霰弹，炮响以后，先是击穿了肯德里克所在船只的船舷，然后击中了肯德里克本人。水手把他满是血污的尸首掩埋在一片棕榈树下。

如此说来，肯德里克的一生以及他殉职时的船只"华盛顿夫人号"，共同回荡着一个典型的美国传奇故事。肯德里克出身卑微，这使得他在独立战争期间投身疆场。战争结束后，随着社会地位的提高和财富的增加，他又被激发出更大的野心。这些抱负激励着他走向太平洋，这个中年美国人在太平洋上为美国开拓市场，在海上贸易方面极尽私掠之能事，甚至劫持了波士顿商人投资运行的"华盛顿夫人号"，并命令这艘船从广州返航后不准回到家乡。对此，他从来没有给出过恰如其分的解释。他只是说，他热衷于追逐商业利润，很快就会向船主提供"一份关于我个人情况以及商贸情况的正式报告"[2]。在其后的几十年里，美国成千上万艘船只沿着肯德里克开辟的航线，开展贸易、探险、捕鲸活动，最终进行领土征服。从这一点说，肯德里克看起来可能进入了一个原初的大洋，这个大洋很大程度上不像大西洋那样有对手，有战争，有文化冲突。但是，作为一名资深水手，肯德里克深知，情况远非如此。

约翰·肯德里克所航行的太平洋，不是一个单一的海洋世界，而是代表着一片巨大的水域景观（waterscape），其中包含着许多相互隔离的海湾以及海岸线，上演着帝国竞争和个人争斗。当地土著人竭力控制物品交换条件，而风里来雨里去的海上商人则寻求有钱可赚的商品。太平洋的地形地势高深莫测，复杂多样，既有长长的大陆海岸线，也有 25000 个岛屿。[3] 到肯德里克去世的 1794 年，与他同在太平洋上航行的，还有很多来自世界各地的船只，比如英国、法国、葡萄牙、荷兰、俄国、中国和西班牙的，到处都充斥着彼此之间关于领土的敌视，充斥着不同帝国间的对抗以及个人间的怀疑。上加利福尼亚的西班牙官员四处发布命令："要小心、机智、灵巧、审慎地抓获（肯德里克的）船只以及船上所有的人"，而中国的商人和英国东印度公司的官员也监视着他的一举一动。[4]

与肯德里克打交道的很多人都在揣摩这个怪异的美国商人的性格。温哥华岛上的努查努尔特人（Nuu-chah-nulth）经常用毛皮交换肯德里克的枪支弹药，即便不把他看作十足的傻瓜，可能也会认为他很容易受骗，因为肯德里克为了获得毛皮，竟然要给当地人预付款，而这在那个时候是从来没有过的做法。当然，沿海做买卖的英国人、西班牙人和美国人也或多或少地持有这样的看法。有些人相信，肯德里克一定是疯了，因为他毕竟没有把"华盛顿夫人号"归还给波士顿真正的主人，而是按照自己的贸易航线在太平洋上兜兜转转了七年多的时间。不过，美国著名商人阿玛萨·德拉诺

（Amasa Delano）却把肯德里克看作是与土著人打交道的典范。[5] 不管怎么说，这些对于肯德里克的相互矛盾的看法，比如戒备、怀疑、好奇、嘲弄和敬佩等，都反映了整个太平洋水域更大的紧张情势。随着不同势力集团在 18 世纪末 19 世纪初的碰撞交流，那种竞争的态势只会愈演愈烈。像阿玛萨·德拉诺和肯德里克那样的美国人将自己的人生故事演绎成美国建国故事的一部分，不过，美国人只不过是太平洋风云激荡的水域里的一种势力。

在一千多年的时间里，太平洋推动形成了人们的世界观，为很多土著人的生活方式提供了支持。[6] 太平洋为生命提供了物质营养，创造了驾驶海船进行活动或迁徙的条件，形成了与地球生命力以及生命力之外的力量的精神联系。根据汤加人类学家兼作家埃佩利·豪欧法（Epeli Hau'ofa）的研究，太平洋岛屿上的居民认为自己是"来自海上的人"。[7] 太平洋既不是一种障碍，也不缺乏烟火气，而是数不胜数的有人居住的岛屿之间的通道。美国西部沿海或太平洋东海岸的当地居民，与岛上的居民有着同样的世界观，特别是在大海维持生命的本质方面，双方有着共同的认识。这些大陆居民沿着海岸从事贸易，捕获海洋生物，其中有些人居住在北美的沿海岛屿，一万多年来，一直是这么生活的。[8] 他们在航道上往来穿梭，有时候与他们的邻居建立同盟，有时候也向他们的邻居发动战争。对于太平洋上所有的人来说，这个大洋代表着一个极富意义并与祖先相联系的地方。简而言之，水深深地铭刻着历史。

本书考察不同民族之间的相互交往，包括土著"海洋居民"、大陆当地居民以及诸多的外来航海人员。在急速变化的时期，这些人通过太平洋上的航道实现了彼此的接触。那个时期开始于詹姆斯·库克（James Cook）船长三次历史性的远航（第一次启航于

1768 年），结束于在加利福尼亚发现了储量极其丰富的金矿（1848
年）。库克远航之后，紧接着是他的航海日志在全球广泛传播，引
起了全球对太平洋的关注，以及与太平洋中土著居民的持续接触。
这三次远航还激发了欧洲人实施科学考察、发展商业贸易以及开拓
帝国疆土的欲望。又过了 70 年，加利福尼亚淘金热将全球的工人
和创业者汇聚到东太平洋这一地区。世界各地的人们不仅涌向加利
福尼亚，而且由于新技术的使用、新港口的建立以及此前 70 年所
积累的关于太平洋知识的传播，伴随淘金潮的涌动，更多的人开始
环太平洋航行。截至此时，大洋的很多海岸已经完全融入世界市
场，纳入人们的认知范围。而这一切是怎样发生的呢？

　　本书分几个历史专题详细考察了这些变化，这些专题的内容可
简述如下。18 世纪 70 年代以前，东太平洋既有土著人口居住的相
互隔离的家园，也有欧洲帝国组织的相互竞争的探险。不过，几十
年以后，商业活动迅速扩大了海上贸易人员和土著居民交往的广
度。由于探险和贸易船队给土著部落带来了新的疾病，从波利尼西
亚（Polynesia）到阿拉斯加的当地居民都遭受了传染病的灾难。土
著人和外来的交易一般是在海滩上、村子里或商船上进行。在这
样的交易中，经常发生被扣押人质的交换或当场俘虏交易人员的事
件。越来越扩展的贸易网逐渐将东太平洋尤其是大洋的某些特产，
和世界市场联结在一起。这一时期，对于海洋哺乳动物的“大捕
猎”，造成了太平洋大部分海獭、海狗和鲸鱼的消亡。到了 19 世纪
20 年代，在太平洋上往来穿梭的人员已经具有国际性，有来自不
同国家的科学家、本地或外来的体力劳动者、商人以及海滩流浪人
员。科学考察大都是在政府资助下进行的，博物学者在人种学、生
态学和地质学等方面进行综合考察研究，目的是了解太平洋上人类

和自然的多样性。由于种种因素，东太平洋越来越为人所知，进入了世界市场、帝国以及知识的大背景中。到19世纪40年代末，由于全球贸易扩张、连续几十年土著人口减少以及美国领土征服的影响，太平洋东部的水域被极大地改变了。

本书的海洋视角似乎违背了一些读者对传统历史和地理空间的理解。"地方"这个词通常用于历史分析，可以指国家、地区和地点，是有着固定边界的土地，所以才构成了领土的历史。历史学家很难想象，海洋空间能将人和政治连接起来，而不是将它们分开。看起来，海洋很难进入历史学家关于空间的"认知地图"，更难成为那个地图上的重要地方，因为我们一般都把大洋想象成与历史及人类相疏离的虚无区域。[9]

比较起来，在最早的太平洋土著旅行者以及现代早期大量闯荡太平洋的欧洲人和美洲人的认知地图上，海洋占据着十分显著的地位。古波利尼西亚人出海远航时，会在夜间仰望星空，把夜空看作是大海变幻莫测的海平面的映像图。在这样的远航中，他们最东边到过拉帕努伊岛（Rapa Nui，复活节岛），最北边到过夏威夷群岛，通过祖先世系的传承，在大洋（Moana，莫阿娜）之上建立了历史和传统（故事）。[10]对于一千年以后来自全球的商人和水手来说，太平洋给他们提供了远航探索、实现帝国雄心以及创造历史的平台。詹姆斯·库克、让-弗朗索瓦·德·加劳普·拉佩鲁斯（Jean-Francois de Galaup de La Perouse）、维他斯·白令（Vitus Bering）以及麦哲伦（Magellan Ferdinand）都是这方面的范例，他们都是远航太平洋的卓越探险家，但是再也没有从最后的远航中返回。他们的死亡是写在航海的内在危险以及帝国的贪婪自大上的墓志铭。对其他人尤其是本书提及的那些不太出名的人物来说，个人的抱负

以及追逐私利的野心引领着他们走向太平洋。威廉·谢勒祈求通过
与中国做生意攫取财富，玛丽·布鲁斯特渴望一船鲸油并安全回
家，季莫费·塔拉卡诺夫（Timofei Tarakanov）祈盼从被奴役中获
得自由，詹姆斯·德怀特·达纳对地球起源的科学解释孜孜以求。
一位名叫卡杜（Kadu）的马绍尔人所想的是，去大洋更多的地方
看看，结识更多远道而来的人。阿德尔贝特·冯·沙米索认真地编
写自然和人种学日志，路易斯·柯立芝（Louis Coolidge）唯一的
希望是从可怕的坏血病中活下来，拿到自己的海员工资。他们的故
事以及与他们一样的很多其他人的故事，为了解东太平洋上的水上
世界提供了丰富多彩的、万花筒般的视角。

　　所谓东太平洋，包括美洲海岸及其沿海诸岛和太平洋群岛中最
接近美洲的岛屿。众所周知，对于如此浩渺、复杂的海洋空间，这
个术语表达的是一个不稳定的概念。之所以这么说，可能是出于概
念称呼上的方便：它描述了一片界限模糊的水域，是通过海道连接
起来的各不相同的海岸地区的拼盘。直到 18 世纪末，东太平洋的
概念都还不怎么清晰。在 16 世纪，西班牙属美洲港口和菲律宾之
间的白银贸易开启了跨太平洋的商品交换，将“西班牙湖”
（Spanish Lake）带到了世界市场。同时，在西太平洋，中国和东南
亚国家也早在 1800 年以前就与欧洲商人建立了强有力的经济关
系。[11]因此，全球商品流动在 19 世纪以前就已经在南太平洋和东南
亚兴起了。但是，整个太平洋的经济融合和类似太平洋世界等概念
的出现，还需要东太平洋和北太平洋区域的商业发展。[12]直到库克船
长的几次远航以及随后英国、西班牙、俄国、法国和美国商人纷纷
在美洲海岸开展贸易活动，东太平洋的这些区域才与大洋的其他地
方以及更远的地方连接起来。

　　诸如东太平洋那样的地理概念，是随着大海和陆地上的发展才渐渐清晰起来的。在美洲海岸，土著人和西班牙人越来越多地往西部拓展他们的贸易，融入海上商业体系之中，而不是往东发展，与大陆帝国或前土著贸易伙伴做生意。在 1800 年前后的几十年里，美洲沿海贸易（航行大西洋航线的商船所从事的贸易）大量兴起，从当时俄国的阿拉斯加一直往南，扩展到智利和秘鲁的海岸。渐渐地，夏威夷群岛不仅成为贸易的核心目的地，也是水手满足情欲需求、博物学家进行科学考察的目的地，到了 19 世纪 20 年代，还是清教徒传道布教的目的地。[13]东太平洋上的这些联系也映射了西太平洋和南太平洋上的海洋体系。

　　东太平洋的水域为相互隔离的疆域之间的联系提供了主要通道。[14]但是，到了 19 世纪 40 年代末，很多因素综合起来改变了大洋中的这些联系。从智利到墨西哥，殖民地脱离西班牙帝国获得独立，宣布自己对于陆地和海洋空间的主权。俄属阿拉斯加（以及俄美公司）成功地大肆捕杀市场所需的海洋哺乳动物，从而导致资源枯竭，自掘了坟墓。同时，土著人口的减少削弱了一度繁荣的当地社区的活力。除其他很多因素外，美墨战争、加利福尼亚淘金热以及美国对太平洋沿岸领土的吞并，都改变了大洋中的各种交往，而且在这一过程中，极大地重构了沿海地理的面貌。对于奉行扩张政策的美国来说，东太平洋的很多区域迅速地变成了美国的西部，而太平洋的其他地区也不可避免地融入更广阔的世界市场之中。19世纪 40 年代末的几年非常关键，因为这些年开启了太平洋巩固和融合的新阶段。

　　"东"这个修饰词是为了将这块大洋空间区分开来，不过，东太平洋的概念不稳定。与此相似，太平洋世界也是一个不稳定的概念，而且还问题多多，但是，人们依旧很难不使用这个简略说法。一方面，"太平洋世界"这个术语不仅认为太平洋中的社会、经济和环境联系是真实的，而且认为那些联系对于太平洋国家和人们来说更加重要，不论对于土著人还是非土著人，都是如此。[15]更进一步说，作为一个概念工具，太平洋世界这个术语提供了与"大西洋世界"相似的分析框架。作为一种描述，大西洋世界这个说法对哥伦布大航海以后非洲、欧洲和美洲相互交融的历史，提供了很有价值的认识。[16]有很多不同因素可以将这两个大洋世界区分开来。比如繁荣的时间（大西洋中的"哥伦布大交换"在 17 世纪中叶达到鼎盛），比如大洋的面积（太平洋远比大西洋大，很难设想它只是"一个"海洋世界），比如大规模的人口流动（跨大西洋迁徙的人口中，大多数是被奴役的非洲人），比如与土著人的交往（直到 18 世纪末，大多数太平洋土著还一直不为外人所知），比如全球商业的性质（在欧洲人进入太平洋的几十年里，市场资本主义冲击了太平洋的部分地区）。除了有以上不同外，大洋世界的概念看起来对于太平洋是适用的，特别是考虑到它与大西洋、印度洋越来越多的交往。[17]

不过，依然有很多顾虑让人不得不谨慎使用诸如太平洋世界这样的概念。首要的问题是：哪个太平洋的历史？谁的太平洋的历史？太平洋历史包括很多与不同地域相关联的历史，这些地域有亚洲、亚北极地区、北美洲和南美洲、澳大利亚以及通常来说组成太平洋历史核心的 25000 个岛屿。尤其是，这些地理区域每一个都包括众多的海域以及文化，就像费尔南·布罗代尔（Fernand Braudel）提出的"地中海世界"概念一样，其中也包括"众多的海洋"和不同的"文明"。[18]从这个观点看，太平洋真的是太广大、太

11　多元、太复杂了，不能把它只看作一个海洋"世界"，也不能对它众多的区域概而论之。历史学家马特·松田写道：太平洋是一个"多地域空间"，"其海洋史的写作必须更多地立足于岛民以及当地文化，并由此而向外观照"。[19] 马特·松田的观点将观察尺度和观察视角融合到一起。谁的太平洋？这个问题反映了欧洲人和美洲人等外来者对太平洋进行合理化认识的努力，他们把太平洋笼统地看作一个大洋，试图将十分复杂的社会问题和自然问题简单化，但这样做是徒劳无益的。而且最为严重的是，"太平洋世界"这个术语遮蔽了土著人的历史，凸显了帝国的活动。[20] 如果把太平洋世界当作一个统一的概念，那么其价值在于给历史本身确定了一个框架，那就是所采取的是海洋而非陆地的视角，聚焦的是有人生活的而非空旷的水域，把太平洋看作一个有人活动和交往的地方，采用的是在全球、海洋和当地等不同层面寻求重要交互影响的方法。[21]

　　本书的目的之一就是要将全球、海洋和当地这三个层面的历史事件和历史过程联系起来。[22] 18 世纪 60 年代以后，全球因素包括国际贸易、疾病传播、资源需求以及科学考察，开始汇聚于东太平洋。这一时期的帝国扩张和冲突在全世界上演，但是，正如历史学家安·斯托勒（Ann Stoler）所言："对于土地、劳力以及'生存区域'的部分主权和模糊主权"，可能最真切地描述了大多数海外帝国在东太平洋中的作用。[23] 因此，本书不怎么关注全球帝国的正式行动，而是更加关注帝国的局限性、非官方人员之间的磋商以及那些难于进行分类的地方的重要性。这种对帝国政治的淡化还反映了我自己对特定历史时刻和历史人物的解读。比如，人们认为约翰·肯德里克在太平洋的冒险可能象征和预示着美国对于海洋霸权的终极渴望以及获得其他全球性帝国的认可。但是，如果这样阐释肯德里克在太平洋艰险曲折的经历，那就是在倒推历史，同时也忽略了肯德里克闯荡的那个流动的、竞争的海洋世界。最有可能的是好奇心和个人贪欲引导着他的行为，而不是什么地理政治的野心。

　　全球力量与海洋上的事件和趋势是相互联系的，并影响了整个太平洋。比如，1763 年结束的七年战争以及 1815 年结束的拿破仑战争都给太平洋带来了特别的冲击。七年战争结束以后，对整个太平洋进行最初探险的时期开启了；拿破仑战争结束以后，在太平洋进行商业贸易和对其进行科学考察的时期开启了。在这两个时期，不论是东西跨越太平洋，还是南北穿越美洲太平洋海岸线，都发生了新的商品、病菌和人员的流动。海洋规模也是人类认知扩大的结果，人们通过这种认知把太平洋构建为一个地理主体。博物学家阿德尔贝特·冯·沙米索在他 1815 年至 1818 年期间的航海中就是这么做的，而在这方面，鲜有人比地质学家詹姆斯·德怀特·达纳更具有洞察力，他在 19 世纪 40 年代初期就发现了太平洋诸岛、大陆边界以及整个大洋盆地在地质上的一致性。

　　最后，当地的村庄、部落和船只也在引发和响应全球与海洋趋势方面，显示了个人以及生态的推动力。发生在火奴鲁鲁海湾、哥伦比亚河流域或马格达莱纳湾等地的事件，不仅仅是外来者要求或强制的结果，当地的部落政治在这一切中更是起到了重要作用，比如卡米哈米哈国王不遗余力地巩固其在夏威夷群岛上的权力。[24] 当地的生态也同样产生了影响，比如努查努尔特人酋长马奎纳（Maquinna）在 18 世纪 90 年代遇到了生存危机，再比如在马格达莱纳湾，由于独特的迁徙路线，太平洋灰鲸整个种群被快速屠杀。[25] 总而言之，特殊的地理位置在塑造海洋历史和世界历史方面都发挥了很大作用。

12

正如本书各章所显示的那样，某些地理政治变化和经济发展趋势不仅清晰地反映在全球层面和海洋层面上，还反映在当地层面上。在 19 世纪最初的 10 年里，西班牙帝国在美洲的衰落给欧洲带来了重大变革，深刻影响了太平洋的贸易模式，导致诸如墨西哥等新的民族国家的出现。不过，有些太平洋事件虽然鲜为人知，但与其历史却有着紧密的内在联系，已经预示着分裂新西班牙（New Spain）的革命运动。比如，1789 年爆发的努特卡海湾危机显示出西班牙控制美洲西北海岸的力量严重不足，而西北海岸是西班牙一直希望控制的地区。西班牙一度是太平洋上的欧洲海洋强国，但是它没有听从其最了解太平洋政治动向的航海专家的建议。比如，西班牙航海家亚历山大·马拉斯皮纳（Alejandro Malaspina）在 18 世纪 90 年代初期完成了环球航海，[26]他善意地向西班牙皇室提出建议，实行自由贸易，进行帝国改革，但是他不但一无所获，反而在圣安东（San Antón）城堡冰冷的监牢里度过了六年牢狱时光。

西班牙在美洲影响力的衰落正好遇上美国作为大陆强国的开疆扩土。詹姆斯·库克船长 1768 年首次出发航海的时候，美国还不存在呢；到他 1779 年第三次航海回到英国的时候，美国的独立战争还胜负未分。不过，到了加利福尼亚发现金矿的 1848 年，美利坚合众国已经赢得了对英国第二次战争的胜利，在俄亥俄河谷重新建立了定居点，从法国购买了路易斯安那领地，通过掠夺土著人的土地和发动美墨战争，建立起大陆帝国。但是，这个关于美国扩张的常见叙事忽视了这样一个事实：美国的水手一直持续不断地在太平洋上航行，并于 18 世纪 80 年代末以后逐渐主导其中的一部分区域。如果把太平洋（及其通往亚洲的航道）列入美国大陆扩张的范围内，那么它也是几十年前美国民间海洋利益团体所致力于实现的目标，这些美国商人对于海上自由贸易抱有坚定的信念。

　　中国在太平洋与世界的大融合中也发挥了显著作用。[27]中国广州
的商人对于发生在大洋上的变化洞若观火。如果说在如火如荼的淘
金热出现之后全世界都"涌向"了加利福尼亚，那么此前 60 年，
穿越太平洋的商人则是一股脑儿地冲向开放的港口广州。这个商业
热潮是西班牙商人开启的，他们用白银向中国商人购买商品，而且
一直持续到 18 世纪末。太平洋商人不断寻找中国商人和消费者需
要的商品（如毛皮、鸦片、奇珍异宝、檀香木等）。在 18 世纪末，
大英帝国希望通过东印度公司控制和垄断与中国的贸易，但是中国
商人有自己的盘算，他们坚持自行与在广州的很多不同国家的商人
打交道。至少在 1840 年第一次鸦片战争爆发之前，中国市场对于
太平洋商业及其与世界贸易的联系，产生了重大的影响。

　　海洋航行为本书中的各章提供了结构和叙事上的框架。本书参
考利用了数百次有文字记录的航行，以此作为一个窗口，来观察太
平洋上发生的商业、文化和生态方面的变化。那些航行，有些是亲
身经历的人千辛万苦记录下来的，有些仅仅通过考古发现或土著人
的记忆才为人所知。一些专门的航行和日志也为不同的历史主题提
供了切入点。比如，第一章就首先利用了美国双桅横帆船"莱利
亚·拜尔德号"（Lelia Byrd）船长威廉·谢勒出海远航和开展贸易
的资料。

　　在 1802—1806 年期间，威廉·谢勒四次穿越太平洋，往返于
中国与美国海岸。他关于航海的个人记述在回来两年后发表在《美
国纪事》（American Register）上，反映了太平洋上早期商业的情
形，以及彼此隔离的太平洋土著部落和全球贸易体系之间建立起新
联系的动态发展。特别是在东太平洋，通过其商业网络以及将上加

利福尼亚、夏威夷群岛、美洲西北海岸、阿拉斯加海岸、秘鲁这些与市场繁荣的广州联系起来的港口，一下子涌现出很多商业活动。如果分析这一时期的商业增长，就会发现有两个交织在一起的重要主题。第一个主题是新太平洋贸易的构成要素，包括港口、货物、社会习俗以及航行。第二个主题是诸如谢勒等商人与他们的土著贸易伙伴之间交往的个体特征，双方的贸易叙事反映了在这个大洋市场中，所谓的"自由"贸易实际上一直存在着各种紧张关系。

　　在这一时期，海上贸易给太平洋的土著居民带来了一些隐蔽的"全球旅行者"，也就是新的病菌，造成了可怕的死亡，降低了土著妇女的生育能力，使得很多土著部落遭受了人口灾难。本书第二章主要是通过考察土著人口和外来人口之间的性关系，以及由此而导致的性病梅毒的传播，来分析这些可怕的变化。查尔斯·克拉克（Charles Clerke）是詹姆斯·库克船长的副手，他在第三次太平洋航行中的不幸经历揭示了病菌传播所造成的悲剧。不论是库克船长还是克拉克大副，都没有在这次航行中幸存下来，令人哀恸不已，但是比他们的死亡更令人哀恸不已的，是欧洲和美国航海人员传染给所有土著的疾病及其带来的恶果。这一章讨论那些到访夏威夷、加利福尼亚（包括下加利福尼亚和上加利福尼亚）、塔希提岛、美洲西北海岸的哥伦比亚河流域的细菌携带者，记述海上航行以及人际交往在太平洋上所造成的惊人的生命代价。

　　除了疾病，外来者和土著人在交往中还交换了各式各样的东西，包括物品、语言以及知识体系。第三章考察一种特别的人员交流，即俘虏和临时人质。在整个太平洋盆地，人质和掳掠俘虏成为人员交往的共同特色，其中最盛行的地方是北美的西北海岸沿线。1810 年以前就兴起的毛皮贸易将大量的土著居民与来自俄国、英国、西班牙和美国的商人汇聚在一起。季莫费·塔拉卡诺夫是俄美公司的年轻雇员，他深知这条海岸线上的危险和机会，也知道如果发生灾难应采取的生存方法。他遭遇的船难以及他被俘的故事，与俘虏他的印第安人所口耳相传的故事各有千秋，共同为人们了解世界上这片波涛汹涌的水域里自由和被俘生活的种种现象，提供了令人震撼的一瞥。

19 世纪初期，物品、疾病和人员的交流都在东太平洋新的社会关系中发挥了作用，而所有这一切人类活动的主要推动者，是一种被当作商品的非人类物种：海洋哺乳动物。本书第四章详细讲述了"大捕猎"。这是一场由外国商人和当地渔民沿着美洲西海岸对太平洋最有价值的哺乳动物联合实施的史无前例的大屠杀，从北边的阿拉斯加一直延续到南边的火地岛（Tierra del Fuego）。由于这种残酷的虐杀，在 19 世纪初期，海獭和海狗面临着物种几近灭绝的困境。几十年后，太平洋数不胜数的鲸鱼遭遇美国快速扩张的捕鲸船队。由于要获得鲸油，美国的捕鲸船队就开始了规模巨大的杀戮，主要受益者是美国的工厂。玛丽·布鲁斯特的丈夫是捕鲸船"老虎号"（Tiger）的船长。作为鲸鱼被捕杀的见证者，玛丽·布鲁斯特讲述了捕鲸造成的后果。在下加利福尼亚的一个环礁湖里，她亲眼看见一支小的捕鲸船队攻击灰鲸设在偏僻处所的繁殖基地，接着，她又看见鲸鱼群进行反击。总起来说，70 年的大捕杀展现了杀戮、流血和贪婪的历史。

本书最后两章探讨训练有素的博物学家和业余博物学者的工作。几乎每次政府资助的远洋航海都把博物学家带到太平洋，他们参与航海的目的，就是要了解这个鲜为人知的大洋及当地的文化和生态知识。第五章聚焦拿破仑战争结束后 20 年间被雇佣跟随俄国、法国和英国远洋航行的博物学家，其中有些科学家，比如阿德尔贝特·冯·沙米索，试图通过与当地人的接触获得关于当地的知识，有一个名叫卡杜的马绍尔群岛人就陪着他航行了一段时间。其他博物学家则一概把所有太平洋土著居民看作即将灭亡的种族，比如英国医生梅雷迪斯·盖尔德纳（Meredith Gairdner）就持有这样的观点，只是，他为了满足自己的科学野心，最后转向盗掘印第安人的墓地。

与多数博物学家受局限的世界观相反，地质学家詹姆斯·德怀特·达纳对太平洋及其陆地的基本结构采取了综合性、理论性的认知方法。他是跟随美国探险远征队（US Exploring Expeditions，1838—1842）的七名科学家之一，是第一位研究东太平洋并将整个太平洋海盆的潜在联系理论化的地质学家。就像比他早的查尔斯·达尔文（Charles Darwin）一样，达纳的科学观点很大胆，但又基于实践，他对太平洋发生的令人震撼的地质过程，比如火山、地震和珊瑚礁等，都进行了创新而实际的科学思考。在 19 世纪 40 年代初期，他考察了整个太平洋以及与之相连的所有陆地，并把那些陆地作为相互连接的太平洋世界的一部分。不过，到了 19 世纪 50 年代初期，美国最杰出的地质学家们发现，大陆地质学可以用来服务国家事业，满足国家开拓大陆边疆的需要，从而为国家带来利益。因此，达纳这项新的科考工作为美国疆域的巩固之路提供了支撑。

约翰·肯德里克 1792 年致信"华盛顿夫人号"商船船主约瑟夫·巴雷尔（Joseph Barrell）的时候，脑子里根本没有想什么帝国梦的事。当肯德里克率领的这艘商船停泊在中国澳门港口的时候，巴雷尔则居住在半个地球之外的波士顿家中，对于肯德里克长达四年的杳无音讯以及在这期间的所作所为也只能在心中暗自揣度。肯德里克远航逾期不归，一个钱都没有赚到。不仅如此，他还在信中对巴雷尔说，他目前深陷困境，包括高企的债务、因坏血症和溺亡造成的船员减员、在美洲西北海岸装错弄丢的毛皮、现下正从事走私而不是在广州进行诚实贸易、"华盛顿夫人号"被海水侵蚀严重急需修理等，只有在这些问题解决以后，他才能"最终直接返航或辗转返航"。[28]约瑟夫·巴雷尔收到这封信以后，很有可能在失望、焦虑中摇头。这封信是来自肯德里克的最后消息，两年后，他就在火奴鲁鲁湾猛烈的炮火中死于非命了。不过，通过肯德里克的航行，巴雷尔可能在关于太平洋商业方面获得了一些教训，也可能认识到，他需要一个信得过的船长。在此后的几十年里，更多的外国人蜂拥进入太平洋，他们或是为贸易，或是为科考，或是为捕鲸，或是为美国开疆拓土，他们结识了具有多种文化背景的人，见识了众多的海域，其中有些人把疾病传染给土著居民，而诸如约翰·肯德里克那样的其他一些人，则殒命于在世界地图上都找不到的地方。沿着早期探险者的航行路线，这些后来的外国人继续追寻着商业的海洋。

第一章

海上商业

商业的世界，特别是现在正在进行的，是一片无边无际的商业海洋，它无迹可寻，无人知晓，就像大海一样；商人的经商之道，无形无踪，就像迷阵或迷宫一样，如果没有线索，难以寻觅。

——丹尼尔·笛福：《英国商业计划》

"莱利亚·拜尔德号"（1803—1805）

在 1803—1805 年的两年航行中，"莱利亚·拜尔德号"三次穿越太平洋，如此频繁的穿越对于任何一艘船来说都意味着很大的危险，而对于一艘小的、漏水的船来说，危险更大。载重只有 175 吨的"莱利亚·拜尔德号"从中国广州驶向美洲的西北海岸，然后穿越太平洋返回广州，再从广州经过漫长的、船只不断漏水的航行到达夏威夷，最终回到北美。这艘船光是在茫茫无际的大海上就要行驶 2 万多英里，这还不包括从哥伦比亚河到危地马拉沿着美洲海岸上上下下的多段航程。威廉·谢勒以及他的 25 名船员每次靠岸的时候，都能看到商船。他们经过澳门和进入广州的珠江三角洲时，看到欧洲的、美国的以及亚洲的商船；沿着美洲海岸航行时，看到当地的独木舟以及主要航行于大西洋的商船；在三明治群岛（Sandwich Islands）航行时，看到夏威夷的小船。特别是当地的船筏，几乎在任何一个大洋靠岸的地方都可以看到，它们在沿海的水域里来回穿梭。做生意的机会让威廉·谢勒兴奋不已，但是一些土著人对于"莱利亚·拜尔德号"的到来却没有丝毫的热情。

1804 年 5 月 11 日，"莱利亚·拜尔德号"第三次穿越太平洋以后，谢勒将这艘历经风吹浪打的商船停泊在特立尼达拉湾（Trinidad Bay），一个西班牙统治的上加利福尼亚海岸以北很远的入海口。尤洛克人（Yurok）称这个地方为刺拉乌（Tsuräu），海湾岸边的村子也叫这个名字。谢勒需要一个前桅杆、淡水和毛皮，他计划通过与当地村民进行积极主动的贸易，来获得这些必需品。[1]尤洛克人并不指望能从谢勒这伙人那里获得什么东西，但是他们根据以前的经验知道，与这些浅肤色的外国人打交道，需要很小心。尤洛克人期望他们至少可以通过自己的耐心和提供的补给，换取一些礼物。

最初两天，尤洛克人站在船边与谢勒等人周旋，公开拒绝他们上岸的要求。尤洛克人三次阻止"莱利亚·拜尔德号"上的船员登陆，在一次冲突中，尤洛克人没收了船员试图取水的水桶。他们把水桶摔破，拿走了他们认为最值钱的铁箍。尤洛克人用这些铁箍制成匕首和其他有用的工具。对于尤洛克人的抵制，谢勒很生气，就在 5 月 14 日命令从船上用步枪进行射击，当地人回击以"箭雨"。[2]最后，这些外国人抓了四名尤洛克人，扣作人质，逼迫村民允许谢勒的手下上岸获取木材和水。他们进入刺拉乌村，变着法儿惹怒大多数村民。他们试图闻村民身体上的气味，肆无忌惮地盯着一个浅肤色的男人看。最令人不堪的是，竟然用污言秽语挑逗妇女，包括年轻的姑娘。几天以后，这艘船及其放肆无礼的船员离开了，带着必需的补给和通过贸易获得的一些海獭毛皮。谢勒的日记记载了所有这一切，但是他从这些事件中获得的认识是从自身出发的，根本没有考虑居住在海岸上的尤洛克人的利益。他认为那些土著居民是"野人"，"还没有从自然状态中进化出来"。[3]正是因为有了这样的想法，谢勒指挥他的船掉头，转而南下，去往上加利福尼亚更加"文明"的地区。

沿着上加利福尼亚的海岸，"莱利亚·拜尔德号"走了好几个月的时间，在这期间，谢勒就上加利福尼亚这个省及其西班牙殖民者得出了几个结论。他写道，西班牙人"花费巨大的代价和相当的辛苦，（已经）为入侵的敌人清除了任何一个障碍"[4]：他们让这个地区六畜兴旺，"减少"了沿海的印第安人。尽管官方制定政策不准自己的殖民者与外来商船做生意，但令行不止，人们依然私下里进行。"总之一句话，他们已经做好了能做的一切，使得加利福尼亚成为令海洋强国注意的目标。也就是说，他们让加利福尼亚处于这样的状况，万事俱备，只欠一个好的政府去尽快尊享那里的财富和重要性了。"谢勒的这番预言比美国著名航海家和作家理查德·亨利·达纳（Richard Henry Dana）的观点早了 40 年，他总结道："征服这一地区简直是易如反掌，即使最微不足道的军队也能不费吹灰之力得到它。"[5]

考虑到这些言论的要旨，可以把谢勒的日记（以及“莱利亚·拜尔德号”的远航）解读为美国早期向太平洋进行领土扩张的奠基宣言。不过，在远航中，谢勒的脑子里根本没有什么地理政治的目标。在太平洋航行时，他根本没想到什么领土的、帝国的或国家的主张，比如西班牙在中美洲和北美洲海岸实行贸易排外政策、英国对美洲西北海岸的领土主权的要求、中国对珠江三角洲地区进行商业管理、俄国声称垄断北太平洋毛皮贸易，甚至土著居民都渴望给他们的贸易商品和自然资源制定交换条款。谢勒不断地无视这些领土要求，有时会导致暴力的发生，比如他在 1804 年与尤洛克人之间的冲突，还有一次，“莱利亚·拜尔德号”在 1803 年从西班牙港口圣迭戈（San Diego）匆忙撤出时，船上和岸上都开了炮。谢勒只不过是美国一位崇尚自由贸易的商人，专注于毛皮生意，将其运往在广州的市场。因此，只要他的船员还能将“莱利亚·拜尔德号”开动，他就会一直揽货，进行毛皮买卖。

到了 1805 年 8 月，“莱利亚·拜尔德号”这艘双桅商船还能继续长时间航行似乎令人怀疑了。谢勒下令在船上装满毛皮、生皮、马、猪、羊等，然后驶离加利福尼亚海岸，开往夏威夷群岛。“我们（去往夏威夷的时候）没发生什么大事，只是遇到了一次猛烈的飓风，8 月 8 日开始刮起，一直持续到 10 日午夜。”在飓风和海浪的冲击下，“莱利亚·拜尔德号”开始漏水，勉力支撑，船员不得不用两台抽水泵连轴转地排水。谢勒写道：“幸运的是，随着风暴的减弱，船不怎么漏水了，我们的前景再次光明起来。19 日夜里 2点，令人高兴的是，我们看到了夏威夷高地上的火光。第二天早上……和从前一样，很多土著居民来迎接我们，有男有女，给我们带来了吃的喝的，等等。”[6]一上岸，稍事休息，谢勒就命人把他那些值钱的毛皮和生皮转移到新英格兰"阿塔瓦尔帕号"（Atahualpa）和"休伦号"（Huron）快帆船上，准备运往广州。他以物物交换的方式把"莱利亚·拜尔德号"给了卡米哈米哈国王，换回来一艘更小的夏威夷制造的双桅纵帆船，并将其命名为"塔马纳号"（Tamana）。谢勒押送着他的货物，向西驶往广州，而他的"塔马纳号"则在他的代理人约翰·哈德森（John Hudson）的指挥下，向东驶往加利福尼亚。[7]不到一年的时间，哈德森将"塔马纳号"卖给俄国船长帕夫洛·斯洛博奇科夫（Pavlo Slobodchikov），这艘船也被改名为"圣尼古拉号"（Sv. Nikolai），主要是为了纪念俄国保佑水手的圣人。这样的商品流动展示了海洋商业的初期状况，船员、船长、货物、商船不断以新的方式进行组合搭配，围绕太平洋进行着不同的交流。不过，所有的行动都是为了利润。

　　谢勒记录的这些事件，既不普遍，也不独特，但是，它们却揭示了日益显现的太平洋贸易模式以及在 19 世纪初期不断加深并从根本上重塑了太平洋居民生活的社会交往。关于"莱利亚·拜尔德号"活动的其他记述更正了谢勒的许多偏见，但总体来说，他的《中国和美洲西北海岸航行日记》（*Journal of a Voyage between China and the North-Western Coast of America*）还是提供了一幅关于太平洋商业的令人信服的画面。特别是谢勒的日记清楚地记载了这种贸易的主要构成要素及其在东太平洋海盆是如何起作用的。这些要素包括在已有的当地和外国模式的基础上所开展的新贸易、太平洋不同港口和海岸之间的联系、外国人和当地人之间持续不断的交易、对土著贸易伙伴和劳力的依赖、独具特色的创新，这种创新有时被定义为非法，有时被定义为走私，有时被定义为自由贸易。

　　谢勒的航海恰恰契合并反映了整个太平洋上所发生的巨大变革，两者在时间上是同步的。在 1800 年前后的那些岁月里，当欧洲人、亚洲人、美洲人和当地居民集聚在太平洋进行贸易的时候，同时就把太平洋上孤立分散的社区与全球贸易体系连接到一起。特别是东太平洋，它包括一个浩瀚的、人们非常陌生的水域，其中的社会和经济体系在特定的港口和海岸边境相互碰撞，最知名的地方有上加利福尼亚、西北海岸、锡特卡（阿拉斯加）、夏威夷群岛、卡亚俄（秘鲁）、圣布拉斯和阿卡普尔科（墨西哥）以及位于太平洋西海岸的广州（中国）。[8] 这些地方每个都基于商品和贸易线路形成了区域性的网络，而这些区域性的网络越来越与环绕全球的贸易体系结合起来。

　　本章考察的是太平洋贸易，把它作为一系列充满生机和活力的关系，比如人和市场的关系、经济和社会政治体系的关系，以及关于贸易的不同认识的关系。本章特别聚焦上加利福尼亚，把它作为一个中心，并通过它来分析 18 世纪 70 年代至 19 世纪 40 年代之间发生跨洋贸易和国际贸易的诸多地点。虽然上加利福尼亚在这些年里并不是最繁荣强大的商业中心，但依然显露出太平洋贸易的重要元素及其在沟通夏威夷和广州等太平洋主要市场方面所起的桥梁作用。然而，正如威廉·谢勒在 1808 年所预测的那样，加利福尼亚的商业地位将在 19 世纪 40 年代发生急剧的变化，其影响在太平洋和全世界都会反映出来。

1800 年以前的海洋贸易

　　1804 年登上"莱利亚·拜尔德号"商船的尤洛克人与兄弟部落有着悠久的贸易交往历史，所以对以物易物贸易早就知道得门清。他们的贸易伙伴有南面的近邻维约特人（Wiyot），北面的生活在海岸边的托洛瓦人（Tolowa），还有居住在克拉马斯河（Klamath River）上游的卡罗克人（Karok）以及内陆的胡帕人（Hupa）。物品交流网还将他们与更远的部落连接起来，比如加利福尼亚中部的沙斯塔人（Shasta）和温图人（Wintu），以及尤洛克人领地往南很远、居住在海边的波莫人（Pomo）等。但是，这种贸易要么是基于陆地的，要么是基于河流的，尤洛克人之所以不愿意离岸太远，开展长距离的贸易，是因为他们没有那个需要。[9]太平洋的其他土著部落的确是为了贸易而敢于去往大洋深处，常常在交易过程中要走很远的路。太平洋的海上贸易根本不是 18 世纪末到来的国际商人开创的，他们只不过是在已有的贸易模式上增加了新的交换形式，航行的路线更长一些。

　　通过下面北美洲和夏威夷的案例，我们可以确认，土著人的海上贸易具有悠久的历史。南加利福尼亚丘马什人（Chumash）经济的繁荣靠的就是与内地和沿海部落的贸易，特别是在过去的一千年里，随着木板制作的独木舟的兴起，丘马什岛上的丘马什人与南边卡特琳娜岛（Catalina Island）上的通瓦人（Tongva）或加布列莱诺人（Gabrielino）之间的大陆—岛屿贸易就开始了。[10]除了通常的手工艺品外，丘马什人还充分利用沿海岛屿的燧石采石场，建立了北美最大的细石加工厂和贝壳工艺厂之一。[11]同样，阿拉斯加的阿留申人（Aleut）和科迪亚克人（Kodiak）的生存模式，在很大程度上受到其海岸条件和捕猎习俗的影响，那里的成年男子和男孩子都划着皮划子（俄国商人称之为皮划艇），划行很长的距离去捕猎、出行或经商。一些捕猎获得的物品——主要是海狗和海獭的毛皮——甚至要运往白令海峡思苏阿里克（Sisualik）一年一度举办的因纽特贸易大会，最终穿越寒冷的水域抵达亚洲的楚科奇半岛（Chukchi Peninsula）。[12]哥伦布大航海之前，夏威夷人也定期举办物资交流大会，规模最大的可能是在大岛（Big Island）怀卢库河（Wailuku River）岸边举办的大会，有众多岛屿的商贩和顾客前来参加。木板独木舟和中空独木舟从不同的岛屿带来土特产品，比如尼豪岛（Ni'ihau）的山药和草垫子、瓦胡岛（O'ahu）的树皮布、科纳海岸（Kona）的鱼干以及考爱岛（Kaua'i）的木制品（独木舟、船桨、长矛）。[13]

　　把视线从东太平洋移到更远的地方，就会发现前现代时期的贸易交流在美拉尼西亚群岛（Melanesia）、西波利尼西亚（Western Polynesia）和东南亚沿海最为常见。比如，萨摩亚的席垫和斐济的独木舟都被人带到汤加（Tonga），有时是为了换回汤加女人。有一个高度发达的区域贸易网络叫"库拉圈"（Kula Ring），盛行于美拉尼西亚群岛。在这个跨岛的贸易体系中，美拉尼西亚群岛的居民相互交换基本的生活物品和仪式用品。几百年来，这种交易模式不断强化着岛民的社会联系和亲属关系。[14]考古发现也证实，太平洋的物品交换具有十分悠久的历史，萨摩亚（Samoa）以及南库克群岛（Cook Islands）发现的玄武岩扁斧（石制工具）说明，这两个地方的物品交流已经有上千年了。[15]

在整个太平洋地区，相邻部落之间的本地贸易无疑占据主导地位，但是中距离的贸易（岛与岛之间、岛与大陆之间）只要有需要，也是会发生的。航海技术包括造船和驾船，不仅推动了贸易，而且对于太平洋居民来说，还具有文化、政治和军事上的意义。就此而言，有些太平洋部落和海洋国家以及18世纪末汇聚于太平洋的外国商人，有着极大的相似性。而且，土著人非常推崇和坚持进行商品交换，他们对待相熟的贸易伙伴和外来人有截然不同的方式。他们积极获取那些他们不能轻易生产的东西，相应地对那些东西就倍感珍惜。外国商人如果不明白这一点，那么对于土著人把一些简单的铁玩意或小镜子也视为宝贝也就不能完全理解，只能对此感到可笑或愤怒。

从16世纪开始，亚洲和欧洲国家在西南太平洋的商业航海明显地体现出全球商品交换和远航的特征，尤其是随着西班牙大帆船贸易的发展，还体现出跨洋贸易航线的特征。中国推动了太平洋早期的贸易，后来发生的很多商业事件，都有中国在其中起到作用。中国南海的南洋贸易可以追溯到11世纪，帆船从广州和其他港口出发，去往暹罗湾、缅甸、苏门答腊、西爪哇和婆罗洲（Borneo）。[16]几百年来，南洋贸易受到不同统治者的抑制，直到康熙皇帝1684年解除海禁，宣布中国南海海岸对商业开放，南洋贸易才再度兴起。不久，帆船就从日本驶过西太平洋，去往南中国海。南中国海这片海域被历史学家马立博（Robert Marks）称为"中国主导的湖"。[17]整个18世纪，中国在这一区域的贸易远远超过英国和荷兰。当然，与商船的吨位或数量同样重要的，还有这样一个事实，即跨太平洋的商业航行与来自大西洋、印度洋以及西太平洋的贸易商船，是相互交织的。来自全球的海洋商业与太平洋贸易既有融合，也有竞争。

西班牙大帆船贸易发端于东太平洋，然后跨越大洋，从而将南太平洋和中国的繁荣商业与美洲连接在一起。在西班牙人看来，这三个地方特别关键。一是马尼拉（Manila），那是西班牙人在 1571 年建造的，旨在成为将新世界的白银和中国的丝绸及其他商品连接起来的"枢纽"；二是中国，此时是吸纳世界白银的头号市场；三是中墨西哥，在大帆船贸易的 50 年鼎盛期（1700—1750 年），中墨西哥是世界上最大的白银生产商。[18]在这三个地方之间，还出现了联结北太平洋商业的可能性，西班牙大帆船如果要穿越太平洋往东返回，首先必须往北航行，驶往日本，从而赶上北太平洋洋流，并借助它驶往美洲。因此，就像威廉·谢勒在 1804 年穿越太平洋那样，西班牙大帆船也是借助往东去的洋流，从日本驶往北美海岸，然后再往南航行，经过加利福尼亚，抵达阿卡普尔科（Acapulco）。可以说，几乎是太平洋的风和洋流决定着这次顺时针的环洋航行。谢勒的商船"莱利亚·拜尔德号"虽然不是利用这个洋流到达上加利福尼亚的最早的美国商船，但却是最早在上加利福尼亚受到炮火轰击的商船之一。

"走向和谐与富足"的加利福尼亚

1804 年，上加利福尼亚的西班牙官员把谢勒当作极不受欢迎的人，甚至对其到了"是可忍，孰不可忍"的地步。此前一年，蒙特雷（Monterey）的西班牙政府当局就命令四艘美国从事毛皮贸易的商船（"亚历山大号"[Alexander]、"哈泽德号"[Hazard]、"莱利亚·拜尔德号"以及"奥凯恩号"[O'Cain]）离开加利福尼亚的港口，理由是这些商船违反了商业规定。"莱利亚·拜尔德号"因为1803 年 3 月 22 日夜里发生的事件，被西班牙官员认为是最严重的肇事者。当时西班牙指挥官曼努埃尔·罗德里格斯（Manuel Rodriguez）发现"莱利亚·拜尔德号"的三名船员在圣迭戈要塞附近一片荒芜的海滩上，试图从他手下的士兵那里购买一批海獭毛皮。对于这种违法的行为，罗德里格斯非常震怒，或者更为重要的原因是，这样一来，他就没法弄外快了。所以，罗德里格斯就把那三名美国船员扣押在海滩上，并派六名士兵持枪看管，然后自己返回要塞。黎明时分，"莱利亚·拜尔德号"的一些船员全副武装，乘小舟上岸，强迫西班牙士兵释放他们的同伴，同时解除了西班牙士兵的武装，并将其带到商船上。谢勒下令起锚，"莱利亚·拜尔德号"慢慢驶离圣迭戈要塞，商船和要塞之间相互开炮。商船至少被直接打中一炮，但是要塞一方很快就停止了炮击，因为要塞的炮手可以清晰地看见那六名西班牙士兵，正被谢勒鞭打着靠向"莱利亚·拜尔德号"的船边。这艘美国商船再也没遇到别的麻烦，离开了圣迭戈湾，直到往南驶向下加利福尼亚圣昆丁湾（Bay San Quentin）的时候，才让那六名被当作人质的西班牙士兵安全地回到海岸上。[19] 这个事件显示了不同权力之间日益增长的冲突，一方是西班牙殖民地的帝国规定，一方是早期美国人对自由贸易的信奉，这个自由贸易的理念在 19 世纪中期助推了美国大陆帝国理性化的进程。

上加利福尼亚当局和外商直接的冲突鲜有达到如此敌对的地步。这个事件的确很罕见，根据理查德·亨利·达纳的日记，在以后的 30 多年里，"这样的事在圣迭戈以及周边的港口和宗教使团中，再也没发生过"。[20] 但是，由于西班牙政府禁止外国商船停靠西班牙港口的贸易政策，紧张形势经常出现。[21]如果商业政策约束性太强，那么商业活动就会各显神通，各行其是，影响加利福尼亚希望参与贸易的每一个人，而那里的所有人几乎都希望参与贸易。因此，当谢勒在圣迭戈冲突一年后回到加利福尼亚海岸的时候，就让他的"莱利亚·拜尔德号"商船躲得远远的，不进入那些大港口，而是寻求与那些不受西班牙政府直接控制的人做生意。[22]

这样的贸易并没有多少困难。谢勒带着他的商船沿着上加利福尼亚和下加利福尼亚海岸航行，从航线附近的圣路易斯-奥比斯波（San Luis Obispo）、雷富希奥（Refugio）、圣卡塔利娜岛（Santa Catalina Island）、海峡群岛（Channel Island）、塞德罗斯岛（Cedros Island）、瓜伊马斯（Guaymas）以及不久就成为知名走私港口的圣佩德罗（San Pedro）购买毛皮货物。圣佩德罗在上加利福尼亚的第二个印第安人居住区洛杉矶附近。瓜伊马斯的西班牙官员在"莱利亚·拜尔德号"商船上就餐，"举止极其文明，但是执法非常严厉"，谢勒在他的日记中如此讽刺地写道。[23]圣路易斯-奥比斯波传教团的牧师在给当地西班牙政府的报告中说，他接待谢勒时"没给他一点好脸色"，尽管这两个人之间交往的证据表明他们做成了买卖。[24]谢勒与距离圣巴巴拉（Santa Barbara）不远的兰乔-雷富希奥（Rancho Refugio）当地望族唐璜·奥特加（Don Juan Ortega）家族和卡特琳娜岛上的通瓦人（"我们的印第安朋友"）通过以物易物的方式进行了贸易。[25]谢勒和其他当地人或西班牙人私下里多次做生意，交换了很多物品，所有这一切根据西班牙的法律都是违法的。

谢勒在日记里没有描述贸易环境有多么困难，而是突出了上加利福尼亚和下加利福尼亚商业环境的适宜。他发现，"目前，只要熟悉海岸，就总能获得足够的补给和商品。所有这些情形都证明，如果有一个好的政府，加利福尼亚很快就会崛起，走向和谐与富裕"[26]。谢勒观察到的这一点值得给予一定的重视，因为他预测到了不久后就席卷加利福尼亚和太平洋海盆的商业革命。他明确认识到，对于"海岸"的了解是商人能否取得成功的关键，因为当地的加利福尼亚人和西班牙人不光在大港口，而且在沿着海岸的几乎任何地方都能安全地做生意。加利福尼亚的滨海地带，也就是从船上到沙滩以及海岸线上居民居住的区域，都是活跃的市场，所有的人都不在乎西班牙的贸易禁令。谢勒获得的"足够的补给和商品"证实了他与圣方济各会之间的交易，他在 1804 年给他的合作伙伴理查德·克利夫兰（Richard Cleveland）的信中也提到这一点。[27]最后，在谢勒的"加利福尼亚很快就会崛起，走向和谐与富足"的预言中，加利福尼亚指的是地方，而不是那里的居民。这种说法听起来有点怪异，但却准确地描述了加利福尼亚在太平洋商业地理大背景下的地位。

如果再把时间往前推一点就会发现，谢勒的话真是极具预见性。1827 年是加利福尼亚沿海商业发展史上非常有代表性的一年，在这一年，有 30 艘商船抵达下加利福尼亚，此时，它是墨西哥最北边的省。这些商船几乎有一半是美国人的，另一半悬挂的旗帜是英国、俄国、法国、墨西哥、汉堡和夏威夷的（夏威夷皇家旗帜融合了英国和美国旗帜的元素，主要是为了讨好这两个国家）。这些商船很多展现了明显的国际特征，比如，总部在秘鲁的合营公司拥有英国商船"奥罗拉号"（Aurora）；总部在阿拉斯加的俄美公司拥有"贝加尔号"（Baikal）、"戈洛夫宁号"（Golovnin）和"鄂霍次克号"（Okhotsk）；夏威夷的两艘船是在大西洋的船坞中建造的；

哈得孙湾公司（Hudson's Bay Company）的商船"卡布罗号"（Cadboro）是来自大西洋的，但其部分时间是在太平洋航行。总起来说，这30艘商船在太平洋的北美洲和南美洲海岸的所有大港口都停泊过，将近一半在夏威夷抛锚，还有一些穿越太平洋，一直航行到广州或菲律宾。这些船装着补给、奢侈品和一些稀有物品，比如英国双桅横帆船"弗拉姆号"（Fulham）运往卡亚俄（Callao）进行重铸的圣克鲁斯（Santa Cruz）教堂钟，再比如"富兰克林号"（Franklin）运往波士顿的1 600磅海狸皮，其主人是传奇皮货商人杰迪戴亚·史密斯（Jedediah Smith）。[28]谢勒20年前就渴望的自由贸易，借助环太平洋的联系，此时在上加利福尼亚开始繁荣兴旺了。

　　自谢勒抵达加利福尼亚海岸以后的20年里，不论是加利福尼亚还是其周边，都发生了很大的变化。随着1815年拿破仑战争的结束，欧洲和美洲航行太平洋的商船数量达到了前所未有的高度。尤其是在19世纪20年代，管理上加利福尼亚"有人居住"的海岸地区的是墨西哥，而不再是西班牙，墨西哥官员马上中断了前西班牙官员为了应对"自由贸易的巨大危险"而实行的种种贸易限制。[29]由于墨西哥的进出口税，在美洲海岸，私下交易依旧是商人、传教士、加利福尼亚居民、印第安人以及官员之间进行物品交换最常用的形式。省督何塞·达里奥·阿圭略（José Darío Argüello）对于19世纪20年代的经济环境有精彩的总结："法律所不允许的，市场的需求使之有了合理性。"[30]出口量最大的商品是牛皮和牛脂，而曾经价值高昂的海獭由于捕猎者的大肆猎杀，在加利福尼亚海岸几近灭绝（见第四章）。对于加利福尼亚的这些变化以及其他很多变化，谢勒不可能都预见到，但是他关于加利福尼亚在太平洋迅猛兴起的市场中所起的作用的预言，事实证明是正确的。此时，富有生机与活力的贸易将加利福尼亚沿海与相邻的大洋和世界连接了起来。

国际化的上加利福尼亚

19 世纪上半叶，在环绕太平洋的大多数地方，包括夏威夷、广州、悉尼、西北海岸以及智利，贸易得到了稳定的增长，翔实的数据列表和记录都很好地揭示了这一商业进展。[31] 但是，对于这一时期的海洋史编纂来说，上加利福尼亚的贸易攀升无疑更为非同寻常，在淘金热以前，至少有 953 艘商船就曾驶达这里的海岸并开展贸易，这比人们以前所认识到的贸易量大得多，而且也更具有国际性。[32] 那么，这一地区的海上商业到底有哪些特征？是什么因素决定了这一地区海上商业的性质？

在进入加利福尼亚水域的 953 艘商船中，有 6.8％是在 1786 年至 1799 年之间抵达的，有 5.7％是在 19 世纪的第一个十年抵达的，有 7.6％是在 19 世纪的第二个十年抵达的，有 24％是在 19 世纪的第三个十年抵达的，有 22％是在 19 世纪的第四个十年抵达的，有 34％是在 19 世纪 40 年代的前八年抵达的。[33] 简而言之，直到 19 世纪 20 年代，贸易都是逐步增长的，之后开始了大幅度的增长，这是由于受到了加利福尼亚和整个太平洋所发生的事件的影响，以及包括墨西哥独立、很多港口（特别是广州以及先前被西班牙控制的港口）取消贸易限制和太平洋商机信息在全球的传播。[34] 另外，国际事件在太平洋贸易中也起到了关键作用，特别是拿破仑战争的结束，对于美国航运来说，1812 年战争的结束尤其如此。随着这些国

际战火的停息，不论是民间的商船，还是政府支持的远航，都驶向
了大洋大海。

由于航行加利福尼亚海岸的船只数量每个十年都保持着增长，特别是在19世纪20年代和40年代，到访船只的国际化程度不断提高。[35]进入加利福尼亚水域的船只主要来自五个国家：美国（45％）、英国（13％）、西班牙（12％）、墨西哥（12％）以及俄国（7％）。但是，在19世纪上半叶，至少还有其他17个太平洋和欧洲国家的商船也来过加利福尼亚。[36]简单说吧，借用历史学家凯伦·库伯曼（Karen Kupperman）关于美国东部殖民时期的特征的论述，加利福尼亚和北美海岸在"还没国家化的时候就已经国际化了"。[37]

这些关于船只国籍来源的数据彰显出两个重要的问题。一是虽然1800年以前来自墨西哥的西班牙补给船在加利福尼亚水域是数量最多的，但是美国的船只数量很快就大幅度超过了其他国家。因此，到了19世纪中叶，美国在太平洋的商业利益就可能预示并最终影响了其地理政治和军事利益，而这一进程是威廉·谢勒在1808年就预测到的。二是尽管美国商船在加利福尼亚和东太平洋占据强势地位，但是至少还有挂着20多个不同国旗的527艘商船也进入了加利福尼亚水域。因此，当美国探险家约翰·查尔斯·弗里蒙特（John Charles Frémont）在1844—1845年乘"斯特林号"（Sterling）测量加利福尼亚海岸的时候，他一定遇到了来自英国、法国、俄国、墨西哥、美国、德国、瑞典、汉堡、加拿大以及加利福尼亚的船只，更不用说那些船上的水手是真正国际化的。[38]上加利福尼亚这一显著的国际化特点，反映了整个太平洋海盆的情形。

那么，进入上加利福尼亚的船只与太平洋其他地方的联系到底达到了何种程度？那953艘商船的航线可以让我们看到这种联系的

程度，同时也令人信服地表明，哪些港口的重要性上升了，哪些港口的重要性下降了。从进入加利福尼亚的商船来看，去得最多的港口是夏威夷（42%），此外还有卡亚俄（22%）、圣布拉斯（19%）、阿卡普尔科（18%）、俄国港口锡特卡（12%）以及中国的广州（7%）。另外，另有 13% 的船沿着美洲西北海岸航行，经过要塞和沿海土著居民社区时会停下来做生意。距离美国比夏威夷还要远的太平洋群岛，也见证了贸易的增长，其中贸易量排在最前面的是加拉帕戈斯（Galápagos）、马克萨斯群岛（Marquesas）、塔希提岛和菲律宾群岛。[39]到访加利福尼亚的船只 50% 以上都会在太平洋的一个岛上停泊，这个数字说明了跨太平洋贸易的规模以及太平洋岛屿上极高的外来疾病传染率，下一章将论述这一问题。截至 19 世纪 20 年代，这些重要的港口已经开始使得东太平洋的商品流动和市场活动系统化。

夏威夷：太平洋的"大客栈"

在浩渺无垠的太平洋中，夏威夷群岛可能看起来特别地孤立，只是一些小点点，被覆盖地球表面三分之一的水域包围着。但是，这种看法是源自大陆的；是源自以大西洋为中心的地图的，这种地图不重视岛屿，将其放在最左面的边缘位置；是源自历史的，比起将陆地连接起来的海洋，历史更重视大陆和陆地环境。[40]只有在把大洋看作屏障的时候，夏威夷的孤立才说得通。如果把大洋看作一个宽阔的高速通道，那么夏威夷就突然变成了太平洋商业世界中进行交换的中心点。古代波利尼西亚的航海者 1000 年前就到达过夏威夷，塔希提岛的勇士们为了征服和定居，也在大约 800 年前到达过夏威夷。19世纪初，航海家出于各种各样的重要原因也驶向这个群岛。威廉·谢勒的野心显而易见：在加利福尼亚做海獭皮生意只能赚点小钱，而如果将那些毛皮运到广州市场的话，就会赚大钱。他的商船"莱利亚·拜尔德号"中途漏水，海水进得急，船员排得快，但他的商船最远也只能走到夏威夷群岛。

1820年以前，每年进入夏威夷的探险船和经商船数量都很稳定。从库克船长1778年"发现"三明治群岛到1819年底第一艘捕鲸船（美国"巴乐娜号"）抵达该岛，有131艘船在夏威夷抛锚。这些船主要是英国和美国的，也有一些是俄国和法国的，[41]比同时期航行加利福尼亚海岸的船只少到三分之一。但是，1820年以后，来夏威夷的船只数量几乎呈几何级增长。在其后的30年里，进出夏威夷的船只数量完全超乎想象，有将近1000艘商船在夏威夷群岛中转停留，而从1824年到1849年，有3000多艘捕鲸船抵达这里。[42]即便是粗略估计，这些数字也足以证实，夏威夷群岛的港口，主要是火奴鲁鲁（Honolulu）港和拉海纳（Lahaina）港，在这一时期即便不是世界上最繁忙的港口，也已经成为太平洋最繁忙的港口。

18世纪末，尽管当地夏威夷人袭击了一些商船，反对某些形式的贸易，但是，他们还是创建了一个中太平洋中转站，很快就吸引了商船的到来。当地动植物和运进来的动植物（包括猪、山药、芋头和水果）为大量居住在夏威夷的人口提供了营养，并为那些多年在海上行驶的船只提供补给，这对远航是很有帮助的。[43]那些深受坏血病之苦的船员极其渴望在夏威夷群岛吃到新鲜的食物，同时，不管身体健康还是不健康，那些饱受性饥渴之苦的水手都极其渴望在夏威夷群岛放纵自己的欲望。夏威夷物品丰富，供给充足，维持

了贸易的兴旺发达，但是最终从这个贸易中获得好处的，却不是夏
威夷的普通百姓。夏威夷社会的本质是等级森严，这就决定了夏威
夷世袭贵族（阿里夷［ali'i］）从这个贸易中获得最大利益，而平民
大众却鲜有收益。夏威夷国王卡米哈米哈一世（阿里夷·阿夸
［ali'I akua］或"神王"）创建了这一社会模式，逐渐巩固了其在群
岛的权力，组建了他自己的商业船队，往太平洋的一边派遣他的商
船去加利福尼亚，往太平洋的另一边则派遣他的商船去广州。[44]卡米
哈米哈一世 1819 年去世后，卡米哈米哈二世（里豪里豪［Liholiho］）
与美国和英国商行建立了紧密的联系，把火奴鲁鲁变成太平洋的"大
市场"（Great Exchange）。一位法国博物学家给夏威夷贴的标签是
"大客栈"（the great Caravansary），意思是说，那是一个在浩瀚的水
域中可以提供吃喝和休闲的地方。[45]

图 1.1　1817 年的火奴鲁鲁湾海岸。对于这片海岸，画家路易斯·科利思（Luis
Choris）提供了一个当地人的视角，把注意力聚焦于夏威夷的屋舍、当地人的活动以
及饲养的家畜。欧洲和美国的画家通常更注重海岸线和海港，并以近景描画他们自己
的船只。图片来源：亨廷顿图书馆。

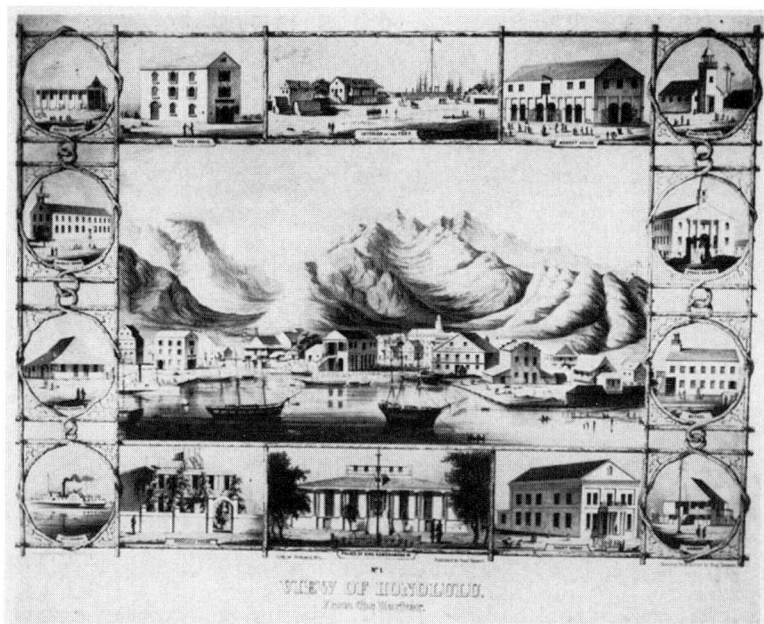

图 1.2　火奴鲁鲁图景，1853 年。画家保罗·埃默特（Paul Emmert）描绘了 19 世纪中期火奴鲁鲁的商业扩展，这是此前 30 年外国投资和贸易的结果。图片来源：亨廷顿图书馆。

　　基本的地理位置可能胜过所有这一切优势。夏威夷群岛位于太平洋的正中央，不仅从地理位置上看如此，从太平洋上占主导地位的航线的交叉点上看也是如此。比如，英国双桅纵帆船"哥伦比亚号"在 1814 年 6 月和 1817 年圣诞节期间经常航行的线路就是从北美海岸经夏威夷抵达广州。[46]"哥伦比亚号"四次穿越整个太平洋，去广州售卖北美的毛皮和夏威夷的檀香木；两次去往新阿尔汉格尔斯克（锡特卡），用生活必需品换取毛皮；五次去往哥伦比亚河附近，收集毛皮和其他货物；三次去往下加利福尼亚海岸，购置兽皮和补给。在三年的穿越太平洋的航行中，"哥伦比亚号"在夏威夷抛锚四次，在那里修理船只、装卸货物、招募新船员。最后，船长彼得·考尼（Peter Corney）把"哥伦比亚号"卖给了卡米哈米哈国王，换取了整整两船檀香木，然后将它们装在另一艘船上，运到广州的市场。这艘船虽然已经不再盛年，但是依然能用。

"哥伦比亚号"在太平洋上纵横驰骋，至少增加了三条常用的贸易航线，这三条航线都涉及夏威夷，分别是：新英格兰、太平洋西北海岸和广州之间的"三角"毛皮贸易，将锡特卡和加利福尼亚与夏威夷连接起来的俄国贸易，以及加利福尼亚和夏威夷之间的双边贸易，其中每一条贸易航线都把夏威夷作为获取原材料和进口奢侈商品的市场。在这些贸易航线中，不仅夏威夷的物品很重要，其诸岛上的劳动力也尤其重要，特别是充当船员以替换船上的水手。比如，"哥伦比亚号"在澳门收留了 16 个夏威夷人，他们被英国船只"伊萨克·托德号"（Isaac Todd）雇用为船员，然后被丢弃在澳门。考尼写道："（其中）几个人不久就死去了。"第二年，"哥伦比亚号"在瓦胡岛"雇用了 60 名土著居民，并把他们带到了哥伦比亚河"，那个地方很快就有了相当数量的来自夏威夷的流散劳动力。[47]

夏威夷在发展成为太平洋大市场的过程中，最急剧的变化发生在 19 世纪 20 年代和 30 年代，在那些年里，美国和英国纷纷在火奴鲁鲁设立商行。这些商行包括布莱恩特和斯特吉斯（Bryant and Sturgis）商行、帕尔马（Palmer）商行、威尔逊公司（Wilson & Company）商行、哈得孙湾公司商行、马歇尔和维尔德斯（Marshall & Wildes）商行等，实现了物品买卖、船只修理以及当地劳动力雇用等商业活动的专业化运作。截至 19 世纪 30 年代末，火奴鲁鲁至少有 20 多家商行，开展的业务五花八门，但又各有专长。苏格兰人罗伯特·C. 怀利（Robert C. Wyllie）在 1844 年的一份报告中列举了 200 多种从全世界进口的常用物品和高档用品，包括熊皮、雪茄、"做裤子的德国布料"、意大利白兰地、三文鱼（847 桶）以及 51 个法国手风琴。[48]这些商行的商人一方面在夏威夷群岛经商，另一方面也保持着密切的国际交往。在 19 世纪 20 年代和 30 年代，他们积极主动地与其在广州、加利福尼亚、卡亚俄、波士顿以及伦敦的商业伙伴保持着联系，从加利福尼亚寻求更干净的兽皮，抱怨夏威夷的商行太多，询问太平洋以及其他地方的市场价格。[49]随着国际贸易在夏威夷的繁荣，物质上的"文明礼物"主要流行于占统治地位的精英阶层，而作为传染病的"礼物"则影响了夏威夷社会的各个阶层。[50]

广州："奢侈品之都"

如果说夏威夷是太平洋中心的"大客栈"，那么广州则是激发太平洋西部边缘商业的大市场。广州吸引了来自太平洋和其他地方的船只与商品，有来自墨西哥和南美的白银，有来自印度和英国的织物（18 世纪 80 年代以前），有来自北美海岸的海獭皮（从 18 世纪 80 年代到 19 世纪 30 年代），有来自夏威夷的檀香木，有来自斐济的海参（从 19 世纪 10 年代到 19 世纪 40 年代），当然还有很多其他商品。从太平洋、大西洋和印度洋到广州的贸易是中国先前存在的沿海贸易中"最重要的"，直到 18 世纪末，中国贸易的出口都大于进口。[51]广州是太平洋的奢侈品市场，商人到这里来，用金属货币和自然资源换取中国的茶、丝绸、陶瓷和其他物品。

在北美海岸和广州之间，有大约 7000 英里长的广阔海域，这使得太平洋东西海岸的贸易交流非常困难。加利福尼亚的船运记录显示，进入加利福尼亚水域的商船，穿越太平洋去往中国的，还不到总数的十分之一。但是，这么少的数字是一种误导。其实，很多货物在加利福尼亚聚集，但目的地是广州，比如威廉·谢勒装在"莱利亚·拜尔德号"上的货物，在夏威夷或其他地方重新进行了装载，然后再被运往中国。在从事太平洋西北海岸毛皮贸易的商船中，去往广州的比例要大得多，将近一半的商船到广州做生意。[52] 尽管隔着一个大洋，但广州却在东太平洋的商业世界里发挥着牵一发而动全身的作用。

广州市场在 19 世纪初期的变化展示了整个太平洋贸易的国际化、自由化以及美国海上贸易上升的趋势。与这些变化形成鲜明对照的，是英国东印度公司（East India Company，简写为 EIC）时运的衰落。1751 年，东印度公司在广州建立了永久性的"工厂"（或商行），这是它在从大西洋到印度洋再到中国的贸易航线中建立的数十个同类工厂之一。通过英国议会的决议，东印度公司禁止非东印度公司的其他英国商人进入广州，同时，通过与在广州的强大行商合作，禁止其他外国船只上岸。中国的行商为外国商人建立了规则，包括缴纳高额的进/出口税以及进入广州的商船由海关监督（或"Hoppos"）强制检查。[53] 根据东印度公司的乔治·马戛尔尼勋爵（Lord George Macartney）记录，东印度公司在广州的代表把严密监视所有商业对手作为其"推动英国产品在亚洲的每一个角落使用"的职责之一。[54] 在 19 世纪初期，从英国进口到广州的纺织品和其他商品为东印度公司提供了"无风险利润"，从而弥补其在印度的亏空。[55] 这个全球商业体系是在伦敦精心设计的并得到了议会的保护，只要能将外国竞争控制住，那么，它就能运转得很好。

图1.3　广州的欧洲洋行，1806年。英国画家威廉·丹尼尔（William Daniell）在画中突出了广州的洋行以及在海滨忙碌的中国工人。图片来源：耶鲁英国艺术中心保罗·梅隆收藏部。

　　但是，东印度公司的贸易体系终于要寿终正寝了，很大原因是：行商、国际商人以及中国海盗都有自己获取盈利的法门。[56]早在18世纪80年代，东印度公司强大的国际竞争对手就出现了。"中国皇后号"（Empress of China）载重360吨，是一艘美国商船，它的处女航是去往中国，在1784年夏天抵达，船上有34名水手，装着毛皮、布匹、人参。这次航行开启的美国海洋贸易的涓涓细流，到18世纪90年代已形成波涛汹涌之势。1814年以前，抵达澳门和广州的美国商船只有618艘，其中大部分绕行好望角，而不是尝试穿越太平洋。东印度公司设在广州的"特选委员会"（Select

Committee）密切注视着外来商船，并将相关情况报告给设在伦敦的"特选委员会"。中国对外贸易的增长无疑让英国的官员震惊不已，但是让东印度公司代表最为彻夜不安的，是美国的商人。这些驶抵广州的美国的商船数量虽然只有东印度公司商船的一半或者四分之一，且船员人数少，但却让英国官员感到很震惊，有时甚至是震怒。

两艘从事东太平洋和中国贸易的美国商船显示了其贸易模式。"雄鹰号"（Eagle）和"号角号"（Clarion）这两艘商船都在1817年离开波士顿，并于第二年抵达加利福尼亚。载重149吨的"号角号"经由好望角驶往塔斯马尼亚（Tasmania），然后经停夏威夷后穿越太平洋，抵达加利福尼亚。"雄鹰号"走的则是相反的方向，绕过合恩角驶往夏威夷，在锡特卡短暂停留，购买海獭皮，然后来到夏威夷，最终回到加利福尼亚海岸。在加利福尼亚，两位船长都遇到了急切的贸易伙伴，用他们从波士顿带来的货物换取可以在广州出售的商品。"号角号"船长亨利·吉泽拉尔（Henry Gyzelaar）谈到，"可以从海岸上的人们那里买到在广州卖得很贵的毛皮，故而倾其所有，买了毛皮，只留下商船安全返航所必需的物品"[57]。"雄鹰号"船长威廉·希斯·戴维斯（William Heath Davis）则是与圣巴巴拉的唐璜·奥特加和伊格纳西奥·马丁内斯（Ignacio Martínez）做生意，"除了在俄国人居住地赚的钱以外，还从在加利福尼亚的买卖中赚了大约25 000个西班牙金币，再加上海獭皮"[58]。在19世纪20年代，每艘船都要取道锡特卡和夏威夷，抵达珠江三角洲。正是在那里，英国东印度公司的秘书布楼东（N. H. C. Plowden）在他的《1820—1821年广州日记》中记录了每艘船的关键信息。[59]

　　"雄鹰号"和"号角号"抵达广州的时候，布楼东显示了一个绝望之人所有的情绪。自从 1812 年战争（这场战争严重地影响了美国船只在太平洋的航行）结束以来，布楼东就注意到了美国商船在广州的数量不断增加，并不辞辛苦地详细记录了那些船只的信息，包括出发地、目的地、货物、吨位以及抵离日期。他在 1821 年给伦敦东印度公司"特选委员会"所写的报告中提出了特别的警醒："由于美国商船进口的货物大幅度增加，可敬的东印度公司……这个贸易季在（纺织品）投资方面遭受了巨大损失。"[60] 这一年，美国的商船比前一年翻了一番，有 42 艘停泊在广州附近，装载的进口货物总值为 7 413 096 美元，而"可敬的东印度公司"在这个贸易季，进口货物的总值为 6 199 242 美元。[61] 英国东印度公司在历史上第一次被另外一个国家进口的货物超越了，而且这个国家还曾经是英国的殖民地，广州也曾被英国视为是自己进口货物的港口。很快，从广州寄往东印度公司伦敦总部的信函里就充满了恐慌："如果不采取措施，防止可敬的东印度公司以外的其他船只将商品运往中国……那么将很难计算如此毁灭性的竞争所造成的后果。"[62]

　　然而，根本无法采取"措施"阻止欧洲或美国的货物从东印度公司以外的渠道进入广州。到了 19 世纪 20 年代初，广州的行商积极鼓励设立洋行，从而为中国商品寻求新的买主。[63] 法国、葡萄牙、西班牙和（非东印度公司的）英国商人在 19 世纪 20 年代都积极寻求扩大在广州的生意，而纽约和波士顿的商人则在广州开设了一些最活跃的洋行，包括普金斯洋行（Perkins & Co.）、旗昌洋行（Russel & Co.）、琼记洋行（Augustine Heard & Co.）以及森和洋行（W. S. Wetmore & Co）。[64] 19 世纪 20 年代曾经一度占主导地位的"可敬的东印度公司"不得不在新的市场环境中苦苦寻求优势，但没能扭转广州对外贸易的大潮，没有在英国议会中保持自己关于对华贸易的垄断地位，也没能阻止非东印度公司的英国商人参与对华贸易。[65]为了寻求在中国巨大的市场中赚钱的新办法，英国东印度公司的官员密谋用高度致人上瘾的帕特纳（Patna）鸦片来扩大毒品走私贸易，从而保持公司的收益，但这个招数一点都不可敬，最终引发了鸦片战争。[66]

美洲的西北海岸

在19世纪初期，对欧洲和美国的商人来说，最值钱、最抢手的商品是来自海獭、陆獭、海狗、海狸和熊等动物的毛皮，到了19世纪30年代，则是加利福尼亚的牛皮。这些物品主要的捕杀和贸易地从下加利福尼亚一直延伸到阿留申群岛，对于海洋哺乳动物最惨烈的捕杀发生在哥伦比亚河以北。欧洲的帝国相互争夺对陆地领土的统治权，俄国、西班牙和英国都实现了对滩头居住地和殖民前哨的控制（西班牙的控制权后来丧失了），而俄美公司、哈得孙湾公司以及约翰·雅各布·阿斯特（John Jacob Astor）的美国毛皮公司都尝试建构体系并从活跃的海岸贸易中获利。大致来说，用珠子和小装饰品可以在海岸换取毛皮，而毛皮在广州能卖很高的价钱，随后，可以从中国将昂贵的商品运往纽约、波士顿、伦敦或其他大西洋港口。

这就是历史上标准的西北海岸毛皮贸易模式。它解释了北太平洋以及可以预见最终结果的地缘政治对抗的商业画面，那就是：美国控制阿拉斯加、华盛顿、奥尔良以及加利福尼亚。然而，如果按照太平洋的商业地理，这个简要分析则揭示了西北海岸贸易的三个很重要的方面。第一，西北海岸贸易展现出国际化的特点，这与加利福尼亚和其他太平洋商业地区是相似的，这种国际性已经超越了众所周知的地理政治对抗。第二，美国西北海岸也是太平洋的东北边缘，如果从不同的地理视角看，毛皮生意更多地卷入太平洋贸易，而不是大陆商业。最后，土著居民在这个贸易中掌握了很大的权力，比如操控竞争、谈判态度强硬，有时还对外来商人使用暴力。

毛皮贸易的国际特征可以从近海的知名贸易中心和前哨看得一清二楚，那些贸易中心和前哨包括哈得孙湾公司设在从辛普森要塞到温哥华要塞之间的一系列贸易"要塞"（fort）、阿斯特的阿斯托利亚要塞以及沿海土著村落。在 1785 年和 1825 年之间，将近 600 艘船参与了这种近海贸易。[67] 在考察这种繁忙的毛皮贸易之后，一位历史学家总结道："开始的时候，来做生意的主要是英国人，但是从 1789 年以后，唱主角的渐渐变成了美国人，他们主要来自波士顿，到了 1800 年左右，这种贸易实际上被波士顿人垄断了。"[68] 从这个角度看，西北海岸似乎成了波士顿一个资源丰富的郊区。

但是，参加这场贸易大戏的，还有其他"演员"和要素。除了英国和美国的商船外，挂着俄国、葡萄牙、法国、西班牙、瑞典和夏威夷国旗的船只也来西北海岸做生意。这些船只虽然只占总数的 10%，但毫无疑问显示了国际上对东太平洋出现的新商业机会的洞察力。卡米尔·德·罗克弗伊（Camille de Roquefeuil）是法国商船"波尔多号"（Le Bordelais）的船长，于 1817 年和 1818 年在西北海岸停留了 14 个月的时间，他放眼望去，看到的大部分是英国、美国和俄国的商船，不过，努特卡海湾（Nootka Sound）的印第安人告诉他，在前一个贸易季，他们曾与一艘没有任何标识、平凡无奇的船做生意。这艘船唯一非同凡响之处是它的船长，安着一条木头假腿。[69]罗克弗伊在海岸和海岛与不同部落的印第安人做买卖，在南阿拉斯加与一群阿留申捕猎者签订合同，收购他们捕猎的海獭。除了这些地方外，罗克弗伊还与很多岛国以及陆地居民做生意。罗克弗伊的这次远航长达三年，指挥着他的"波尔多号"到过智利、秘鲁、加利福尼亚、夏威夷、马克萨斯群岛和中国，当然在航行途中遇到了欧洲、美国和亚洲的商人。如此广泛多样的交往和接触是所有去西北海岸经商的商船的典型特征。因此，尽管美国和英国的商船一旦到达西北海岸就控制了那里的贸易，但是任何一艘船如果去那里都会有国际的交往和跨文化的交流。

35　　　　把美洲的西北海岸看作太平洋的东北象限，就会将人们的注意力再次聚集于这种贸易的第二个关键方面，那就是它与太平洋的其他商业机会深度融合着。那些"波士顿的家伙"（切努克人称呼美国商人的用词，从而与英国商人区分开来，他们称英国商人为"乔治国王的家伙"[70]）主导着毛皮贸易，即便如此，他们并不是简单地去西北海岸购买毛皮，然后带回波士顿，而是在整个太平洋上做生意，通过货物贸易追求更大的利润。这些驶往西北海岸的船只大约有15％去往加利福尼亚和南美（智利或者秘鲁），有三分之一以上的船只去往夏威夷，一半以上的船只去往广州或澳门。[71]不常去（但一定有去的）的贸易地或补给地包括澳大利亚、马克萨斯群岛、加拉帕戈斯群岛、社会群岛（Society Islands）以及堪察加半岛。从东北边缘到西岸的广州港，太平洋对于那些商人来说，有着众多的选择，可以根据太平洋的商业机会随时调整他们的航线。

　　太平洋毛皮贸易的最后一个重要方面，是土著居民在磋商交易条件时的权力。真正捕杀并制作毛皮的，是当地人，而不是哈得孙湾公司或阿斯托利亚要塞的人，因此，贸易话语权的一部分就源于货物提供者这一角色。土著居民在贸易中的强势还源于他们之间紧密的血缘关系以及成熟的地方贸易网。因此，欧洲和美国的船长就会遇到一些非常有组织能力的土著贸易伙伴，这些贸易伙伴会以各种方式施行自己的权力，比如彼此合作玩弄商人、要求质量最好的商品、延长磋商时间等，所有这一切都是为了用他们的毛皮换回最好的商品。[72] 有些杰出的部落首领在与外商的交易中树立起强大的权威。努特卡海湾的马奎那（Maquinna）、克拉阔特湾（Clayoquot Sound）的维克尼尼斯（Wickaninish）、夏洛特王后群岛（Queen Charlotte Islands）的昆尼（Cunneah）以及柯乌（Kow）、统称为勒嘎伊克（Legaic）的一系列钦西安人首领，都寻求控制商业关系，在这一过程中，他们或者在其部众中赢得威望，或者丧失威望。当地的毛皮商人也能抓住每一个赚钱的机会，英国船长约翰·米尔斯（John Mears）1790 年总结道，"我们痛定思痛"，印第安人"拥有商人获取利润所必需的一切狡诈"。[73] 库克船长在尝试从西北海岸补充船上基本用品的时候同样发现了土著居民的那种聪明："我从没有见过像印第安人那样的人，他们根深蒂固地认为，他们土地上生产的一切东西都是他们的专有财产，对于我们装到船上的木头和水，他们一开始都要我们付钱。"[74]

因为要处理这些贸易关系，因为有时要帮助某些土著部落，所以随时都有发生激烈冲突的可能。商船和独木舟之间往往会箭矢齐飞，火炮轰鸣；商船有时也会对着目标村庄开炮射击；让船长和日志记录者尤其不能释怀的是：印第安人在攻击商船时取得了不同程度的成功，包括 1791 年攻击"华盛顿夫人号"，1799 年攻击"欢乐号"（Cheerful），1803 年攻击"波士顿号"，1811 年攻击"海獭号"（Otter）和"通金号"（Tonquin），还有其他船只遭到印第安人攻击。[75] 从 1785 年到 1805 年，商船在西北海岸至少受到了 15 次有组织的攻击。虽然这些攻击通常都没有成功，但是消息在海上商人那里传播得很广，从而迫使外来商人不得不与西北海岸的土著部落进行认真的洽谈。

卡亚俄、圣布拉斯和锡特卡

在东太平洋的商业地理中，特别是在上加利福尼亚的贸易背景下，还有另外三个港口也发挥着特别重要的作用。卡亚俄港就在利马的北面，是船只绕行合恩角去往北太平洋的必停之地，驶往加利福尼亚的船只至少有 20% 要在卡亚俄停泊。不过，秘鲁早就有穿越太平洋的活动，其历史要比加利福尼亚悠久得多。自 17 世纪初期开始，卡亚俄就为西班牙的白银贸易服务，直到 1818 年西班牙总督正式将这个港口向英国贸易开放，它一直是"西班牙权力的堡垒"。[76] 不过，和加利福尼亚一样，自从 1800 年起，走私贸易在卡亚俄稳定地增长。每年都有数不胜数的商船停泊在这个秘鲁海港，进行私下交易，然后再沿着美洲海岸向北航行，抵达加利福尼亚。1820 年，卡亚俄开始对所有的国际船只开放，在这一年，往来太平洋的美国商船有 200 多艘，英国的商船基本上也是这个数。[77] 英国和美国商人很快在卡亚俄建立了商行，从而利用那里新的商业机会赚钱，卡亚俄和利马商人拥有的很多船只悬挂着英国国旗（1820 年后停泊在加利福尼亚的商船，将近三分之二也是这种情况，挂着英国的国旗)。在整个 19 世纪 20 年代，秘鲁信奉贸易自由主义的商人和信奉贸易保护主义的政客一直争斗不已，到了 1828 年，贸易保护主义者得势掌权，不过，尽管有很高的进口关税，航行太平洋的商船依然经常进入卡亚俄。虽然查尔斯·达尔文在 1835 年访问卡亚俄时就对这座港口城市的前景深表忧虑，特别提到疾病的流行、"无秩序状态"以及不同种族之间"堕落的……混合"，但是卡亚俄和利马的国际贸易得到了长足发展，到 1850 年成为南美小麦、铜和海鸟粪的出口中心。[78]

与太平洋上不断崛起的商业中心(加利福尼亚、广州、夏威夷、西北海岸和卡亚俄)形成对照的是，圣布拉斯和锡特卡是 19 世纪上半叶仅有的两个走下坡路的重要港口。圣布拉斯是西班牙为了沿北美海岸进行扩张而在加利福尼亚湾设计建造的一个海军基地，位于一片红树林沼泽地，周边全是蚊子，疟疾泛滥。1800 年，圣布拉斯的居住人口很多，有两万人，足以满足需要，因为西班牙从下加利福尼亚沿太平洋海岸驶往努特卡海湾的补给船很少来这里。1821 年墨西哥独立之前，抵达加利福尼亚的船只还有一半在圣布拉斯停留(多数是西班牙船只)，但是在墨西哥独立以后，其船只很快转向更健康的阿卡普尔科港，那里曾经是进行白银贸易的地方。[79]

锡特卡之于俄国的作用，类似圣布拉斯之于西班牙的作用。俄美公司是沙皇保罗一世在 18 世纪 90 年代特许成立的，总部设在锡特卡，控制着北太平洋的毛皮贸易。俄美公司的补给船驶往堪察加半岛，其他船只沿着北美海岸南下，驶往上加利福尼亚。但是，到了 19 世纪 10 年代，俄美公司每年收购的海獭皮和其他毛皮急剧下降，与俄美公司签署合同的阿留申和科迪亚克猎人的数量也急剧下降，因为他们感染了天花、流感和其他疾病。[80]俄美公司的繁荣只是18世纪末的昙花一现，那时，这个公司残酷地对待土著居民，将阿拉斯加的海洋哺乳动物猎杀殆尽。到了19世纪初，为了生存下去，俄美公司不得不到更远的南方寻求新的捕猎海洋哺乳动物的地点。在锡特卡的俄国商人一直坚持到19世纪中期，但是锡特卡的国际贸易地位还是逐渐衰落了。

宣传自由贸易思想

在18世纪80年代到19世纪40年代之间，太平洋商业还在其他哪些方面发生了变化？影响太平洋贸易本质的特征和思想是什么？最显而易见的变化是太平洋贸易总量的持续增长。再回到上加利福尼亚这个例子，在1800年之前的14年里，抵达加利福尼亚海岸的商船只有64艘，而在1848年以前的14年里，到达这个海岸的商船至少有443艘。就航行东太平洋和整个太平洋的商船而言，其数量也有同样的增长。体现太平洋贸易国际化本质的还有另一个特征。仅就加利福尼亚来说，从18世纪80年代到19世纪40年代这60年里，在其海岸航行的船只来自20多个国家或公国，虽然大多数船只和贸易属于少数几个国家，但是所有其他国家的船只都显示了太平洋贸易的国际化特征，说明其他国家也看到了太平洋贸易的机会。对很多土著部落而言，这种贸易的副产品是让其站在了大灾难的边缘。到了19世纪40年代，裹着很多外衣、呈现多重结构形式的国际贸易，几乎已经渗透并改变了太平洋上所有的土著部落，而在18世纪末，情形根本不是如此。

19 世纪 20 年代，美国商人在一些关键地点（比如夏威夷的商行）和很多活动（捕鲸、猎杀海豹、向中国的跨太平洋贸易）中，已经占据了主导地位。更重要的是，他们的实践和野心集中体现了自由贸易的思想，这种思想在太平洋也被一些商人认可。自西班牙大帆船贸易以来，帝国力量和政府经营的公司都试图垄断和控制某些特殊的地区、市场、商品以及太平洋贸易航线。这些对贸易的控制在俄美公司、英国东印度公司、荷兰东印度公司、皇家菲律宾公司的历史和西班牙帝国的贸易限制政策中，都有清晰的展现。1800 年以前，对贸易门槛的限制取得了不同程度的成功，这在很大程度上是因为缺少外国竞争。但是在拿破仑战争以后，贸易限制和垄断在竞争更为激烈、发展更为迅速的商业中就不再起作用了。推动这种新型商业发展的，当然不只有美国远洋商船的船长，不过美国人是他们所理解的自由贸易的最热情的倡导者和最成功的实践者。

阿比·简·莫雷尔（Abby Jane Morrell）就是这种观点的倡导者。她是本杰明·莫雷尔（Benjamin Morrell）船长的妻子，从 20 岁的时候（商船出海的时间）开始给她的"妇女同胞"记录她 1829 年和 1830 年随同商船在太平洋进行贸易的历险经历。[81]她乘坐的商船是"南极洲号"（Antarctic），在太平洋上航行了很多地方，在斐济收购了一船干海参，将其运往马尼拉。[82]但是，这次在斐济购货的经历却是一场灾难。那里的村民趁人不注意，偷走了商船上的一些工具，激怒了莫雷尔船长，因此莫雷尔船长就抓了一个当地首领作人质。村民反应强烈，攻击商船，杀害了 14 名船员（"野人残暴下的牺牲者！"阿比·简·莫雷尔这样写道）。[83]"南极洲号"开往马尼拉，莫雷尔船长在那里补充了船员，总数达到 85 人（加上他的妻子），同时还在船上补充装备了火炮和黄铜回旋枪。"南极洲号"返

38

回到"屠杀岛"，阿比·简·莫雷尔从甲板上看到船员从坚固的掩体里用回旋枪射杀了大量的斐济人。她写道："敌人没想到会有这样一个下场"，很快，"地上燃起了战火"，躺满了死亡的"野人"。莫雷尔船长这样描述："地上覆盖着这些顽固的、愤怒的野人深红色的血块。"[84]阿比·简·莫雷尔评论道：

> 看着这一切，我没有一丁点儿的恐惧。女人很容易受到她周围那些人情绪的影响……不过，我还是禁不住哀悼那些贫穷的、迷途的、无知的死者生灵，他们有着人的外形，但灵魂需要拯救。无知的人一定要通过血的代价才能学会文明吗？处于我们当时那种情况下，真是别无选择。[85]

令人不解的是，阿比·简·莫雷尔从这个暴力事件中所得到的启示却不是关于文明和野蛮的，她把这个故事变成了一个关于自由贸易必要性的寓言。

39

在接下来的日子里，"南极洲号"的船员们才去完成此行的根本任务。阿比·简·莫雷尔写道："现在我们开始收集和加工干海参，最初来这儿的时候，如果不是持续不断地受到当地人的袭击骚扰，我们早就成功地完成了我们的心愿。"两周以后，商船离开，因为船员们发现："让（斐济人）了解我们的目的和想法，是不可能的。"在阿比·简·莫雷尔的心里，这就是一件单纯获得一船干海参的事件。从一开始，斐济岛的居民就反对莫雷尔船长收购干海参，这是阿比·简·莫雷尔所不能理解的。岛民们竭力控制他们的财产以及交换的条件，这与她崇奉的自由贸易是完全冲突的。在回顾此次航海经历时，阿比·简·莫雷尔总结道："如果有人说，你这儿不能买，那儿不能卖，但是，如果你遵守千百个限制，就可以如此买卖，那么，这不仅是不公正的，而且是侮辱人的。世界应该对所有的人都开放，并且是以同等的条件开放……不能有任何人搞特殊，享受专有的特权，任何国家也不能有特殊的优惠。"[86]莫雷尔坚信，尽管其他人有自己的想法，但是美国人应该理直气壮地宣传和捍卫这种思想。[87]

其他观察家已经注意到了美国商人几十年里所持的这种自由贸易思想，有些人认为，这是美国人所独有的特征。英国商人约翰·特恩布尔（John Turnbull）在1800年到1804年之间完成了他的环球航行，回来后他这样评述道："世界上几乎没有地方，特别是（太平洋）大多数不为人所知的水湾里，没有渗透进（美国的）这种商业意识。东印度群岛对他们开放，他们的旗帜飘扬在中国的海域里。必须承认，我们要向他们致敬，他们的成功是理所应得的，因为他们非常勤奋。"[88]在苏格兰船长亚历山大·迈可诺奇（Alexander M'konochie）看来，美国商人的"勤奋"既源于他们持续的"投机"策略，也源于他们在航海时所采取的"迂回曲折和随心所欲"的方式。[89]迈可诺奇在1818年写道：

> 每一艘美国商船离开自己的港口时都有通盘的考虑，也许是装载一船生活物资开往马德拉岛，在那里换一船酒；或者开往法兰西岛、英国人在印度的居住地或者新南威尔士……所运载的货物虽然多种多样，但都符合目的地的需求。当他们把货物卸下来之后，就已经准备考虑下一个投机买卖了，不管是什么国家，不管是什么贸易，只要有钱赚就行，美国商人的观念里永远瞄准广州这个遥远的港口。就这样过了几年，当他们用

最初微不足道的资本所积累的财富足以购买一船茶叶的时候，就打算回家了。

19 世纪初期的战争短暂地阻滞了美国商人在广州掀起的大潮，迈可诺奇看到："不过现在他们又出现了……人数比以前更多，那是一群活跃的、忙碌的商人，精明地发现每一个能赚钱的机会，急切地利用每一个能赚钱的机会。"[90]

迈可诺奇关于太平洋商业的"综述"敏锐地抓住了关键变革时代的贸易本质，警告英国商人自己丧失的商业机会。他努力"把大众的注意力引向太平洋……太平洋的海岸可以延伸到全球任何一个有人居住的地方，那里充斥着各种各样昂贵的商品，而英国商船经年累月也鲜有去那儿的"[91]。迈可诺奇提出，美国人已经占领了太平洋通往广州的跨洋贸易，而大英帝国却忽视了太平洋贸易在中国日渐增强的重要性。他写道，跨太平洋贸易"几乎都掌握在那个（美国）共和国手里"，美国通过三条航线进入中国："新澳尔滨"（加利福尼亚和西北海岸）、夏威夷和西美大陆（Spanish-American mainland）。迈可诺奇相信，这些航线极为重要，但是英国保护东印度公司在广州商业活动的贸易政策已经严重损害了英国独立商人的利益，使他们在更大的太平洋贸易中处于极为不利的地位。[92]

与自己同胞的一味指责不同，迈可诺奇提出了一个计划。英国需要"在太平洋水域之内建立一个中央殖民地，而且还要让殖民地的港口，不管是一个还是多个，都要在其范围内对所有的商船、每一艘商船开放，不仅让它成为我们自己的出口商品转运到世界各地的商业中心，还应该让它成为所有海洋贸易集散、运往欧洲和其他大西洋市场的通道"[93]。那么，大英帝国应该把这个自由贸易的"殖民地"建在哪儿呢？英联邦应该如何获得这一切呢？迈可诺奇在他的计划中没有谈到这些细节，但是明眼人一眼就能看出，夏威夷群岛符合迈可诺奇建设英国自由贸易港口的所有标准。

　　尽管没有具体的细节探讨，迈可诺奇的计划依然堪称完美，因为它反映了太平洋商业世界当时的发展状况和趋势。在他的这本计划书出版的时候，国际商船已经在太平洋的大多数区域畅通无阻地航行了。诸如威廉·谢勒等早期商人所开展的非法或走私贸易，尽管有其不足之处，但在当时还是很有成效的。不过，随着自由贸易的兴起，它很快就式微了。迈可诺奇描述为"海洋统筹"的商业，即使随着时间的推移，具体的商品在不断变化，但其交易量一直在持续增长，具有开创精神的商人环绕太平洋，"迫切地利用每一个富有前景的商业机会"，实现毛皮、木材、干海参、贵重矿石和金属、鲸油以及中国的丝绸、茶叶与陶瓷等商品的贸易。[94]

　　太平洋在 1820 年前后发展成为自由贸易的水域，推动这一转变的，与其说是阿比·简·莫雷尔、威廉·谢勒或亚历山大·迈可诺奇等人的记述，不如说是商业和政治因素。由于秘鲁、墨西哥等地掀起独立运动，西班牙美洲殖民地所谓非法的海洋贸易，早就变成合法的了。在太平洋另一边的广州，英国东印度公司的贸易额在 1820 年就低于美国人的了，主要原因是中国的行商为了获得更多利润，实行了让洋行进行竞争的办法。在卡米哈米哈国王的统治之下，自 1800 年起，夏威夷几乎欢迎各种形式的贸易。1819 年他去世后，继承王位的里豪里豪（Liholiho）与美国和英国商行结盟，从而进一步扩大了贸易量。火奴鲁鲁不仅在这些联盟的推动下发展成为太平洋的中心市场，而且还发展成为连接其他太平洋港口的枢纽，吸引了来自全球的从事海洋贸易的商人。1820 年以后，太平洋毫无限制的商业环境在很多方面展现了它的优势：开放、迅猛发展的港口，从事专门商品贸易、具有创新创业精神的商船，一点都不顾及政治地理边界的民间商人，以及太平洋贸易信息在全世界的快速流动。

小结：疾病的"幽暗交易"

威廉·谢勒在 19 世纪开放年代带领"莱利亚·拜尔德号"远航时显示的太平洋贸易中的很多因素在随后 40 年里继续扩大。其中一个决定性的因素是与土著居民保持密切的接触，并实行以物易物的贸易方式。这种交往给生态带来了毁灭性的影响，尽管这种影响一开始是看不见的。谢勒 1805 年到达夏威夷以后，注意了一下当地人的外貌。他写道："三明治岛上的人块头大，体格健壮，是一个强健结实的民族，很多妇女都很漂亮，简直堪称完美。所幸的是，这些岛民健康的肌体以及行为上的节制，有时让他们的医生都没了用武之地。"[95] 看到夏威夷人"健康的体魄"，谢勒可能长出了一口气，因为在上一年的贸易中，他看到了太平洋海岸土著居民遭受种种疾病的重创。不过，谢勒推测夏威夷人身体健康却是一种误解，因为肺结核已经传染到了夏威夷群岛，同样传染过来的疾病还有伤寒和梅毒。截至 1805 年，这些从外面输入进来的疾病夺去了无数夏威夷人的生命。因此，如果判断很多夏威夷人的身体状况，应该是他们得了传染病，而不是具有"健康的体魄"。

谢勒的观察本来应该更认真细致一些，或者说，他的报告应该再真实一些，因为他第二次来到夏威夷群岛的时候，岛上的居民刚刚经历了一场可怕的瘟疫，成千上万的男人、女人和儿童因此丧失了生命。关于这次奥窟（okuu）瘟疫的记录，尽管差别很大，但是都包括一些基本的数据，比如什么时候发生的，死了多少人等。根据最详细的研究，这次奥窟瘟疫是一种伤寒病菌导致的，于1803年底传染到夏威夷岛，并在以后12个月的时间里传染了岛上的居民，造成了可怕的死亡。[96]对于死亡人数的估计，大致在5 000人和175 000人之间，尽管根据为数不多的现存记录，死亡的人数可能更少一些。[97]很明显，这个疾病之所以被称为奥窟，是"因为人们自由放飞了灵魂，然后死去了"。[98]奥窟这个病菌是通过一艘外国商船传播到夏威夷岛上的，船上的水和食物受到了病菌的感染。1802年，抵达夏威夷的只有三艘船（"阿塔瓦尔帕号""玛格丽特号"和"安妮号"）；1803年，抵达夏威夷的只有一艘船，那就是"莱利亚·拜尔德号"，这是它第一次来夏威夷。"莱利亚·拜尔德号"在夏威夷停留了14天，足以将各种细菌带到岛上来。此后不到两年，"莱利亚·拜尔德号"再次来到夏威夷，威廉·谢勒却报告说，岛上的居民身体健康。对夏威夷这次传染病的记述大都太模糊，很难判定其最初的起因。不过谢勒在这个问题上的沉默是很怪异的，不符合他的性格，因为他对北美海岸上疾病的盛行都给予了详细的描写。

谢勒将"莱利亚·拜尔德号"卖给了卡米哈米哈国王，这艘船就成为国王船队的一个成员，继续在夏威夷服役。后来，这艘船经过全面的整修，又进行过多次跨洋航行，将夏威夷的檀香木运到了广州。时间和盐水侵蚀了"莱利亚·拜尔德号"的船体，在最后一次航行中国后，再也没有返回夏威夷。它停泊在广州外面的黄埔港里，终于从繁重的远航中退役了，成为接收刚从印度运来的鸦片的仓库，以此度过自己的余生。那艘商船成了英国和美国商人存放鸦片的水上仓库。[99]

43

第二章
疾病、性和土著人口减少

　　夏威夷人造成的死亡，一次只有几个；外国人造成的死亡，一次却有好多。

——夏威夷民谚

"发现号"和"决心号"（1776—1779）

　　英国皇家海军"发现号"（Discovery）和"决心号"（Resolution）终于在1779年2月28日离开夏威夷群岛，此前，两艘船的船员度过了詹姆斯·库克船长遇害身亡后漫长的两个星期。接下来领导航行的职责落到了查尔斯·克拉克（Charles Clerke）身上，不过，多数船员心里清楚，这个人时日不多了。克拉克痛悼库克船长，对于他将要在冰冷的北太平洋里度过几个月深感恐惧，同时也哀叹"他自己极不乐观的健康状况"，而船上的其他高级船员则忧伤地注视着他日渐消瘦的身体。海军中尉詹姆斯·伯尼（James Burney）看到克拉克"完全脱形了，几乎只剩下一副骨头架子"。克拉克曾经是精神饱满的人，全程参加了库克船长的三次太平洋远航，从十几岁的时候就跟随皇家海军"海豚号"（Dolphin）全球环航，而现在看起来就像一个幽灵。

在这个深冬，克拉克顽强地活着，坚守着指挥岗位。这两艘船驶往堪察加半岛，往北穿越寒冷的白令海峡，然后在 8 月又返回堪察加半岛，而此时，克拉克因为肺结核的折磨只剩下最后一口气。8 月 22 日，海军中尉詹姆士·金（James King）坐在克拉克的床边，握着他的手，眼看着他死去。金在他的个人日记中写道："一个行将就木的人，从来没有如此忧郁，从来没有如此平静。"克拉克终年 36 岁。[1]

结核分枝杆菌在克拉克的肺里已经滋长了三年。三年前，他在王座法庭监狱里第一次遭受这个病痛的袭击，这是克拉克在临终时口述给约瑟夫·班克斯爵士（Sir Joseph Banks）的信中披露的。[2]因为受兄弟债务的牵连，他被捕进入了伦敦这个臭名昭著的欠债者监狱，这次入狱让克拉克付出了极为沉重的代价。1776 年 8 月出狱后，他负责指挥"发现号"，立即从普利茅斯（Plymouth）启航。在好望角追上库克船长和"决心号"的时候，克拉克看起来很健康，尽管"发现号"上已经有个别的人感染上天花，而且有很多人抱怨得了"法国花柳病"。[3]在随后的几个月里，克拉克的这个"消瘦病"开始折磨他。营养缺乏，可能还有坏血病，很可能被性病削弱了的免疫系统，使得结核病菌在他的肺上肆虐疯长。到了 1777 年秋天，克拉克因为病痛只能待在船上，而他的水手则下船去塔希提岛和胡阿希内岛（Huahine）上寻欢作乐。

44

克拉克的肺结核传染给了库克船长的医生威廉·安德森（William Anderson），还有可能传染给了库克本人。抵达夏威夷的时候，克拉克坦陈："我的健康如此糟糕，啥也干不了了。"[4]安德森甚至更糟糕，病情恶化得很快，1778 年 8 月 3 日，刚到白令海峡南边时，他就去世了。库克船长以他的名字命名了一个岛，以"永远纪念这位因病去世的、我非常尊敬的人"。克拉克可能是担心他传染了安德森，所以不无悔恨地在日记里写下这样的文字："航行空虚寂寞，遗憾懊悔颇多。"[5]一年以后，克拉克也告别了这个世界，是此次远航中"发现号"和"决心号"这两艘船的所有船员中因病去世的七个人之一。考虑到 18 世纪船员极高的死亡率，"发现号"和"决心号"能做到这样，已经是罕见的成就了。[6]

尽管船员的死亡率低，但是，"发现号"和"决心号"所携带的病菌或病毒的数量依然超乎人们的想象，库克船长前两次太平洋航行的情况也与这次差不多。船上军官和工作人员因肺结核、各种各样的"高烧"而患病，包括疟疾、登革热、痢疾、水肿、肺炎、流感、病毒性肝炎、天花和性病。[7]当然，这些疾病造成的后果不能仅仅依据其对船上人员的影响来衡量，更重要的是，要考虑这些输入性疾病给土著居民带来的瘟疫。库克船长率领的航船随即对当地产生了严重的影响，在某些情况下，甚至是毁灭性的影响。塔希提岛、新西兰、澳大利亚、夏威夷和西北海岸的当地人由于和像查尔斯·克拉克那样的人直接接触，都付出了惨重的代价。克拉克每咳嗽一声，都会喷出致命的结核细菌。虽然库克船长的队伍里患病的人数不比其他航行太平洋的外国商船多，但是他们仍是在未来几十年里毁灭土著社区和造成土著人口骤减的流行病学史上的冰山一角。

整个太平洋的贸易水平不断提高，这意味着太平洋有更多的船只、更多的外来人员、更多的交往，以及更多感染各种疾病的机会。换一种说法，1800 年以后，疾病传播的途径每十年就会变得更加多样，更加广泛。同时，土著居民与外来人的密切交往也更加频繁，特别是那些在船上的劳动力。这种近距离的接触加速了疾病传播，造成了当地水手极高的死亡率。

与造成人口减少的其他因素一样，土著居民和外来人员之间的性生活往往带来灾难性的后果，这是本章聚焦的主题。这些性生活带来不同程度的后果：不能繁衍健康的后代，没能实现人口的正常更替，反而传染了性病，为不孕不育、婴儿死亡以及严重破坏免疫系统埋下了潜在的祸根。因此，在 19 世纪上半叶商业发展越来越将东太平洋连接起来的同时，那些海洋联系也凸显出当地土著部落的撕裂和人口减少。

审视疾病和疾病史

由于从未见过的疾病的输入，由于免疫系统面对此类疾病的脆弱，美洲和太平洋的土著居民大量死亡，数字惊人。历史学家、人类学家和流行病学家最近的研究揭示了一种死亡一般的"恐怖"，这种"恐怖"四处弥漫，以致会重构人们以前对于交往关系、土著抵抗以及欧洲帝国"成功"原因的大多数解释。[8]欧洲人输入的如海浪般的病原菌在 1492 年以后冲击着西印度群岛和美洲，通过各种渠道传播到居住分散的土著部落。这些病原菌随着 16 世纪西班牙帝国主义的入侵抵达太平洋，尽管它们最初只局限于开往秘鲁、墨西哥、菲律宾和中国进行金银贸易的马尼拉大帆船航线。借一位历史学家的话说，就全球疾病流动来说，面积更大的太平洋是"病毒和其他细菌的共同市场"，只不过时间上相对延迟了一些。[9]事实上，太平洋的东北象限可能是这个共同市场最后的舞台。但是，不管时间上是否相符，在 18 世纪末到达太平洋的船只带来了让土著人口急剧减少的病原菌，在有些地方，只花了仅几代人的时间，就减少了当地 90％的人口。[10]

　　疾病传染的过程一开始就是社会性的、历史性的、流行性的，理解这一可怕的过程需要跳出单纯的"处女地传染病"（virgin soil epidemics）思维模式。[11]在标准的处女地传染病中，一种输入性病原菌几乎可以消灭整个种群，因为那些人对于新疾病没有任何免疫力，即便有几个幸存者，也没有能力恢复或重建他们的种群。美洲和其他地方的一些传染病可能就是如此可怕，它们在消灭一个部落后又侵入另一个部落。但是，本章探讨的是疾病在其调节因素伴随下更常见的模式和影响。这些调节因素包括通过从不同渠道输入的各种病菌、加重病原菌影响的环境条件以及最后一个因素，即严重抑制生育能力并同时减弱个体免疫系统的输入性性病。[12]这些因素在整个太平洋实现了致命的整合，将"死亡载体"传染到此前健康的土著人口身上。[13]

　　太平洋土著居民很快就感受到健康的变化，这些变化影响了他们的身体、家庭和部落。与外来者接触之前，土著居民所患的疾病和传染病当然也影响他们的健康质量和寿命，但是外来者输入的病原体却使痛苦和死亡的程度提高到新的量级。19 世纪初，夏威夷人在观察后得出的结论是："夏威夷人造成的死亡，一次只有几个；外国人造成的死亡，一次却有好多。"[14]如果当地人和外国水手都不能正确理解流行病学或新疾病的病原论，很多人就会依然认为外国商船到达和疾病暴发之间存在着必然的联系。[15]土著人甚至为他们的这种理解形成了自己的表述方式，库克岛上的人患病以后就说"Kuapaîau"，意思是"我是被船上的人感染的"，既描述了他们的不幸，也描述了他们患病的根源，那就是商船。[16]亚库塔特-特令吉特（Yakutat Tlingit）的村民责骂从外面来的"疾病船"，因为它们带来了可怕的疾病，他们的巫医也认为，"船上的病"勾走了村民的灵魂。[17]夏威夷人也把他们受到传染病袭击的时间确定为第一批外来船只抵达的时候。根据 19 世纪夏威夷作家萨穆埃尔·卡玛卡乌（Samuel Kamakau）的说法，在那些船只到来之前，夏威夷"没有致命性的疾病（luku），没有流行病（ahulau），没有传染病（ma'ilele），没有吞噬人身体的疾病（ma'i'a'ai），没有性病（ma'ipalaamekekaokao）"[18]。因此，在缺乏能够更专业地确定病因的"生源说"的情况下，当地人理所当然地把外来船只当作他们感染新疾病的罪魁祸首。

19 世纪的医学研究人员也得出了相似的结论。德国医生和医学历史学家奥古斯特·赫希（August Hirsch）研究世界范围内的疾病流行，是最早发表研究成果的人士之一。由于太平洋当时发生了输入性流行病，所以那里的情况尤其让他好奇。[19]赫希分别就哪一艘船到达太平洋的哪个地方进行了个案梳理，而这是大多数读者所不知道的，比如"君主号"（Monarch）离开智利海岸的时候船上就有流感，从塔希提岛到塔斯马尼亚岛流行猩红热，萨克拉门托河谷（Sacramento Valley）出现了发热性疟疾，锡特卡流行伤寒，英国商船"拉玛号"（Lama）将天花引入西北海岸，太平洋由于与"其他国家积极往来"的增加而到处是梅毒。[20]他为科学取得的进步而欣喜，在重大医学突破的当口著书立说。不过他也知道，欧洲商船送去的"文明的礼物"已经毁灭了很多土著居民。[21]

　　赫希三卷本的研究成果让人对疾病的随意性产生了错误的印象，比如，这儿出现天花，那儿出现流感，另外某个地方出现麻疹。最近的研究试图推翻这种随意性，建立其因果关系模式：先是客观地介绍某一种特定疾病的输入，然后是特定因素影响下的扩散路线，最后，如果有可能，公布死亡人数。[22]尽管如此，在疾病的输入和传播方面，依然有某些不可解释的现象。比如，库克船长的船队在 1778 年第三次远航中踏上了地图上籍籍无名的夏威夷岛链，而这次航行只不过是一次偶然而已，但正是在这个关节点上，他的船员把肺结核和性病传染到了夏威夷岛。当地突发的很多疫情也存在着随意性的因素。[23]比如，在 18 世纪末，天花肆虐了西北海岸的一些土著部落，但是附近的另外一些部落却安然无恙，不论从地理空间还是社会交往上，都阻断了疾病的传播。当地暴发的疫情有可能传播得更远，传染得更广，但也有可能就局限于当地。

　　很多人目睹了疾病造成的健康恶化、死亡以及奄奄一息的惨状。对于传染病，土著人在他们的口传历史中有着痛彻心扉的记忆。一位说切努克语（Chinookan）、名字叫威廉·查雷（William Charley）的老人，讲述了 1830 年他的族人在哥伦比亚河边经历"寒热相间的疟疾"大暴发的故事。他说："在哥伦比亚河的上游、下游和所有的溪水边，印第安人居住得比较密集。这个病暴发的时候，他们都不知道是什么病，也不知道该怎么办……每一个患病的人都没有好，全死掉了。"[24]外国商人走后，留下了数不胜数的无人村庄。关于下加利福尼亚海岸，威廉·谢勒在 1808 年的日记里写道："这次远航途中，我去了（很多）地方……皆空无一人，几近废弃。"在他的描述中，有一个当地村落从 7 000 人减少到只剩下 50 条"人命"。他发现，如果不是那个"可恶的性病"，"很难想象，到底是什么原因造成了如此惨重的人口骤减"。[25] 从这些以及其他众多的第一手记述中，人们只能得出这样的结论：那个时候，人们对于疾病造成的影响有着普遍的认识。早在出现众多无所不知的观察家之前，土著人口的急剧减少就人所共知了。

幻想与强迫：性交易

查尔斯·克拉克在 1779 年罹患肺结核之前，其短暂的一生中有一半以上是在海上度过的。在大英帝国四次最著名的环球远航中，他都是船上的军官，一次是跟随约翰·拜伦船长率领的"海豚号"（Dolphin）的航行（1764—1766 年），其他三次都是跟随库克船长的航行。很少有军官拥有如此不同寻常的经历，其中既有需要勇气的时候，也有靠运气的时候。在七年战争期间，不满 20 岁的克拉克在装配有 74 门大炮的英国皇家海军"贝罗娜号"（Bellona）上服役，在与法国战舰"勇气号"（Courageux）开战时，克拉克跨坐在后桅杆的顶端射击，没想到后桅杆的下部被对方的炮火击断，他从高高的空中落到水里，但最终死里逃生。他在以后的日子里每次讲述这段经历（包括把那根后桅杆比喻成生殖器）都把他的朋友逗得哈哈大笑。不论是同船的军官，还是船员，都非常乐意与他为伍。他身上没有英国军官阶层所惯有的傲慢，在跟随库克船长的最后一次远航中，他对于在欠债人监狱所受的苦难，一点都不耿耿于怀。库克船长率领"决心号"离开英国三周后，克拉克也登上了

"发现号"，他在当时给班克斯爵士的信中说道："嗨，我的小伙伴们，我会使劲拉纤，我一定能追上（库克），我一点都不担心。"[26]尽管身患肺结核病，他依然和前三次远航一样，尽可能多地参加太平洋上的诸多娱乐活动。他的一个朋友证实了这一点："克拉克是一位优秀的军官，不论是纵酒还是买春，他都和最厉害的人一样棒。"[27]

在太平洋远航中，不论途中发生什么，比如贸易、探险、与村民冲突、测量以及很多艰苦的工作，大多数水手的心中对性都有着强烈渴望。对于与当地女人的交往，有些日记作者只是浮光掠影地一笔带过，而其他人对于遇到的"热情"的女人，则记录得很坦率。[28]美国海军候补少尉威廉·雷诺德（William Reynolds）1839年乘"文森斯号"（Vincennes）从南太平洋去往夏威夷，他对一位特别的年轻姑娘念念不忘。他在萨摩亚人居住的图图伊拉（Tutuila）岛上的阿文加-阿罗发（Avenga Alofa）村里过了一夜，然后描述了欢迎他们的人群里有男人、女人和孩子们："我的眼睛很快就被一个年轻姑娘无与伦比的优雅和美貌吸引住了，她站在那儿，与其他人隔得很远。她大约15岁，正是天真无邪的少女的象征。"雷诺德称呼这个女孩为"爱玛"，并在日记中说，她是当地"王子"曼尼托阿（Maneitoa）的女儿。雷诺德这样写道："我的脑子里全是对我的公主的甜蜜想象，这是难以抑制的。如果我年轻5岁，可能会发疯般地爱上她。"[29]

雷诺德与爱玛一起待了几天后，就回到"文森斯号"上。与爱玛在一起的那几天，他差一点对萨摩亚人的陶搭（Taupou）制度形成公开威胁，因为这种制度严格要求青春期的姑娘要保持童贞。[30]雷诺德写道，爱玛有一个更年轻的"闺蜜"，有一天，"这两个年轻人手拉着手，我在她们的陪伴下在村子里闲逛……直到我们来到一个高门大院。我在这里打开我的包，把我身上最有价值的东西作为礼物送给了这两个人。"雷诺德的"包"和"有价值的东西"到底是什么，现在依然不清楚，这里的重点是，那些东西是他的。他说的礼物指的是物质性的礼物，还是指肉体性的欢愉？或者，他指的是先给了一个礼物，然后才给了另一个礼物？如果说他简约的文辞意思不够明确，那么他后来的白日梦却是真切的：

> 我情不自禁地想在这个伊甸园里度过一生，脑子里甚至幻想着，离开我的船，就在那迷人的小树林的树荫下，构想着甜美的爱玛的画面，她从一个花蕾到完全成熟，彻底绽放。于是，我珍爱着这朵花，永远地佩戴着。多么美妙的梦啊，而这一切又是多么地自然。[31]

雷诺德幻想离开他跟随的船，去往那个伊甸园般的岛，这反映了无数流浪者的经历，从 1789 年"邦提号"（Bounty）的反叛者，到 1842 年被遗弃在马克萨斯群岛上的赫尔曼·梅尔维尔（Herman Melville），都有过这种幻想。不过，在这种幻想之外，还存在着男人买春和控制年轻女性的黑暗现实，其中有些女性还不到青春期，她们别无选择，只有"同意"。雷诺德警告他的同伴："别说我傻帽，你们自己试试看。"[32]

他的同伴还真去试了。航行太平洋的军官和船员迫不及待地利用每一个"消遣"的机会，也就是说，找岛上的女人"提提神，要一耍"[33]。1805 年 8 月 19 日，威廉·谢勒在靠近夏威夷的时候看到"大量的土著人，男女都有"，这些人来迎接"莱利亚·拜尔德号"，谢勒解释了他们如何"让我们提神等等"[34]。谢勒对性交易轻描淡写的一提，实际上代表着几十年太平洋航行所共有的欲望可以追溯到库克船长到达夏威夷的时候。1778 年，赤身裸体的年轻女人游向"决心号"和"发现号"，库克船长是此次远航队伍中少数几个洁身自好的人之一，他担心"大瘟疫"的传播，因此试图阻止他的属下和岛民发生性交易，但是没有成功。库克船长的随船医生大卫·山姆威尔（David Samwell）描述了那些"美若天仙"的女人，并说她们"使尽各种招数来诱惑我们的人……（而且）她们绝对不容别人拒绝"[35]。威廉·埃利斯（William Ellis）坦陈："世界上任何自我放纵于性爱的人，都比不上这些（女人）。"他补充说，其中有些女人，"不会超过 10 岁"。[36] 40 年以后，"英雄号"上的埃德蒙·勒·讷特利尔（Edmond Le Netrel）描述了几乎相同的一幕，他的船长"允许船员在船上随意接待女人，多少不管，但是只能在干完船上的活儿以后，而且还有明确规定的条件，那就是不能越过主桅杆"[37]。如果说有一些记述谈到了这类性交易中的强制性，那么多数人则忽略了这些性买卖中权力的力量。

由于最初来到塔希提岛的塞缪尔·瓦利斯（Samuel Wallis，于 1767 年来到该岛）、路易斯·安托万·德·布干维尔（Louis Antoine De Bougainville，于 1768 年来到该岛）、詹姆斯·库克（于 1769 年来到该岛）等人的报告，该岛被当作最原初的性爱天堂的象征。在详细描述年轻的姑娘涌向"拉布蒂丝号"（La boudeuse）和"埃托伊尔号"（Étoile）时，布干维尔不禁发问："我问你，面对这样的情景，谁能让 400 名在 6 个月里没见过女人的年轻力壮的法国水手安心干活呢？"尽管布干维尔时刻保持警惕，不让女人上船，但还是有一位"年轻姑娘"偷偷地溜上了船，"不经意间让她的长袍滑落,被所有的船员看见了"。不管是甲板上面,还是甲板下面,自然是引起一阵骚乱,男人们竞相色眯眯地看着这位"维纳斯"。布干维尔承认:"我们努力阻止这些被性饥渴折磨的男人,但是,即便是控制自己,都很困难。"[38]性事如此容易上手,这让那些水手们乐翻了天。与岛上女人共度良宵一刻的水手,没有一个不把那些女人描述为滥情教唆者。拉彼鲁兹这样阐述复活节岛上的情况:"没有一个法国人会利用这种送上门来的野蛮权利,(但是)如果说有些时刻发乎于情,而且欲望和投怀送抱都是相互的,特别是,在女人先挑逗的情况下,法国人就笑纳了。"[39]在有些情况下,女人热情坦率,公开嘲笑她们所看到的,比如水手们动作笨拙,性事匆匆忙忙。有一位学者写道:欧洲人"可以说塔希提人无知、享乐、好色,但是不能说他们缺乏批评的智慧。欧洲人不知道,那些塔希提人即便只不过是野蛮人,也可能是讽刺作家"[40]。

这种活跃的性交易在土著居民中间造成了广泛的传染病、不孕不育以及危及生命的疾病,其背后的推动力是什么呢?如果从欧洲和美国水手的视角看,答案是显而易见的。那些水手多年离家在外,正如布干维尔所解释的,"6个月都没见过女人了"。[41]他们都渴望性,特别是那种双方你情我愿的,就更令他们向往了。但是,就这么以贸易货物的形式简单支付的买春,而且还不管实际收取费用的是谁,往往被解读为女人真心的"同意"。土著妇女参与这种性交易的原因是非常复杂的,有多种情形:有的是自愿,有的是被迫,还有的是被强奸。

欧洲和美国的水手都认为,波利尼西亚的女人是自愿的,最有名的是夏威夷群岛、塔希提岛和马克萨斯群岛上的女人,水手都是公开地和那些土著女人在船的甲板上和海岸的沙滩上私通款曲。很多学者通过文化考察来解释一些波利尼西亚女人愿意与外来人发生性关系的原因，特别是在外来船只早期到来的那个阶段。在夏威夷，马歇尔·萨林斯（Marshall Sahlins）断言："性就是一切，包括地位、权势、财富、土地以及所有这一切带来的安全感。也许，快乐的社会可以让生活中对所有美好东西的追求本身充满愉悦。"[42] 卡洛琳·拉斯顿（Caroline Ralston）对夏威夷精英或"贵族"妇女与其"普通"（非贵族）的姐妹，进行了区分，后者"向外国水手投怀送抱，那是符合其社会既有的文化习俗和信仰的"[43]。这可能是符合实际的。但是，在这些文化解释的背后，还有年轻妇女希望以此推动社会的进步，也就是说，从一个陌生人那里获取并增加部落的玛纳（精神力量），所以才在村里长者的众目睽睽之下履行自己的职责，渐渐地，这种行为演变成一种通过性爱换取"外来物品的途径"。[44] 贸易货物的诱惑力很关键，女人们发现，她们可以索取它们。库克船长的水手们不顾一切地拔去船甲板上的长钉，用以补偿他们的性伙伴。几十年以后，海军候补少尉威廉·雷诺德还对当年"我能挑选三个最美的少女"而"兴奋不已"，他眨巴一下眼睛，又补充说："我的那些小装饰品、小玩意儿一个都没有了。"[45]

　　长钉、铁钩、小玩意儿以及硬币，就是这些东西在太平洋岛的很多地方发展形成了性交易市场。但是，在早期阶段始于自觉自愿地给予一点小玩意儿的交往，在后来的岁月里演变成一种公开的、有组织的、被强迫卖淫的体系。[46] 即便最初的时候，也一定存在某种程度的强迫现象；就算不存在强迫现象，卖淫女子也很有可能无法围绕恰当的做法、目的或交易的物质条件，与船员沟通交流。[47] 我们再回顾一下布干维尔所描述的情景："拉布蒂丝号"和"埃托伊尔号"被塔希提人的独木舟包围着，"独木舟里装满了女人……这些美丽的女人多数是赤身裸体的，因为同行的男人和年长女人早就把她们的长袍脱掉了"。年轻的女人和姑娘们身上的衣服已经被她们的长者脱掉了，在这些索费很高的性交易里，她们一直是沉默不语的。布干维尔继续写道："（村子里）的男人催促我们挑选一个女人，并跟着她上岸，那些男人用明确无误的手势告诉我们如何对待那个女人。"[48] 布干维尔完全白描式的叙述省略了这些亲密接触中最令人关切的真实价码以及女人同意的程度。其他旁观者和参与者对于此类性交易中权力的作用和性暴力的程度，远比布干维尔更为清楚。约翰·雷因霍尔德·福斯特（Johann Reinhold Forster）是库克船长第二次远航时的博物学家，根据他的记载，毛利男人"将他们家的女人卖给我们船上被女人魅力所吸引的人，作为这种残暴行为的受害者，那些女人被其父亲生拉硬拽到船上的阴暗隐蔽处，任由付过钱的船员发泄兽欲"[49]。在波利尼西亚，越来越多的旨在换取贸易货物的性交易，造成了无数土著妇女和男人的死亡以及健康的恶化。

　　如果说欧洲和美国的水手通常把太平洋岛想象为性爱的天堂，那么东太平洋海岸则是另一种不同的文化环境，在性交易中无可否认地存在着暴力和家族权势强加的现象。从阿拉斯加到上加利福尼亚，土著妇女被当作抵押品，被公开地卖为性奴，被迫卖淫以换取物品。18世纪晚期在阿留申群岛建立滩头居住区的俄国商人，通过扣押阿留申妇女作人质和作为性发泄对象，来迫使那里的男性捕猎者收集海獭皮。西班牙士兵和水手从下加利福尼亚沿着海岸一直到努特卡海湾，都是通过以物易物和暴力的方式强迫土著妇女与他们发生性关系。[50] 其他欧洲人充分利用太平洋西北海岸土著部落已经存在的奴役形式，与那些被强制为奴的土著妇女发生性关系，而那些妇女的主子则从这种交易中轻松地赚取钱财。[51]

　　妇女卖淫现象，不论是被强制的还是自愿的，虽然各个地方千差万别，但是在美国北部沿岸，看起来是广泛存在的。1792年，何塞·马里阿诺·莫兹诺（José Mariano Moziño）报告了努特卡海湾努查努尔特人部落首领的行为："部落首领们让这些（下层）妇女卖淫，尤其是向外国人卖淫，目的是从这种生意中获取利润。"[52]其他来源的材料则显示，这些妇女是沦为奴隶的战俘，而不仅仅来自"下层"，努查努尔特部落的男人拒绝用他们自己的女人向外国人进行以物易物的买卖。[53]威廉·谢勒的船员在靠岸后向一个尤洛克村庄买春时就遇到了这种阻碍。他们提出要与村里的"年轻姑娘"进行性交易，但是被尤洛克男人严词拒绝。谢勒的水手们退而求其次，提出年老的女人也行。但是根据谢勒的记述，那些尤洛克男人"具有强烈的嫉妒心，精心守护着他们的女人，因此，不管是出于害怕，还是出于贞操的考虑，那些女人都断然回绝了我们的水手送上去的货物，尽管有些货物无疑是价值不菲的"[54]。很显然，根据以前在海岸的经历，谢勒看来是相信买个春易如反掌的。但是，和其他外来者一样，谢勒不能区分被奴役的妇女和部落里的自由女性，被奴役的妇女可能缺乏反抗的权力，而部落的自由女性则对与外国人发生性关系没有任何兴趣，不管发生性关系后得到的补偿是什么。

　　那么，从太平洋上的这些性交易中可以得出什么结论呢？第一，性关系遍布于整个太平洋地区外来者和当地人之间的接触当中，性是18世纪末19世纪初改变太平洋地区的物质、文化和传染病等种种不平等交流中的重要组成部分。第二，这些性爱关系从本质上看差别很大，有的是你情我愿，有的是大规模强奸，有的是年轻女性在某种程度上被迫利用自己的身体满足外国男人的欲望。这种性交易给她们自己、她们的长者带来的物质收获，或者，如果她们是被奴役的女人，那就是为她们的主人带来的物质收获，逐渐地构建起当地与外来者之间进行性交易的体系。最后，也是最重要的，这些性关系对于女性在社会上的繁衍生育作用，产生了很大影响，让土著居民的身体健康付出了灾难性的代价。[55]感染了土著妇女和男人的性病，迅速在家庭和部落里传播。生育能力和婴儿出生率直线下降，而婴儿畸形和慢性病变得很常见。婴儿死亡率升高，由于合并感染其他输入性疾病，成年人的死亡率也提高了。那么，这种祸患的生物杀手到底是什么呢？

致命生物杀手

微生物密螺旋体（Treponema）导致性病梅毒，并与地方性梅毒、雅司病和品他病等其他三种密螺旋体病密切相关，后三种疾病都是皮肤病，通常通过手与手的接触传染，早在 18 世纪以前，就存在于某些太平洋土著居民中间。这些疾病既不致命，也不对人口再生产生威胁，只是在皮肤上造成不雅观的损伤和刺瘤，看起来很像是性病梅毒的症状。[56]与那三种疾病相比，性病梅毒（Treponema pallidum）对皮肤、神经系统、生殖和内脏器官、总体健康以及感染者的心理健康，都会产生毁灭性的影响。性病梅毒通过性交具有很高的传染性，一旦感染也会传染给怀孕妇女腹中正在发育的胎儿。这种先天性的传染在妇女感染性病梅毒的最初几年里最为常见，可能会造成流产、胎死、早产以及极高的婴儿死亡率。患上这种疾病以后，如果多年不加治疗，就会造成杨梅斑、肌肉和骨骼系

53

统麻痹以及痴呆。淋病细菌（Neisseria gonorrhoeae）产生的病症要少一些，但也是通过性交活动传染的，而且传染性同样强，常常造成男女的不孕不育。这种感染对女人的子宫、输卵管和卵巢有严重的损害，这些症状在今天都被诊断为盆腔炎和子宫内膜炎。[57]

对外国水手和土著居民来说，这些疾病的医学意义和可能的治疗是很不相同的。欧洲水手患病以后，能吃上营养丰富的食物，不再感染新的疾病，在抗生素发明之前实行医学介入治疗。通过这些措施，他们可以渡过这些疾病的难关，在几十年的时间里保持相对健康的身体。[58]如果是土著居民感染这些疾病，他们面临的境况可能是由于输入性疾病而造成的慢性健康恶化、生存困境导致的营养不良、不能改善任何状况的治疗。因此，土著居民一旦感染了性病，不仅对个人，而且对整个部落来说，都是灾难性的。传统的草药治疗，比如波利尼西亚的治疗术士使用塔希提栀子花（Gardenia Taitensis）治疗泌尿生殖道和睾丸的炎症，但是它对阻止性病的恶化却没有什么效果。[59]

关于密螺旋体病（Treponematosis）尤其是性病梅毒起源和扩散的科学与历史争论，还会继续下去。500多年来，人们对这个问题的争论归结为一点：新世界的土著人口是否将梅毒传染给了旧世界的欧美人？如果说欧洲人将灾难性疾病带到了美洲，那么，美洲土著人是否至少将一种微生物病菌通过哥伦布的船带回了欧洲，并在1493年以后的几十年里，像野火一样在整个欧洲蔓延？更进一步说，性病梅毒不只是一种疾病，它还带来了文化行囊中的性堕落、猥亵，也许还有野蛮的源头。对于性病梅毒的起源，越来越多的研究怀疑它完全来自新世界。[60]

不管起源于哪里，在15世纪末和16世纪，一种特别致命、

"最具传染性的性病"席卷了欧洲。在此期间，这个很明显全新的性病也开始了全世界的传染之旅，通过欧洲水手和商人传播到了非洲、亚洲和美洲。[61]由于太平洋的大多数地区都远离欧洲人的远洋航线，处于隔离状态，直到 18 世纪末，这个性病才从南太平洋经由夏威夷传播到北美海岸，给人带来痛苦，使人变得虚弱。这个性病在新感染的人群中肆虐，造成极大的破坏，这是因为那些人从前没经历过性病梅毒，其反应和它最初在欧洲人群中暴发所引起的反应是一样的。[62]

在太平洋，土著居民尸体上的外部症状让那些在治疗这种病方面具有丰富经验的欧洲医生都大为震惊，这从法国外科医生克劳德-尼古拉斯·罗林（Claude-Nicolas Rollin）1786 年对"流行"于毛伊岛居民中的一种性病的描述中得到证实：

> 这些苦难是人类遭受的最令人屈辱的、最具破坏性的苦难，在这些岛上居民的身上都显示了出来，症状如下：腹股沟腺炎及其化脓溃烂形成的伤疤、尖锐湿疣、骨头腐坏造成的溃烂蔓延、骨节凸出、外生骨疣、瘘管、泪腺和唾液管上的肿瘤、淋巴结核肿大、眼球凹陷、结膜化脓溃疡、眼睛萎缩失明、疱疹红肿糜烂溃破、手足肿胀活动不便。孩子也有症状，头上就像被热水烫过一样，似乎长满了恶性的癣，从里面流出恶臭的、酸腐的东西。我敢说，这些孩子是好色淫荡者所造成的不幸的受害者，大部分到了 9 岁或 10 岁的时候会变得虚弱、呆滞，会因为消瘦而显得精疲力竭，会深受佝偻病的影响。[63]

对于自己眼睛所看到的，罗林博士心里非常清楚，这是未得到治疗的二期也可能是三期性病梅毒，至于那些孩子们，很可能是被先天传染的。在那些未经医学训练的旁观者眼里，这些症状如果不是更加令人震惊，至少也和罗林博士看到的一样触目惊心。詹姆斯·科尔奈特（James Colnett）的船 1788 年停泊在夏威夷岛的岸边，他描述了到船上来的男性岛民的样貌："看到很多男人，样子非常恐怖，长着干疹，从身上各处往下掉。"[64]

罗林和科尔奈特都是在库克船长历史性地"首先"到达夏威夷群岛后、又经过七年时间第一批来访的人。这两位观察者都目睹了三个相关的现象：库克船长的船员所开启的性交易市场、传染性强的细菌往岛上部落的输入、夏威夷人身体上的性病惨状。科尔奈特认为："这个疾病是第一批来夏威夷的外来航海者留下的。"[65]认识到这一点的不只有罗林和科尔奈特，外来者和当地人也都知道，这个病来自那些乘船而来的好色的军官和船员。

夏威夷和"悲惨的瘟疫"

对于性传播疾病，查尔斯·克拉克持比较开明的态度。他知道，大多数水手有性病；他也相信，相对简单的治疗会治愈这些症状。他最后一次远洋航行出发三个月后，在好望角给约瑟夫·班克斯爵士写了一封积极乐观的信。班克斯爵士参加过一次太平洋航行，他在性事的放荡不羁方面远胜于克拉克。克拉克在信中告诉班克斯："我的船就抛锚在我的老朋友库克船长的船旁边。我们在航行途中生了一点点天花，倒是多数人得了花柳病，不过，所有的人都进行了相当的清洁处理，到达这儿的时候，已经完全康复了。"[66]

对于这种"清洁"治疗，克拉克没有提及任何细节，它可能涉及综合治疗，包括用汞、砷、碘化钾或者一种从西印度群岛愈创木中提取的浓稠混合物，再加上给患者进行针刺和刮擦。[67]但是，有一点是确定的，所有那些办法都治不了病。不管克拉克在水手身上看到什么样的健康状况改善，那都是来自疾病自身减轻和发展的循环，不是因为伦敦的医生和蛇油推销员所大力提供的"治疗"。

由于 1777 年夏天在塔希提岛上买春纵欲，船员的淋病和梅毒以一种猛烈的方式反弹。库克船长队伍中的天文学家威廉·贝利（William Bayly）在 1777 年 10 月 13 日写道："我们有一半的人感染了性病，有四五个人得了黄疸。"[68]这个时候，船上的船员都疲惫不堪，"没有足够的人手做船上的工作"。[69]如果再有岛上妇女前来与这些船员发生性交易，一定会付出惨重的代价，库克船长深知这一点。两个月后，"决心号"和"发现号"来到夏威夷群岛，库克船长的船员依然遭受着"性病"的折磨，他担心船员将疾病传染给夏威夷妇女，就让随船医生大卫·山姆威尔对船员进行体检，并"下令，不论以何种理由，任何女人都不能上船……（我）还禁止船员与女人有任何形式的接触，而且，有性病的人不能下船"。但是，没过几天，"接触"还是发生了，迫使库克船长承认，"我最希望避免的那件事，还是到来了"。[70]

在这一点上，事件发生的时间和库克船长的观察变得极为关键。在此行最初"发现"夏威夷群岛时，两艘船在八个主要岛屿中最西端的考爱岛和尼豪岛停留了两个星期。库克船长、克拉克和其他船员都没有看到东边那些面积更大、居民更多的岛屿，但是，他们一定知道那些岛屿的存在。过了两周，"决心号"和"发现号"起锚开往北美海岸和白令海峡，在 9 个月以后又返回夏威夷群岛，这一次是在夏威夷群岛东端的毛伊岛靠的岸，与前一次登陆的地点相差了大约 250 海里的距离。尽管距离这么远，库克船长已经被他担心看到的景象困扰了。

1778 年 11 月 26 日上午，"决心号"上的船员看见了陆地（毛伊岛），不到几个小时，独木舟就靠了过来。库克船长对此相遇的描述，明确无误地反映了他的顾虑：

56

> 我看见一些独木舟向我们划过来，那些独木舟一旦靠近，很多划船的人没有丝毫犹豫就上了我们的船。他们和背风面岛屿上的那些人是同一个部落的，如果我没猜错的话，他们是知道我们去过那儿的。事实上，看起来很清楚，这些人也感染了性病，到现在为止，我不知道他们是否有其他途径得这种病。[71]

库克船长在日记里没有描述通常的欢迎场面或急切盼望的贸易情景，而是马上确认性病在他离开 9 个月的时间里已经在整个群岛传染开了。对库克船长来说，这是一个令他极其悔恨自责的时刻（他写道："我一直努力避免的恶魔，最终还是降临到了他们身上"），也是一个他深知自己所起到的历史性作用的时刻。他和他的船员将一种可怕的疾病传染给一个从来没得过这种病的民族，库克明白，由此而产生的影响是灾难性的。[72]

夏威夷人很快就看到了自己的处境。当时关于这种疾病在土著居民中迅猛传播的记述只出现在英国军官的书面文字里。这样的记述虽然经过了高度过滤，但依然证实了夏威夷人知道这个病是从一个岛传染到另一个岛的，也知道外国人在输入这种疾病的过程中所起的作用。到达毛伊岛两天后，海军候补少尉爱德华·里欧

（Edward Riou）写道："我们听说，很多当地人昨天登上'决心号'后抱怨性病的事，其中一两个人让随船医生检查了身体，并得到了确认。有人问他们关于性病的事，他们就说很多男人和女人是在海岸上感染的，并说起考爱岛，好像就是去年我们离开的那地方。"里欧也提到了一种可能性，那就是西班牙人最先到这里并带来了这种疾病，但是他承认："最终看起来，是我们自己将一种持久的、悲惨的瘟疫带给了这些可怜的、不幸的人。"[73]查尔斯·克拉克在"发现号"上也听到了一个类似的故事："上船的第一个人告诉我，他对这艘船很了解，曾在考爱岛上登过船……他还给我讲了一些传闻轶事，这让我相信了他的真诚。"至于这个人是否感染了那种"悲惨的瘟疫"，克拉克只是顾左右而言他，但是他确认，当地人对这种疾病的输入和毒性是很了解的：

> 这里有很多和我们的船打过交道的人，他们不论男女，都悲惨地感染了性病。他们指责我们在上次来的时候把这种病传染给了他们，并说，这个病总也好不了，他们也没有治疗它的药，于是，身体越来越糟糕。他们解释了这个病发展过程中的各种不同的症状，直到最后彻底将他们毁灭。

57

很明显，克拉克听到这些指责后很不以为然，他试图把传染病归结到夏威夷人头上。他毫不负责任地指出，与他们去过的其他岛相比，这个病在夏威夷"暴发得更猛烈"。他说："我觉得，这可能是由于……夏威夷人日常饮食中吃的食盐太少造成的。"[74]但是，克拉克找不到任何证据来支持他的这种说法。

这些叙述显示，夏威夷人马上而且很有说服力地证实这个传染病及其毒性是导致他们陷入困境的根源。他们深知，这个病不只是简单的瘙痒或疼痛，而是能在几个月就要人命的。库克船长第二次到达夏威夷的时候，当地还没有关于流产、婴儿高死亡率以及不孕不育等方面的报告，但是在其后 20 年里来夏威夷的人都说，夏威夷的人口数量正在下降。他们看到到处都有性病的迹象，比如身体上的疤痕、创痛、不健康的儿童和成年人以及被废弃的村庄。[75]

毫无疑问，夏威夷人一直在积极寻找特效药，而且从导致急剧变化的健康水平、繁殖能力的社会原因背后，寻找出更广阔的宇宙方面的原因。关于特效药，由于这一时期相关材料的缺乏，我们能想到的就是草药以及他们尝试的治疗实践。但是，夏威夷学者认为当地人严重"背离"了他们的土地，同时还质疑身体、精神和心灵之间的和谐关系出现了问题，因为它们之间的和谐能给人带来健康和安宁。[76]夏威夷的治病法师（Kahuna）一定竭尽全力地解释了这次危机的真义，在其后的几百年里，众多的夏威夷人，不管是普通百姓还是精英贵族，都依靠他们的知识和治疗来应对瘟疫。[77]

有些夏威夷人指责其祖先的社会和性爱习俗，特别是在 19 世纪 20 年代和 30 年代基督教传播以后。作家戴维·马洛（David Malo，1793—1853 年）在一次罕见的关于 19 世纪 30 年代以来土著人口减少的声明中提出，女人是"库克船长抵达"以后疾病进入夏威夷群岛并"将（王国）蚕食殆尽"的通道。在马洛看来：

> 夏威夷群岛上人口减少的（一个）原因是夏威夷女人和某些外来者之间存在的放荡行为……（那些外来者）因此用肮脏的疾病污染了夏威夷女人。而且，这种病在人群中很快流行开

来，连孩子都不能幸免。因而，岛上所有的人就悲惨地感染上了。

很明显，马洛斥责库克船长的人带来了疾病，不过他也相信，女性的"放荡"也起到了一定的作用。关于瘟疫流行事件，这种家长式的解读忽略了早期性交易活动中夏威夷男人权力的因素，而这种解读和马洛传递的基督教信息是一致的。他总结道："由于这个原因，上帝很生气。"[78]尽管有些基督教传教士也谴责夏威夷妇女，但是夏威夷人到底在何种程度上能接受马洛的家长式观点，还是个未知数。

马洛在叙述中没怎么提及广泛存在的不孕不育和婴儿高死亡率等新情况，而他的基督教传教士同伴在19世纪30年代则发现了这些，并制成表格进行描述。[79]在尊敬的亚提马斯·毕晓普（Artemas Bishop）牧师看来，性病"最大的影响是摧毁了人的生殖能力，因此，绝大多数的夏威夷家庭中，没有一个孩子"[80]。19世纪30年代和40年代，毛伊岛、瓦胡岛和夏威夷岛的教区人口统计数据显示了和牧师一样的令人震惊的结论：婴儿死亡率不断攀升、记录的人口死亡数字远远大于出生数字，而且随着不孕不育的扩展，出生率持续下降。[81]19世纪50年代的记录显示，土著人口呈断崖式减少，根据一项研究，平均11名妇女才生育一个孩子。那些婴儿和儿童的存活率也低得惊人。来自夏威夷凯卢阿镇（Kailua）的一位传教士报告说："在这个教区，一半以上的孩子还没活到囟门闭合就死了。在西勒（Hilo）教区……同时期死亡的孩子也接近一半。"[82]

历史人口统计学家对于夏威夷与外界接触之前的人口数量依旧争论不休，范围从大卫·斯坦纳德（David Stannard）提出的80万，

58

到其他很多学者提出的低一些的数字（从 25 万到 50 万）。不管怎么说，由于疾病而导致的人口骤减这一事实是存在的，这给夏威夷人与外界接触以后的生活提供了一个可怕的画面。当然，肺结核和伤寒输入直接导致了夏威夷土著人口的死亡，但是造成人口骤减的首要原因是无处不在的性病和淋病所导致的不孕不育和长期健康恶化。当代的论述和最近的人口研究都支持这个有着因果关系的事件链，这个链条先是库克船长首次登陆夏威夷，然后是夏威夷土著居民与外来者发生性关系，从而造成社会混乱和人口崩塌。[83]

加利福尼亚性病：人口出生和死亡统计

性病在库克船长第三次航海来到夏威夷的 10 年前，就已传播到塔希提、新西兰、澳大利亚和南太平洋的很多地方了。塔希提人把这种病称为"apanopretane"或"英国病"，此病的流行和导致的生育能力的降低，使当地人口减少，减少的速度甚至比夏威夷还要快。据估计，在 1767 年以后的百年时间里，塔希提的人口数量下降了 95％。[84]马克萨斯群岛的人口下降速度也差不多是这样，当地人把外来水手称为"papaa"，也就是性病的意思。[85]随着西班牙帝国的扩张，性病在 16 世纪下半叶和 17 世纪踏上中美洲和南美洲的海岸，然后乘着西班牙的大帆船在 16 世纪 70 年代漂洋过海来到菲律宾。[86]在北太平洋，俄国探险者在堪察加半岛以及通往阿留申群岛的途中，都留下了性病。用一位俄国牧师的话说，性病很快就在村落里"肆虐"了。他看到"那个时候，所有家庭成员，从最老的到最小的，都感染了这种可怕的疾病"[87]。

加利福尼亚海岸的性病输入史是整个太平洋性病输入史的一部分。最近的古生物病理学研究认为，有一种非性病形式的密螺旋体疾病，在上加利福尼亚和下加利福尼亚的印第安人中间已经存在数千年了。[88]但是，骨骼遗骸显示，加利福尼亚的印第安人没有性病梅毒或淋病，至少是 16 世纪中叶之前没有，之后才有极个别的案例。[89]这个证据来自距离丘马什人主要居住中心（现在的圣巴巴拉附近）30 英里的圣罗莎岛（Santa Rosa Island）的"骨骼峡谷"，那里有两具骨骼，其头盖骨上显示有损伤，那是"现代未经过治疗的性病梅毒"的标志。[90]通过对这些骨骼的碳元素测定，可以确认这两个人死于胡安·罗德里格斯·卡布里略（Juan Rodriguez Cabrillo）在 1542 年到 1543 年到访上加利福尼亚的时期。那期间，他的水手在圣罗莎岛的海峡群岛（Channel Islands）、圣米格尔（San Miguel）、圣克鲁斯（Santa Cruz）等地过的冬天。这个骨骼证据与其说是回答了问题，不如说是提出了更多疑问，目前正在进行的关于骨骼峡谷和相关遗址的研究可能会完全改变已有的认知。这两具带有性病梅毒的骨骼提出的问题之一是，为什么仅有两具？为什么性病梅毒不像在夏威夷那样传染整个丘马什人居住区以及周边部落？其中一个可能是：梅毒实际上没有从这两人往外传播，所以在其他考古墓地挖掘中才没有发现。[91]另一个可能是：卡布里略的属下和丘马什人之间的性交往非常有限。如果是这样，丘马什人传统的社会习俗和性爱习俗可能就阻止了那些女人或其性伴侣将梅毒传给其他人。[92]就现在而言，我们只能推测，在西班牙殖民之前，当地土著居民与外来者进行了多次接触并对当地产生了影响。有些学者甚至争论说，在 1769 年以前，还有其他新的疾病通过陆路和海路传播过来。[93]

　　至于在下加利福尼亚发生了什么，则不必做那么多的推测。耶稣会传教士自 1697 年在洛雷托（Loreto）建立第一个居住点以来，在整个下加利福尼亚建立了一系列的布道所，直到 1768 年被驱逐为止。此后，方济各会以及后来的多明我会持续进行其自封的传道工作，拯救印第安人的灵魂。不过，截至此时，能够让传教士拯救的灵魂已经比以前少多了。据估计，土著人口本来有 40000—60000 人，但是到了 1768 年，幸存者还不到 7000 人。用一位法国著名观察家的话说，那些幸存者"不是正在死亡，就是匆忙奔向死亡"[94]。又过了一代人的时间，当地的人口再次减少了一半，这个恐怖的人口减少趋势可以从传教士自己的洗礼记录中得到证实。洗礼记录显示，死亡的人数比受洗的人数多得多。[95]而且，婴儿受洗了并不能表明其一定能活到童年。

　　流行病是导致下加利福尼亚人口减少的最大因素，包括反复暴发的天花、痢疾、麻疹、斑疹伤寒和其他被标记为"鼠疫""急性肠胃病"和"大疾病"的致死性疾病。[96]这些疾病有的是通过来访的船只传播来的，有的是通过与印第安人村庄毗邻的士兵和定居者传播来的，有的是通过从墨西哥大陆前来捕获珍珠的混血渔民传播来的。有些土著居民所在的部落发生多种危机，在绝望之余就到修道院去寻求生活补给，或者正如牧师所说，寻求灵魂救赎。1729 年，天花传染了圣伊格纳西欧修道院（Mission San Ignacio），那是它建立的第二年，一位观察者写道："圣伊格纳西欧修道院建立不久，一群从海岸来的印第安岛民前来请求洗礼。那些受洗的人大多死于流行病，惊恐之下，其余的人都回到他们的岛上去了。"[97]天花病毒很可能跟着他们一起也到了岛上。随着新的病菌席卷下加利福尼亚，同样的情形也就在这个半岛一再发生。

　　由于这些早期流行病的综合作用，性病在下加利福尼亚的人口减少中只能算起到了次要作用。尽管如此，梅毒还是阻碍了那些流行病幸存者人口的再生和繁衍。18 世纪 30 年代之前的几十年里，没有关于梅毒的报告，尽管性接触没有在传教区内外造成梅毒感染似乎令人难以置信。随着下加利福尼亚南部地区的印第安人从 1734 年到 1737 年的一系列造反作乱，有位耶稣会传教士报告了梅毒在土著居民中间造成的"严重后果"，并把其归结于"上帝对叛乱的惩罚"。[98]

　　20 年后的很多记述都认为，梅毒不仅无处不在并极具破坏性，而且还在幸存的土著部落里阻碍人口增长。皇家军官华金·维拉斯奎兹·德莱昂（Joaquín Velázquez de León）在 1768 年报告了下加利福尼亚最南端三个教区印第安人减少的情况，他估计，"大多数人"感染了梅毒。他这样写道："很多人完全丧失了生育能力，其他人也感染了。事实上，即便是这儿的孩子，也都先天性地患上了梅毒。"[99]西班牙探险队的军事首领佩德罗·法吉斯（Pedro Fages）同意这个判断："梅毒这个病对男女都有伤害，而且极其严重，以致母亲不再怀孕，即便怀了孩子，出生时也少有存活的希望。"[100]1792 年，博物学家兼医生何塞·马里阿诺·莫兹诺这样描述下加利福尼亚的土著人口："他们被肆虐的梅毒吞噬了，那个病是我们船上的水手传染给他们的。"[101]

　　同样，传教士和来访者都描述了第一批西班牙人抵达之后上加利福尼亚性病流行的情况。圣方济各传教士敏锐地观察和记录了这种"腐烂、传染性疾病"的进展，他们很多人都认为，这种传染病是西班牙探险队留下的，可以追溯到 18 世纪 70 年代。[102]通常来说，这些军事探险队的混血士兵是将性病传染到印第安人部落的罪魁祸首，虽然其他人随着时间的推移也难辞其咎，包括定居者、海岸商人甚至一些传教士。[103]到了1790年，感染梅毒在教区人口中已经非常普遍，以致来访的博物学家何塞·隆吉诺斯·马丁内斯（José Longinos Martínez）把它误以为是加利福尼亚印第安人的"流行病"。[104]

历史学家史蒂文·哈克尔（Steven Hackel）对印第安人与西班牙人之间的关系以及上加利福尼亚的人口减少进行了深入研究，代表了迄今为止最有突破性的成果。他详细论述了土著居民在恐怖巨变时期的行动和选择。哈克尔描述了当地加利福尼亚人面对的环境变化和人口崩塌的"双重变革"，前者削弱了土著居民的生存能力，迫使印第安人从他们的村庄进入附近的教区；而后者则切断了家庭和部落生存延续的可能。[105]教区人口不断扩大，在1800年前达到了顶峰，但是很显然，这种人口繁荣是从附近村庄来的绝望难民所推动的，不是教区内正常的人口繁衍。对印第安人来说，教区并不是安全的避难所，而是已经成为"毁灭的大漩涡"，那些有着慈父仁爱之心的方济各会会士，比如马里亚诺·帕耶拉斯（Mariano Payeras），只能在恐惧中望着这些人间疾苦，虽然施以灵魂拯救，但无济于事，因此他感到很惊骇。[106]

在上一部分谈到的夏威夷本土人口减少的同一时期，上加利福尼亚的印第安人口也以同样的方式骤减下来，原因是生育能力低下、婴幼儿死亡率高以及其他输入性疾病造成的成年人死亡。哈克尔对印第安人出生和死亡数据的"重建"，以教会洗礼、结婚、殡葬记录的数据为基础，显示了土著人尽管面临如此可怕的境遇，依然持续繁衍生息的努力。疾病和健康恶化不断削弱着他们的努力。

在蒙特雷（Monterey）的圣卡洛斯修道院（Mission San Carlos），11％的婴儿在出生的第一个月内死亡，37％的婴儿活不过周岁。更令人震惊的是儿童死亡率，那些幸运地度过一周岁的婴儿，其中43％的长到不到五岁就死去了。[107] 英国皇家海军"繁盛号"（Blossom）上的中尉乔治·皮尔德（George Peard）在 1826 年证实了这一点："由于我还没有发现的这样那样的原因，在教区里的印第安人中，孩子的死亡率特别高。"[108] 成年人的不孕不育症状也潜入了上加利福尼亚的传教区。在圣卡洛斯教区，无子女的已婚夫妇从18 世纪 70 年代的 46％上升到 30 年后的 67％。在圣迭戈和圣加布里埃尔（San Gabriel）教区，这个比例甚至更高。在 19 世纪 20 年代，大约四分之三的夫妇没有孩子。[109] 因此，尽管教区里的印第安人为维持家庭皈依上帝而做了最大的努力，但是，在一个非常不安定的世界里，父母正在成为消失的角色。

19 世纪 40 年代以前，加利福尼亚的大多数土著居民生活在西班牙政府（后来是墨西哥政府）的控制之外。从健康和繁殖角度来看，这些内陆和加利福尼亚北部的人的情形是否要好一点呢？与教区内印第安人的翔实数据记录相比，这些居住区的人口减少和流行病史非常简略。尽管如此，诸多因素显示，他们与殖民地之间的距离，最多为躲避疾病提供一个暂时的、漏洞百出的缓冲区。

无数的病原因子和病媒生物等因素让病原体在上加利福尼亚的"内陆世界"肆意传播。[110] 第一个因素，也许是最重要的一个因素，是印第安人，他们携带着病毒和病菌逃离教区，进入到中央谷地（Central Valley）和旧金山湾的北部。第二个因素是：那些生活在教区北面海岸部落的土著人与外来者发生了生物学意义上的身体接触，诸如威廉·谢勒的航海日记所记录的，那些身体接触包括性接触和其他疾病的输入。[111]第三个因素是：俄国人 1812 年在罗斯要塞建立的定居点是为外来商人、捕猎者以及在俄国要塞干活的土著人之间提供交流的固定通道。住在罗斯要塞附近的波莫族印第安人和米沃克（Miwok）族印第安人在整个加利福尼亚北部都与罗斯要塞保持着密切的贸易和文化联系，一旦在罗斯要塞感染上疾病，疾病就会跟随他们进入内陆地区。[112]最后一个因素是：有些最为致命的疾病暴发正好与 19 世纪 30—40 年代毛皮捕猎者和贸易者的流动相契合，其中一些人感染了疟疾、流感、天花或者白喉，这些疾病都会随着人员的流动而进入加利福尼亚内陆地区，造成致命的伤害。因此，在美国领土征服以及大规模屠杀加利福尼亚印第安人之前的20 年里，那些内陆部落经历了一场来自各方面的生物大汇聚。[113]在这些疾病暴发期间，加利福尼亚的外来定居者也有死亡，这个事实只是凸显人口减少已经到了最后的阶段。外来人员似乎有源源不断的人员补充，以弥补那些死亡者留下的缺口。在人口繁衍危机期间，印第安人成为疾病的牺牲品，他们的人口数量直到 20 世纪初才稳定下来。

海洋病媒和其他疾病

外来船只的到来可以在土著居民中激发极大的兴奋，但是也能造成巨大的惊恐。有些土著居民竭力远离那些船只，还不时警告它们不要靠岸。这在 1769 年库克船长最早的太平洋远航中发生过，后来在 19 世纪也多次发生。1839 年和 1840 年，美国探险远征队（United States Exploring Expedition）就被反复警告，不要靠近太平洋海滩。在抵达塔希提附近的莱阿沃岛（Reao）时，查尔斯·威尔克斯（Charles Wilkes）船长的登陆人员遭遇一群手持武器的"凶狠"岛民。根据威尔克斯的毛利语翻译，那些岛民喊着："回到你们自己的岛上去，这里属于我们。"[114] 对于这种抗拒，有很多正当的理由可以解释，但是毫无疑问，其中一个原因是：他们知道外来船只会带来疾病和死亡。

有数不胜数的例子支持这种推断。传教船"和平使者号"（Messenger of Peace）的名字名不副实，它携带了疾病，造成萨摩亚 1830 年流感暴发。哈得孙湾公司的双桅帆船"拉玛号"在 1836 年将天花带到了美洲西北海岸，安德鲁·切尼（Andrew Cheyne）的船"娜伊阿德号"（Naiad）1843 年把流感传染给雅浦人（加罗林群岛），四年后，"君主号"把流感送到瓦尔帕莱索（Valparaiso）。[115] 1848 年，美国海军护卫舰"独立号"（Independence）抵达夏威夷，船上有士兵、补给和麻疹病毒。一个月以后，一艘从加利福尼亚开出的船在夏威夷抛锚，发布了关于金矿的消息，同时还传播了百日咳杆菌，也就是严重咳嗽的疾病。[116] 这些以及其他携带疾病的船只显示，在 19 世纪 30—40 年代，不断扩大的远洋航行造成了极大的损失。

在这些年里，随着贸易货物量的增加，不同港口之间交往的效率和速度都有了很大提升，这就尤其促进了病毒的扩散，而病毒最有效的传播方式是通过活的病毒载体传播，比如天花病毒。天花在太平洋的传播史并不稳定，因为乘船的活病毒载体在漫长的海洋航行中要想生存下来，也是不容易的。[117] 某些地区，比如 1830 年前的上加利福尼亚，通过运气、距离、隔离以及成功的预防和疫苗，躲过了天花病毒。[118] 但是，西北海岸的土著居民就没那么幸运。当"瘟疫的幽灵"（天花）在 18 世纪 70 年代末游荡到太平洋西北海岸的时候，它就在海岸和内陆区域的土著部落中散播开来，包括特林吉特人、海达族人、萨利什人、上切努克人、内兹佩尔塞人、弗拉塞德人以及提拉木克人，造成了三分之一的人员死亡。[119]这些受影响的部落为天花的传播提供了理想的社会环境：相对较高的人口密度、经常的人员聚集、时常在雪松长屋里举办的特别散财宴仪式以及相邻部落间的互相往来。[120]

船只与土著的长屋很像，也为天花在船员中的传播提供了完美的封闭环境。虽然在19世纪初期很多船上的船员都有效地对天花进行了预防（后来是接种疫苗），但是由于商业的增长、船员此前没有暴露于天花环境当中，以及交通速度的加快，直到19世纪30年代，天花都是影响人的最大因素。其结果是：天花在19世纪20年代以后暴发，横扫了东太平洋的每一个地方，从阿拉斯加到秘鲁，从加利福尼亚到夏威夷，然后到塔希提。

64　　约翰·帕蒂（John Paty）船长率领的"堂吉诃德号"（Don Quixote）就是这样一艘航行于南北美洲海岸与太平洋岛之间的快船。[121]在新英格兰出生的帕蒂船长首次航行太平洋是在1834年，在此后的20年里，他在夏威夷、加利福尼亚和太平洋其他港口之间完成了100多次航行，包括1837年那次从加利福尼亚到火奴鲁鲁的迄今为止速度最快的航行。到了1840年，帕蒂和他的兄弟亨利已经成为在所有太平洋港口都很知名并深受尊敬的商人了。在1840年末1841年初，"堂吉诃德号"在太平洋的东部进行环绕航行，航线是从加利福尼亚到瓦胡岛，从火奴鲁鲁到瓦尔帕莱索，然后到塔希提，接着再快速返回瓦尔帕莱索。帕蒂兄弟的船雇用了七名夏威夷岛民作为船员，他们经销各种货物，也运送乘客。

1841年4月，帕蒂兄弟在瓦尔帕莱索从商行阿尔索普公司收购了"一大批货物",要运往塔希提。船上的某个人还携带了天花病毒。约翰·帕蒂详细叙述了这个很快就导致数千人死亡的事件,包括他弟弟的死亡。

离开(瓦尔帕莱索)前大约一周,我们有个船员,是夏威夷人,从主帆桁的顶上摔了下来,挂在了主桅的下桁上。尽管有些擦伤,但是伤得并不严重。过了三四天,我让他到岸上自由活动,可能就是在岸上的时候,他感染了天花。接着,我们就出发了,几天后,他就有了症状。此时,我们的船上有七名(三明治岛)土著人,我尽可能地让他们不要接触那个感染者,但是依然有五人感染了天花并死去,另外两个人一年前接种了疫苗,他们受到的影响并不大。

有位英国船员病倒了,但是由于此前曾感染过,所以他这次天花的症状很"轻微",不久就康复了。约翰·帕蒂也感染了,简直走不出他的船舱。大副埃里·萨乌斯沃思(Eli Southworth)只是有"一点不舒服",临时负责指挥船只。根据约翰·帕蒂的日记,亨利·帕蒂"很不好,最后变得精神狂躁……亨利弟弟的状况越来越坏,在我没注意的时候,(他)就自尽了"[122]。亨利弟弟站在特等舱里的镜子前,用一把剃刀猛地割断了自己的喉咙。[123]他是除土著外死亡的唯一船员。

"堂吉诃德号"沿着自己的航线驶往塔希提岛,所有的船员只能勉力支撑。关于此行造成的塔希提天花暴发以及传染到临近莫雷阿岛(Mo'orea)上的事,帕蒂大多数情况下都保持缄默。恰恰相反,他详细叙述了他在当地医生的帮助下对船进行隔离和"熏蒸消毒"而做的努力。"堂吉诃德号"停泊在马塔瓦伊湾（Matavai Bay）和帕皮提（Papeete）的港口，对于船上的人谁下了船，帕蒂只是粗略一提，但是他的确承认曾雇用塔希提人清洗"堂吉诃德号"，并回顾说，其中一名清洁人员"在上岸后第二天就因感染（天花）而病倒，最后死去了。除了那名清洁人员外，还有 25 名到 30 名土著人因为感染天花而死去了"[124]。另外一个见证者也详述了其他受感染的乘客和船员上岸的情况，包括帕蒂本人。事实上，伦敦传道会（London Missionary Society）的查尔斯·威尔逊（Charles Wilson）在报告中说，正是在帕蒂的一再请求下，塔希提人的首领才"同意让他的船进来停泊"，而隔离检疫规定"并没有严格执行，很快就被船上的人员废弃了"[125]。要么是帕蒂相信他的船不会给岛上居民带来感染的危险，要么是他对可能产生的后果根本就不在乎。

天花摧毁了塔希提人。在"堂吉诃德号"到过的两个主要港口，成百上千的岛民死去了，尽管英国医生几年前给那里的人接种了疫苗。关于这次天花暴发，最新的研究推测，在天花感染的中心区域，死亡率达到了 10%，岛上的其他地方和相邻的莫雷阿岛，死亡率要低一些。[126]这次天花暴发还没有结束，"堂吉诃德号"就驶往夏威夷，船上多了一名船员，帕蒂描述说，这是一次长达 18 天的"美好航行"。帕蒂再也没有回到塔希提，对这次天花暴发也没有承担任何责任。他的日记明确地把责任推到了一位夏威夷船员身上，指责那个船员在瓦尔帕莱索把天花带到了船上。同时，他还指责一个塔希提人将天花病毒从船上传播到了岛上。帕蒂总结道，土著人和他们因天花死去的人的尸体，造成了灾难。

天花病毒传播到塔希提岛之后，马上就引发了岛民的死亡。除此以外，船上的七名夏威夷船员，有五名也在"堂吉诃德号"离开瓦尔帕莱索后感染天花死去。这些人代表着太平洋商船和捕鲸船上来自当地的船员快速增长的趋势。这些土著船员当中，有些人接种了天花疫苗，但大部分人没有。[127] 根据历史学家大卫·查培尔（David Chappell）关于"大洋航海人员"的研究，这些土著船员大多数是"自愿的"，他们有着复杂的命运。查培尔研究的样本人群中，将近四分之一的人死于第一次航行，剩下的人中，有三分之一的人"不知所终"："看起来很清楚，多数喀纳喀（kanakas）在登上外国的船只后就完全把自己的命运交给了风。"[128] 疾病是导致他们死亡的头号原因，"堂吉诃德号"上那些因感染天花而死去的夏威夷人就证明了这一点。

疾病船和容易暴发瘟疫的环境

有些土著居民创造了新词"疾病船"，用以描述外来船只。这种说法对我们了解土著居民如何看待贸易和疾病之间的关系提供了一个概貌。[129] "疾病船"暴露了一个简单化的逻辑，如果外来疾病常常随着商船的到来而到来，那么所有这样的船只都会以这种或那种形式携带疾病。当然，并不是所有的船上都有感染天花、麻疹、流感或其他疾病的水手。但的确是有足够多的船承载着致病原到来了，因此，"疾病船"对于那些遭受传染病重创的部落来说，确实包含着某种内在的真理，船来了，船走了，然后人就病了。对于众多土著部落来说，这中间的联系简直是太清楚不过了。

一个很有说服力的例子是 19 世纪 30 年代初期西北海岸可怕的

疟疾大暴发。最近对于那个"寒热病"大暴发的还原，确认它就是疟疾。疟原虫（或者恶性疟原虫，或曰间日疟原虫）通过从密西西比河谷或墨西哥的圣布拉斯港口等疫区来的人的血液，传播到哥伦比亚河流域。疟疾一旦到达，按蚊就带着它进行人和人之间的传播。哈得孙湾公司的官员把责任归咎于从哥伦比亚河流域沼泽地区散发出来的不健康的瘴气，彼得·斯凯恩·奥格登（Peter Skene Ogden）写道："毫无疑问，疟疾从弥漫在空中的毒气那里传播过来，其毒性只是某个特定地区偶然引发的。"[130] 不过，哥伦比亚河下游说切努克语的村民将瘟疫暴发与"两艘大黑独木舟"的活动联系在一起。这"两艘大黑独木舟"就是白人从波士顿开出的双桅横帆船"奥怀希号"（Owyhee）及其同行伙伴"护航号"（Convoy）。[131] 那些村民的说法虽然从医学上来讲是不正确的，但是反映了这些土著居民村落中的紧张和恐惧。

"奥怀希号"和"护航号"从波士顿起航的五个月以后，于1829 年 2 月横穿哥伦比亚河这个暗藏杀机的障碍。[132] "奥怀希号"船长约翰·多米尼斯（John Dominis）在他的日志里记录了此后几个月持续不断的忙碌生活：哥伦比亚河上下游的村民持续来做毛皮生意（包括海狸皮、熊皮、麝鼠皮以及浣熊皮）；远近闻名的皮货商人安德伍（Jedediah Smith）到访并卖给多米尼斯一些毛皮；五个夏威夷人加入船员队伍中；一个名叫亨利·威尔森（Henry Wilson）的水手因为"拒绝干活"而被处以监禁，一天后愤然离去。[133] 这两艘船在 4 月底开往胡安·德富卡海峡（Strait of Juan de Fuca），尽可能地往北走，一直到阿拉斯加的东南部，收购那里的毛皮。但是到了仲夏，"奥怀希号"和"护航号"又回到哥伦比亚河，停泊在哈得孙湾公司总部附近的温哥华要塞。多米尼斯在报告中说，8月去了一次温哥华要塞，发现那里有"很多蚊子"。两个月后，船长的大副"琼斯先生"（Mr. Jones）染病，不停地发烧，几乎要了他的性命。多米尼斯把他送到温哥华要塞的医院，医生可能给他用了从金鸡纳树皮中提取的奎宁水（含有奎宁，能够杀死疟疾寄生虫）。[134]哈得孙湾公司储存了这种树皮，应对季节性的发烧（非疟疾发烧）。大副最终回到"奥怀希号"船上，没有任何迹象表明，六个月后会发生可怕的疟疾大暴发。

1830年7月29日，正好是"奥怀希号"上次回到哥伦比亚河的一年以后，这艘船起航驶往波士顿。这个偶然的时间节点对于那些船员来说是很不幸的。根据苏格兰著名植物学家大卫·道格拉斯（David Douglas）的说法，就在他们离开前的一个星期，当地刚刚暴发了"寒热病"，这个毒性特别强的热症在这个夏天既很快地传染给了印第安人，也很快地传染给了白人。不过，疾病对这两类人影响的结果是很不相同的。约翰·麦克劳林（John McLoughlin）医生写道，哈得孙湾公司的人有一半在温哥华要塞"卧床休息"，接受了"（金鸡纳）树皮和其他奎宁水的治疗"，大部分人都康复了。[135]与此形成对照的是，这次疟疾几乎毁灭了附近的切努克人村子。道格拉斯在疟疾暴发11个星期之后的一封信中这样描述道：

> 大约11个星期之前，在这条河的下游，暴发了一次可怕的、致命的间歇发热的瘟疫，将当地的人口毁灭殆尽。那些村子，曾经每个都有一二百名英勇的壮士，现在全完了，一个活人都没有了。房舍空无一人，饿狗四处哀嚎，河滩上到处是散乱的尸体。与哈得孙湾公司的人一样，我是疫情之下的少数幸运儿之一。有时候我想，如果我真的感染了，可能难以摆脱危

险，因为那时的天气真是太热了。[136]

其他人员也证实了道格拉斯对这个恐怖场面的描述。奥格登笔下是令人毛骨悚然的画面，满目都是"未被掩埋的（印第安人）尸体"以及在他们身上"饕餮"的"禽鸟"。哈得孙湾公司的邮政员威廉·迈凯（William McKay）去索斐岛（Sauvie Island）探查了印第安人居住的村庄凯斯拉那奎阿（Cathlanaquiah），发现那里只有两名婴儿幸存下来，而村子原本有 150 人。[137]

1830 年这一年，疟疾从 7 月一直持续到 12 月，直至疟疾寄生虫最终结束了自己的季节性生存。但是，它依然存在于幸存者的血液里，在来年夏天蚊子繁衍的季节到来时，会卷土重来，继续传播。1830 年的疟疾暴发局限于哥伦比亚河下游温哥华要塞周边的地区，但是到 1831 年，这个传染病扩展到哥伦比亚河的东面以及威拉米特河（Willamette River）的南面，所到之处，印第安人村庄无一幸免，人口消亡。第二年夏天，约翰·沃克（John Work）率领的哈得孙湾公司皮货团队把疟疾寄生虫带到了加利福尼亚的萨克拉门托河谷，不过他们准备了足够的奎宁以自用。到了第三年，这个病通过人传人（经由按蚊这个宿主）已经传播到距离哥伦比亚河下游疟疾暴发中心 700 多英里远的地方，沿途都发生了新的感染。

大卫·道格拉斯在 1832 年回到哥伦比亚河，发现那里的土著居民已经难觅踪影。他忙着给格拉斯哥地质学会（Glasgow Geological Society）的会长收集动物骨骸，并在报告中说："在哥伦比亚河流域，人的头骨现在（也）很多，一次可怕的间歇性热病让此地的居民数量骤减，1825 年……我们看到的成年人现在已剩下不到 12 人了。"又过了一年，道格拉斯说："热病依然非常顽固地紧盯着土著部落不放"，不过"感谢上帝，我的身体从来没有这样好过"。可是，没过几个月，道格拉斯就躺下了，"被烧得有气无力"。经过医疗诊治，他总算活了下来。[138]道格拉斯在夏威夷恢复了健康，只是由于掉进了设计捕杀野猪的陷阱，从而在 1834 年丢掉了性命。那年夏天，哥伦比亚河暴发的瘟疫（可能还有流感并发）蔓延到加利福尼亚中央谷地的南端，使得数万名加利福尼亚印第安人死于非命。人类学家罗伯特·博伊德（Robert Boyd）认为，这次瘟疫"也许是这一地区有历史记载的最重要的流行病事件，该地区后来成为俄勒冈州（Oregon）"。[139]加利福尼亚内陆地区的非传教区，情况可能也是如此。

　　有两个因素可以解释疟疾对东太平洋土著人口产生的不均衡影响，一是环境方面的，另一个是医治方面的。河谷中居住着稠密的土著居民，而传播疟疾的按蚊也在同样的河谷里交配繁殖。到了夏天，住在偏远地区的土著人会到那些河谷进行买卖和其他社会交换。一旦疟原虫从外面传播进来，这些地区传统的习俗和集会就会推动疟疾的快速传播。[140]因此，印第安人群在夏天活动的特殊环境，就成为引起疾病的热点地区。在流行病暴发之下，病人甚至得不到基本的诊治，所以，大量的人感染以后就死去了。而外国人，比如哈得孙湾公司的职员、美国商人甚至是夏威夷水手，如果不是得到那些定期供应给哈得孙湾公司的奎宁药物治疗，其死于疟疾的比例也会和印第安人一样。1832 年的疟疾暴发季过去以后，哈得孙湾公司的人才给那些从瘟疫中幸存下来的印第安人村庄提供这些治疗药物。但是，在前三年的疟疾暴发季中，印第安人只能依赖他们的传统疗法，包括在汗浴以后跳进凉爽的水中。有一位克拉克马斯

（Clackamas）族的印第安人，名叫维多利亚·霍华德（Victoria Howard），他在多年后介绍那次疟疾大暴发以及土著人的这些治疗方法："他们的村子很大，但是都感染了疟疾。每一家，每个房子里，都有很多病人……有人发烧的时候就会往河里跑，在河里游泳，再走向河岸，然后就摔倒，死掉了。"[141]这种治疗方式会立即引起休克，从而有助于解释很多当代报告中所写的为什么河边和溪旁有印第安人尸体的原因。

　　不过，不管是环境还是医治，都不能解释流行病的根源，特别是从土著人的角度。西方医学将疟疾的病源归因于某种寄生虫，并描述了它通过蚊子传播的过程，而幸存下来的土著人则提供了完全不同的解释。在当地人的口述历史描述中，"寒热病"起源于一艘船（"奥怀希号"）或两艘船（"奥怀希号"和"护航号"），这反映了西北海岸土著人口中更加广为流传的观点，那就是所有可怕的新疾病都是"疾病船"带来的。一位海达族（Haida）老者讲述的故事指出："他们说，瘟疫进来了。携带瘟疫而来的独木舟像是白人的船。"[142]同样，克里克塔特（Klikitat）族人威廉·查雷1910年讲述的故事也显示了关于流行病的集体记忆以及有着黑边的船"奥怀希号"和"护航号"在瘟疫中所起的作用：

　　　　他们看到两艘大型的黑色独木舟，他们以前从来没有见过这么大的船……他们派跑得快的人去其他村子喊人，所有的印第安人都来看……这以后不久，印第安人就得病了。那些先得到珠子的人，先病倒了……他们慢慢发现，这个病是从大船上的人给他们的东西上传染过来的……为了躲避这个疾病，有些人跑到山里，但是很多人已经感染上了，就在遥远的荒野中死去了，这是他们躲避死亡的唯一方法。我的祖母和她的家人听说过这个病，就去了山里，成功地逃脱了。[143]

印第安人的其他口述历史在这个故事中增加了更具体的情节，包括多米尼斯船长要在印第安人中释放病菌。1833 年，哈得孙湾公司的医生威廉·托尔米博士（William Tolmie）讲述了他在访问尼斯阔利要塞（Fort Nisqually）时，从一个"西纳米什族（Sinnamish）猎人和头领"那里听来的故事。两艘美国船只到达弗拉特里角（Cape Flattery），船长"威胁当地人，如果不卖海狸皮，他就往他们中间释放疾病。看起来，那个在哥伦比亚河流域停留了一段时间的美国船长……被印第安人认为是他留下了疟疾，作为他没有得到毛皮的报复"[144]。1840 年，在哥伦比亚河下游传教的一位卫理公会传教士转述了这个故事，但稍有不同：这个"冷热病是多米尼斯船长带来的"，这位船长"非常生气"，因为印第安人只卖给他小海狸皮，而把大海狸皮留给那些"乔治国王的人"。多米尼斯船长离开哥伦比亚河的时候，"打开了他的小玻璃瓶，放出了'冷热病'"。[145]19 世纪 40 年代初期，另外两名卫理公会传教士也记录了同样的细节。

"奥怀希号"船长约翰·多米尼斯真的威胁要在印第安人群中释放病毒了吗？这种"瓶中疾病"的威胁构成了白人和印第安人之间关系紧张的一部分，这种紧张可以追溯到更早的天花暴发。[146]多米尼斯船长说没说那样的威胁，我们现在不清楚，但在印第安人的讲述中清清楚楚的是：船长和不同的印第安部落之间存在着深深的仇恨。还有同样清楚的是：印第安人笃信，某艘特别的黑边外来船（或某些外来船）带来了大规模的痛苦和死亡。这种认识也可能受到了哈得孙湾公司的人的蛊惑，因为该公司和美国商人之间存在竞争关系。印第安人亲眼看到船来船往，至少有两代人的时间了，他们在哥伦比亚河下游一直与"乔治国王的人"和"波士顿的人"做生意，最了解这些外国人的路数。他们还知道，以前来的那些船只都没有携带疾病或有病的水手。但是，"奥怀希号"正是在一次可怕瘟疫暴发的当口离开了哥伦比亚河，此后便有数不胜数的人死去了。对于越来越受太平洋贸易影响的土著部落来说，"奥怀希号"就成为彼时影响他们生活的事件的根由、象征和预兆。

小结：死亡的真相

东太平洋上新的贸易关系将土著部落与外来者以及特别致命的外来者也就是病媒生物，纠缠在一起。更具体一点说，商船提供了疾病在太平洋广袤的水域上传播和感染岛上居民以及袭击美洲海岸各个部落的主要途径。当然，有些传染病是通过陆路传播到太平洋的，其他疾病是通过非商业航行抵达太平洋的，传教活动当然也传播了细菌病毒，西班牙征服者早在 18 世纪末以前就在美洲和太平洋的一些地方扩散了可怕的细菌病毒。不过，从 18 世纪 70 年代到 19 世纪 40 年代，商船确实是疾病输入和扩散的主要载体，将"微生物对世界的统一"扩展到太平洋所有的海岸。[147] 到 1850 年，欧洲、亚洲和非洲的微生物传染了太平洋上的几乎每一个人。

有些疾病（天花、疟疾、流感和其他疾病）会很快导致死亡，引起土著人口骤减。不过，对这些人类主要致命疾病的强调可能会遮蔽性病在重创人类生殖繁衍方面所起的潜伏而同样具有破坏性的作用。输入性的性病梅毒和淋病对于土著妇女、男人和孩子都产生了灾难性的影响，包括生育率更低、婴儿死亡率更高以及健康的长期恶化，而这会削弱他们对其他输入性病原体的免疫力，由此造成的结果是人口直线下降。而这里的关键在于，在面对性病或其他疾病攻击的时候，土著居民的免疫力并不弱，他们的生物反应和大多数其他人遇到新的致命病菌时的反应是一样的。但是，他们所遭遇的疾病是在发生重大社会变化、生存危机和暴力发生的时期暴发的，需要到 20 世纪的历史背景下才能出现土著社会的恢复和人口重建。根据汤加学者埃佩利·豪欧法的研究，这个历史背景的特点是孤立、隔离和殖民主义。[148]

　　正如大量第一手叙述所展示的那样，疾病的传播及其残酷的影响并不是在沉默、黑暗或不可理解的情况下展开的。恰恰相反，疾病的传播就是在外国人的面前发生的（有时也发生在外国人身上），这些外国人对于他们所看到的非常了解，还常常记录下来，对疾病的发病率和死亡率有着不同的反应。我这么说既不是广泛地斥责所有携带病菌的外国人，也不是建议他们了解关于病媒和根源的科学，而是认识到，疾病的表现以及人口的减少是显而易见的，也很好地记录了下来。土著居民对于他们在这一时期的生存状况及其造成这种状况的可能原因，有自己的看法。对他们来说，造成新的死亡的途径是不言而喻的，不需要西方的医学解释。

第三章
人质与俘虏

很久很久以前，有一艘带着大炮的船，因一场可怕的风暴，在这儿的海边失事了。尽管印第安人此前从来没有见过船或者白人，但是他们想俘获这些白人……印第安人称之为"ho'kwat"（流浪者）。直到今天，印第安人都把白人称为流浪者。

——本·霍巴克特（奎鲁特人）（1909）

"圣尼古拉号"（1808）

亚北极的冬天刚刚开始来临，俄国双桅纵帆船"圣尼古拉号"就开始从新阿尔汉格尔（锡特卡）启航南行。俄国的这个居住点本来就沉闷阴郁，而亚北极的酷寒和黑暗的冬天又特别漫长。航海家尼古拉·伊萨克维奇·布里金（Nikolai Issakovich Bulygin）是

"圣尼古拉号"的船长，季莫费·塔拉卡诺夫是货物管理员。船上的其他人员还有布里金船长的妻子安娜·彼得罗夫娜（Anna Petrovna）、11 名俄国人和 7 名土著男女。塔拉卡诺夫认为，那 7 名土著人是科迪亚克岛和阿留申群岛的岛民。船员队伍中还有一名英国人，名叫约翰·威廉姆斯（John Williams）。他曾在"莱利亚·拜尔德号"上跟着威廉·谢勒干，后来转到夏威夷双桅纵帆船"塔玛纳号"上效力。俄国人在 1807 年买下"塔玛纳号"，并更名为"圣尼古拉号"。这 22 人可能很急切地盼望沿着海岸南行，去往更温暖的地方，比如西北海岸、哥伦比亚河以及他们最终目的地上加利福尼亚。启航两周后，他们看到了胡安·德富卡角（Cape of Juan de Fuca），很谨慎地与"那些乘着独木舟到我们这里的土著人"做生意。尽管很友好，但那些土著人来的时候都全副武装，带着装有铁头的长矛、刀子、火器以及有着"奴隶杀手"之称的鲸骨尖刺。启航四周后，海上刮起暴风，猛烈地拍打着"圣尼古拉号"，持续了三天。季莫费·塔拉卡诺夫写道："看起来，我们丧失这艘船是难以避免了，我们可能随时都会死去。后来，感谢上帝的恩典，给我们送来西北风，我们终于离开海岸了。"[1]

"圣尼古拉号"虽然遇到了肆虐的暴风，但是还能航行。不过，只往南航行了一天，就又遇到了惊涛骇浪，因此再一次被冲到了"危险的浅滩上"。布里金船长当即命令抛下四个锚。在漆黑之中，船上所有的人都一直听着海风的咆哮和海浪的撞击。黎明到来的时候，他们听到锚索开始折断的声音，一声接着一声。塔拉卡诺夫写道："最终，在 11 月 1 日上午 10 点，一个海浪把我们的船打翻到水里，然后冲到岸边，纬度是北纬 47°56′。就这样，我们的船完了。"[2]汹涌的海浪击打着"圣尼古拉号"，很快就让它的船舱灌满了海水。在海浪冲击的间隙，船员们跳下船，涉水走到潮湿海滩上相对安全的地方，那里正好是在奎拉尤特河（Quillayute River）的北面。他们把船上的武器和弹药、一门大炮、两顶帐篷以及其他必需品都卸下来。根据塔拉卡诺夫的叙述，他们的脚还没有踏上海滩，甚至就已经想到了会被人俘虏。他回忆道："我们必须自救，还得把武器拿出来保护好，那是确保我们自由的唯一工具。一旦被捉为俘虏，我们就会像野人的奴隶一样，过着悲惨的生活，那种凄惨的程度比死还要可怕一百倍。"[3]就这样，"圣尼古拉号"上的船员从此开始了长达两年的艰难的归家之旅。

在塔拉卡诺夫心里，为什么被俘和奴役是最可怕的？其中一个原因是他讲述并出版的故事的结局，在他还没有被俘获的时候就被他预料到了，包括可能被不同的土著部落俘虏和奴役。不过，即便塔拉卡诺夫不了解故事的结局，对被俘的恐惧也是面临困境的一种理性的反应。作为俄美公司的雇员，"圣尼古拉号"上的所有船员（包括安娜·彼得罗夫娜·布里金）都很明白"不自由的人"的社会地位，这些"不自由的人"既包括合同制土著劳力，也包括完完全全的奴隶。毕竟，俄美公司的起源以及超额利润就来自其初期对阿留申人和科迪亚克人的俘获和俘获后对他们一直进行的剥削，"圣尼古拉号"上的那七个土著船员就是塔拉卡诺夫1808年从河滩对岸带过来的。

塔拉卡诺夫对美洲海岸的了解一点都不亚于他对欧洲的了解。他曾两次带着一大批阿留申海獭捕猎人乘坐美国船只，从新阿尔汉格尔去上加利福尼亚，当然会在途中收集关于沿海土著部落风俗习惯的信息。西北海岸最近的贸易历史就包括那种最恶劣的掠夺，几乎每一个人都参与实施过。毫无疑问，塔拉卡诺夫对此十分了解。

他在俄国人控制的美洲地盘上居住了将近十年，在此期间既结识了很多来自欧洲的人，也结识了来自更多太平洋国家的土著居民。在这些接触交往中，他一定听说过无数关于人质的故事。塔拉卡诺夫从自己的经历中学到了与不认识的人打交道的两个教训，其一是如果穿越不熟悉的河滩永远都要小心谨慎，其二是如果要穿越，一定要有足够的实力。

1808 年 11 月 1 日，塔拉卡诺夫和其他人穿越河滩，准备搭起两个帐篷，生一堆火取暖。他回忆道："我们还没干完这些活，就发现一大群土著人向我们靠近，因为他们看见我们上岸了。"一个来自附近赫（Hoh）部落的年轻人自称是头人（toyon），也就是酋长，塔拉卡诺夫试图让他相信，他们是"和平的"。任何人都能想象出这种蹩脚交流的尴尬，这些俄国毛皮商人和他们的土著猎人都时刻紧握着手中的武器，而更多的赫部落的村民则手持长矛和大石块。塔拉卡诺夫和赫部落的头人继续着他们的谈判，但是他承认，"由于我们不能很好地理解彼此，所以我们的对话延宕了"[4]。就是在这个点上，一切都变糟了。

"由于我们不能很好地理解彼此，所以我们的对话延宕了。"太平洋航行的讲述者很少能够对当地人和外来者之间磋商中止的情况进行更准确的概括。塔拉卡诺夫也许不是有意的，但是他在关于太平洋海滩上陌生人相遇后会发生什么的讲述中忽略了一些可能性，比如，每一方对另一方都很了解，或者双方沟通以后产生和平的关系，或者各自的军事实力很容易就能分辨出来，抑或最为重要的，这样的对峙状态很快结束，彼此之间建立一种更加稳定的关系。"圣尼古拉号"在沙滩上的出现形成了相互猜忌的情况，不是因为赫部落和附近的奎鲁特人以前从来没见过欧洲人，也不是因为塔拉卡诺夫以前从来没见过西北海岸的土著人。每一方都以最普通的认知了解另一方。但是，这次塔拉卡诺夫等人与赫部落的猝然相遇却造成了紧张局势，其根源是双方都不知道对方会干什么。那天所发生的一切，都是出于自发的冲动。幸运的是，对于接下来要发生的戏剧性事件，我们看到了两种版本的叙述，本章的后半部分会论及此事。这两种叙述是沙滩上互相对立的双方分别记录下来的。

美洲和其他地方发生的土著人和外来者的初次相遇，具有特别重要的意义，因为他们双方都沉浸于纯真的自我发现之中。比如，库克船长与夏威夷人在1778年的相遇，塔希提人和瓦利斯在1767年的相遇，卡布里略和加利福尼亚土著人在1542年的相遇，哥伦布和圣萨尔瓦多（San Salvador）土著人在1492年的相遇，都是如此。这些以及其他无数次的第一次相逢，在此前相互不认识的人之间建立了联系，通过这些联系，双方交流了想法，沟通了认识，或者更为常见的是，产生了误解。对于那些"被发现"的土著人来说，这些事件实际上开启了他们自身的历史，或者说，很多欧洲的"发现者"是如此认识的。就土著人而言，他们尤其把与外来者的相遇嵌入到他们自己关于时间、历史和宇宙的认知当中。[5] 而且，这种交往（不管是第一次还是以后的多次）都不仅仅是一个土著部落和另一个外来者之间的简单相逢，而是涉及多方以及每一方所关切问题的复杂磋商和对抗。赫部落的人如何对待"圣尼古拉号"的幸存者，是由其此前与外来者相遇时的经历决定的，但同时，也是由相邻土著部落之间的竞争关系决定的，甚至这方面的因素更大。对塔拉卡诺夫来说，这一事实他可能完全忘记了，但是对于那些看到他们失事并思考采取什么对策的村民来说，却可能记得极为真切。

如果将诸如此类的相遇整体上看作一种持续进行的过程，而不是一个个孤立的事件，那么外来者和太平洋土著人之间这样的交往在各处都有上演，最常见的是双方都精心准备的货物贸易，有时也会有与被冲到岸边搁浅的船只（比如"圣尼古拉号"）的不期而遇。这样的时候可能会发生多种情况。比如，岸上的人热情欢迎或警告驶来的船只；人们之间交换货物或拳脚相加；有些人说而其他人听；有的人逃，有的人追，有的人躲藏，有的人相拥，有的人私通。所有这些以及更多的情况都是有可能的。但是某些情况如此反复地发生，以至于看起来似乎无处不在。在这些情况之中，就有人质的交换和俘虏的掠夺。[6]

从澳大利亚到日本，从阿留申群岛到火地岛，太平洋上的人质和俘虏掠夺极为常见。[7]不管是土著部落，还是外来航海者，都干过此勾当。如果说某些综合性的讲述会提及这些掠夺行为，那么通过一些专门的事件，人们会了解 18 世纪末期 19 世纪初期日渐增多的欧洲人和美国人太平洋航行所造成的紧张形势。简而言之，这些专门事件会显示权势的此消彼长、愤怒、机巧和困惑，这些情感在整个太平洋领域都与贸易和非正式外交交织着。另外，人质和俘虏对于人们了解生活在太平洋海盆大多数地方的更多非自由人，可以提供新的线索。虽然太平洋地区在与外来者接触之前就存在非自由人，但是其数量以及身份是在商业贸易和帝国征服的不断扩大中，才增多和凸显出来的。[8]

"自由人"是一个很别扭的说法。谁是自由人？为什么要论述他们的存在？远洋的船只上搭载了被奴役的非洲人、被征召服役的海员、被捕捉的流浪者、被一纸契约卖身的仆人、被欺骗或拐卖的土著妇女、被遗弃的岛上劳动者和被抛弃在外的土著人质，以及其他不自由的人。即便是最"自由"的水手，也很快就会发现他们的行动受到很大限制。比如，他不能擅自下船去岸上。同样，在太平洋的很多海岸和海岛，也存在着等级森严、高压强制的土著社会，处于社会底层的是战俘和奴隶、向酋长或外来者卖身的贫家姑娘以及其他没有自主权的平民。欧洲帝国的征服只是扩大了非自由人口的数量，多数发生在俄国人占领的阿拉斯加、圣方济各会控制的上加利福尼亚，或者一些以"绑架"（征召或拐骗）码头工人为常态的太平洋岛屿港口。因此，参与某些交往关系的不仅只有部分自由的人，而且更为扎心的是，在这个交往过程中他们会经常磋商关于自由和囚禁的观念。

被禁锢的俘虏（1789—1792）

　　1791 年 6 月，美国船长罗伯特·格雷在他的"哥伦比亚复兴号"上扣押了一名他称之为"图迪斯库塞特"（Tootiscoosettle）的当地头领做人质，当时，他的船停泊在温哥华岛西岸的克拉阔特湾。这是格雷第二次航行太平洋西北海岸，此行的主要目的地是努查努尔特部落居住区（或努特卡海湾）。他上一次率领"哥伦比亚复兴号"的航行（1787—1790 年）引发了美国人对海洋毛皮贸易的兴趣，他完成了那次航行，而他的老搭档约翰·肯德里克（当时率领"华盛顿夫人号"）则令人费解地继续在太平洋上做买卖，直到1794 年死于夏威夷。[9]格雷非常清楚他把图迪斯库塞特扣押在"哥伦比亚复兴号"船上的真正目的，是为了迫使土著人归还一位一天前消失的船员。对图迪斯库塞特来说，他觉得自己受到了很大的冒犯，也可能对于被扣押感到恐惧。在格雷船长的百般恳求下，图迪斯库塞特和他的仆人才上了船。图迪斯库塞特是酋长维克尼尼斯的弟弟，而酋长维克尼尼斯又是努查努尔特部落中最有影响力的酋长之一。因此，图迪斯库塞特知道他对于外来者的潜在价值。格雷告诉图迪斯库塞特"他是他的囚犯"，如果消失的船员回不到船上来，他就"把他扔到海里去喂鱼"。[10]图迪斯库塞特派他的仆人上岸去找那位水手，并在几个小时内解决这个问题：失踪的水手回到"哥伦比亚复兴号"船上，那么酋长的弟弟（以及他的仆人）才能安全回到岸上。但是即便这次明显孤立的人质交换解决了急迫的问题，它也反映了西北海岸扣押人质的根本特征：任何人质扣押事件通常都和其他扣押事件纠缠在一起。

扣押图迪斯库塞特这种事件的重要性在于，它涉及更广泛的人际关系，与很多个人盘根错节地交织着。36 岁的格雷是一位富有开拓精神并且信念坚定的船长，善于临机决断和主动亮剑。比如这次把一个首领扣押为人质，摧毁建筑坚固的土著村庄奥皮萨特（Opitsat）（这是他第二年干的），1792 年指挥他的船通过哥伦比亚河危机四伏的河口（这条河流随后就被命名为"哥伦比亚"）。在格雷看来，面对面的接触就是对抗，因此暴力在他的航海贸易生涯中占突出地位。格雷到努特卡海湾和克拉阔特湾来的目的，就是要从努查努尔特人那里尽可能多地获取毛皮，至于对后来的商人会产生什么影响，他是不怎么考虑的。因此，他把1791 年 6 月 14 日发生的水手失踪一事，看作是土著人对他的一种侵犯行为。根据"哥伦比亚复兴号"的货物押运员约翰·博克斯·赫斯金斯（John Box Hoskins）的叙述："格雷船长因此决定要扣押第一个到船上来的头领。"[11]图迪斯库塞特的出现完美满足了格雷船长对于一个人质的需求。

维克尼尼斯酋长代表着格雷船长在海岸上的对手。作为克拉阔

78

特湾最有权势的酋长，他精心营造着可以让外来者和他的努查努尔特部落进行贸易的环境。[12] 没有维克尼尼斯酋长的首肯，格雷是得不到很多毛皮的。格雷为了找回他的水手，扣押图迪斯库塞特作为人质，维克尼尼斯酋长则可能坐镇于奥皮萨特村子里的家中，指挥人质交换。根据赫斯金斯的叙述，释放图迪斯库塞特的第二天，维克尼尼斯酋长派他的父亲去"哥伦比亚复兴号"，带着两张海獭皮，作为友善的表示："他害怕商船，但是经过一番请求和很多友好的宣示，他上了船，很快做完买卖，然后就匆匆下船离去了。"[13] 维克尼尼斯酋长拒绝拿自己的身家性命去信任格雷船长是很正确的，因为酋长那可是具有更大价值的人质。但是，他依然愿意派一个又一个的使者，包括他的父亲，到船上协商贸易事宜，从而确保让格雷继续与他的族人，而不是与他附近的对手，比如北边的马奎那（Maquinna）酋长做生意。[14]

图迪斯库塞特在他被扣押不长的时间里，心里可能有两种想法。一方面，他知道扣押人质越来越成为贸易关系中一种常见的做法，就和从前所起的作用一样。在这种情况下，扣押人质可以让互不信任的双方解决某种争端。[15] 但是，另一方面，他也明白，在这些情形下还存在着暴力和死亡的可能。幸运的是，在这个事件中，图迪斯库塞特恰好知道去哪里找到那个失踪的水手，并派遣他的仆人办好了此件差事。根据船上的五副约翰·博伊特（JohnBoit）的说法，一艘独木舟"很快就驶了过来，船上带着（水手），要把他们的头领赎回去"，就在这个当口，开始了一系列新的操作。[16] 赫斯金斯写道："现在很有必要杀一儆百，让其他人以后不再犯此类的错误。那个（水手）应该受到惩罚……土著首领被命令在现场观看惩罚。"图迪斯库塞特目睹那个水手被痛打，格雷船长则警告说，如果将来土著人再抓船员，或者藏匿"逃到村子里"的船，不管是谁，都会受到严厉的惩罚。[17]走失的（现在已回来）水手的名字叫阿图（Atu）。

阿图逃离"哥伦比亚复兴号"引发了这些事件，他再次回到船上又进一步拉长了人质的名单。阿图是当地夏威夷人，有多个名字，比如奥图、阿托、杰克·阿图以及杰克等，格雷船长 1789 年 11 月短暂经停尼豪岛的时候，把他招为"哥伦比亚复兴号"的船员。[18]所有的记录都显示，格雷没有绑架阿图，恰恰相反，这个夏威夷人是心甘情愿地在"哥伦比亚复兴号"开往中国的航行途中加入船员队伍的。[19]"哥伦比亚复兴号"环绕全球（美国第一艘环球航行的船只）期间，阿图一直在船上工作。到了航行的终点波士顿，据说格雷陪着这位戴着饰有羽毛头冠、穿着"与羽毛相同的黄色和红色精美披风"的"夏威夷首领阿图"，走遍了波士顿的大街小巷。[20]阿图在将近一个月的时间里作为首位到访波士顿的"夏威夷首领"，享受了当地名人的待遇。"哥伦比亚复兴号"离开波士顿第二次去往西北海岸的时候，格雷船长在船员花名册上把"杰克·阿图"列为"船上服务员"，比起来访的夏威夷岛权贵显要，这个职位更像是签了契约合同的仆人。[21]阿图当然不是船上的俘虏，不过，当"哥伦比亚复兴号"1791 年 6 月 5 日在克拉阔特湾抛锚后，他意识到自己的自由受到了限制。

阿图在不到十天后擅自离开了船。赫斯金斯写道："奥图，我们的三明治岛伙计，想办法离开了船，回到了土著人中间。"[22]不管是赫斯金斯还是其他人，都没有解释阿图擅离的原因，阿图也没有留下片言只语，但看起来合理的推测是，作为"船上服务员"，他得服从船上的纪律，这可能让他苦恼烦躁，所以渴望上岸，到努查努尔特人那里享受某种自由。他的擅自出走很快引发了一系列事件，格雷船长扣押了一个人质，维克尼尼斯指挥人质交换，阿图为他短暂的自由付出了代价，臀部被打得皮开肉绽。这个事件让所有的水手都看清了自由人和俘虏之间的模糊界限，因为不管是阿图还是其他任何船员，都没有去往印第安人部落的自主权。

　　阿图 1789 年 9 月参加"哥伦比亚复兴号"第一次航行的时候，并不是一个人来的，而是和一个来自考爱岛、名叫欧帕伊（Opai）的年轻人一起签约入职的。欧帕伊（根据乔治·温哥华的说法，他也叫欧皮耶、杰克、杰克·欧帕伊、卡乐华以及塔勒乎阿）和阿图一起随船航行去往波士顿，而到了那儿以后，阿图继续为格雷船长服务，欧帕伊则为船上的二副约瑟夫·英格拉姆（Joseph Ingraham）效力。欧帕伊跟随英格拉姆（此时是"希望号"的船长）再次驶往太平洋，两周后，阿图则跟随"哥伦比亚复兴号"离开波士顿。1791 年 5 月，欧帕伊抵达凯阿拉凯夸湾（Kealakekua Bay）以后就离开了"希望号"。英格拉姆写道："尽管欧帕伊是我的仆人，但我总是更愿意把他当作自己的一个朋友"，并在欧帕伊离开的时候，给了他衣服、一支滑膛枪以及一些关于"我们国家最好的思想"的宣传册。[23] 英格拉姆带领他的船驶往西北海岸，一年多以后，再次见到了欧帕伊，这个时候，欧帕伊已经是刚从夏威夷驶出来的乔治·温哥华（George Vancouver）船长的"发现号"上的一名船员了。英格拉姆和欧帕伊的重逢非常完美，只是有一点，欧帕伊要死要活地想离开"发现号"，但是温哥华船长就是不让他走。英格拉姆描述了当时的情形：

　　　　（欧帕伊）见到我非常高兴，希望再回到"希望号"上来。

我要求他首先要得到温哥华船长的同意，如果船长愿意让他离开，我是乐意再次接受他的。温哥华船长拒绝让他走，说要等返回奥怀希（Owyhee）以后再说。因此，欧帕伊就没有获准离开"发现号"。欧帕伊又提了一个新建议，要在我们启航的那一天乘一个印第安人的独木舟到港口外面见我。但是，我不能同意，因为首先，我不需要他，我有足够多的船员。其次，欧帕伊没有说他离开"发现号"的理由。恰恰相反，他说，船上的所有人对他都很好，尤其是船长。[24]

温哥华船长为什么要把欧帕伊留在"发现号"上？欧帕伊为什么迫切希望离开？欧帕伊就像之前的阿图一样，很可能是厌倦了英国船上严苛的纪律，缺乏个人的自由。更为重要的是，从"发现号"离开夏威夷群岛的那一刻起，温哥华船长雇用欧帕伊的最根本的考虑发生了变化。在夏威夷，作为船员队伍中的一员，欧帕伊的语言能力对温哥华船长来说是"最重要的用途"。在此期间，温哥华船长甚至"想把（欧帕伊）提升为翻译"。[25]但是，一旦"发现号"驶往西北海岸，欧帕伊的双语优势就再也不重要了。这也就意味着，当"发现号"再次返回夏威夷的时候，温哥华船长出于贸易的目的，还会继续发挥欧帕伊的语言才华。所以，温哥华船长留下他，很明显不是把他当作"发现号"上的俘虏，但他也没有离开的自由。

温哥华船长也可能受到了"发现号"上另外两名俘虏——现在应该说是前俘虏的启发。直到今天来看，1792年的西北海岸贸易季都是最繁忙的，包括来自五个不同国家的22艘船，温哥华船长与其中的很多船都进行贸易。[26]不论从贸易量来说，还是从航程来看，来自布里斯托尔的英国商船"杰尼号"（Jenny）都乏善可陈，它停靠在夏威夷补充生活物资，然后开往努特卡海湾，并从那里返回英国。但是"杰尼号"有一点特殊之处，就是船员从尼豪岛绑架了两名年轻的夏威夷女人，而"杰尼号"船长詹姆斯·贝克（James Baker）希望在返航之前让那两位女人回到夏威夷。温哥华船长同意带着她们，他在1792年10月13日的日记中写道：

> 我的船上接收了两名年轻妇女，她们要乘船回到她们的家乡三明治岛。她们在努特卡海湾从一艘船上下来……那艘船叫"杰尼号"。贝克先生是船长，他特别迫切地请求，我就同意让这两个不幸的姑娘搭乘"发现号"，一直到她们出生和居住的丸胡岛（Onehow）。看起来，她们是从那儿被带走的，不过这不仅有悖于她们的意愿和想法，而且她们的朋友或亲戚完全不知道，更不要说同意了。

根据船上的办事员詹姆斯·贝尔（James Bell）的说法，安全登上"发现号"以后，这"两个姑娘……很高兴，很满意，不仅是因为想到很快就可以回家了……（还）因为船上有个来自家乡的伙伴"，也就是说欧帕伊。[27] 对于扣押土著人当人质，温哥华船长是有些许顾虑的，但是这一次，他看起来与那两个女孩一样高兴，因为他有机会把被别人抓的俘虏送回家乡，特别是船上还有欧帕伊充当他的翻译。

事实上，温哥华船长好像对于新上船的这两名乘客感到狂喜。她们的名字是拉西伊娜（Raheina）和蒂玛罗（Tymarow），他猜测两人的年龄在15岁和20岁。他写道："拉西伊娜举止优雅，相貌匀称，性情温柔，有一种天然的美……除此以外，她的敏感和机灵，她的甜美和大方，让人根本想象不到她的出身和土著教养。"温哥华船长直言不讳地批评贝克船长绑架这两个女孩（他写道："贝克先生把她们诱拐并禁锢在船上，是不可饶恕的"），但他还是回避了贝克和他的船员对女孩子实施奸淫的事，只是说"在贝克船长的保护下，她们得到尽心尽力的照顾和对待"。[28]拉西伊娜和蒂玛罗是被俘的性奴还是被拘押的偷乘者？她们像俘虏一样被拘禁在英国商船"杰尼号"上，这说明她们是前者，而温哥华船长在公开发表的对这个事件的叙述中却拒绝对此进行谴责。温哥华船长对此事大事化小的处理反映了他迫切需要澄清一点：英国船长可以经常以五花八门的理由把男性作为人质，但是英国人却不能原谅"诱拐和扣留"土著姑娘和女人。这样的指责最近在美国新闻界非常流行。而温哥华船长认为，这样的指责很荒谬。[29]

从1791年夏天到1792年夏天，英格拉姆船长的"希望号"在西北海岸做生意。他拒绝为逃离"发现号"的欧帕伊提供庇护地，因为他不需要欧帕伊的劳动力。不过他也清楚，逃跑象征着对船上纪律的挑战。英格拉姆船长自己的厨子尼古拉斯（Nicholas）是一个黑人，从圣加各斯岛（Island of St. Jagos）带来的。当他跳船逃走，就藏在努特卡海湾北面的一个村子里，英格拉姆不惜重金贿赂当地首领，强迫那个黑人回来。英格拉姆甚至想到了"拘押那个当地首领"，但是害怕如此一来会"断送当前所有的退路"。但是在另一种情况下，英格拉姆"扣押了两名土著人作人质"，一点都没想会产生什么样的后果，可能是因为那时他的船和当地人没有什么生意可做。[30]因此，扣押人质是解决贸易争执以及保持必需的船员队伍这些困境的很多可行手段之一。

在这个源于图迪斯库塞特一个人被拘禁的叙述框架中，至少还有九个人经历了某种形式的扣押，分别是图迪斯库塞特的仆人、阿图、詹姆斯·科尔奈特船长、欧帕伊、拉西伊娜和蒂玛罗、尼古拉斯以及英格拉姆拘禁在"希望号"上的"两名土著人"。1792年，在西北海岸航行的还有另外18艘船（除"哥伦比亚复兴号""希望号""发现号"和"杰尼号"以外），由此考虑，在那个贸易季，还发生了几十次人质事件，这样的推测，应该是保守的。

努查努尔特人如何看待这种一直进行的人质扣押和交换？除了担心自己在此类活动中遭受拘禁或惨痛死亡外，他们可能认为是合理的，属于相对正常的行为。温哥华岛西部的岛民积极参与他们自己版本的奴隶贸易和战俘交换以及不大常见的人质交换（图迪斯库塞特的"仆人"也可能是维克尼尼斯酋长在以前指挥的战斗中俘虏的人员）。他们经常收留像阿图或尼古拉斯那样的逃跑人员，也用被其奴役的女人与欧洲人和美国人交换货物。格雷、英格拉姆、贝克和温哥华等船长的行为在与俘虏相关的事件中并不算什么新鲜事，但是这些外国人肯定在本来已经习惯于自己抓俘虏的土著部落之间，助长了紧张局势。

人质扣押指南

在詹姆斯·库克船长的三次太平洋航海经历中，发生了无数次各种各样的人质扣押。他扣押岛民，目的是找回被偷的设备；他扣押人质，目的是迫使逃亡的水手返回；他扣押村民，目的是收集情报或纯粹是作为应对可疑敌意的先发制人的手段。这些以及其他动机促使库克船长抓获当地人，第一次这样做是1769年首次到达塔希提岛的时候。不过，欧洲人在太平洋上扣押人质的做法不可能是库克船长发明的。

　　比这早 227 年之前，在距离塔希提岛东北数千英里外的地方，胡安·罗德里格斯·卡布里略考察加利福尼亚的海岸，最北边到了现在的奥尔良，一路上临时拘押了很多土著居民。在巴托洛梅·费雷罗（Bartolomé Ferrelo）和胡安·帕伊兹（Juan Paez）以第三人称的讲述中，卡布里略的手下在 1542 年 8 月 22 日"抓获"了第一个当地加利福尼亚人；两天以后，他们"把一个男孩和两个女人带到船上，并给他们衣服和礼物，然后让他们走了"；又过了一天，他们"把（五个印第安人）带上船"；9 月底，他们"带来了两个男孩"，这两个男孩上船后，"除了手势，啥都不会"；10 月，在现今的圣佩德罗海湾附近，他们"抓获了一艘独木舟上的几名印第安人，并与他们进行了对话"。又过了四个多月，他们才提及再一次抓获了印第安人。那是在 1543 年 9 月 3 日，"他们抓获了四名印第安人"，至于什么原因却没有说。最后，又过了两天，他们"抓获了两名男孩子，并把他们带到新西班牙，作为翻译"[31]。在所有这些情况下，除了最后一次抓获男孩是让他们当翻译外，抓获其他人的主要动机可能是为了获得当地的信息。比如，你们的食物供应在哪里？你们有金子吗？附近碰巧有通往美洲西北海岸的航线吗？虽然有些加利福尼亚印第安人乐意登上卡布里略的"圣萨尔瓦多号"（San Salvador）及其补给船"维多利亚号"（Victoria），但是那些被强制带上来的印第安人在看到吱嘎作响的船以及被坏血病折磨的船员时，一定非常惊恐。"圣萨尔瓦多号"启航离开时带走的那两个男孩当然经历了更大的恐惧。

　　从卡布里略时期到库克船长时期，太平洋航线上反复不断地发生着扣押人质或俘虏的行为。[32]库克船长记录了他与太平洋土著居民打交道的情况，其叙述得到广泛的传播，从而让后来的航海家可以利用他的日记，以此作为太平洋探险和与当地人交往的行动指南。后来的人除了照着库克船长的样子学习，包括像库克船长那样抓人质，也没有别的更好办法：[33]

- 1769 年 5 月 2 日：塔希提岛贵族普利亚（Purea）和图塔哈（Tutaha）被扣押为人质，以换回两名逃跑的水手。这"在全岛引起了恐惧，被扣押的人（尽管得到很好的对待）很难过"。作为报复，土著村民扣押了医生威廉·芒克豪斯（William Monkhouse）以及一名下士。[34]

- 在图兰甘奴伊（Turanganui，贫困湾）与毛利人第一次接触时：从土著人独木舟上强制俘获三名男孩，在"奋进号"上将他们扣押了一夜。

- 1773 年 9 月在赖阿特阿岛（Ra'iatea，社会群岛）：为了追回被偷的东西，扣押酋长塔（Ta）及其小头目。

- 1774 年 5 月在马塔瓦伊湾（Matavai Bay）：炮手约翰·马拉（John Marra）因为要逃跑被监禁两周。

- 1774 年 5 月在胡阿希内岛（Huahine）：扣押两名土著首领作人质，以换回被拘禁在海岸上的两名水手。

- 1777 年 5 月在汤加：土著村长因为偷窃铁螺栓被拘禁，后被用一头大猪赎回。

- 1777 年 5 月在汤加：酋长塔帕（Tapa）的儿子因为偷窃"发现号"上的两只猫而被拘禁。

- 几天后：两名汤加人因为偷窃被扣押，为了防止以后再发生偷窃行为，把土著头领鞭打了一顿。

• 1777 年 6 月在汤加：土著首领帕乌拉赫（Paulaho）和
芬阿乌（Finau）被扣押在"决心号"上当人质，以换回被偷
走的两只火鸡。

• 1777 年 10 月在莫雷阿岛：扣押塔希提人，迫使他们归
还丢失的山羊。

• 1777 年 11 月在赖阿特阿岛：至少三名水手弃船而去，
约翰·哈里森（John Harrison）因此被鞭打 24 下，头领奥里
奥（Orio）及其怀孕的女儿鲍伊图阿（Poetua）被扣押作为人
质，导致村里的女人到海岸边"哀嚎"并用鲨鱼的牙齿划伤自
己的身体。

• 1779 年 2 月 11 日在凯阿拉凯夸湾：库克船长试图抓获
头领卡拉尼欧普乌（Kalani'opu'u）当作人质，逼迫他们归还
"发现号"上的小艇。在这次行动中，库克船长被杀身亡。

这些例子只是库克船长三次太平洋航行中所发生的人质事件的
一部分。即便从这些案例中也可以看出，库克船长扣押人质主要是
以此作为筹码或者进行报复，比如他想让土著人归还被偷去的物品
或逃跑的船员；或者可能是为了了解新到之处的信息，比如他从土
著人的独木舟里抓获那三个毛利族男孩。在任何一种情况下，保持
对于原住民的"优势"都是关键。上尉詹姆斯·金在库克船长去世
之前的日记中写道，当"印第安人最后迫使库克船长使用武力时"，
他"感到很难过"，但是"他们想也别想……他们会比我们**更有优
势**"。[35]

不管是海岛上的居民，还是陆地上的居民，他们在遇到库克船

长和他的手下时立马关注到这样一个几乎总是会引起冲突的事实：
这些陌生人想要的东西，都是原住民想要控制的东西。有一个很有
说服力的案例反映了这一点。1769 年在图兰甘奴伊湾，库克船长释
放了那三个被扣押为人质的男孩，率领他的"奋进号"往北航行，
不久就进入了惠蒂扬阿（Whitianga）海湾。一个名叫赫热塔·特
塔尼瓦（Horea Te Taniwha）的小男孩看到了库克船长的船只，他
的描述提供了一个罕见的土著人视角，再现了土著人第一次看到外
来船只的情形。多年以后，特塔尼瓦回忆道：

> 我们住在惠蒂扬阿，有只船开过来了，我们年纪大的人看
> 见了，说那是阿图阿，是一个神，船上的人是图普阿，是奇怪
> 的生物，或者说是"妖怪"（goblins）……当这些妖怪上岸以
> 后，我们（孩子和妇女）看见了他们。但是我们跑开了，进入
> 了树林，只有我们的勇士留在那儿，应对那些妖怪。不过，那
> 些妖怪停留了一段时间，并没有对我们的勇士做出不好的事
> 情。我们一个接着一个地跑回来，盯着他们看。[36]

　　特塔尼瓦记录了他的族人对于这些在他们家乡停留了 12 天的
怪人的反应。他认识到，这些人的行为虽然有时显得神秘，但更像
是人，而不是什么超自然的生物。比如，这些怪人也需要那些属于
特塔尼瓦部落的物质的东西，像牡蛎、鱼、根和草、石头、木材以
及饮用水。库克船长的人通常连招呼都不打，就拿走了这些东西。
有时候，他们的确也言语一声，那是请当地人给他们提供一些必需
品，尤其是需要了解周边信息的时候。

　　有一次，特塔尼瓦和一些村民登上了"奋进号"，库克船长

（说话带着"丝丝声"的"最大的官"）讲了一番话，"我们一点都没听懂"。

> （然后，他）拿了一块木炭，在船的甲板上画了一些道道，然后指着海岸，并看着我们的勇士。我们村的一位上了年纪的人对我们的人说："他是问这块陆地的形状。"那位老人站了起来，拿起木炭，画出了伊卡阿毛伊岛（Ika-a-maui）的形状（新西兰的北岛）。[37]

85

这样的信息对于库克船长来说简直是无价之宝，因为他要环绕新西兰，渴望知道。而惠蒂扬阿村的"勇士"可以告诉他这个信息，也可以不告诉他。在这件事上，他们告诉了库克船长所祈求的信息。但是，其他村民可能不这么大方，因此往往就会发生扣押人质等形式的冲突。

库克船长使用的人质战术通常都能带来期望的结果，比如被偷窃的物品归还了，逃跑或被拘禁的水手回来了。但是，这种做法的重要性在于，它对后来的探险家和商船船长产生了影响。乔治·温哥华和纳撒尼尔·波特罗克（Nathaniel Portlock）两人都参加了库克船长的最后一次航海，而这一次发生了很多拘禁人质的行为。他们在以后的岁月里自己率领探险队远航的时候，就会效仿库克船长的做法。阿里桑德罗·马拉斯皮纳（Alejandro Malaspina）、拉佩鲁兹、瓦西里·戈洛文（Vasily Golovnin）以及查尔斯·威尔克斯（他们每个人都分别率领过西班牙、法国、俄国与美国的远航船队）仰慕库克船长，把他当作航海家和启蒙人物，认真消化吸收他的航海日记，并不同程度地利用他的方法，获得对于土著居民的"优势"地位。这儿的关键点不仅在于英雄崇拜以及库克船长对后来航海的巨大影响，还在于库克船长留下的日记遗产以及不同国家的后来者通过阅读他的日记，找到与土著居民谈判不成时的应对方法。

特塔尼瓦在回忆中说，库克船长的讲话"我们一点都没听懂"[38]。对于他与土著人交流沟通情况的这个评价，库克船长是同意的。他对著名的传记作家詹姆斯·鲍斯韦尔（James Boswell）说："他和他的船员去了南海岛（South Sea Island），对于他们获得的信息或者猜想获得的信息，没有把握……（因为）他们的语言知识太缺乏，需要感官直觉的帮助。他们了解的关于宗教的、政府的或传统的一切信息，都可能是错误的。"[39]当语言交流不通畅的时候，往往就会导致敌意。

约翰·朱伊特离奇的被俘经历
（1803—1805）

从 18 世纪 80 年代到 19 世纪的最初十年，西北海岸的毛皮贸易都是有利可图的。但是，毛皮贸易的成功与否完全依赖于产地。西北海岸的某些地方，比如努特卡海湾和克拉阔特湾，仅仅经过十年的滥捕滥杀，就出现了海獭种群数量的全面锐减。由此造成的结果是：这一地区的一些土著居民面临着贸易赤字和社会动荡的局面。[40]正是在这样的背景下，一个名叫约翰·朱伊特（John Jewitt）的年轻英国人被马奎那酋长俘虏了，而朱伊特则是他所效力的船只失事后的幸运儿。[41]

朱伊特乘坐的船是"波士顿号"，经过六个月的航行，从波士顿到英格兰，然后绕过合恩角，驶往温哥华岛。在 1803 年 3 月 12 日这一天，停泊在友好海湾（Friendly Cove，1778 年由库克船长命名）的北面。朱伊特当时 19 岁，来自英国，在家乡林肯郡（Lincolnshire）是一名铁匠，后来上船当了一名军械修护员。一路远航，朱伊特没遇到什么困难，在抵达目的地的时候还回顾了船员的健康情况。他后来写道："所有的人都平安无事。"这句话也许是一种黑色幽默，暗示着十天以后将要发生的悲剧。莫瓦查特部落（Mowachaht）的酋长马奎那和约翰·萨尔特（John Salter）船长相互寒暄一番，交流了信息，互送了礼物，特别值得一提的是萨尔特在 3 月 15 日送给马奎那一支双管滑膛枪。四天以后，马奎那给船长带来"九对"鸭子，但是他也抱怨萨尔特给他的礼物是一支不能用的枪。据朱伊特说，萨尔特"很生气，说他是个骗子，把那支枪拿过来，扔在了船舱的地板上，并把我叫来，问我能不能修理，我告诉他可以"[42]。5 月 22 日，马奎那又来到"波士顿号"，带着一大帮村民。他告诉萨尔特，友好海湾里有很多三文鱼，船长马上就派了 10 个人去捕鱼。此时，甲板上只剩下 15 名船员，而朱伊特和修帆工约翰·汤姆逊（John Thompson）正在甲板下面工作，马奎那的人这时对船发起攻击。朱伊特勉强试着从驾驶室里爬上来，却被斧头击中，顺着梯子倒了下去。马奎那封锁了舱口，把朱伊特堵在下面。四个小时以后，马奎那叫醒朱伊特，他从驾驶室看到了恐怖的一幕：后甲板上一溜排着 25 个人头。朱伊特写道，马奎那要饶了他的性命（以及修帆工约翰·汤姆逊的性命），但是"他告诉我，我必须当他的奴隶，给他干活……这个，我当然得同意了"[43]。从此，朱伊特和汤姆逊开始了两年的俘虏生活。

朱伊特对自己俘虏生活的记述，源自他保存的日记，包括日常生活的细节，为当时的主要事件提供了足够的概述。由于朱伊特有打铁的技艺，马奎那马上宣布他是他的奴隶，尽管在未来的日子里这种主仆关系发生了各种形式的变化。朱伊特的大部分时间用来观察和参与部落的某些生活，比如采集食物、与相邻的部落进行贸易、打造工具和武器、寻找鲸脂和鲸油等普通饮食之外的营养。朱伊特的精神状态在绝望（"我现在要放弃一切希望了，再也见不到一个基督教国家了"）和知足（"我们上周生活得很好……"）之间摇摆，往往是一天之内情绪都有很大的变化。[44]他娶了妻子，或者说，马奎那给他"买了"个媳妇，或者说他"诱拐"了一位年轻的新娘，在不同的讲述中细节有所变化。他的妻子名叫优丝多琪爱丝夸（Eu-stochee-exqua），是阿侯萨特（Ahousaht）部落酋长阿坡奎斯塔（Upquesta）的女儿。这个婚姻可能在一定程度上改善了朱伊特的境遇："自从我结婚后，我们（朱伊特和汤姆逊）的生活好了很多，我的岳父一直在钓鱼。我被迫娶了一位印第安人为妻子，我请读者猜测一下我的心情。"[45]六个月以后，两人离了婚。[46]在一个更加令人疑惑不解的事件中，朱伊特可能参加了一场对阿伊沙特（Ayshart）村的血腥进攻，还为自己俘虏了四个奴隶。他的日记中没有记载这段经历，但是他1815年的《叙述》（康涅狄格的一位记者代他写的）中说朱伊特深度参与了这次战斗。[47]因此，也存在着这样的可能性：作为俘虏的朱伊特现在有了他自己的俘虏。

在整整两年的俘虏生活中，朱伊特都在谋划着逃跑。来访的部落酋长看中了朱伊特的打铁手艺，经常提出要买他，但是马奎那总是拒绝出售他这个最有价值的俘虏。朱伊特偶尔会偷偷地把信交给那些酋长，请他们转给任何一艘过往的商船。1804年8月22日，朱伊特将两封信交给来访的玛卡（Makah）部落的"酋长……希望

图 3.1 朱伊特和汤姆逊在莫瓦查特部落酋长马奎那精心策划的对"波士顿号"商船的进攻中幸免于难。其他 25 名船员和官员则死于非命。朱伊特和约翰·汤姆逊成了马奎那的俘虏，时间长达两年。图片来源：亨廷根图书馆。

那两封信能交到基督教徒的手里"。朱伊特认出这个重要的玛卡部落酋长是马基·乌拉提拉（他后来在塔拉卡诺夫被俘事件的解决中发挥了重要作用），并注意到他的"皮肤几乎和欧洲人一样白"，也注意到他用英语进行友好的交流。[48]"莉迪亚号"（Lydia）商船从波士顿出发远航，将近一年了，之所以来到友谊海湾，极有可能是因为读到了朱伊特的信，并对其被马奎那酋长俘虏后的生活深感震惊。很明显，朱伊特没费什么劲儿就说服了马奎那，让他登上了"莉迪亚号"船，而船长塞缪尔·西尔（Samuel Hill）趁机扣押了他，"直到两个白人上了船"才放他走。西尔船长在朱伊特和汤姆逊上船后就释放了马奎那，从此结束了朱伊特两年多的俘虏生活。[49]

听了这个简要的讲述，人们会就努特卡海湾的情况以及暴力的升级提出不少问题。马奎那和他的莫瓦查特部众为什么在 1803 年攻击"波士顿号"？马奎那为什么饶了朱伊特和汤姆逊的命，并让他们当俘虏？这种俘虏图景如何反映太平洋上其他充满敌意的相遇？马奎那的势力在 1785 年和 1795 年之间努特卡海湾海獭贸易最鼎盛的时候极其强大，但是到了 1803 年，已经严重衰落了。[50]马奎那已经开始转向劫掠并与其北面和东面的部落进行贸易，总是希望得到新的毛皮，从而与此时到努特卡海湾来的几艘商船交换货物。他这样做的主要目标是为了提升他在部落中的声望，而不是为了物质财富。[51]朱伊特是军械修护员（汤姆逊虽说差一点，也是个修帆工），可以帮助实现下列目标：为贸易打制铁器商品，为战争打造作战武器，支撑马奎那日渐衰微的权力。不过，在更深的层面上，马奎那的部落面临着生存中的生态危机。土著人在温哥华岛西岸对海獭的过度捕猎使这个宝贵的资源几乎灭绝，而马奎那对海洋贸易的偏重已经严重打乱了他的部落的传统生活方式。朱伊特的日记反复提到，他们拼命地寻求食物，他和汤姆逊经常挨饿，马奎那本人也感受到很大的压力。朱伊特在 1804 年 4 月 11 日写道："昨天夜里，我们的酋长向我透露，他对他的生活深感忧虑，因为再也抓不到鱼了。他告诉我，他自己的族人会杀了他。"[52]

这些物质和生态方面的原因解释了马奎那袭击"波士顿号"的背景，但是它们无法具体解释 1803 年 3 月 22 日朱伊特在后甲板上看到的恐怖一幕。正如很多演变成暴力的其他相遇事件一样，语言和交流是关键因素。马奎那很可能在几天前，也就是把萨尔特船长作为礼物送给他的那支坏了的双管滑膛枪送回来的时候，就已经决定袭击"波士顿号"了。他告诉萨尔特："它是坏的。"朱伊特写道，"萨尔特船长对滑膛枪被识破一事感到很没面子"，就以很明显的高高在上的姿态，当着马奎那几个下属头领的面，羞辱了马奎那一番。[53]萨尔特为自己的错误付出了生命的代价，主要在于没有弄清楚马奎那是能听得懂英语的。自从1778年遇到库克船长后，马奎那就一直与说英语的商人打交道，其英语水平当然要比他在萨尔特船长面前所谦虚承认的要高，这显然是一种做买卖的策略。[54]他不仅理解萨尔特对他的侮辱，而且由于萨尔特如此不加掩饰，口无遮拦，以至于陪同马奎那的下属也听明白了。这些言语侮辱对于领导威望处于严重危急时刻的马奎那来说，都是针对性的专门挑战。萨尔特让他无地自容，无法保全面子。但是，风水轮流转，两年以后，当马奎那带着朱伊特写的介绍信登上"莉迪亚号"商船的时候，语言和交流能力的欠缺让他吃到了苦头。马奎那的口语交流水平固然令人印象深刻，但那不包括读文识字。他因看不懂那封信的内容，从而让自己成了一个暂时的人质，被迫释放了那个对他来说最有价值的俘虏——约翰·朱伊特。

　　这些物质、生态、个人方面的紧张形势影响了努特卡海湾地区所发生的事件的结果，还波及了东太平洋更大的区域甚至更远的地方。在马奎那屠杀"波士顿号"船员和俘虏朱伊特的那一年，俄美公司的总经理与波士顿商人约瑟夫·奥凯恩（"奥凯恩号"的船长）签署了捕猎海獭的合作协议，捕猎地点甚至远到下加利福尼亚海岸。[55]在这次毛皮贸易的扩展中，乘船去他乡捕猎的土著猎人以及当地居民发挥了关键作用，下一章将展示这一点。朱伊特被俘这件事让一些更大事件的意义得以具体化，即某些地区的海獭枯竭引发了贸易冲突的加剧，而这样的贸易此时已经将俄国人和美国人的利益与中国市场连接到了一起。在"奥凯恩号"1803年的航行中，船上有两名俄国人，负责监管海獭捕猎事宜，其中一人是季莫费·塔拉卡诺夫。

89

"圣尼古拉号"的幸存者（1808—1810）

　　五年后，塔拉卡诺夫效力的"圣尼古拉号"在距离马奎那的"友谊海湾"南面 100 英里的海滩上搁浅失事。他和布里金船长、船长的妻子安娜·彼得罗夫娜以及其他船员在海岸上苦苦挣扎，与赫族印第安人不期而遇。语言的交流再一次造成了困扰。塔拉卡诺夫后来回忆道："由于我们不能很好地理解彼此，所以我们的对话延宕了。"[56] 在哪一方都不了解对方的情况下，各自的手里又都拿着致命的武器，想要一个和平的结果看来是不可期望了。对于由此导致的暴力和多人被俘，目前流传下来的叙述版本有两个，一个是塔拉卡诺夫讲述的，另一个是名叫本·霍巴克特（Ben Hobucket）的奎鲁特人讲述的。

　　1808 年 11 月 1 日，本·霍巴克特并不在海滩附近，事实上，他是在 30 年后才出生的。但是他的祖父当然认识那些站在海滩上看见船只失事后的俄国人和阿留申人的村民。霍巴克特记住了从他父母和祖父母那里传下来的历史：

90

　　　　很久很久以前，有一艘带着大炮的船，由于一场可怕的风暴，在这儿的海边失事了。尽管印第安人此前从来没有见过船或白人，但是他们想俘获这些白人……印第安人称之为"ho'kwat"（流浪者），直到今天，印第安人都把白人称为流浪者。[57]

霍巴克特对事件的描述包含很详细的细节，其中很多与塔拉卡诺夫的讲述是吻合的。在霍巴克特的讲述中，一些陌生人走向奎茨河（Queets River）。河在奎鲁特人主要居住村落的南面，距离村落25英里。他们到了奎茨河，有些赫族人提出用船送他们过河。但是赫族人"脑子里转起了坏心眼"，袭击了那些人，并抓了几个俘虏。霍巴克特坦承："那些陌生人无处可逃"，因为赫族人从一边进攻，而"我们的人"，也就是奎鲁特人，从另一边夹击。[58]

霍巴克特的讲述不是完全按照时间的顺序。他说，过了一段时间，那些陌生人为了保护自己，建造了"围栏"，但是很快，"饥饿就席卷了这个地方"。塔拉卡诺夫的人用木头造了一艘粗糙的小船，有些人试图沿着河一直走向海洋，但是"大海茫茫，一点都不友好"。海滩上也不是停留之地，因为"到处都是野人"（霍巴克特指的是赫族人，不是他自己部落的奎鲁特人）。霍巴克特非常具体地描述了当时的情形，比如，水浪如何击打船只，有几个人如何丧命，苦苦挣扎的人们如何分成小组走向海滩。虽然那些陌生人有很多被"疯狂的赫族人"抓去当了俘虏，但还是有几个人逃脱了，艰难地躲进了树林里。正是在这一点上，时间在霍巴克特的叙述中好像快进了，他部落里的人几个星期、几个月甚至一年都不知道那些陌生人去了哪里。"最后"，他继续叙述道：

他们（陌生人）看见奎鲁特人壁炉烟囱里冒出来的炊烟，饥饿战胜了恐惧，他们自己主动向我们的人投降……那些人就成为了奴隶，女人被送给一个小头目做妻子。他们被迫给我们部落做繁重的苦役劳动。但是，随着一年一年地过去，他们也有了越来越多的自由。[59]

最终，有一天早上，这些俘虏不见了，他们成功地逃脱了。

本·霍巴克特的讲述读起来就像是看用蒙太奇手法拍摄的电影，时间线索时断时续，而某些重大的事件（至少在塔拉卡诺夫的讲述中是很重要的）就像是不存在的一样，消失得无影无踪了。有些情节只能从故事叙述的角度看才讲得通，而不是基于事实本身。比如，霍巴克特说："印第安人此前从来没有见过船只和白人。"但是，这个土著人对于一个很久以前发生的事件的讲述，依然了不起，主要是因为它凸显了奎鲁特人的意义以及当地的历史，而不是塔拉卡诺夫乃至欧洲叙事者作为一个整体所建构的意义。

比如，对霍巴克特来说，船只的失事、俄国人和阿留申人的死亡、被俘作为奴隶以及俘虏的最终逃亡，都只具有边缘的意义，更重要的意义在于这些事件介入当地政治和社会关系的方式。霍巴克特的奎鲁特部落和相邻的赫族部落有段时间非常不和，这从他的讲述中可以很清晰地看出来。奎鲁特人与赫族人还经常和他们北面的玛卡村民发生冲突。所有这三个部落都各自防卫自己的地盘，对抗他族对自己的威胁。奎鲁特人和赫族人都希望抓获这些陌生人当奴隶，因为他们有火器、新的技艺以及可以为"部落做劳役"的强壮身体。但是霍巴克特对赫族人的描写比对陌生人还要妖魔化，比如说赫族人"脑子里转起了坏心眼"，他们是"野人"，他们"很疯狂"地去抓获外国人（那些外国人被描述为"流浪者"，与其他称呼一样，"流浪者"这个称呼是太平洋土著部落对外国人的一种嘲弄）。[60]与此相对照，霍巴克特声称，他的部落最终为那些饥饿的幸存者提供了庇护所，那些幸存者是被"奎鲁特人壁炉烟囱里冒出来的炊烟"召唤过来的，并"自己主动向我们的人投降"。[61]因此，虽然他们变成了俘虏和奴隶，但是这个结果似乎看起来对于霍巴克特的历史叙事并不太重要。"圣尼古拉号"在村庄附近的海滩上失事了，那里的村庄之间有他们自己的紧张关系和世仇恩怨。简而言之，有他们自己的历史，俄国人和阿留申人幸存者只是不经意间在蹒跚的脚步中走入了土著人的历史。

季莫费·塔拉卡诺夫对这些事件留下了自己版本的记录。与霍巴克特的叙述不同，塔拉卡诺夫记录的故事曾经得到俄国海军上校瓦西里·戈洛文的修改润色，最后广泛出版发行。不同版本的俄文记述分别在 1822 年、1853 年、1874 年、1884 年和 1894 年刊行，德文版在 1822 年出版，英文版在 1826 年、1853 年、1973 年和 2000 年面世。这个版本的大面积传播一点都不令人惊讶，就像约翰·朱伊特几年前的记述一样，塔拉卡诺夫讲述的故事在很多读者脑海里激起可怕的想象、性幻想以及种族恐惧。[62]

塔拉卡诺夫的故事从一开始就展现出冒险的意味。那里是美国的蛮荒之地，也是俄帝国远东的边疆，有心怀敌意的野人。塔拉卡诺夫首先简要叙述了他们在海滩上与印第安人的小规模冲突，然后讲述他们逃亡内陆，但是发现前进的路被奎茨河挡住了。他们与另一个印第安人部落的冲突导致了两名阿留申人和两名俄国人被俘（包括船长的夫人安娜·彼得罗夫娜·布里金）。其他的人继续往内陆逃亡，度过了漫长的冬天，其间努力找寻食物，与不同的印第安人做买卖，以各种被俘形式与土著人打交道，最后当机会来临时袭击印第安人的营地。塔拉卡诺夫很少区分不同的土著部落，也不讲述奎鲁特人和赫族人之间的恩恩怨怨。他的讲述就是一场为了生存下去而抗击印第安人的战争。"土著人把我们赶到了人类悲惨不幸的最后舞台，因此，我们不仅有权利用武力从他们那里抢夺我们生

92

存所需要的一切，而且还要向他们复仇。"[63]

第二年春天，那些在船难中幸存的俄国人获悉玛卡族的一个村子里拘押着他们的人，其中包括安娜·彼得罗夫娜·布里金，所以，他们就抓了一个玛卡族人作人质，从而进行俘虏交换。但是，让布里金船长"惊恐、悲伤和愤怒"的是，他那被俘虏的妻子安娜·彼得罗夫娜拒绝离开俘虏她的人，理由是"她对她的状况很满意"。[64]塔拉卡诺夫决定不再进行抵抗，他和另外四人主动向俘虏安娜·彼得罗夫娜的人投降，得到了很好的对待，而其他的俄国人不久也被另一个部落的土著人抓获了。经过一年的俘虏生活，塔拉卡诺夫的主人与一名美国船长（从波士顿开过来的"莉迪亚号"船长托马斯·布朗）建立了联系，然后把所有的俘虏都卖掉了。他们中有13人返回锡特卡。布里金船长和安娜·彼得罗夫娜虽然重逢了，但同时他们的夫妻关系也结束了。

以上是塔拉卡诺夫和霍巴克特讲述的全部事件，但给我们的却是不完整的感觉。最主要的不协调之处是三个主要人物令人难以接受的行为和身份，这三个人对于事件的进程以及由此产生的潜在意义都有着决定性的影响。

第一个关键人物是安娜·彼得罗夫娜。根据塔拉卡诺夫的讲述，她自己决定留在印第安人那里，而没有同意人质交换。这个行为让她的俄国同胞震惊且恐惧。塔拉卡诺夫写道，她的决定"像一声惊雷，重击了我们"。"对布里金来说，他深爱着他的妻子，听到安娜·彼得罗夫娜的回答和想法时，我不知道该说什么。"[65]毕竟，这是一位俄国女人（而且还是船长的妻子），她有意地跨越文化和种族界限，从欧洲人变为土著人，从文明人变为野蛮人，决定将自己的命运交给后者。她选择去"当土著人"，要求留在那个俘获她的人家里，那个人的名字是尤特拉马基（Yutramaki）。[66]如果我们把她的社会身份确定为欧洲白种女人（塔拉卡诺夫就是这样认为的），那么跨越文化和种族界限这种说法才能解释安娜·彼得罗夫娜留在印第安部落的决定。可是，文献记录的却不是这样。关于安娜·彼得罗夫娜的唯一现存资料说，她"可能是来自锡特卡的一名克里奥尔人"，意思是她的母亲是阿留申人或科迪亚克人。[67]她的这个克里奥尔人身份并不能完全解释她留在玛卡部落的选择，但要解释她为什么会来自锡特卡（很少有俄国女人去那里），为什么会适应在玛卡部落的生活，为什么忠诚于尤特拉马基，也是很复杂的。因此，尽管塔拉卡诺夫认定她的身份是一名俄国白种女人，但是她的行动反映了她更加灵活多变的社会特征。

　　第二个主要人物是尤特拉马基。只是在安娜·彼得罗夫娜的督促下，塔拉卡诺夫和另外四人才向尤特拉马基投降的，而尤特拉马基前一年从赫族人那里买了安娜·彼得罗夫娜。他们都成为尤特拉马基的奴隶、俘虏、侍从或家庭成员，就看你从什么视角来看了。重要的是，在一年内精心谋划解救他们、将他们卖给"莉迪亚号"布朗船长的，也正是尤特拉马基。这个在这些事件中（可能也参与了释放约翰·朱伊特的事件）如此重要的玛卡人到底是谁？塔拉卡诺夫说这个人的名字是尤特拉马基，好像是综合了他的真名和他父亲的名字。他的真实名字是马奇·乌拉迪拉（Machee Ulatilla）或乌拉迪拉，他的父亲可能是一名爱尔兰医生，名叫约翰·迈凯（John McKay），是被他的船"库克船长号"（Captain Cook）在1786年留下的。[68]尤特拉马基的混血儿身份（就像安娜·彼得罗夫娜的一样）似乎并没有受到他所在的玛卡部落的歧视，因为他的部落看重的是母亲这一方的遗传。我们再回忆一下朱伊特的描述，尤特拉马基说着"还不错的英语"，"比我见过的任何一名土著人都更具有文明人的相貌"。[69]虽然我们对他所知甚少，但他的行为显示，他喜欢作为文化中间人的角色，在他的部落、相邻的印第安部落以及白种外来人之间进行沟通。他当然从出卖他的俄国俘虏中获得了好处。布朗船长最终为每个人都支付了"五张有图案的毯子、五条大约35英尺的羊毛布料、一把锁匠用的锉刀、两把钢刀、一面镜子、五包枪药以及同样数量的弹丸"。[70]但是，尤特拉马基从卖俘虏中获利这个事实不应该让他的同情心打折扣，他还是有救人的动机的。他也许把这些人看作是在异域他乡的迷失者，想去帮助他们。

第三个重要的人物是塔拉卡诺夫。关于这个人，有一个信息很关键，但是他自己在叙述中并没有透露。他是一个农奴，出生于俄国库尔斯克（Kursk）的一个农奴家庭，在给俄美公司服务期间，他的身份都是农奴。[71]因此，塔拉卡诺夫要从两个层面争取自由。一是从他出生时就有的农奴身份中争取自由，二是从几十年后拘禁他的印第安人那里争取自由。对于这个有才华的俄国人来说，自由和不自由之间的社会界限一定含混不清，可以这么说，他在西北海岸逃亡和被拘禁的两年时光可能代表着他一生最自由的日子。事实上，当布里金船长不能应对挑战的时候，是塔拉卡诺夫挺身而出，领导着"圣尼古拉号"的幸存者。同时，正确地理解安娜·彼得罗夫娜为尤特拉马基背书的真正含义的人，也是塔拉卡诺夫，他认为尤特拉马基是一位公正的主人，为他们最终获得自由提供了最好的机会。结束俘虏生活以后，塔拉卡诺夫的命运还不错，回到了为俄美公司工作的岗位上。七年以后，他在一个非同寻常的地方，也就是夏威夷群岛，正式获得了自由，被俄美公司派驻到那儿工作，参与俄国注定要失败的殖民活动。[72]他在1817年返回锡特卡，娶了一位科迪亚克姑娘。因俄美公司来了新的领导，塔拉卡诺夫失宠了，他带着家人在19世纪30年代初返回了俄国。[73]

塔拉卡诺夫的人生故事和很多来东太平洋生活的人一样，被裹挟在一个复杂、混杂的世界里。文化二元论，比如"欧洲的"和"土著的"的对立，对于外来者和本土人相遇时那些影响各方的复杂政治和磋商，只能提供些微的解释。本·霍巴克特没有认识到1808年被海浪冲到他部落所在海岸上的那些人的社会异质性，反而说，"印第安人称他们为'ho'kwat'（流浪者），直到今天，印第安人都把白人称为流浪者。"[74]"流浪者"这个词描述的是旅途中的人，是具有很大文化差异的人。在霍巴克特的讲述中，一个奎鲁特人看到一艘俄国船被海浪冲到岸边，船上的幸存者拼命地在当地四处乱走，急切地寻找食物和住所。但是，除了他们的艰难处境外，那些人在奎鲁特人眼里与以前有时来他们的海岸开展贸易的人没有什么不同。他们都是白皮肤（黑皮肤的船员不参与正式的贸易），身上穿着精致的衣服，船上即便有女人，也很少，但是他们常常寻求与岸上的女人发生性关系。他们一年又一年地来做毛皮生意，不过除了物质之类的交换，他们不愿意要其他的。他们来了，他们走了，而后面来的人只是重复前面来的人在物质层面的交易。奎鲁特人非常清楚，这些人为什么到他们的海岸来。他们知道这些人挣钱的动机、囤积商品的欲望，甚至可能还知道大洋另一边的市场。但是这些外国人，也就是这些"流浪者"，好像生活在社会群体之外，生活在赋予生活以意义的文化行为之外。他们的无根以及单一的目的既令人同情，又让人深深地厌恶，他们看起来像是没有灵魂的行尸走肉。[75]

94

被奴役的女人和拉皮条的男人

在截至目前描述的人质或俘虏中，大多数是男人。形成这种性别不均衡的原因有很多。除了船长偶尔会携夫人同行（比如"南极洲号"上的阿比·简·莫雷尔、"圣尼古拉号"上的安娜·彼得罗夫娜、捕鲸船"老虎号"上的玛丽·布鲁斯特），除了某个船员的土著伴侣（比如"莱利亚·拜尔德号"上名叫哈利耶特的"奥塔赫耶特姑娘"，她是木匠的一个"妻子"），或者除了像"杰尼号"所拘押的年轻夏威夷女人拉西伊娜和蒂玛罗外，欧洲和美国的船只很少搭载女人。这些船上没有女人，当然那些以某种形式被拘禁的女人不算，所以总体来说欧洲女人就基本不可能被土著部落抓为俘虏。而土著女人被欧洲或美国海员抓为俘虏，则常见得多，比如前面提到的被俄国商人为了获得海獭毛皮而扣押的阿留申女人和孩子。尽管如此，描述的人质和俘虏中之所以出现明显的性别失衡，还因为忽略了在西北海岸以及整个太平洋上外来者和当地人交往中所涉及的另一类人，那就是被迫与外来者发生性关系的土著女人。正如上一章所考察的，这种背景下的性关系既有两情相悦的，也有卖淫和被强奸的。[76]

在西北海岸，最常见的性侵犯是对被奴役的女人。这些女人通常是土著部落在战争中俘获的俘虏，以及在自己部落不被当作自由人对待的人（如果说那些人不是财产），这在西北海岸非常普遍。甚至在 18 世纪与外来者接触之前，太平洋地区的女性奴隶就是土著贸易的重要组成部分，而且不断增加。不过，海洋商业改变了女性奴隶的主要功能和价值，她们被赋予的新角色是妓女。[77]库克船长1778年的西北海岸之行，为土著奴隶所有者认识其女俘虏的价值提供了充分的指导。那年春天在努特卡海湾，"发现号"上的医生大卫·山姆威尔写道："到目前为止，我们还没见过他们年轻的女人。我们就经常给当地男人讲，女人的陪伴于我们是多么愉悦，对他们来说是多么赚钱。结果，这次他们就把两三个女孩子带到了船上来。"山姆威尔继续写道，为了得到一个亮铮铮的白镴盘子，"父亲或其他亲戚会说服女孩子上船陪船员睡觉，甚至强迫她们上船干那事"。[78]但是山姆威尔对于这些女孩和那些让她们出卖肉体的男人之间的关系，要么是误解，要么是视而不见。山姆威尔医生的助手威廉·艾里斯（William Ellis）则看得很准确："被带到船上的女人……不是他们部落的，而是属于被他们在战争中打败的其他部落的。"艾里斯描述说，那些女人"沉默不语"，"神情忧郁，完全受带她们来的那些人的控制"。[79]很显然，她们是被奴役的女人，其被俘虏的经历中现在要包括被外国水手强奸的痛苦了。

在库克船长这次远航十几年以后，在西北海岸更往北的地方，亚库塔特-特令吉特的村民在马尔格雷夫港（Port Mulgrave）向船员提供被奴役的女人。阿里桑德罗·马拉斯皮纳在写到这件事时就揣着明白装糊涂。1791年6月27日，阿里桑德罗·马拉斯皮纳的船到达马尔格雷夫港，他在当天写道："从前一天开始，就有人用手势反复地向我们表明，让我们到了港口以后享用那里的女人，尽管已经相对清楚了，但依然看起来有点含糊，也许是翻译有误，因为到这里的欧洲船只也就那么几艘，这让享用女人这种事显得很怪异。"[80]马拉斯皮纳在他的官方日记中说的所谓"含糊"只不过是一块方便讨论妓女和奴役道德问题的遮羞布。尽管他从来没有去过西北海岸，不过他通过对西班牙人的记述和库克船长日记的全面研究，对欧洲人享用被奴役的女人这件事知道得一清二楚。在这个问题上，他很难说自己不了解。

考虑到他的日记的官方性质，马拉斯皮纳还希望通过裁决和控制性交易来建立他的权威。他不希望与亚库塔特-特令吉特部落的友好关系蒙上乌云，所以禁止他的"低职衔"船员"去村子里的草屋中与那里的女人和孩子有任何接触"。接下来，马拉斯皮纳就要亲自去考察一下那些投怀送抱或被送过来的女人是否"真的秀色可餐"。他写道：

> 因此，我被两个年轻的土著人带着，向草屋边的几棵树那里走去。那两个人神神秘秘的，不停地说着很容易理解的词语"*Jhoüt*"（女人）。到了那里，我所有的疑惑一下子解开了。确实，在一棵树下有四五个女人，身上穿着衣不蔽体的海獭皮，当然，她们会服从几乎整个部落的要求，全部落的人好像毫无异议地让她们去卖淫。但是就算不是因为道德和为人师表让人摈除任何寻花问柳的想法，只要看一眼这些女人的丑陋以及她们身上的油腻和污垢，也会断绝任何邪恶的冲动。她们身上发出的那个难闻的味道，简直难以描述。

尽管马拉斯皮纳的结论是这些女人"会服从几乎整个部落的要求"，但是他的日记却令人奇怪地从来没有明确地提及她们的奴隶身份。[81]（他在另一篇报告中的确提出了土著人的奴隶问题，见《"发现号"和"勇敢号"环游世界的政治与科学之旅》)[82]他还坚持认为，他手下的人没有与这些被奴役的女人发生任何性关系，尽管

那个部落的人"一再给他们提供".[83]

马拉斯皮纳的叙述令人震惊的地方不在于是否发生了性交易，其最显而易见的是记录的时间。亚库塔特-特令吉特人和西班牙探险队的接触只有一天，马拉斯皮纳就写出了关于人质扣押和俘虏的全景报告。进入马尔格雷夫港的前一天，有三只独木舟靠近"勇敢号"（Atrevida），马拉斯皮纳看见一位老人向他的人和外来人"发号施令"。他写道："起初，（我们）双方通过很容易理解错的手势进行交流，每一个手势和意思……都是靠想象而不是靠理性来理解。"马拉斯皮纳希望特令吉特人能派个人上船，以便能够面对面交流，不再用那些"让人误解的手势"，但是哪一方都不信任另一方。怎么办呢？马拉斯皮纳解释说："（我们）同意他们的要求，在他们的人上我们的船的同时，我们派同样数量的船员到他们的独木舟上充当人质。通过这种方式，他们很快就被我们和平的意愿说服了。"[84]这些自愿的、暂时的人质帮助双方达到了目的，不再需要强制的人质或俘虏。但是马拉斯皮纳在与土著人 24 小时的交往中遇到了一些永久性的俘虏——她们是对方提供给他手下的贸易商品，也是男性权力的战利品。通过让女人卖淫这种方式对其进行奴役和侵犯，代表着一种看起来相当普通的交往关系的极端情况，也就是某种形式的俘虏。

小结：权力的冲突

这些来自欧洲和美国的外来者不是西北海岸或太平洋任何地方抓获俘虏或交换人质这一行为的始作俑者。就像世界上的很多民族一样，土著做这些事情已经有千年的历史了，并把它当作一整套社会权力的驱动力。那些驱动力对于太平洋上所有参与交往关系的各方来说，都是很相似的。当权力关系不对等的时候，如何才能确保自己的权力？人质拘禁和交换揭示了一种对于当地紧急事件和政治的理性反应，远不是什么稀奇古怪的反常行为。但是，在18世纪末期，来太平洋的人快速增加，他们要求更多的服务和具有更大物质价值的商品。正如下章所显示的，他们有时还要求土著人给他们收集或捕获哪些商品。俘房问题似乎已经司空见惯，这与疾病的输入以及外来人在滩头建立居民点等碰巧叠加在一起，从而引发了更强烈的暴力，最终产生了对土著居民进行控制的殖民行为。

塔拉卡诺夫、图迪斯库塞特、拉西伊娜和蒂玛罗、尤特拉马基、朱伊特和马奎那，这些人哪一个都没想到或期望他们会卷入这种俘房生活。但是，他们生活的地点和时代正在被当地社会以及更广阔的太平洋的快速变化所裹挟。人类生活的世界通过不断进行的交往而扩展和融合，而相互间的不信任以及误解就会带来难以避免的暴力。季莫费·塔拉卡诺夫站在海风肆虐的沙滩上，试图让本·霍巴克特的祖先相信他的"和平诚意"，但是塔拉卡诺夫手里紧握的长枪出卖了他，而站在塔拉卡诺夫后面的阿留申人和科迪亚克人则暗示出霍巴克特族人未来的命运。现在，霍巴克特人正面临着与新来西北海岸的外来者之间的冲突、对抗以及和解。

第四章
大捕猎

"老虎号"（1845—1848）

与很多捕鲸之行一样，这一次也是人类对鲸鱼的一场大规模杀戮，收获了巨量的鲸油。这次捕鲸结束的时候，船上的货物给船长威廉·E. 布鲁斯特（William E. Brewster）带来了丰厚的利润，让他非常高兴，但他的妻子玛丽·布鲁斯特看到"老虎号"在 1848 年 3 月 8 日驶入康涅狄格（Connecticut）的斯托宁顿（Stonington）港湾时，却没有特别的情感波动。她在日记中写道："我们很快进入了港湾，一切都很平静。我们马上就离开了我们的老家（"老虎号"），与我们的朋友重逢，他们都很好，见到我们都很高兴。"[1] 玛丽·布鲁斯特当然渴望早日回家，已经在外两年多了。她现在已是一名成熟老练的航海者和经验丰富的"女水手"了，经历了海洋的极端条件，见证了令人毛骨悚然的捕鲸杀戮以及船上男性船员行为

图 4.1　玛丽·布鲁斯特在搭乘"老虎号"为期六年的太平洋航行中记录了捕鲸的情况，她的日记是最翔实的捕鲸日记之一。那艘船的船长是她的丈夫威廉·布鲁斯特。图片来源：神秘海港博物馆。

的放荡不羁。现在，很少再有什么能让这位 25 岁的女人的内心掀起波澜了。也许，这可以解释她远航归来后心如止水的原因。那的确是一次长时间的航行。

两年前，"老虎号"在备受期待中驶入太平洋，船上有阅历丰富的官员，精明老道的商人，技艺精湛的鱼叉手，还有朝气蓬勃的船员。虽然程度不同，但他们都是自愿参加这次航行的。"老虎号"的目标是北美海岸，一路北上，计划在经过南美海岸时能够捕获到抹香鲸，但是在整个 1846 年的春天，船员们都徒劳无功。有些船员私下里悄悄地说，一旦有机会就离开，不在船上干了。约翰·珀金斯（John Perkins）是耶鲁大学肄业生，在船上担任水手，是个只有 20 岁的新手。他注意到，"船上的官员和捕鲸艇舵手之间的感情不是很好"。珀金斯断言，玛丽·布鲁斯特只会把事情弄得更糟，一个女人在船上"会让任何一个危险加倍"。² 在东南太平洋捕鲸期间，"老虎号"上的捕鲸艇追逐了数不胜数的鲸鱼，但都空手而归，以至于船长不得不报告"一无所获"，这是捕鲸人的行话，意思是"没有鲸油"。³

100

约翰·珀金斯在西勒港度过了其短暂一生中最开心的时光，他说："我从来没有遇到过比卡纳克人（Kanaker）更让我快乐的人。"他甚至想在西勒弃船而去，甚至"希望有（一场飓风）将船'吞没'"或者让它失事。但是，当"老虎号"离开夏威夷的时候，他还是留在了船上，只是在几个月后一次完全不同的"吞没"中，他丧失了性命。珀金斯的日记在 1846 年 6 月 5 日戛然而止，只有简短的一行字："好风，出航 7 个月，依然没油，全体沮丧，弹琴无弦。"⁴ 几天后，珀金斯奋力地在船所携带的一艘捕鲸艇上划桨，拼命地追逐一头脊鳍鲸。鱼叉手用两根铁叉投刺那个 60 英尺长的家

101

伙，但是就在此时，脊鳍鲸猛地转了个身，用尾巴扫向捕鲸艇。珀金斯的身体遭到重重的一击，他鲜活的生命和小艇就消失在脊鳍鲸的血盆大口之中。玛丽·布鲁斯特在相对安全的"老虎号"的甲板上目睹了这一恐怖的画面，看见了珀金斯的残躯。她描述了鲸鱼"是怎么打翻小艇并吞没它的"，是如何在"海浪还没有从我们视线里吞噬珀金斯之前"就"立刻"吃掉他的。玛丽回到她的船舱，手中拿着《圣经》，把《马太福音》上的这句话写在她的日记里："所

以，你们也要预备。"[5]

　　尽管布鲁斯特看到"每个人都没有笑脸，都默不作声"，但是"老虎号"依旧继续前行，驶往"西北海岸"。到了繁忙的 1846 年的夏天，珀金斯很快就被人忘记了。"老虎号"的船员捕获了近 30 头鲸鱼，可以炼制 1 500 桶鲸油。有时候，船上鲸油提炼炉（用来将鲸脂炼制成鲸油的大锅）的炉火没日没夜地烧着，给甲板上覆盖了油腻的血污。玛丽目瞪口呆地望着鲸鱼死亡前的挣扎，"喷涌出浓稠的血液"，再后来就看见鲸油提炼炉散发出浓黑的烟雾，"那个味道啊，我特别地厌恶"。夏天的这几个月在"谋杀的光景中"飞速而过，远航的捕鲸船终于可以赚钱了。[6]随着秋天的到来，冷风从大洋的北边逼近，布鲁斯特船长下令往温暖的地方航行。

　　马格达莱娜港（Bahía Magdalena）位于下加利福尼亚，"老虎号"是在 1846 年 11 月 18 日抵达这个偏僻的港口的。在上一个捕鲸季，有两艘捕鲸船，分别是"爱尔兰号"（Hibernia）和"美国号"（United States），发现了这片东太平洋灰鲸种群的产仔繁殖地。捕鲸人称这些灰鲸为"魔鬼鱼"，因为它们性情凶狠，总是攻击捕鲸艇。与往常一样，"美国号"在去年冬天捕鲸的第一天，就有两名船员在艇翻事故中丧生。对于迫在眉睫的危险，玛丽·布鲁斯特一无所知，但她的丈夫很快就从"爱尔兰号"船长詹姆斯·史密斯（James Smith）那里了解到灰鲸的厉害之处。詹姆斯·史密斯船长经验丰富，后来被马克·吐温以漫画的形式进行刻画描写，说他"从高耸的长满肉瘤的鼻子后面，审视着世界"。[7]玛丽·布鲁斯特在马格达莱娜海湾度过了一个月安静的时光，因为灰鲸在一年一度的迁徙中还没有到达这个南方的目的地。她在荒凉的沙滩上长久地漫步，她从史密斯船长那令人印象深刻的图书馆里阅读图书，包括查尔斯·威尔克斯刚刚出版的关于美国在太平洋的探索之旅的记述。她还看见有另外几艘捕鲸船也驶进了这个宁静的海湾，加入了他们的捕鲸小船队。在 1846 年的最后一天，来自新伦敦（New London）的捕鲸船"凯瑟琳娜号"（Catherine）在人们的视野里出现了，其船长是理查德·史密斯（Richard Smith），他被公认为美国捕鲸船上最凶狠好斗的人，是从来不戴拳击手套的拳击手。[8] 但是，最后检验史密斯拳击声望的，不是马格达莱娜海湾的捕鲸人，而是灰色的"魔鬼鱼"。

在 12 月下旬，玛丽·布鲁斯特小心翼翼地注视着灰鲸的到来。有一天，她看到远处有水柱喷出，第二天就看到两条灰鲸出现在"老虎号"附近。她用沉静的笔调描写了船员捕获和杀死灰鲸的方法：

> 这些灰鲸每年都来这里产仔，只有在它们身边带着幼崽的 [102] 时候，（鱼叉手）才能有机会捕获。他们紧紧盯着幼崽目标，而渔翁之意却在母鲸，鲸鱼妈妈不会放弃幼崽，直到因保护幼崽而死去。它会把幼崽背在背上，用尽一切力气保护它的孩子离开危险，帮助其逃走。[9]

如果更直截了当地说，那就是捕鲸人以新出生的幼崽为活生生 [103] 的诱饵来捕获灰鲸妈妈。每天都有越来越多的鲸鱼游到马格达莱娜海湾，在 1847 年的最初几个星期里，就有 1000 多头。自创世纪以来，鲸鱼妈妈就来这里产仔。布鲁斯特船长在"老虎号"上准备好了四艘捕鲸艇，磨利了各种各样的鱼叉、手矛、铲刀和其他能够置鲸鱼于死地的工具。万事俱备，于是，屠杀开始了。

世界上规模最大的海洋哺乳动物捕猎开始于 18 世纪中期的北

WHALING SCENE IN THE CALIFORNIA LAGOONS.

图 4.2   船长、画家、作家兼于一身的查尔斯·斯卡蒙描绘了在马格达莱娜海湾捕猎灰鲸的机会和危险。图片来源：亨廷根图书馆。

太平洋，并在以后的一百年里向东太平洋扩展。这场残酷的灭绝性大捕猎在捕杀的区域和种类方面随着鲸鱼的市场价值、捕猎技术发展以及可捕杀的数量的变化而发生着转移。[10]在三种对于东太平洋具有重要历史意义的海洋哺乳动物接近灭绝的时候，这场大捕猎活动也达到了顶峰。海獭（Enhydra lutris）在世界毛皮价格排行榜上独占鳌头，因此最先吸引了俄国、美国和英国商人的注意。海狗（包括北海狗、南海狗和胡安-费尔南德斯群岛〔Juan Fernández Islands〕海狗）数量极大，分布在从阿留申群岛到智利海岸的胡安-费尔南德斯群岛的广大区域。这些海洋哺乳动物的价值低于海獭，对它们的人力屠杀使用了原始工业生产的残忍暴力，而不是使用土著捕猎者捕猎海獭的高超技艺和仪式。最后，在下加利福尼亚灰鲸产仔海湾对灰鲸的捕猎显示出欧洲和美国对于鲸油的强烈需求，从而导致了世界范围内的捕鲸活动，并在 19 世纪中期达到顶峰。美国捕鲸人不仅仅参与海洋毛皮贸易，他们捕鲸船队的规模也非常庞大，是美国在太平洋实现其帝国目标的海上先锋。美国捕鲸船队的残暴杀戮还为美国纺织工厂提供了作为重要的工业润滑油的鲸油，进而又在蓄奴制的美国南方促进了棉花生产的扩大。从这个意义上说，美国在遥远太平洋上的捕鲸活动与 19 世纪中期美国主要的领土和工业雄心都有着密切的联系。

对于海洋哺乳动物的大捕猎既是一种工作，也是商业扩展的副产品。正如第一章所探讨的，商业扩展改变了东太平洋。但是在这儿，商业的焦点转向了捕猎者和猎物等特定群体和对象的参与。与在北美和西伯利亚的陆地毛皮贸易相似，对海洋哺乳动物的捕杀需要压榨土著人的劳动，在有些情况下，还需要土著人的技艺。在捕获海獭的初期，这种情况就非常明显，到了后来捕猎海狗和鲸鱼的时候，情况依然如此，尽管有所减弱。[11]捕获的猎物的经济价值是不同的，而具有讽刺意味的是，体型最小的（海獭，主要是要它的皮）比体型最大的（灰鲸，主要是要它的油）带来的利润还要多。不管猎物是大还是小，捕猎者都得追踪它们到某个区域，猎物们在这里大量聚集，生儿育女，繁衍后代。东太平洋海岸的多数地区在地图上还没有标示出来，若以它们为标准来衡量，这些区域则更为偏僻。

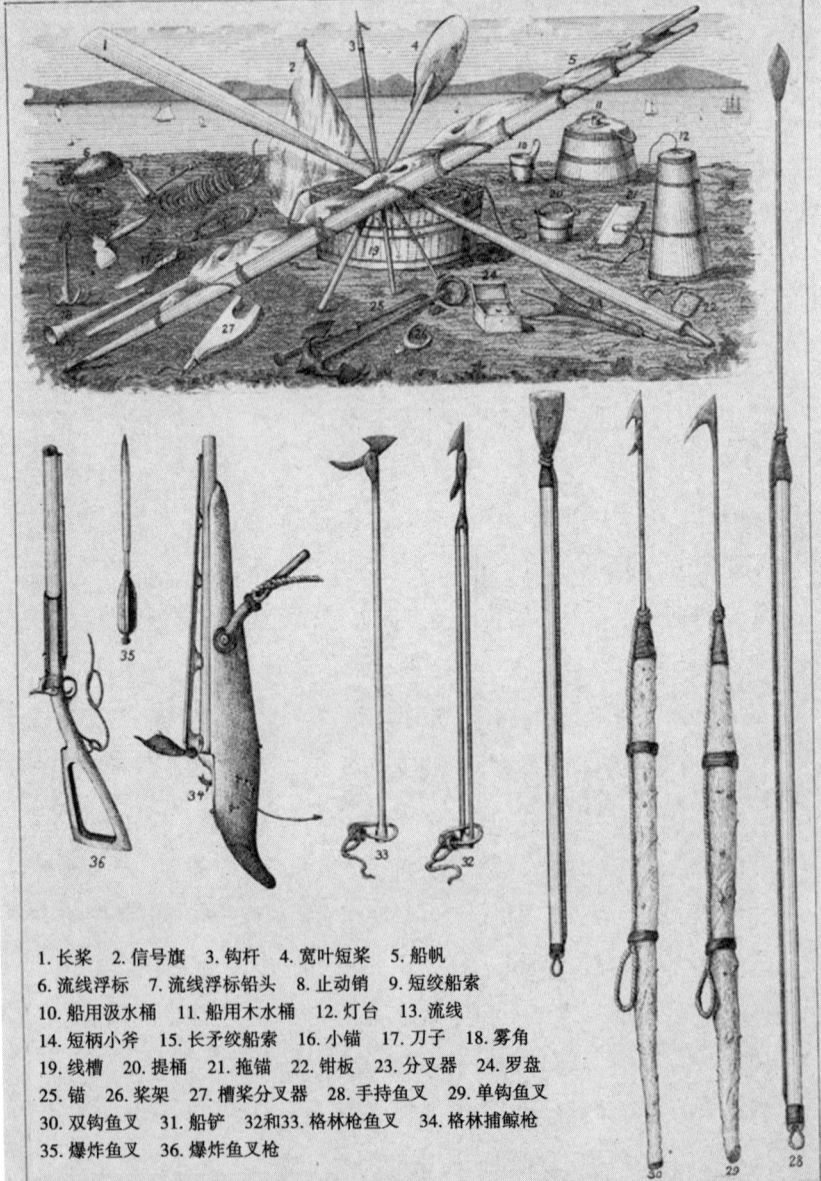

Plate XXIV

1.长桨　2.信号旗　3.钩杆　4.宽叶短桨　5.船帆
6.流线浮标　7.流线浮标铅头　8.止动销　9.短绞船索
10.船用汲水桶　11.船用木水桶　12.灯台　13.流线
14.短柄小斧　15.长矛绞船索　16.小锚　17.刀子　18.雾角
19.线槽　20.提桶　21.拖锚　22.钳板　23.分叉器　24.罗盘
25.锚　26.桨架　27.槽桨分叉器　28.手持鱼叉　29.单钩鱼叉
30.双钩鱼叉　31.船铲　32和33.格林枪鱼叉　34.格林捕鲸枪
35.爆炸鱼叉　36.爆炸鱼叉枪

C.M.Scammon.del.   Lith.Britton & Rey, S.F.

IMPLEMENTS BELONGING TO A WHALE BOAT

　　图4.3　至19世纪40年代末，多数捕鲸船装备有大量的武器作为猎杀工具，包括新发明的"格林捕鲸枪"和"爆炸鱼叉枪"。查尔斯·斯卡蒙在他1874年出版的《北美西北海岸的哺乳动物》（*The Marine Mammals of the North western Coast of North America*）中展示了一系列的捕鲸武器。图片来源：亨廷根图书馆。

这些偏远偏僻地区所发生的一切，揭露了更大尺度的历史所遮蔽的一些东西。比如，大捕猎包含着一定程度的暴力和屠杀，而这一点完全被世界范围的市场所掩盖了。毛皮、动物的皮和鲸油对于个人消费者和工业消费者来说只代表着昂贵的、不带血的商品，这些消费者可能会因为"被遮蔽的联系"而对那些商品所来源的自然生物心存感激。[12]但是，当那些哺乳动物在遥远的沙滩上或海湾里变成无生命的躯体的时候，它们刚刚遭遇了人类巨大的、在很大程度上也是欠考虑的野蛮行径。

104

海獭：灭绝简史

"老虎号"在 1846 年沿着北美海岸一路南下，穿过海獭捕获量最多的几个地区，比如温哥华岛、旧金山和蒙特雷海湾、海峡群岛以及海獭活动区域的最南端下加利福尼亚。"老虎号"刚刚抵达马格达莱娜海湾，玛丽·布鲁斯特就在日记里对这次南下之旅进行了深入的思考。但是，她从没说过海獭毛皮成为"软黄金"是基于这样一个简单的原因：到了 19 世纪 40 年代，捕猎者已经将海獭这个物种捕杀到几近灭绝的地步了。在西北海岸更遥远的北边，还残存着几个海獭栖息地，但是下加利福尼亚的海岸却异常寂静，连一头海獭都见不到了。有一位从前来过这儿的人描述说，这儿是"世界上最昏暗孤寂的角落"[13]。

下加利福尼亚应该是揭秘海獭贸易真相的地方，但是此时有着同样"昏暗"氛围的海獭贸易的肇始者，却是中俄边界上的恰克图和买卖城，就在贝加尔湖的南面。从下加利福尼亚海岸到西伯利亚港口鄂霍次克（Okhotsk），中间有很多关于海獭的历史遗迹。俄国商人正是从鄂霍次克开始，沿着维他斯·白令1741年去往阿留申群岛的航线，将毛皮运往内陆，进入恰克图。维他斯·白令再也没能从这条航线回来，但是那些从坏血病和其他疾病中幸存下来的水手带回来一些美到极致的海獭毛皮。那次航行队伍中的博物学家乔治·斯特勒（George Steller）是这样描述的："海獭的毛很光亮柔滑，超过了最黑亮的天鹅绒。"[14] 早在广州崛起成为太平洋的主要毛皮市场之前，恰克图和买卖城就已经是海獭贸易的繁荣之地，将俄国商人在阿留申群岛的残酷扩张与中国毛皮奢侈品市场的消费需求连接了起来。

18世纪90年代以前，俄国商人的海獭贸易主要是通过恰克图和买卖城这两个边远小镇进行的，据估计每年的贸易量为25万张到50万张毛皮，每张售价在10元（西班牙银圆）到50多元之间。[15] 这是名副其实的软黄金，每张毛皮从海獭尸体上剥下来，经过几千英里的运输，可以卖一个极高的价钱。其价格是其他的海上和陆上哺乳动物的皮都难以望其项背的。珍贵的银狐皮的价格仅次于海獭皮，但也只有海獭皮的四分之一到三分之一。[16] 俄国向北太平洋的东扩给两个种群带来了灾难，一个是北太平洋的海獭，另一个是当地阿留申部落和科迪亚克部落的猎人。根据一位富有同情心的编年史家的说法，那些土著猎人被迫进入了"卑贱的奴隶状态"[17]。

在太平洋上捕获的海獭，通过毛皮市场进入全球各地，但是这不能遮蔽关于海獭自身的一个基本事实：它们生活的区域很小，从来不去离其生活的岛屿或陆地河溪很远的地方。海獭从来不迁徙，也从不找理由离开它们的"巢筏"去远行（巢筏是描述海獭种群栖息地的词汇，体现了将它们漂浮的身体连接起来的生存方式）。尽管有些探险家在其报告中乐观地声称海獭的数量和海豹一样多，但其实海獭的数量一开始就非常少，在从下加利福尼亚到鄂霍次克海的广袤弧形区域里，只有不到 40 万头。海獭的交配和繁殖模式可以解释其种群数量小的原因。[18]雌海獭每年最多产一个幼崽，整个种群的年度繁殖率还不足 15%。尤其是，雄海獭和雌海獭通常是各自生活在自己的巢筏中。在整个繁衍行为中，雌海獭都时时掌握着控制权，急不可耐的雄海獭凑过来，蹩脚地进行着前戏（对雌海獭的身体触碰摩擦、耳鬓厮磨以及吸闻嗅舔），而雌海獭则琢磨着是否要芳心暗许。有位观察细致的考察者写道："如果雌海獭不接受雄海獭的求爱，就会用鳍肢和爪子把它推开，或者猛地咬它。（雄海獭）离开之前，可能会突然夺走雌海獭身边的食物，而不管那是什么东西。"[19]难怪雌海獭会选择不与它的宝宝生活在一起。

海獭尽管是两栖动物，但大部分时间生活在水里，特别是北太平洋冰冷的水里，这可能是它们的皮毛具有独特的高品质的原因。作为最小的海洋哺乳动物，海獭对于弥补脂肪缺乏所能做的，就是穿上动物王国里最厚密的外衣，其毛皮每平方英寸就有 65 万根毛发，光亮漆黑，干的时候摸起来有丝绸的感觉。美国皮货商人威廉·斯特吉斯（William Sturgis）曾经这样盛赞海獭的美："（博物馆）展览出来的那些趾高气扬的艺术品，有一半比不上一张海獭皮的美妙，没有比海獭皮更能带给人愉悦的了。"除了"美丽的女人和可爱的孩子"，斯特吉斯继续说，海獭皮是人世间所能见到的"最迷人的自然物件"。[20]斯特吉斯知道自己在说什么，他在 1798 年第一次远航后的 20 年里，从太平洋运到中国的海獭皮有一万多张。

即便如此，斯特吉斯还是在参与海獭捕猎方面晚了一步，至少从俄国人控制的阿拉斯加的海獭大多数已经被捕猎来说是这样的。

俄国人的捕猎是由俄国皮货商人及其征募的土著猎人实施的，把阿拉斯加的海獭一网打尽了。根据博物学家马丁·绍尔（Martin Sauer）的研究，截至1792年，海獭捕猎已经到了这样的程度，"海獭几乎被人忘记了……（这都是）捕猎者造成的灾难"。[21]就在第一阶段海獭捕猎衰落、新的捕猎者谋划开启第二阶段捕猎的当口，让-弗朗索瓦·德·加劳普·拉佩鲁斯来到了北太平洋。拉佩鲁斯听说了俄国商人与其征募的土著捕猎者之间的残酷关系。通过在拉图亚海湾（Latuya Bay）与特令吉特人的接触，他了解到俄国人控制的区域海獭数量减少的情况。特令吉特人依然还有海獭皮卖给拉佩鲁斯，但那都是他们为了反抗俄国人的残暴侵犯而偷偷留下来的。[22]在上加利福尼亚，拉佩鲁斯不知从哪里听到风声，说是西班牙要参与这个利润丰厚的海獭贸易，由皇家资助成立了"菲律宾公司"，并让文森特·瓦萨德雷·依维加（Vincente Vasadrey Vega）负责。拉佩鲁斯评论道："可以肯定，新公司会控制这项贸易，这对俄国人来说是最好不过的事，因为只要是和垄断相关的事，就一定会被搞死，至少也是萧条不振，这是垄断的本性。"[23]

拉佩鲁斯对于形势的判断有一部分后来被证明是正确的。俄国人的确是将北太平洋的海獭栖息地"搞死"了，也造成了阿留申捕猎者的快速减少（多数是因为疾病和激烈对抗减少的），而瓦萨德雷则于1786年至1790年从上加利福尼亚收获了数千张毛皮，并运往广州。[24]不过，西班牙要控制海岸贸易的计划失败了，其原因是拉佩鲁斯所没有预见到的。上加利福尼亚的西班牙人缺乏训练有素、可以在近海水域捕猎海獭的土著捕猎者，另外，由于英国人、美国人、俄国人和法国人同时从西北海岸运输毛皮，而一下子饱和起来的毛皮市场又减少了瓦萨德雷的利润。对于海獭皮的激烈竞争在18

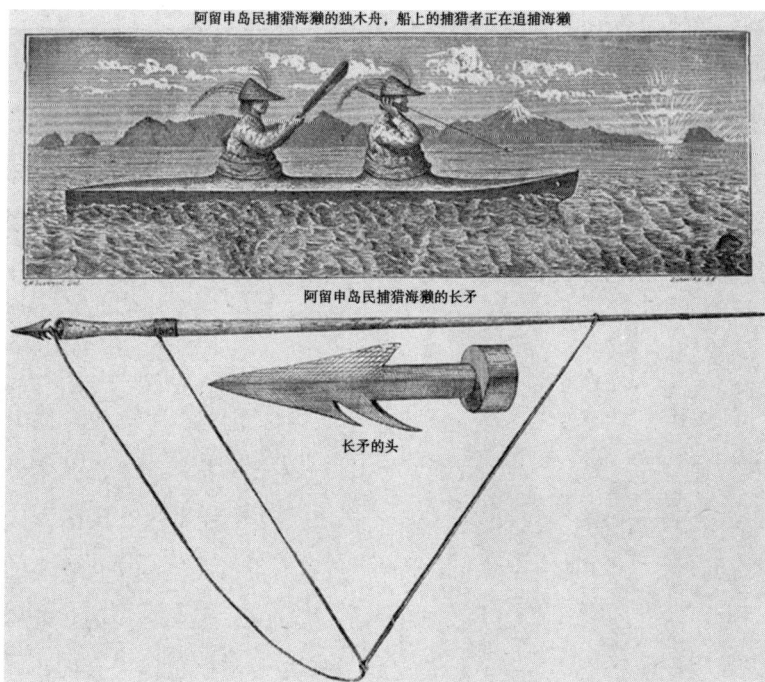

阿留申岛民捕猎海獭的独木舟，船上的捕猎者正在追捕海獭

阿留申岛民捕猎海獭的长矛

长矛的头

图 4.4　东太平洋上对海洋哺乳动物的大捕猎开启了 18 世纪末对海獭的大规模屠杀。俄国、美国商人招募技术最高超的阿留申和科迪亚克捕猎者沿着北美海岸从下加利福尼亚到北冰洋实施这一大捕猎行动。图片来源：亨廷根图书馆。

世纪 80 年代末和 90 年代，特别是在美国商人加入之后猛然间变成了现实。[25] 到了 1800 年的贸易季，"波士顿的家伙"控制了与土著捕猎者的货物交换。随着其后几年里海獭捕猎沿着海岸线的南移，加利福尼亚的海獭贸易前景就暗淡了。

从国际交往与合作的角度看，海獭捕猎最风光的时期是在 1803 年至 1812 年之间。捕猎中的合作实现了俄国公司劳动合同制度与美国商人海洋优势实力的互补，从而解决了特别突出的问题，即如何在缺乏技艺娴熟的土著捕猎者的情况下从加利福尼亚沿海捕猎海獭？当地加利福尼亚人的确也有娴熟的技术，但那只是限于在 18 世纪 80 年代和 90 年代捕猎少量的海獭，而且是在西班牙政府的命令下，主要通过抓获（和棒击）的形式在海岸完成的。但是，捕猎海獭对他们来说根本不是传统项目，这一点是与西北海岸或阿拉斯加的当地人完全不同的。解决在加利福尼亚海獭捕猎问题的办法是把阿留申和科迪亚克猎人以及他们的全部捕猎团队（包括武器、拜达卡皮划艇、俄国监工头，有时还包括剥海獭皮的女人）引进到加利福尼亚的海岸、海湾和海岛。

　　美国船长约瑟夫·奥凯恩（Joseph O'Cain）在 1803 年驶往阿拉斯加，并向俄美公司的经理亚历山大·安德烈耶维奇·巴拉诺夫（Alexander Andreyevich Baranov）提出了这个计划。巴拉诺夫以残暴出名，而在他决定对北太平洋毛皮贸易继续实施公司化管理的过程中，更是体现了无以复加的残暴。奥凯恩在俄美公司的驻地科迪亚克岛的三圣湾（Three Saints Bay）小镇与巴拉诺夫会面，达成了合作协议，成为以后九年里其他美国商人与俄美公司合作的样板。三圣湾是 1784 年以来土著捕猎者与俄国商人每年秋天进行交易的地方。在双方的海獭捕猎合作中，巴拉诺夫提供自带装备的捕猎者和俄国监工头（也就是 *baidarshchiks*），而奥凯恩则提供去往下加利福尼亚的交通工具，因为正如一位俄国海军上尉所坦承的，当时俄美公司的船只缺乏"适当航行和安全航行所需要的一切东西"[26]。对于捕获到的毛皮，双方平分。巴拉诺夫希望通过与奥凯恩的合作，继续染指太平洋最值钱的毛皮生意，从而改善公司的财务状况。但是，他还从俄美公司在伊尔库茨克（Irkutsk）的官员那里接到"秘密指令"，要求沿着西北海岸"扩大我们的主张"。西北海岸如果一直延伸下去，可以到达加利福尼亚。[27]在这个计划中，还蕴含着俄国人在下加利福尼亚的殖民梦。

在这个临时性的美国人和俄国人捕猎联盟中，阿留申捕猎者是至关重要的。尽管在俄国人开疆拓土的早期，阿留申捕猎者居于"悲惨奴隶"的地位，但是他们一直在进行着抵抗，从来都没有屈服过。况且，他们还在俄国商人（promyshlenniki）最渴望的捕猎商品中，拥有不可替代的技术。虽然阿留申人的数量在减少，但他们依然是最成功的海獭捕猎者，甚至把海獭捕猎到灭绝的边缘。[28]到了 1803 年，当奥凯恩和巴拉诺夫同意去加利福尼亚捕猎海獭的时候，阿留申人也把参与这项行动作为别无出路和无奈之下的最好选择，殖民主义已经导致了他们部落的危机，甚至还有俄美公司的"强制再安置"，而捕猎总算是一个可以生存下来的方式。[29]

与巴拉诺夫达成协议两个月后，奥凯恩启航驶往南方，船上带着 20 艘双舱门捕鲸皮划艇、40 名捕猎者以及他们的补给（包括干鱼和鲸油），还有至少两名俄国监工头。其中一名监工头是季莫费·塔拉卡诺夫，他是一位年轻的合同制雇员，五年后在西北海岸上成了俘虏，不得不为生存而挣扎。塔拉卡诺夫保护阿留申捕猎者的利益、他们的武器，特别是他们的重量轻的皮划艇，因此赢得了阿留申捕猎者的尊重。皮划艇是阿留申人手工制作的，一个人要花费长年累月的时间，用的材料是水上漂流过来的木头、鲸鱼的骨头以及海豹皮，制作工艺非常精细，几乎达到神奇的地步，令人叹为观止。"即使数学家也计算不出如此完美的航海用品，达到了增一分则多、减一分则少的程度。"[30]俄国东正教牧师伊凡·维尼亚米诺夫（Ivan Veniaminov）如此写道。塔拉卡诺夫从来没有航行过这么远，他看着眼前不断展开的加利福尼亚海岸，脸上的表情满是惊讶。1803 年 12 月，西班牙政府警告奥凯恩不要进入圣迭戈港，因此，奥凯恩船长只好带着他的船又向南航行了近200英里，来到一个管理相对较松的小港口圣金廷（San Quintín）。

奥凯恩船长给西班牙政府在圣金廷的官员编造了一个船只需要维修的理由，还可能送了可观的贿赂，而塔拉卡诺夫已经做好了准备，让阿留申捕猎者乘着他们的双舱门捕鲸皮划艇下海了。他们消失在这个小海湾的北面和南面，去寻找海獭的巢穴去了。根据船上官员乔纳森·温斯普（Jonathan Winship）的描述，阿留申捕猎者是这样以团队的形式捕猎的：

110

> 看见海獭浮在水面上的那一瞬间，机敏警觉的印第安人就用眼睛盯着它，像急不可待的狗看见它的猎物一样抖动着身子。捕鲸独木舟快捷而又悄然地顺着风向接近海獭，到达投掷之内的距离时，船尾的人驾着船，处于船头、靠海獭最近的人举起他的飞镖，瞄准以后以令人不可思议的准度投出了手中尖端分叉的骨矛。大约20分钟后，海獭沉没到水下，其下潜的路线被一个拴着长线的浮标指示着。当那个海獭再次浮到水面上呼吸时，尖叫着的捕猎者，手到擒来，猎获了海獭。[31]

对处于半原始状态的土著人的捕猎场景，温斯普的描述除了有一些种族化的漫画性歧视外，主要称赞了阿留申捕猎者的技艺、耐心和决心，再现了其他数不胜数的记述中所描写的他们神奇的才能。其他任何捕猎者都不能以如此安然的心态和精准的技艺捕获海獭。两个月后，这次捕猎行动就收获了一千多张毛皮，无疑让初次合作的奥凯恩和巴拉诺夫非常满意。

一位西班牙官员向他的上级报告了非法捕猎的事，并提出他对此无能为力。1804 年 3 月 4 日，何塞·霍阿金·阿里拉加（José Joaquín Arrillaga）写道："从罗萨里奥（Rosario）教区到圣多明各（Santo Domingo），一头海獭都没有了。"尤其是他坦承："除了口头说不让捕猎，没有别的办法能阻止他们，而对于口头警告，他们充耳不闻。"[32]装备精良的巴拉诺夫行动敏捷，总能躲避西班牙的任何干扰。西班牙地方当局和教团很可能也与美国船长有密切的生意往来，尽管阿里拉加矢口否认。到了 5 月，奥凯恩船长带着他的船驶往科迪亚克岛，在那里将一半毛皮分给巴拉诺夫，而阿留申捕猎者则以食物、贸易货物和烟草的形式得到工钱。

在其后的八年里，波士顿商船以美俄合作的形式从科迪亚克岛或锡特卡南下，进行了一二十次的捕猎航行，包括"水星号"（Mercury）、"伊莎贝拉号"（Isabella）、"孔雀号"（Peacock）、"德比号"（Derby）、"日蚀号"（Eclipse）和"信天翁号"（Albatross）。在诸如季莫费·塔拉卡诺夫等监工头的带领下，越来越多的阿留申和科迪亚克捕猎者来到南方，塔拉卡诺夫还同时为后来进行的合作捕猎行动招募捕猎者。对于海獭捕猎者的需求增加很快，1806 年，"奥凯恩""孔雀号""德比号""日蚀号"这四艘来自波士顿的船只，联合将 200 多名捕猎者和他们的监工头运送到上加利福尼亚和下加利福尼亚海岸。为补充劳动力，船长们也会雇用阿留申妇女和孩子，剥海獭皮、做饭，总之是干一些灵活、机动的活儿。

奥凯恩和其他美国船长的目标是上加利福尼亚的海獭，只要能躲开圣迭戈、旧金山和蒙特雷等地西班牙坚固的要塞，就能达到目标。"奥凯恩号"在特立尼达拉湾登陆（西班牙定居区北面很远的地方），建立了临时性的营地。但是由于尤洛克村民的压力，"需要往岸上运一些野战炮（装有霰弹），以保护营地的安全"。尤洛克人

111　　也用他们少量的海獭皮与外国人做生意，同时还设法阻止阿留申捕猎者在他们自己的海岸水域内捕杀海獭。"奥凯恩号"沿着海岸继续南下，经过圣金廷，来到下加利福尼亚的塞德罗斯岛。到达那儿以后，船长就让一组一组的捕猎者在不同的岛屿和水湾下船，基本上覆盖了下加利福尼亚的海岸，每一组都有捕猎者、监工头和剥海獭皮的妇女。[33]另外三艘船在上加利福尼亚海岸沿线进行作业。"孔雀号"在博德加湾（Bodega Bay）建立了基地，并立即派遣几十名捕猎者往南进入旧金山湾，因为根据乔治·海因里希·冯·兰格斯多夫（Georg Heinrich von Langsdorff）的记述："昂贵的海獭正成群结队地在海湾里游弋，几乎无人注意。"[34]六个月后，"孔雀号"返回锡特卡，船上装着 1 200 多张海獭皮，还有 500 多头幼崽和小海獭（很显然，这种杀戮造成了海獭数量的下降）。[35]"水星号"的船长威廉·希斯·戴维斯则采取了完全不同的策略，他从上加利福尼亚的教团（他们私下里出售毛皮，可能是希望换一些值钱的物资）那里收购毛皮，同时派小部分阿留申捕猎者到更偏远的水域去捕猎。"水星号"在 1806 年 8 月离开加利福尼亚，船上装了将近 3 000 张海獭皮。[36]"奥凯恩号"启程返回俄属阿拉斯加的时候，船上有"200 多条生灵"，海獭皮如果运到广州可卖 136 310 美元，两位怀孕的阿留申妇女在北归的航行中生下了孩子。[37]

从 1803 年到 1812 年，俄国和美国合作开展的捕猎在广州给他们带来了高额利润，每张海獭皮就有 25 美元以上的收益，这足以给那些幸运的商人创造巨大的财富。当然，加利福尼亚的海獭种群也付出了更高的代价。尽管没有完全被摧毁，但是上加利福尼亚和下加利福尼亚的主要海獭栖息地已经变得七零八落，残存的海獭面临着生存的困境。1812 年以后，海獭捕猎消停了很长时间。但是从

19世纪20年代末开始，海獭捕猎者再次卷土重来，疯狂地争夺最后的毛皮。美国皮货商乔治·尼德弗（George Nidever）于1835年和艾伦·莱特（Allen Light，一位非裔美国捕猎者，绰号"黑管家"）以及一位"卡纳克人"合伙捕猎海獭，一起对一度资源丰富的圣巴巴拉海峡（Santa Barbara Channel）海獭栖息地进行地毯式搜索。他们使用步枪，总共捕获了几十头海獭。尼德弗对"早期那个时候"发出不可思议的感叹，水中的海獭"如此之多，以致印第安人可以用长矛捕获"。[38]他满怀嫉妒，心中嘀咕，这些值钱的东西，真是浪费了。

神奇的是，作为一个物种，海獭生存下来了。它们从穿海獭皮以抵御北太平洋漫长严冬的土著部落的史前捕猎中生存下来，从利润驱使下俄国、美国和英国商人组织的捕猎中生存下来。还有些海獭甚至顽强地从19世纪30年代海岸神枪手的袭击中幸存下来，要知道那些神枪手可是受过严格训练的步兵，他们在海岸上来回行走，见到一头海獭就猎杀一头。它们生存下来，生活在屈指可数的小的、偏僻的、人类找不到它们的栖息地，直到1911年《国际海狗条约》（International Fur Seal Treaty）的签署，海獭捕猎才被禁止，结束了一张海獭皮可以拍卖超过1 000美元的十年史。[39]

112

海狗："通常都是用棍子打"

对海獭的猎杀只是冰山一角。对于所有毛皮动物的捕猎，既包括陆地上的哺乳动物，也包括海洋里的哺乳动物，在1800年前后几十年的时间里在东太平洋达到了史无前例的高峰。阿拉斯加尤其如此，因为俄美公司的生存依赖于毛皮的出口。实际上，俄美公司的每一名雇员都知道这个经济压力，巴拉诺夫的继任者列昂迪·哈格迈斯特（Leontti Gagemeister）对公司的监管人明确地表达了这一点："公司的优势和利润在很大程度上依赖于提高对毛皮动物的捕猎能力，而不是增加土地。"[40] 因此，动物的毛皮变成了俄美公司存在的目的，这一战略最终导致俄帝国从美洲撤离，因为那里的毛皮动物几近灭绝了。

俄国人以年为单位统计了他们的捕猎成果，有时也制成表格。俄国海军上尉瓦西里·尼古拉维奇·别尔赫（Vasilii Nikolaevich Berkh）编纂的《发现阿留申群岛编年史或俄国商人开拓史》（*A Chronological History of the Discovery of the Aleutian Islands or the Exploits of Russian Merchants*，1823）是首次发表的俄美公司的历史，提供了从 1743 年到 1823 年俄国毛皮出口的粗略统计：[41]

名　　称	出口数量（张）
海狗皮	2 324 364
海獭皮	200 839
海獭尾巴	143 689
蓝狐皮	108 865
红狐皮	57 638
河狸皮	58 729
十字狐皮	44 904
黑狐和黑棕色狐狸皮	30 158
海獭皮	22 807
紫貂皮	18 121

名　称	出口数量（张）
水貂皮	5 349
白狐皮	5 130
熊皮	2 650
猞猁皮	1 819
狼獾皮	1 234

尽管别尔赫的数字看起来很准确，但是人们依然可以猜测俄美公司的捕猎人所真正捕杀的动物数量。比如，根据大多学者的研究，表格中列举的海獭皮的数据看起来减少了将近一半。[42] 别尔赫的表格更加令人震惊的是该公司在从事毛皮贸易期间所屠杀动物的种类竟然有那么多，既有海洋哺乳动物，也有陆地哺乳动物；既有海狗，还有狐狸、熊、狼獾等，覆盖面着实很宽，不管是什么动物，只要身上的毛皮值钱，都逃不了被猎杀的不幸命运。

别尔赫关于俄美公司的讲述显示了东太平洋其他地方也存在的一个事实：大捕猎捕杀了动物王国中大量的动物，其中某些种类由于具有经济价值或捕猎相对容易而遭到了灭顶之灾。如果说海獭代表着毛皮价值高、难捕获、种群小，那么海狗则恰恰相反。另外，1800年前后几十年捕猎海狗的方法还揭示了被商品市场和别尔赫数据所掩盖的残暴行为。海狗捕猎与工业屠杀很相像，工人站在及膝深的血污中，场景令人毛骨悚然。

对此场景描述最为逼真的，是美国船长阿玛萨·德拉诺。他在马斯阿富埃拉（Más Afuera）岛参与了对海狗最初的屠杀，那个岛是胡安·费尔南德斯群岛中的一个，距离智利海岸400英里：

　　（我们）来到这个地方的时候，大约是 1797 年，然后就开始猎杀海狗。毫无疑问，海狗很多，岛上有两三百万只……捕获它们的办法是：走到它们和水之间，两人并排，中间隔一个巷子的宽度，三四组人就可以搭起这样一个小巷，然后赶着海狗从中走过，每个人手里拿着一根棍棒，五六英尺长，海狗经过的时候，人就敲打，随便敲打哪个海狗都行。那些被打的海狗通常都是还未成年的，或者说是幼崽。这很容易，只需要在海狗鼻子上轻轻那么一打，它就不行了。把它打晕以后，再拿出刀子，在它的肚子上割一刀，开个口子，从下巴一直划拉到尾巴，然后往它胸部刺一刀，就把它杀死了。把海狗杀死以后，所有的人开始剥皮。我见到（一个人）一个小时剥了 60 张皮。他们把海狗身上所有的脂肪都去掉，皮子上残存的瘦肉也要去掉，因为皮子越重，就越容易下垂。这和制革匠的削肉工序是一样的，之后就是把皮子展开，将其钉在地上晒干。天好的时候，需要把它钉在地上两天，从而能固定它的形状。两天后，就把它取下来，就像堆晒干的腌鳕鱼那样，把海狗皮堆起来。[43]

　　德拉诺显然夸大了工人剥海狗皮的速度，即便对一个手里的刀像剃须刀那般锋利的熟练屠夫来说，"一个小时剥了 60 张皮"也是不可想象的，但他一定是掌握了对这个粗心、笨拙的哺乳动物进行围堵、击杀、剥皮的技巧，可以工作得随心所欲。这个工作要求有最高的效率和足够的耐力，因为北美洲和南美洲的海岛上似乎有着无穷无尽的海狗。在 1800 年前后几十年的时间里，在太平洋上被捕杀的海狗大约有 1000 万头。[44]

　　与海獭种类有限不同（海獭就一个属，一个种），被称为"海狗"的海洋哺乳动物则有好多种类，而且地理分布区域广阔。北海狗（Callorhinus ursinus）活动于从阿拉斯加普里比洛夫群岛（Pribilof Island）到下加利福尼亚之间的北太平洋岛屿中；而南海狗属（Arctocephalus）的南海狗则有七个不同的种，栖息范围涉及从北冰洋到加拉帕戈斯的广大区域。其他五个属的海狗生活在太平洋的其他地区和大西洋。从捕猎者的角度看，所有这些种属的海狗都有两个基本特征，一是具有市场上值钱的浓密的下层绒毛，二是出于本能的呼唤而年复一年地聚集到同一个岩石岛屿交配和繁衍。除了这两个特征外，它们行动迟缓，所以东太平洋的海狗很容易被捕获。[45]

　　在北太平洋，俄罗斯毛皮商人从18世纪四五十年代开始在科曼多尔群岛（Commander Islands，就在堪察加半岛的正东）捕猎海狗。到了18世纪80年代，俄国人在普里比洛夫群岛发现了海狗群居地，那里的海狗数不胜数，当然要以百万计，因此这些丰富的资源给人带来了很大的利润。在1786年的第一个捕猎季，俄国毛皮商人从普里比洛夫群岛"收获"了四万多头海狗。根据一个俄国人的记述，他们使用的武器是"棍棒"以及"捕猎者的判断力"。[46]从那以后，他们收获的海狗一年比一年多，特别是在18世纪90年代，因为俄国人带来了好几百名阿留申人，让他们干这项血腥、可怕的工作。在四分之一个世纪里，尽管普里比洛夫群岛的海狗一开始"多得不可胜数"，但是根据历史学家瑞恩·琼斯（Ryan Jones）的研究，那里的海狗数量已经"锐减到未来生存都成问题"的地步了。[47]

　　北太平洋的海狗捕猎在1800年到来之前达到顶峰，几乎与南太平洋智利海岸的海狗捕猎在同一时期。阿玛萨·德拉诺描述的马斯阿富埃拉岛上的棒击、剥皮以及晒皮等场景早在 18 世纪初就已经存在，尽管这些早期的欧洲捕猎者所捕获的海狗只是数以百计，而不是后来的数以千计或数以万计。威廉·丹皮尔（William Dampier）是英国航海家，曾三次环游世界，他于 1686 年到达马萨铁拉岛（Mása Tierra Island），在那里看到了从来没见过的数量庞大的海狗："海狗在这个岛上蜂拥聚集，黑压压一片，好像它们在这个世界上没有别的地方可去。这里找不到一个不被海狗占据的海湾或礁石，简直无法上岸，各处都挤满了海狗……大船可能会到这儿来，并装满海狗的皮。"[48]丹皮尔说"大船"会装满海狗的皮，他的预言是正确的，到了 18 世纪末已经实现。这四个岛上的海狗捕猎很轻松地就挑战了北太平洋普里比洛夫群岛上的捕猎规模。[49]

115　　　18 世纪 90 年代，英国和西班牙的船只都在胡安·费尔南德斯群岛捕猎海狗，但是来自新英格兰的美国船只很快就占据了主导地位。美国人迅猛地对海狗种群进行捕猎，几十艘新英格兰的船只运来了捕猎队伍，他们一次就干几个月，忙于海狗捕猎，而海狗也在干着自己的事，忙于交配繁衍。波士顿捕猎船"杰斐逊号"（*Jefferson*）1793 年小有斩获，带走了 13 000 张皮子；同一年，"埃莉萨号"（*Eliza*）则满满装了 38 000 张皮子，运往广州。[50]"贝奇号"（*Betsey*）船长埃德蒙·方宁（Edmund Fanning）在 1800 年说，他的船员在马斯阿富埃拉岛的海狗捕猎富有成效，"以致（船）货舱装载以后再也没有任何空间了，一张皮子都装不下了，接着客舱也被装满，最后艄楼也被利用了，只留了船员睡觉的空儿"[51]。在那个捕猎季，来马斯阿富埃拉岛捕猎海狗的，还有十几艘船只，每艘船都带走了几万张海狗皮。胡安·费尔南德斯群岛上腐尸遍地，臭气熏天，蚊蝇横飞，"密涅瓦号"（*Minerva*）船长这样写道："你只要张开嘴，就能吃到一口的苍蝇。"[52]

美国捕猎队伍在胡安·费尔南德斯群岛上干了大约十年，每年都运走数十万张海狗皮。有些商船收获满满，在广州获得高额回报，但有些则不然。"密涅瓦号"用了三年的时间，在胡安·费尔南德斯群岛的岛与岛之间来回穿梭，等待幸存海狗出没的时机，最后才收获三万张皮子。意料之内的事终于发生了，"密涅瓦号"船长在 1802 年写道："海狗见不到了。"[53]真的是见不到了。事实上，在那几年里，海狗捕猎船都是绕开胡安·费尔南德斯群岛的。路易斯·柯立芝在 1807 年 2 月 15 日写道："我们在晚上 10 点和 11 点之间驶过胡安·费尔南德斯群岛，（靠近）李海岸（Lee Shore）。"如果是十年前，柯立芝会听到来自望不到头的海狗发出的几近震耳欲聋的吼声，但是现在，他只能听到"海水拍打沙滩的声音"。[54]这种静寂反映了胡安·费尔南德斯群岛令人难以置信的变化，在仅仅十年多的时间里，当地被捕杀的海狗达到 300 万只。

路易斯·柯立芝参与了下一个阶段的海狗捕猎，那就是北上去往美洲海岸。他此时 23 岁，是"紫水晶号"（Amethyst）捕猎船上的高级船员，随船去往东太平洋上的一个地方，也就是上加利福尼亚和下加利福尼亚的海岸诸岛，那里还有相当数量的海狗栖息地。1806 年 6 月，52 个人乘坐"紫水晶号"离开了波士顿。根据柯立芝的日记，在这些船员中，有"20 人染上了不同程度的性病，有些人的病状很严重"。不久，其他疾病也出现了。有一个来自"西北海岸的印第安人"，是船上的服务员，在"紫水晶号"上一次来西北海岸的航行中加入了船员队伍。这次从波士顿出发一个月后，他出现了健康恶化的症状（"奇怪的不舒适"）。[55]一年以后，他就死了，还有很多其他船员也死了，或死于坏血病，或死于其他疾病。柯立芝倒是身体健康，但是在下加利福尼亚海岸，看着身边的不少同事接二连三地死去，他的心中充满了绝望。那些身体还健康的船员玩命地工作，捕杀了 35 000 多头瓜达卢佩海狗（Arctocephalus townsendi）。[56]

在为期四年的捕猎中，柯立芝的日记时断时续，显示了海狗捕猎这一事业非同寻常的别样特征。最突出的特征是隔绝，"紫水晶号"还没到太平洋就让一小队船员下了船，在南大西洋一个无人居住的高夫岛（Gough Island）上"完成此次航行的任务"。[57] 船长赛斯·史密斯（Seth Smith）给海狗捕猎小团队留下了生存所必需的给养，并承诺不久的将来（可能 18 个月后）返回到这儿，然后就带着"紫水晶号"进入了太平洋，驶往下加利福尼亚。在 1807 年春天，也就是启航六个月之后，"紫水晶号"到达了下加利福尼亚的一些岛屿，包括圣贝尼托（San Benito）、瓜达卢佩（Guadalupe）、塞德罗斯和纳蒂维达（Natividad）。船长在每个岛上都留下了一支小型捕猎团队。柯立芝站在圣贝尼托岛的海岸上，看着"紫水晶号"继续航行，心中明白，这艘船一年以后才能回来。他担心岛上缺乏淡水，也注意到有些人已经表现出明显的坏血病症状。为了抵御孤独，他在日记中抄录了苏格兰诗人詹姆斯·比蒂（James Beattie）的诗句："岩石叠压着岩石，鬼斧神工。"[58]

从"紫水晶号"上下船的，至少还有 12 名剥皮工人，与柯立芝一起在圣贝尼托岛和附近的塞德罗斯岛进行捕猎，另外还有四五名夏威夷人，是史密斯船长从一艘相遇的船上招募过来的。不久，疾病就造成了损失，七人（既有美国人也有夏威夷人）死于坏血病以及其他各种疾病。尽管缺少洁净水和饮食必需品，但是不管怎样，柯立芝和其他人都保持了较好的身体状况，他的日记中也没有对此提供恰当的解释。[59]还有同样令人奇怪的事。在瓜达卢佩海狗来到这两个岛之后，他们最终完成了捕猎任务，但是，柯立芝的日记对此却没有任何述评。在五周的时间里，这些人（只有那些"从坏血病中恢复得较好的人"）出去棒打捕猎瓜达卢佩海狗并将之剥皮。也许是这个活儿本身太血腥、太暴力，没有在柯立芝那里引起情感共鸣，又或者，确实引起了情感共鸣，但是他有意回避了，把心思都用于在日记里抄写诗句了（他抄写了艾迪生的诗句："在这个友谊的堤岸，我们纵身而跃"）。[60]他们在圣贝尼托岛收获了"大约8 500张皮子"，在塞德罗斯岛上收获了另外3 000张皮子。对于人手不多的捕猎队伍来说，这些成果是很不容易的，他们付出了繁重的劳动，况且他们营养不良，还在此前的几个月里目睹了很多同伴的死亡。

柯立芝和同伙们半饥半饱，经受了太阳的炙烤，脚上裹着瓜达卢佩海狗皮，权作鞋子。当"紫水晶号"最终在1808年5月16日返回这里接他们的时候，他们的形象一定是惨不忍睹，时间过去了将近一年。再一次，柯立芝的日记对于人们希望听到的内容三缄其口。比如，他应该向史密斯船长报告圣贝尼托岛上的船员死亡情况，或者船长应该对这个惨痛的状况有所评价，因为，船长对于缺乏治疗坏血病的物资，是有一定的责任的。但是，柯立芝反而详细记录了"紫水晶号"所有的捕猎团队收获如何如何大等内容。由于这些人的辛苦劳作，这次瓜达卢佩海狗捕猎活动是赢利的，他们的劳动成果最终销往繁荣的广州市场。[61]

"紫水晶号"于1809年抵达广州的时候，来这个中国港口的美国商船数量达到了1812年战争之前20年时间里的高峰，从那以后，美国商船受到了战争的重创。从 1804 年到 1809 年，来广州从事贸易的美国商船总数是 154 艘，其中大约三分之一是跨越太平洋而来的，毛皮很显然是这些太平洋商船运输的最常见的贸易物品。[62]但是，由于北太平洋、胡安·费尔南德斯群岛、上加利福尼亚和下加利福尼亚海岸等地持续不断的捕猎，毛皮收获逐渐减少。不过，用"捕猎"这个词来描述美洲海岸上所发生的这一切，有点太文雅了。更准确的说法是，数百万的毛皮动物被美国、俄国和当地追逐财富的人棒击而死，扒皮抽筋。当时的杀戮行为是残暴，是残杀，是残害，使用的是暴力，根本不是捕猎的技艺。

　　总而言之，对毛皮动物的杀戮在东太平洋海岸和沿海诸岛造成了满目可见的荒凉，更不用说对那些几近灭绝的生物产生的生态影响了（瓜达卢佩海狗依然是濒危物种，最少的时候只有几十只）。[63]变化是如此巨大：18 世纪末，毛皮动物遍布海岸岛屿，发出的吼声震耳欲聋；而 30 年后，那些栖息地却死寂沉沉。这次大捕猎的成果，也就是说数百万甚至数千万张毛皮，被装满一艘又一艘船，运到遥远的市场，这个成就遮蔽了猎取它们所使用的暴力。路易斯·柯立芝好像能很好地将两种迥然不同的事物怪异地并置在一起：一边是用双手杀戮数以千计的毛皮动物，一边是用眼睛欣赏圣贝尼托周边"可爱又庄严"的荒岛风光。关于从他那逼仄的住处往外看到的美丽景色，他写道："我的小草屋位置正佳，视野开阔，可以看到很多的风景。"然后，他一点都没提周边的大屠杀，而是从英国哥特作家安·沃德·莱德克里夫（Ann Ward Radcliffe）的作品里借来一句，潦草地抄写下来："美在恐惧的腿上酣睡。"[64]

回到马格达莱娜湾："老虎号"与灰鲸

40 年后，玛丽·布鲁斯特在更往南的下加利福尼亚海岸从"老虎号"上看到了同样恐怖的一幕。1847 年 1 月和 2 月，她目睹了世界上其他地方罕见的捕鲸场面。在马格达莱娜湾，七艘船的船员追逐 1000 多头正忙于产仔和哺乳的母鲸，同时，这些母鲸还得保护它们的幼崽和它们自己免于鱼叉手的攻击。考虑到鲸鱼保护幼崽的"母爱"，这简直不能算是一场公平的对抗，同时，这种屠杀哺乳期的母鲸的行为一点都不符合捕猎者的雄性形象，捕猎者根本无法和大海里的鲸鱼相比。[65]这些男人不敢与"白鲸"较量。玛丽·布鲁斯特和"老虎号"的船员参与了世界捕鲸业的狂欢，正好契合了美国领土扩张和工业扩张的几十年关键时期的需求。那些捕鲸船追逐着庞然大物般的鲸鱼，从公海来到海湾，而母鲸则在海湾产下种群的未来。

美国捕鲸船就像工厂一样，为国家初创的工业企业提供两种至关重要的产品：一是照明的燃料，二是使机器快速转动的润滑油。家庭和城镇对于鲸油和鲸蜡油的使用无疑引起了民众对捕鲸业的广泛关注。早在 1785 年，约翰·亚当（John Adam）就对伦敦的约翰·杰伊（John Jay）吹嘘说，鲸油"比大自然中任何东西发出的光都明亮，比大自然中任何东西发出的火焰都美丽。我们都很奇怪，你们（伦敦）竟然喜欢黑暗以及随之而来的发生在大街上的抢掠、偷盗以及谋杀"[66]。当然，英国并不喜欢城镇里的黑暗和谋杀；恰恰相反，它高度重视捕鲸业带来的鲸蜡油和鲸油，因为那是纺织业最需要的东西。当英国的捕鲸业在 19 世纪初期衰落的时候，美国的出口就填补了英国对日益增加的鲸油需求的缺口。[67]

19 世纪 30 年代以前，美国对鲸蜡油和鲸油的使用也集中在新英格兰地区的纺织工厂，但很快它们就被更大范围地应用到城市里由作坊发展而来的工厂以及铁路机车的引擎中。鲸蜡油是从抹香鲸中提炼出来的最洁净、最昂贵的油，可以充当精细、贵重机械的润滑油，而鲸油则是重工业机械运动部件的润滑油。由于对太平洋鲸鱼的成功猎杀，其数量减少，鲸蜡油的供应从 19 世纪 40 年代中期开始下降，因此价格迅速攀升，很多工厂不得不使用品质略次但资源丰富的鲸油。[68]到了"老虎号"船员在马格达莱娜屠杀灰鲸的时候，即使品质更次的灰鲸鲸油也有着很大的市场需求。

作为世界范围内的一种现象，捕鲸业在 1835 年至 1855 年之间达到顶峰。此时，美国的捕鲸船不论在吨位还是在年捕杀量上，都超过了欧洲，特别是在太平洋上更是如此。至 1850 年，美国在太平洋上的捕鲸船大约有 700 艘，占世界捕鲸船总数的四分之三以上。[69]太平洋完全改变了捕鲸业。根据最全面的研究，在大规模捕猎之前，太平洋里有 180 多万头鲸鱼，而大西洋和印度洋则相形见绌，分别有 34.6 万头和 54.4 万头。[70]为了应对太平洋捕鲸的挑战，捕鲸业的规模、范围和特征都发生了变化，包括远航捕猎的时间（通常在 30 个月到 50 个月）、装备一艘捕鲸船的费用（大约 2 万美元，不包括劳动力和船本身的费用）、劳动力的多样性（夏威夷人和毛利人成为人数最多的雇员）以及技术进步（比如回旋捕鲸炮）。除了这些变化，还有专门介绍捕鲸业的出版物，比如《捕鲸信息周报》（*Whalemen's Shipping List*）以及《朋友》（*Friend*），布鲁斯特在带领"老虎号"远航期间可以从遇见的船只那里收到这两种报纸。

在马格达莱娜海湾第一周的捕鲸，对于每一个参与的人来说，都是令人振奋的。玛丽·布鲁斯特提及，"老虎号"派出了四艘捕鲸艇，"除了（她的）弟弟詹姆斯，所有的人都去捕鲸了，她的弟弟既是桶匠，也是木匠；既是厨师，还是跑堂"。布鲁斯特船长坐镇"老虎号"上指挥，他给玛丽讲他的捕鲸战术，那基本上是从"爱尔兰号"船长史密斯那里学来的：用一头刚出生的鲸仔作诱饵捕获母鲸。了解了如何捕鲸的办法后，玛丽开始记录"老虎号"上每艘捕鲸艇的捕猎成果（"左舷艇，35 桶鲸油"；"船腰艇，30 桶鲸油"；等等），但是这种数鲸鱼尸体的新鲜劲儿过去以后，她就不再记录这些数字了。[71] 不过，她的日记里出现了不同的记录，那就是失事捕鲸艇和人员伤亡的数字。布鲁斯特在 1847 年 1 月 8 日写道："船头艇被顶翻，破损严重"，不过船员没有受伤。[72] 从这天开始，船上的木匠，也就是玛丽的弟弟詹姆斯，一直忙于修理被撞坏的捕鲸艇。

魔鬼鱼每天都在攻击捕鲸艇和船员。第一名受伤严重的船员是"爱尔兰号"上的三副，"他的腿被咬断了"，当时一头 50 英尺长的灰鲸用尾巴将捕鲸艇打碎了。几天后，"特雷斯科特号"（Trescott）上一位 17 岁的新手船员莱杰·威尔金森（Ledger Wilkinson）被一头鲸鱼杀死，那头鲸鱼的身上牢牢地插着很多铁叉。玛丽·布鲁斯特在日记里记载了这"悲情"的一幕："一位来自'特雷斯科特号'上的年轻水手今天上午被一头鲸鱼袭击身亡，那头鲸鱼冲向捕鲸艇，攻击他，结果艇翻了，他沉入水中，其他船员根本来不及救援。"[73] 虽然船员们立即寻找他的尸体，但也是徒劳无益。两周后，他的尸体被冲到岸边，玛丽在他最后栖身的地方说："他埋在这儿……在这个距离（海岸）不远的地方，还躺着另外五名在上个捕猎季死去的捕鲸人。他们凄凉悲惨，孤独无依。"[74] 2 月初，一头灰鲸攻击"凯瑟琳娜号"的一艘捕鲸艇，于是马格达莱娜海湾的这个临时墓地中又多了两个孤魂。在这次不幸中，两名年轻的船员没有躲过鲸鱼的攻击，其中一人的尸首再也没有出现。"美国号"上的船员威廉·亨利·哈塞尔（William Henry Hassell）的尸骨也没有被葬在那个墓地中，两个月以后，火奴鲁鲁的报纸《朋友》报道说："溺亡。"[75] 玛丽·布鲁斯特在 2 月初的日记中写道："很多年轻人的生命就这样结束了，把大洋作为他们的墓地。"[76]

尽管每天都有捕鲸艇的失事和捕鲸人的伤亡，布鲁斯特记载的马格达莱娜海湾 1846—1847 年捕猎季的伤亡数字比前几个捕猎季都要小。马格达莱娜海湾最早的一次捕鲸活动如果从人员伤亡来衡量，那简直就是一场灾难。当然，对于加利福尼亚的灰鲸种群来说，是一场更大的灾难。因为当时的捕鲸战略很明确，杀死母鲸，任由缺乏鲸脂的幼鲸饿死。马格达莱娜海湾的第一个鲸鱼捕猎季只有两艘捕鲸船参加，分别是"爱尔兰号"（新伦敦）和"美国号"（斯托宁顿）。就这两艘捕鲸船的捕猎而言，"爱尔兰号"的成功与"美国号"的噩运形成了鲜明的对比。后者在马格达莱娜海湾丧失了五名船员，返回时也只有一部分货舱装了些鲸油。尤其是两年后，一头抹香鲸向它复仇，竭尽全力撞翻了这条船（此时已改装成客船），致使它在几分钟内就沉没了。船员和九名乘客安全登上了救生艇，而四名孩子却和船一起消失在了水下。[77]

"爱尔兰号"和"美国号"是在 1845 年底进入马格达莱娜海湾的，也许只是为了碰碰运气。在太平洋上追逐鲸鱼一年多来，两艘船都没有多少收获，两名船长真切地感受到船员们焦虑的抱怨情绪。这时散布着关于灰鲸及其一年一度迁徙的消息，根据来自白令海鲸鱼夏季育肥基地的一个夸大其词的说法："有 10 000 头灰鲸已经出现在加利福尼亚了"，而灰鲸的冬季母婴"繁育"基地（包括马格达莱娜海湾和其他两个下加利福尼亚海湾），是几年前才由法国和英国的探测队伍弄清楚的。[78] 从白令海到下加利福尼亚是一段很长的迁徙，可能是世界上哺乳动物最长的迁徙。灰鲸到了它们的下加利福尼亚繁衍基地后，当然有绝对重要的事要做，[79] 灰鲸的生命轮回和种族生存都靠它呢。"爱尔兰号"的船长詹姆斯·史密斯和"美国号"的船长约书亚·斯蒂夫（Joshua Stevens）以前对下加利福尼亚环礁湖中的灰鲸行为所知甚少，但是北太平洋捕鲸人给灰鲸起的诸如魔鬼鱼和"硬头鱼"的绰号还是让两位船长有了一定的戒心。[80]

据一位观察者说，马格达莱娜海湾很深，可以让灰鲸在水下很深的地方"发出警报"，然后就像"动力十足的鱼雷"一样猛然"峰起"。他继续说道："船上的每一个座位都让人如坐针毡，就好像坐在了一个随时要爆炸的炸药包上。"[81] "美国号"二副尼古拉斯先生驾驶的捕鲸艇被一头发怒的灰鲸顶翻，船就是以这种形式"爆炸"的。当时，二副可能站在船头，紧握鱼叉，重重地挨了鲸鱼一击。旁边的一艘捕鲸艇迅速从水里救出所有落水的船员，包括尼古拉斯残缺的躯体。因为重伤不治，尼古拉斯三天后就去世了。船上的一副也领略了一头发怒灰鲸的脾气。那天，他的捕鲸艇被灰鲸打翻了，所有的船员都落入水中。一副的身体已经是血肉模糊，非常可怕，斯蒂夫船长在两个月以后到达毛伊岛时只是说，一副"可能会恢复"[82]。这类捕鲸艇被顶翻的事件导致在捕鲸人中间形成了一个可怕的幽默说法，有一位年轻人写道："被鲸鱼从下面一顶，飞向

121

空中 15 英尺，嘴巴朝下落下来，身体就不是原来的身体了。"[83]

　　两艘船的船长和船员很快就了解了灰鲸的破坏力。作为鱼叉手，L. H. 弗米利亚（L. H. Vermilyea）多年后吐露心迹："他们可能是世界上最难捕获的鲸鱼。"[84] 弗米利亚在讲述中介绍了"爱尔兰号"和"美国号"采用的一个新策略：捕鲸艇把母鲸和幼鲸追到岸边的浅水里，母鲸在那里的活动余地小，幼鲸则很容易搁浅。这一战术取得了成功，尤其是"爱尔兰号"，该船在靠近海岸的地方猎获了一头又一头的鲸鱼。捕鲸艇尽可能地离母鲸远一点，有时也用钩住的幼鲸作诱饵，把母鲸引诱到浅水里。查尔斯·M. 斯卡蒙（Charles M. Scammon）是 19 世纪 50 年代下加利福尼亚海湾最成功的捕鲸船船长，他描述的捕鲸程序是："在海岸上拉一根线，尽可能地把幼鲸往浅水里拉，直到它游不动为止。"心神发狂的母鲸就会靠近"其处于困境中的幼崽"，从而给鱼叉手提供"很好的机会，从海滩上用他的爆炸枪给以致命的一击"。[85]

　　斯卡蒙提及的"爆炸枪"可能是两艘船同在马格达莱娜海湾捕鲸但结果不同的原因。这个新发明的武器（也被称为"捕鲸炮"或"鱼叉枪"）使得鱼叉手可以在相对安全的距离击杀鲸鱼的"关键部位"，其铁弹头的爆炸装置可以完成最后血腥的击杀，否则就是由鱼叉手拿着一根长长的"鱼叉"来完成。根据斯卡蒙的说法，这种爆炸枪是 1846 年首次在马格达莱娜海湾使用，而且当然是"爱尔兰号"采用了这种新技术。[86] 在不到两个月的持续捕鲸活动中，"爱尔兰号"捕获 20 多头灰鲸，炼制的"优质透明鲸油"足以装满1000 桶。与此形成对照的是，"美国号"在同样的时间里只捕获了10 头灰鲸，遭受重创的船员带着对四五个同伴的哀痛到了毛伊岛。[87]

"爱尔兰号"和"美国号"带到夏威夷的关于马格达莱娜海湾既激动人心又充满告诫的信息,至少激发了几位船长的兴趣,包括"老虎号"的船长威廉·布鲁斯特。他决定下一个捕猎季去那里碰碰运气。玛丽和船上的其他人在这件事上都没有话语权。玛丽在马格达莱娜海湾度过了几个月惬意的时光,阅读史密斯船长的藏书,在许多温暖的夜晚吃新鲜的生蚝和龙虾,祈祷"老虎号"船员的安全。但是,她也看到了捕鲸船航行的黑暗面,比如折断的骨头、生命的溺亡以及她认为的水手的不道德行为。她写道:"我发现,我不是海湾唯一的女人。"听到另外一艘船上"拘押"了三名年轻的妇女专门让船员发泄兽欲,她很生气。对于这几个女人的情况,比如从哪里来的,是妓女还是俘虏,是当地下加利福尼亚人还是从外面带过来的,她都没有详细介绍。不过,她的确看到了一个女人"乘坐小船,经过我们的船,去往相邻的另一艘船,在她身旁的是小船的船长"。通过这一幕,玛丽不能不得出这样的结论:"哎,丢人哪,但这样的事在这里人们并不以为耻。如果我们必须对此进行评判,那么根本无须置一词,因为此类兽行竟发生在如此光天化日之下,而事实胜于雄辩。"[88]

很明显,玛丽·布鲁斯特给男人及其社会关系划了一些道德界限,如果那些界限被跨越,她看起来就会深受震动。而对于捕鲸这样一个人和哺乳动物之间的猛烈对抗,她却能安之若素,令人讶异地不受影响。对于那些暴力血腥行为,包括刺杀鲸鱼、肢解鲸鱼、熬制鲸油,尤其是她的同伴专门瞄准和屠杀那些带着幼崽的雌灰鲸的行为,她写道:

> 每天都有很多捕鲸艇被掀翻,他们都说,这些是他们见过

的最难捕获的鲸鱼。快速猎获（或用鱼叉捕获一头雌鲸）的唯
一方法是追逐幼鲸，直到它筋疲力尽，然后就把它拴住，母鲸
会守在幼鲸的身边，因此就被捕获了。詹姆斯的弟弟乘捕鲸艇
去捕好几次灰鲸了。他说，他见到一头幼鲸被拴住了，母鲸过
来救它，试图用它的鱼鳍把幼鲸身上的铁叉弄下来，当发现弄
不下来时，就把幼鲸背在背上，努力把它带走。通常情况下，
铁叉就要了母鲸和幼鲸的性命。情况就是这样，母鲸……发现
幼鲸死了以后，就转过身来，攻击捕鲸艇。[89]

　　母鲸不顾一切地拼命从鱼叉下救出它的幼崽，这一幕似乎一点
都没有打动玛丽，捕猎之旅后期的"切割"和"炼制"程序也都没
有让她觉着有什么不适。事实上，对每头鲸的肢解和对鲸脂的熬炼
意味着可以带来更多桶的鲸油，意味着"老虎号"更加接近归航的
日子。装满鲸脂的炼油炉在夜里烈焰滚滚，让玛丽·布鲁斯特深受
震撼，令她几乎有一种壮美的感觉。一天夜里，她坐在自己的客舱
里写道："月亮就要圆了，五艘船都在炼制鲸油……在我眼里，它
们好像是在比赛，看看谁的火光最亮、最大。有时候，火光冲天，
整艘船看起来都像是在燃烧。"[90]

　　这样说起来，玛丽·布鲁斯特就触及了所有记日记或后来发表
个人记述的船员所描写的核心工作，那就是捕获、猎杀、"切割"
一头比蒸汽机车还要大、还要强的哺乳动物的艰巨任务。塞雷诺·
爱德华·毕晓普（Sereno Edwards Bishop）1839 年搭乘捕鲸船
"李威廉号"（William Lee）的时候只有 12 岁，是个小乘客，他描
述了捕鲸人如何用绳索套牢并肢解一头 60 英尺长的鲸鱼的全过
程。[91]他写道："那是个巨大的家伙，（但是）他们用绳在它的尾巴上

拴了个活扣，然后把绳子的另一头拴在船头上，从而让鲸鱼紧紧地与船靠在一起。"毕晓普仔细地观察了此后复杂的过程：水手们在主桅杆上固定很大的滑轮组，然后用两英寸半粗的绳子把鲸鱼捆起来。接着，一个人"腰里拴着一根绳子，下降到鲸鱼身上，把一个很大的钩子"深深地扎到鲸鱼的躯体里，继而用一个铁铲把切口扩大，从而把鲸脂拉上来。[92]另一位讲述者写道："这个过程在某种程度上就像是从一个长长的线轴上把线拽出来。"[93]船上的人用绳滑轮把大块大块的鲸脂"吊起来"，在船的右舷"慢慢地把鲸鱼翻过来"。毕晓普看到，将鲸鱼翻过来需要 2 个小时。此时，"他们就把鲸鱼的头割下来"，把它固定在船上，以便第二天再处理。[94]描写到此处，毕晓普就停笔了，也许他认为"分割"和处理的过程太乏味。不过，其他人却觉得很有趣，很有看头。

玛丽·布鲁斯特第一次观看这个场景时，"坐在船上（甲板上），看了整整一下午……所有的人看起来都很高兴，全身油腻腻的"。她描述了甲板上船员的不同分工，有的把大块的鲸脂剁成小块，从而方便把它们放进炼油锅里。她继续写到，有一个人"不停地炼制鲸油，当心着炉火，不让火引燃鲸油，一直在搅拌。当炼油锅满的时候，就把鲸油倒入冷却器中。当鲸油倒入铜冷却器以后，桶匠马上开始准备盛鲸油的油桶"[95]。根据船员托马斯·阿特金森（Thomas Atkinson）的记录，整个鲸油生产过程就像是在工厂中一样。船员把毯子那么大的"巨块"先是分割成手臂长的"中块"，然后切割成绞肉机可以加工的"细条"，并把它们放进 64 加仑的铁炼制炉（或炼油锅）里。[96]这个过程的每一个环节都伴随着威胁生命的危险，正如捕鲸船"阿拉丁号"（Alladin）船长爱德华·柯平（Edward Copping）的不幸经历所显示的，即便是鲸脂本身也有杀伤性，因为一大块悬吊的鲸脂从柯平船长头上的"系鲸链"上掉下来，把他砸死了。[97] 当然，他的死亡很离奇，但是其他涉及鲸脂的事故却很常见，包括四肢被如刀片般锋利的切割铲弄伤，捕鲸人切割绑在船边的鲸鱼躯体的时候被鲨鱼攻击，此外还有无数次的被鱼叉刺伤。但是据玛丽·布鲁斯特说，这些人毫无疑问"很高兴"，因为每一锅切割好的鲸脂都可以换来更多的收入（或"赌注"）。[98]

　　1847 年 2 月末，"老虎号"的船员们一切都准备好了，要启程返航。鲸油被装进了桶里，长矛和鱼叉已安全归置好，捕鲸人浸着油污血块的衣服被泡进了装满他们自己尿液的大锅里（里面的高浓度胺可以融化油污）。看着这一切的准备，玛丽奋笔疾书，给她的朋友写信，请那些"返航回家"去康涅狄格的船把信带回去。她在信中谈到"老虎号"还要继续往前航行："我们这些可怜的人啊，还要在外面再待一年。"[99] 在 1 月和 2 月，"老虎号"装载了 500 多桶鲸油，其他六艘来自新英格兰的船也各自装载了这么多。这个小小的捕鲸船队在两个月的时间里捕杀了 150 头成年母鲸，同时还捕猎了同等数量的灰鲸幼崽，这些幼崽有的是被鱼叉叉死的，有些是饿死的。幼崽代表着附带性的伤害，因为它们身上没有鲸脂可以"搜刮"。有几名船员丧失了性命，但是灰鲸也丧失了一个主要的安全繁殖基地。作为一个种群，灰鲸的数量开始进入下行期，面临着种群灭绝的威胁。

　　如果捕鲸船在 1847 年和 1848 年这两个捕猎季不再来，那么马格达莱娜海湾的幼鲸数量很快就可恢复。但是，这不符合东太平洋对哺乳动物进行大捕猎的特性。恰恰相反，有二三十艘捕鲸船在第三个捕鲸季降临马格达莱娜海湾，对灰鲸发动了一场查尔斯·斯卡蒙所描述的"水中大战"。[100] 在那个迁徙季结束的时候，有 500 头左右的灰鲸及其新出生的幼崽再也没有离开马格达莱娜海湾，没有沿着它们一年一度的海岸迁徙路线北归。下一年，只有一小部分灰鲸返回马格达莱娜海湾。[101]

1848 年 3 月底，第三次鲸鱼捕猎季结束以后，船长们开始准备带着他们的捕鲸船离开，正在此时，外面更大的世界里发生的事件影响了这个遥远的海湾。加利福尼亚现在已经被牢牢地掌握在美国军队的手里了，从那里传来发现金矿的消息。捕鲸人马上思考他们的选择，那些最富有冒险精神或最不满足现状的人决定跳船逃离。截至 3 月底，"鲍迪奇号"（Bowditch）捕鲸船上有 7 名水手趁着夜色乘坐捕鲸艇逃走了。[102]其他逃离者也赞同这个馊主意，去了加利福尼亚，很有可能尝到了悲剧的后果。"布莱敏号"（Bramin）上的船员更耐心一些，直到他们的船到了火奴鲁鲁才行动，当船长上岸后，他们马上驾驶着船，迅速开往旧金山湾。[103]在捕鲸船上干活，永远不会成为富翁，但是逃往淘金热的地方，则有可能。

征服与美国工业

马格达莱娜海湾的这些事件把一个名不见经传的小地方推到了聚光灯下。根据多数最常见的标准，这个小地方远不是重要历史和趋势发生的地方。但是，下加利福尼亚这个偏僻的环礁湖却为审视北美对东太平洋产生深远影响的三个重大历史进展，提供了一个重要视角。捕鲸人曾在这个环礁湖屠杀鲸鱼，鲸鱼也以令人毛骨悚然的方式攻击捕鲸船。北美的这三个重大的历史进展分别是：美国通过领土扩张进行的征服、迅猛工业化带来的自然资源需求、新英格兰地区捕鲸业的鼎盛。

关于美国的扩张，"老虎号"从 1845 年至 1848 年的远航与美国的帝国前进中的核心事件——美墨战争是完美重合的。"老虎号"在 1845 年秋天启航，正是得克萨斯并入美国的消息在新英格兰航海业产生震动的时候。美国政府在 1846 年 5 月宣布对墨西哥开战，此时，"老虎号"已于数日前驶离夏威夷（美国未来的领土），前往西北海岸。几周后，玛丽·布鲁斯特惊恐地看到一头灰鲸杀死了年轻的海员约翰·珀金斯，在此前一天，一群由各色人等组成的美国殖民者散布谣言，宣布在加利福尼亚成立独立的熊旗共和国（Bear Flag Republic）。当捕鲸人于 1846 年 12 月在马格达莱娜海湾削尖鱼叉准备捕猎时，玛丽记录了七艘捕鲸船之间传播的乐观的"战争消息"。这个消息不是空穴来风，美国军队在 1 月占领了洛杉矶，温菲尔德·斯科特（Winfield Scott）将军指挥他的登陆部队围攻韦拉克鲁斯（Veracruz）。[104] 就在墨西哥城战争打响几天前，玛丽·布鲁斯特与美国军舰"希恩号"（Cyane）上骄傲的军官们坐在一起喝茶；就在美国参议院批准结束美墨战争的《瓜达卢佩-伊达尔戈条约》（*Treaty of Guadalupe Hidalgo*）两天前，"老虎号"捕鲸船回到了康涅狄格。[105] 因此，在 30 个月的时间里，美国图谋建立了它的陆地帝国，而"老虎号"则收获了 3000 桶鲸油。

如果从太平洋的角度看，美国的帝国扩张和鲸鱼捕猎是同时进行的。我们从两个不同的视角来看一看美国通过此次美墨战争而最终征服占领的墨西哥领土。美国人，更准确地说，扩张主义者，把这些遥远西部的土地看作他们帝国未来版图的一部分。这一大片濒临太平洋的土地是"通往亚洲之路"，尚未得到开发利用。[106] 扩张就是要把这些西部的土地纳入美国的帝国版图之中，从为时尚早的层

面来说，还要把那片土地以外的海洋收入囊中。与此相对应，美国
对太平洋感兴趣的人则以不同的逻辑来看待扩张主义，其中在 19
世纪 30 年代以前，大部分对太平洋感兴趣的人是来自新英格兰地
区的捕鲸人。对他们来说，太平洋的自然资源和贸易机会已经是一
个现实，而不仅仅是一种可能性，捕鲸人从他们在太平洋几十年的
活动中深知这一点。尽管有着他们自己的动机，捕鲸人在太平洋上
的捕猎率先实现了一些美国人所认知的国家终极目标。美国帝国狂
飙西进恰好契合了在东太平洋开拓进取的新英格兰捕鲸人的目标。

　　即便是美国最反对领土扩张的人，也盛赞那些去太平洋的捕鲸
船队，认为它们是美国帝国经济和政治发展的前哨。来自马萨诸塞
州的辉歌党参议员丹尼尔·韦伯斯特（Daniel Webster）强烈反对
美墨战争，激烈抨击美国总统詹姆斯·K. 波尔克（James K.
Polk）关于美墨冲突及其可能带来的领土的辩解。[107] 但是，他却不
停地游说支持新英格兰捕鲸人在太平洋的行动，大力支持代表捕鲸
业的美国考察探险（1838—1842），起草了"泰勒主张"　（The
Tyler Doctrine，1842），宣称美国在太平洋的大部分区域特别是夏
威夷群岛，有着广泛的利益。1842 年，韦伯斯特甚至请求国会批准
分别从墨西哥和英国购买旧金山湾和胡安·德富卡海峡。美国国会
同意对墨西哥宣战的第二天，韦伯斯特恳求总统不能把"我们庞大
的捕鲸船队"作为"重要的"战争资产。他在给波尔克总统的一封
信中建议，美国海军司令要"做好充分的准备，保护（捕鲸）……
船队的老板应该继续完成当下捕猎季的捕猎任务"。在此期间，捕
猎船队应该"驻扎"在夏威夷。韦伯斯特把扩张主义放在一边，强
调说这个由"736 艘船"组成的船队，价值在"3000 万美元"，对
于美国的工业经济至关重要。[108]

　　同时，其他反对美国扩张的人则质疑美国在太平洋能够发挥任何作用。来自南卡罗来纳州（South Carolina）的参议员乔治·麦克德菲（George McDuffie）是人所共知的斗士，也是赞成蓄奴制的煽动者。他反对领土扩张，认为不需要太平洋海岸的港口。他在参议院坚持认为，"印度群岛的财富不足以"说服我们对其进行领土扩张，"我对那整个区域嗤之以鼻"。[109] 但是，麦克德菲和他不屑一顾的那张脸都站在了历史错误的一边。捕鲸人和美国其他海洋商人已经向美国显示了太平洋的"财富"，证明了鲸油对于美国北部纺织工业的必要性，而麦克德菲参议员的南方奴隶制度正是依赖北方纺织工业的。事实上，马萨诸塞州纺织厂里的每一个纺纱车间都将奴隶制南方的一种资源和太平洋捕鲸船收获的另一种资源联结到了一起。在这三种看起来风马牛不相及的生产体系的相互作用中，美国的经济得以繁荣昌盛。[110]

　　由于用途广泛，对鲸油的需求不断增长。而且，鲸油还填补了一个临时的工业缺口，那就是在早期润滑油和19世纪60年代工业生产线提供的石油之间，鲸油满足了快速发展的消费经济需要。工厂和城镇、街灯和餐桌上的蜡烛、灯塔和蒸汽机车，它们都用到了从半个地球之外捕获的鲸鱼中所炼制的鲸油。当然，为了得到这些鲸油，所付出的代价是高昂的，船长阿哈波（Ahab）提醒人们："看在上帝的分上，节省着用你的灯和蜡烛吧。你用的每一加仑鲸油，里面都至少溅着一滴捕鲸人的鲜血。"[111] 1848年，也就是"老虎号"捕鲸船回到康涅狄格州的那一年，美国工业生产了800多万加仑鲸油和360多万加仑鲸蜡油。[112] 至于捕鲸人每年为此"溅出"了多少鲜血，美国工业则没有记录这一数字。

小结：下加利福尼亚最后的灰鲸

"老虎号"返回康涅狄格州以后，玛丽·布鲁斯特与她的朋友一起"非常幸福地"整整度过了三个月零十九天。然后，她和她的船长丈夫再次登上"老虎号"捕鲸船，开启了又一次去往太平洋的为期三年的捕鲸之旅。[113]在这第二次捕鲸之行中，"老虎号"没有去马格达莱娜海湾或其他下加利福尼亚海湾的灰鲸繁衍基地。事实上，在以后的五六年里，来这个海岸线捕猎的捕鲸船屈指可数，原因很明显。与美国 700 艘捕鲸船中的大多数一样，"老虎号"在夏季驶往北太平洋，在那里屠杀弓头鲸、抹香鲸以及数量巨大的露脊鲸，在 1849 年将鲸油的产量提高到历史最高峰（鲸蜡油的产量在几年前达到最高峰）。在捕鲸的这些最佳年月里，炼油厂期望得到最清洁的鲸油，而不是从灰鲸中提炼的浑浊的灰不溜秋的东西。但是，经过持续五年的历史高峰，鲸油产量进入衰退期（几乎每 10 年下降 25%），炼油厂不得不退而求其次。[114] 1859 年，在宾夕法尼亚（Pennsylvania）的泰特斯维尔（Titusville）发现了一口油井，在这口油井引发石油革命前夕，捕鲸人在太平洋上，不管什么样的鲸鱼都捕杀，包括下加利福尼亚的灰鲸，而查尔斯·斯卡蒙船长则当仁不让，是其中最突出的代表。

斯卡蒙晚年致力于研究和保护海洋哺乳动物，他曾担任过很多捕鲸船的船长（包括"莱奥诺拉号""波士顿号"和"海洋鸟号"），捕鲸效率高，尽其所能，为其日后的海洋哺乳动物保护创造了一切理由。在 19 世纪 50 年代末，他冬天在马格达莱娜海湾、斯卡蒙环

127

礁湖（Ojo de Liedbre）以及圣伊格纳西奥（san Ignacio）等鲸鱼繁衍基地捕猎灰鲸。关于灰鲸灭绝的数据统计显示，在斯卡蒙1855年带领"莱奥诺拉号"抵达马格达莱娜海湾等地以后不到十年的时间里，将近90%的母鲸被猎杀。[115]母鲸刚产下来的幼崽大多会饿死，只有极少数能在另一头母鲸的保护和哺育下存活下来。至19世纪60年代中期，灰鲸的生物终极阶段已经很明显，幸存下来的母鲸大约只有1 000头，活下来的幼鲸更少，剩下来的雄鲸在沿着北美海岸一年一度的迁徙中被一个又一个地捕获了。在捕鲸的最后岁月里，斯卡蒙用表格列出了他猎杀的鲸鱼数据以及炼制了多少桶鲸油的数据，然后就思索，"这种哺乳动物是否会被列入太平洋已经灭绝的物种名单"。[116]

　　灰鲸种群数量在20世纪达到历史最低点，还不到捕鲸前的10%，此后才慢慢增加。其他燃料和润滑油替代了鲸油在美国工业工厂里的位置。在19世纪60年代，美国捕鲸船的数量急剧减少，到了19世纪90年代末，就不足百艘了，鲸油也没有市场了（尽管鲸蜡油还是能找到买主）。其他国家特别是挪威、俄国和日本，继续在北太平洋捕猎灰鲸和其他鲸鱼，一直延续到20世纪。有一艘俄罗斯人的捕鲸船，起着一个带有预言性质的名字"阿留申人号"（Aleut），从1932年到1946年，在北冰洋和北太平洋捕杀了623头灰鲸。[117]自俄国商人最初征募阿留申人捕猎个头小得多但价值高得很的海獭起，将近200年过去了。最终，在以追逐利润为导向的哺乳动物大捕猎行动中，个头大小不怎么起作用，18世纪一头三英尺长的海獭的价钱，比20世纪一头成年灰鲸的价钱还要高。

　　对海洋哺乳动物的大捕猎让一些名不见经传的偏僻地方，也可以说是小地方，进入了人们的视野。这些小地方包括多风的海岛和偏远的环礁湖，比如塞德罗斯岛、法拉伦群岛（the Farallon Islands）和胡安·费尔南德斯群岛、白令海峡的普里比洛夫群岛以及马格达莱娜海湾，玛丽·布鲁斯特曾在 1846 年和 1847 年的捕鲸季在马格达莱娜海湾度过几个月温暖的冬日并撰写日记，"老虎号"的船员也在那里猎杀过灰鲸。当然，这些地方之所以小，之所以偏僻，是与周边世界相互连接的市场和最终实现毛皮、皮货以及鲸脂商品化的生产网络相比的结果。所谓鲸脂，则是大捕猎中被肢解后脱离鲸鱼躯体的东西。在短短几年时间里，根据每个物种接近灭绝的不同情况，这些偏远的地方都曾成为连接亚洲、欧洲、太平洋诸岛以及美洲的海洋贸易的中心舞台。

第五章
博物学家与土著

"鲁里克号"（1815—1818）

阿乌尔（Aur）是马绍尔群岛拉塔克礁链（Ratak Chain）上一个小小的环状珊瑚岛。在一个阳光明媚的日子，卡杜爬上了"鲁里克号"（Rurik），坚持留在这艘俄国船上，跟随进行环大洋的探险航行。这个年轻人从内心里渴望远航，他出生于沃莱艾环礁（Woleai Atoll），在阿乌尔以西大约 2000 英里，四年前一次走偏的航行把他带到了拉塔克礁链。此前，只有少数几艘欧洲船只看到过这个孤立的礁链，岛民与 *dri-belle* 之间的交往就更少了。所谓 *dri-belle*，是马绍尔群岛居民对穿着衣服并有物质财富的外国人的称呼。[1]不管是大海，还是船上的 *dri-belle*，都没有吓倒卡杜，所以他决定加入探险的队伍。卡杜知道，这是耗时很长的航行，他可能再也回不来，船上的 *dri-belle* 通过一切可能的交流方式给他强调这一

图 5.1　卡杜，一名马绍尔群岛土著人，1817 年搭乘"鲁里克号"，跟随奥托·冯·科策布率领的俄国探险队环绕了北太平洋。图片来源：亨廷根图书馆。

事实。卡杜的朋友一再请求他下船，但是当"鲁里克号"最后于 1817 年 3 月起锚开往船上一名军官所描述的"黯淡北方"的白令海峡的时候，卡杜依然留在了船上。[2]

在接下来的九个多月里，卡杜成为一名令人尊敬的船员。船上的 32 名军官和水手都喜欢他的幽默和好奇心，几名军官甚至邀请他共餐。"鲁里克号"上的三名"科学绅士"向他打听信息，特别是其中一位名叫阿德尔贝特·冯·沙米索的博物学家，他向卡杜询问植物、宗教、习俗、马绍尔语以及他所了解的马绍尔群岛以外的世界的情况。每到新的地方，每遇到新的人员，沙米索都仔细观察卡杜的反应，比如白令海峡冰冷的气候、乌纳拉斯卡（Unalaska）

的土著居民、夏威夷的岛民等。卡杜努力"与他们进行交流"³。沙米索渐渐喜欢上了卡杜，到了返回拉塔克岛的时候，已经把他当作朋友了。不过，这位博物学家也担心，"文明"会给这些岛民带来什么。他甚至开始怀疑自己对于文明的界定，渴望有一个"拉达基"（Radakian）风格的文身，但是岛上的居民出于神灵的原因拒绝了他的请求。⁴

图 5.2　法裔普鲁士人阿德尔贝特·冯·沙米索在 1815 年至 1818 年搭乘俄国"鲁里克号"远航，他对自己命名的"大洋"给予了鸟瞰式的描述。他还担心欧洲人持续进行的太平洋远航探险会给土著人口带来不好的影响。图片来源：亨廷根图书馆。

　　沙米索问了那么多问题，探测大海和天空，从陆地上收集植物和其他物品，不断地在他的日记本上记录着。那么，卡杜怎么看待这个人呢？也许，对于沙米索不停的、几乎疯狂的行为，卡杜只觉得好玩。卡杜不是遇到外国科学家的唯一的太平洋土著人，那些外国科学家多数都有着和沙米索一样的癖好，去离海岸很远的地方游逛、收集标本、咨询当地居民。赫利塔·德·塔尼瓦（Horeta Te Taniwha）是一位毛利族青年，他 1769 年看到跟随詹姆斯·库克船长的两位博物学家约瑟夫·班克斯爵士和丹尼尔·索兰德（Daniel Solander）在惠蒂扬阿港附近收集标本。他回忆道："他们从悬崖上收集野草，不停地敲击海滩上的石头，我们就嘟囔：'这两个怪人是在干什么事儿呢？'"[5]

　　在库克船长第一次大洋航行之后的 50 年时间里，博物学家一直做着这样的"事儿"。到沙米索远航的时代，这些科学家的数量比以前多多了。他们眺望夏威夷的火山喷发，统计智利海岸的鲸鱼，观察印第安人在圣迭戈附近捕猎兔子，收集高纬度的北极圈岩石样本。他们中间最优秀的博物学家会向当地居民提出一些坦率真诚的问题，从而获得信息，而那些表现最差劲的博物学家则是把那些居民看作野蛮人，因此就认为他们那里没有什么值得搜集的信息。为了了解土著人脑子里能装多少知识，有几位博物学家甚至收集了当地人的头骨。

　　沙米索从 1815 年到 1818 年的太平洋航行标志着探险和博物活动进入了一个新阶段。在前十年，拿破仑战争极大地影响了欧洲人去太平洋的重要探险远航。但是，在以后的 20 年里，更大规模的欧洲和美国船队驶入大洋，开展探索和贸易，其中很多航行都有随同的"科学绅士"。[6]这些科学绅士的工作从性质上来讲，和以前博物学家的研究不无相似，依旧是收集自然物体，研究当地环境中的土著居民，在海上和登陆以后进行大量的考察，但是，科考这项工作的社会、政治以及经济背景已经发生了变化。至 1821 年，墨西哥、秘鲁、智利以及其他地方的民族独立运动使得大部分西属美洲殖民地脱离了西班牙，从而进一步扩大了从美洲西海岸进入太平洋的通道和自然调查。比如，阿德尔贝特·冯·沙米索在智利和下加利福尼亚乡间考察的时候，曾遭遇西班牙的限制，不能自由走动。但是到了19世纪20年代中期，搭乘法国船只"英雄号"的博物学家在此时属于墨西哥的下加利福尼亚就没有受到如此的限制。"英雄号"和"鲁里克号"的探险远航，都显示了博物学家工作环境的另一个变化，探险船及其科学考察人员通常由私人资助，同时与相关国家的目标结合在一起。由于是受私人资助，这一时期的博物学家往往不是探险船所悬挂国旗的国家公民，这一身份就给予了他们一定的自由度来批评帝国的目标。沙米索就是这种情况，他是一位出生于法国、在普鲁士受教育的绅士，对于欧洲的帝国扩张连篇累牍地进行嘲讽，尽管他自己也与俄帝国搞密谋，帮助俄帝国成就了一番大事业。

最后，后拿破仑时代的博物学家看到的太平洋土著居民生活的环境和条件，已经与50年前约瑟夫·班克斯、阿里桑德罗·马拉斯皮纳或乔治·斯特勒所看到的有了很大不同。在后拿破仑时代，博物学家所看到的土著居民不再是最初与外来人接触的那个样子，而是自那以后又过了两三代人以上，其间经历了传染病、部落碎片化以及殖民主义，其原来的生活以及物理条件已经大大改变了。本章重点考察的三位博物学家是阿德尔贝特·冯·沙米索、奥古斯特·杜豪特-西里（Auguste Duhaut-Cilly）以及梅雷迪斯·盖尔德纳，他们到太平洋来都没有任何特别的人种学或民族学方面的兴趣以及教育背景。但是，他们每个人又都紧紧围绕着人种学或民族学方面的科学问题，显示了"自然史"作为一个学科的宽度，以及他们想要研究处于严重社会混乱时期的土著人的渴望。最后，他们对土著人口的悲惨状况表现了各种不同的反应：既有真诚的理解和同情，也有对肆意抢掠等行为的憎恶和恐惧。

"科学人"：帝国科学与个人愿望

一些现代早期的博物学家在 200 年以后依然家喻户晓，比如约瑟夫·班克斯爵士、菲利贝尔·克默尔松（Philibert Commerson）、查尔斯·达尔文、乔治·斯特勒、约翰·福斯特、乔治·福斯特（George Forster）、阿奇博尔德·孟席斯（Archibald Menzies）、詹姆斯·德怀特·达纳以及查尔斯·皮克林（Charles Pickering），等等。不过，大多数博物学家的名字只是在科考圈子里才被专业人士所知。几乎每一次政府资助的远航以及大多数私人资助的远航都有博物学家参加，他们在自然史方面广博的知识和技能，与船上的军官形成优势互补。当时，很多人只是称他们为博物学家，但是他们还有其他的称谓，比如医生、自然史学者、科学家、植物学家、科学绅士、科学旅行家等。有一位船长总带着质疑的眼光，极不情愿地用一个词笼统地称呼所有领域的博物学者，用他的大白话来说，这些人都是"科学人"。

海军候补少尉威廉·雷诺德在那个多疑挑剔的船长查尔斯·威尔克斯上尉手下干活，他对船上活动的记录是最生动形象的描述之一：

科学人把东西切开、分析，用放大镜仔细查看，从而能更清晰准确地观察、绘图、描画、查询书籍，写下知识渊博的描述，发明人们难以发音的术语，并给我们讲述物质组织结构的神秘神奇之处，等等。他们收集的既有死蜥蜴，也有活蜥蜴，他们把鱼泡在酒精里，还收集了鲨鱼的下巴、被制成标本的海龟。在他们的海水罐子里浮动的有脊椎动物和微生物。他们还有老旧的贝壳以及其他很多同样有趣的放在他们床边或客舱里的家具部件。毋庸置疑，如此养眼的物件只有科学人的明亮眼睛才能发现。喜欢的话，把我客舱里随便哪件东西拿去吧。不，不，如果有那份雅兴，我会专门去拜访的。

对博物学家庞大的装备以及不停地提出上岸收集更多物件的要求，船长们往往心怀不满，说话就有那么点不好听，而一些普通水手也对他们过于书卷气的样子看不惯。不过，就威廉·雷诺德而言，他倒是觉得那些科学人可以让人调节一下每日海上枯燥的生活："我每天娱乐的一部分，就是观看科学人干活儿，我学到了很多以前所不知道的东西。"[7]

上面引用的那一小段来自雷诺德写于 1838 年的日记，那时，他在美国单桅纵帆船"温森斯号"（Vincennes）上谋生。从他的这段描述中，我们可以看到此前几十年博物学家在航行于太平洋的船只上所从事的考察工作的基本情况。他们收集、解剖标本并对其进行分类，他们描摹风景、绘图并进行制表，他们对无法在航行中幸存下来的东西进行打包和保护，同时还精心地喂养那些可能在航行中熬过来的生物；他们在海上进行探测和测量，他们会用连续好几个月等来的机会去爬山、研究海边平原上的植物、猎取任何活着的东西。他们怀着好奇、恐惧以及种族优越的复杂心情，对土著人进行研究和比较。有几位博物学家把太平洋盆地作为一个完整的地理空间进行思考，提出了非常宏观的问题。不过，更多的博物学家满足于收集和破译大自然的细枝末节，并在林奈生物分类体系之内对他们的发现进行分类。在海上的时候，他们是实验科学家，一旦从海上返回，他们就寻求在最有声望的科学期刊上发表他们的考察发现。

有大量的文献研究了从库克船长远航到 19 世纪中期之间欧洲和美国博物学家在太平洋上的科考工作。[8]除了分析某些特定博物学家或科考队的发现和论述外，学者们还越来越多地聚焦于这种"帝国科学"的意图。科学考察在多大程度上服务于帝国的经济和地理政治目标？在多大程度上服务于从理论上证明西方的优越性？学者们对这些目标的优先性是有分类的，不过他们一般认为，科学是为帝国的总体目标服务的，包括商业、地理政治以及科学等方面的目标。同时，博物学家还常常要服务于一些更直接的任务，比如那些资助他们科考活动的富人的要求，比如他们自己渴望得到科学界认可的专业期待。在 18 世纪 60 年代末到 70 年代的太平洋初期科考中，这些不同的目标是显而易见的。此前，刚刚爆发了七年战争，这次战争是欧洲列强之间真正的全球竞争。[9]

科学考察在七年战争以后的英国、法国、西班牙和其他国家之间的竞争中发挥了显著的作用。在欧洲列强争相成为海洋强国的过程中，科学也是一个重要因素。博物学家根据政府的要求，研究太平洋的洋流、季风、危险的暗礁以及经纬度坐标。[10]科学还融入对地理新发现的竞争活动之中，比如，谁能发现神秘莫测的西北通道？南方大陆存在吗？如果存在，有没有什么有价值的资源？下一个像夏威夷群岛那样的尚未发现的岛屿链在哪里？在 18 世纪末，诸如此类的问题当然激励着航海家的远航。同时，博物学家也积极参与这样的探险之旅，为的是提高自己在学术领域，比如在植物学、地理学、人类学领域的声望。七年战争以后，欧洲列强的争夺，特别是对商业市场和全球探索的竞争，已经扩展到了太平洋，而科学也参与这种竞争之中。

博物学家在帝国列强争夺太平洋的商业利益中显得尤为重要。[11]"科学人"收集标本，并对自然资源进行分门别类，作为回报，那些标本中有很多本身就是有价值的商品，可以在广州、伦敦和火奴鲁鲁的市场出售。乔治·斯特勒是 1741 年参加维他斯·白令北太平洋探险队的博物学家，他在报告中说，一些岛上栖息着"数不胜数"的海狗和海獭，此后不到十年，俄国的商人就开启了对具有市场价值的毛皮动物的大捕猎。[12]威廉·埃利斯是库克船长第三次远航团队中的医生兼博物学家，是最先看见夏威夷檀香木并发表关于夏威夷岛自然资源丰富的报告的欧洲人之一。此后不久，就兴起了关于珍贵檀香木的繁荣贸易。[13]博物学家还绘制了鲸鱼种群分布的方位图，观察了斐济海参的生产过程，描述了智利和秘鲁附近被海鸟粪覆盖的岛屿的情况，回答了政府关于重要海洋基础设施的细节，比如"道路、海湾、港口或港湾"等。[14]所有这一切信息，从鲸油到深水港，都包含着对于 18 世纪扩大商业贸易的实用价值。对于在拿破仑战争结束以后进入太平洋的下一代博物学家来说，跨越商业、科学和帝国探索等多个领域的每一次考察，都是至关重要的。

俄国"鲁里克号"的发现之梦（1815—1818）

詹姆斯·库克船长从来就没有发现西北通道，维他斯·白令、让-弗朗索瓦·德·加劳普·拉佩鲁斯、乔治·温哥华也没有，约翰·亚当·冯·克鲁森施滕（Johann Adam von Krusensternn）同样没有，更不用说从北美大西洋这一边寻找西北通道的亨利·哈德森（Henry Hudson）等探险者了。[15] 阿里桑德罗·马拉斯皮纳于1791年的初夏航行到亚库塔特湾，对是否能找到西北通道报以谨慎的乐观。7月2日早晨，他和几名船员划着"发现号"探险船的小艇，沿着亚库塔特湾长长的海峡行进，在众多的浮冰中绕行穿越，最后转了一个弯，终于找到了问题的答案。只不过，他们找到的不是通往大西洋的水道，而是一堵高耸的"被冰覆盖的岩石"形成的墙。马拉斯皮纳把走到这个终点而不能再前行的海湾命名为"觉醒湾"（Disenchantment Bay）。他历来都是实用主义者，有着充分的理由去太平洋实现更多更实际的目标，而不是寻找一个甚至连他崇拜的英雄詹姆斯·库克船长都找不到的传说中的海上通道。

25年以后，圣彼得堡（Saint Petersburg）的尼古拉·彼得罗维奇·鲁缅采夫（Nikolai Petrovich Rumiantsev）同样持有马拉斯皮纳的实用主义观点，而且还有更大的雄心壮志，要让俄国海军进行大洋探险，尽管俄国海军在拿破仑战争以后处于百废待兴的状态。但是，如果不去寻找西北通道，那么还有什么更好的办法来维护俄国在欧洲列强中的地位呢？鲁缅采夫是受人尊敬的政治家和家财万贯的慈善家，1814年筹资建造了"鲁里克号"探险船，并资助此次远航探险的所有费用，整个探险行动都打上了他作为俄国人的印记。[16] 鲁缅采夫认真地从俄国皇家海军里选拔精干的探险小队，指定一位热心科学、名叫奥托·冯·科策布（August von Kotzebue）的海军上尉领导这次探险行动。还是十几岁少年的时候，科策布就参加了俄国的第一次环球航行（克鲁森施滕在1803年至1806年的

136

远航）。鲁缅采夫对科策布的要求体现了俄国对北太平洋地理的特别关切。根据鲁缅采夫的指令，"鲁里克号"要"从白令海峡向北深入，比库克船长和克拉克航行得还要远"，要考察最北面的"美洲海岸"并发现理想的浅水湾，寻找"连接两大洋（太平洋和大西洋）"的通道。最后，鲁缅采夫要求科策布"从完全不同的方向穿越南海两次"，以期了解"这个大洋"及其"居民"的情况，并收集"大量能反映自然史的物品"，鲁缅采夫最终将它们收藏在自己的圣彼得堡博物馆里。据科策布上尉的叙述，为了完成这项任务，"伯爵任命了一位能力超群的博物学家参加这次探险"[17]。

　　"鲁里克号"启航了，探险队队长奥托·冯·科策布本人也是业余博物学家。船上不止一位博物学家，除他之外，还有三位致力于自然史考察的成员。其中，路易·科利斯（Louis Choris）20 岁，是制图员，在普鲁士接受的教育，绘制的关于 19 世纪初期太平洋风景的图画和土著人的肖像精湛至极。他对人种学细节的刻画既驳斥了人们关于土著居民的浪漫主义，也驳斥了一些参加太平洋探险的欧洲艺术家所表现出来的公然的种族主义。[18]另一位也就是"鲁里克号"上的随队医生约翰·弗里德里希·埃施朔尔茨（Johann Friedrich Eschscholtz），他在动物学、植物学和人种学领域都受过良好的教育。第一篇关于上加利福尼亚植物的科学论文（《新加利福尼亚的植物描述》）就是他发表的，不过，文章发表后不久，他就因劳累过度而英年早逝，年仅 38 岁。[19]最后一位就是被鲁缅采夫伯爵任命的那位"能干"的博物学家阿德尔贝特·冯·沙米索。他是出生于法国的流亡者，在柏林大学接受了自然科学的教育。他还是一位成功的诗人，最为人熟知的作品是《彼得·施莱米尔的神奇故事》（*Peter Schlemihls Wundersame Geschichte*），讲述的是关于一个人把自己的影子出卖给魔鬼的脍炙人口的寓言故事。因此，沙米索当然不是鲁缅采夫的首选，[20] 由于其他博物学家拒绝了鲁缅采夫的邀请，沙米索才通过家庭关系得到了这个职位。这位 34 岁的流亡贵族、诗人兼博物学家在 1815 年 8 月登上"鲁里克号"的甲板之前，从来没有出过海。

如果说这次远航的目的就是科学探索，那么我们快速地浏览一下"鲁里克号"的行程以及发表的记述就会发现，所谓"科学"指的是在政治、商业、地理、人种学以及自然等领域的多方面的考察。这次探险的路线包括两个方向截然相反的环绕，在太平洋的主要考察地点是智利、马绍尔群岛、堪察加半岛、白令海峡、乌纳拉斯卡、上加利福尼亚以及夏威夷群岛。科策布本人撰写的关于此次远航的报告在"鲁里克号"返航三年后被翻译成英语在伦敦出版，但他本人的讲述枯燥无味，乏善可陈，对于没有找到西北通道，也少有歉意。不过，这个三卷本的记述有将近一半是由"探险队博物学家的讲述和观点"组成的。这些内容是沙米索精心编纂的，语言优美，讲述精彩，记录了他对太平洋的整体考察及其遇到的土著和到访的地方的情况。十年以后，科策布发表了第二部记述《参加鲁缅采夫探险队环绕世界航行记》（*A Voyage around the World with the Romanzov Exploring Expedition*），这一次，他在讲述中非常明显地聚焦于他和土著居民相遇交流的情况。

沙米索的"讲述和观点"从全球视野介绍了太平洋周边的大陆和海洋，然后才专门讲述"大洋，这个大洋一直被称为太平洋和南海，而这两个名字都是不恰当的"。他说，第一个名字（"太平洋"）掩盖了其本质的特征，那是湍流激荡的海洋，"烈焰熊熊的火山爆发"好像在任何一个岛屿和海岸上"随时都可能发生"，"季风和风暴"威胁着所有航海者，包括穿越大海进行"远航"的古代土著"闯海人"。[21]沙米索声称，太平洋一点"都不太平"，这个大洋是一片复杂、狂暴的水域，而且有着自己的生命和历史。第二个名字"南海"有意遮蔽了大洋的很大一部分水域，特别是俄国人控制的北部水域及其很多不为人知的神秘之地。[22]沙米索在对整个太平洋进行鸟瞰式的论述后，进一步详细描述了太平洋的海洋生物、植物和动物、土著居民及其语言和古代迁徙模式。所到之处，他都努力进行不同地方之间和不同太平洋群落之间的对比，寻找共同点，同时为古代美洲人的迁徙居住提出可能的理论。[23]

沙米索对太平洋进行鸟瞰式论述的重要意义在于，他在研究太平洋的自然史方面采取了整体视角，尽管他对此前太平洋博物学家所积累起来的知识宝库没有增加多少原创性的贡献。但是，沙米索的"讲述和观点"在鸟瞰式论述以后，还有 300 页的描述，带来两个重要的贡献：一是评价了欧美帝国在东太平洋的实践，二是谨慎地批评了欧美帝国对于西北通道的探寻。

几乎在"鲁里克号"登陆的每一个地方，沙米索都批评欧洲帝国设立在那里的机构以及派驻在那里的代表。1816 年，探险船抵达智利的康塞普申湾（Conception Bay），他斥责西班牙，认为西班牙造成了"智利的政治危机"。西班牙的保皇主义者压迫"爱国主义者"，致使智利"众多"的财富"被捆住了手脚，显得凋敝衰败，没有航海，没有商业，没有产业"。西班牙官员禁止沙米索和其他博物学家走出港城考察。（沙米索想看一看那些渴望"自由"的"未混杂"的印第安人。）对此，沙米索得出的结论是："所有的欧洲国家都在众目睽睽地审视着西班牙殖民地的斗争……可以预见，这些殖民地总有一天会摆脱其宗主国。"[24]抵达上加利福尼亚以后，沙米索也发表了类似的观点。他在那儿注意到，西班牙"对于财富的贪婪和攫取"导致殖民地"没有工业、贸易和航海，直至百业凋敝，千里无人"。（事实上，在"鲁里克号"到访的那一年，只有几艘船来到加利福尼亚海岸。）不论是沙米索，还是科策布，都嘲讽了新西班牙禁锢贸易的政策。这里几乎没有西班牙定居者，从这个意义上可以说是"千里无人"，倒是有一个特别的健康"捣乱者"（性病）来了，"夺去了（印第安人）的性命"。最后，沙米索描写了西班牙帝国主要的扩张工具——圣方济各教团，认为那些教团的工作"始于判断不明，终于执行不力"[25]。对于那些经历着拿破仑战争的灾难岁月，并且满怀希望地迎接未来的欧洲诸国，沙米索给出了他的结论，那就是：西班牙在太平洋的做法展现了一个衰朽、保守的帝国的做派，那不是世界所渴望的样子。

对于俄国在北太平洋的帝国扩张，考虑到自己在俄国探险船上的身份以及他的"讲述和观点"的官方性质，沙米索的评论就更加谨慎，不能肆意褒贬，于是就避开俄帝国，将自己的不满发泄到俄美公司身上。他重申了此前对俄美公司压迫阿留申人和其他北太平洋土著部落的批评，这样写道：堪察加半岛的土著人口"在新的外国人（俄国人）的倾轧下几乎全部灭绝"，而"俄美公司"已经把阿留申人变成了"悲惨的奴隶"，"很快就会灭绝"。[26]总体来说，沙米索认为俄国的殖民行动是过时的、落后的，科策布甚至鲁缅采夫伯爵可能也持有这样的观点，因为他们两个人都愿意给俄国基于科学和发现的大洋探险贴上一个新的"开明"的标签。[27]沙米索担心，即便是最"开明"的探险，也会给土著居民带来不好的影响，特别是，他预计在未来几年里来太平洋的人会越来越多。他说："愿（上帝）保佑，不要让欧洲人走近你们荒凉的暗礁，那里对欧洲人没有诱惑。"他的这番话是特别说给来自偏僻拉塔克岛上的他的朋友卡杜听的。[28]

　　那么，对于此次探险冠冕堂皇的目标"寻找西北通道"，沙米索是如何看待的呢？在已出版的"鲁里克号"官方报告（1821 年）中，沙米索和科策布两个人都极力回避这个关于全球地理结构的"最后问题"。"鲁里克号"两次从白令海往北远航。1816 年夏天，他们穿越白令海峡，进入楚科奇海，船长在那里分别命名了科策布湾和沙米索岛。第二年夏天，"鲁里克号"再次向北航行，但是只走到圣劳伦斯岛（在白令海峡的正南），科策布船长就下令回返。这次探险远航十年后，沙米索认为把"帝国扩张的所有希望"押宝在如此一个似是而非的目标上，是犯了一个严重的错误。不过，他对科策布让探险队返航的决定，也提出了批评，那是在第二次往北航行时，探险船遇到了一堵看起来难以穿越的冰墙，在科策布的命令下没有继续前行。[29]关于这次航行的新航道探索，现在依然有很多令人疑惑不解的地方。比如，最根本的问题是，他们是要从北美寻找一个西北通道，还是要从北亚寻找一个东北通道（正如科策布远航叙述的副标题所显示的："……目的是探寻一个东北通道……"）？在这个问题上，鲁缅采夫伯爵给科策布的命令也是同样的模棱两可，以至于船长认为，无论哪个航道，只要找到一条就是俄国的光荣，就是俄国的重大发现。[30]

　　不管是从亚洲，还是从北美，抑或是从任何其他大陆，都没有找到什么连接太平洋和大西洋的通道。不过这个事实并不能说明鲁缅采夫伯爵在筹划这次探险的时候没有寻找通道的雄心。鲁缅采夫认识到，发现这么一条通道会给全世界的海洋贸易带来革命性的变化，会给有幸发现这条通道的国家带来巨大的战略价值。欧洲各帝国依然受困于 1815 年结束的持续了十几年的拿破仑战争的灾难，非常渴望自己国家的复兴，并通过在国外的探险来强化国力。俄国在战争中付出了惨重的代价，让鲁缅采夫和科策布的心中进一步强化了这一信念，欧洲很多国家的领导人也持有这样的观点。可以这么说，"鲁里克号"只不过是从 1816 年到 1830 年驶往大洋的十多支科学探险队中的第一支探险队。[31]尽管诸如沙米索等一些人对于日渐增多的探险队带给土著居民的影响，表达了深切的忧虑，但他毕竟只代表了少数人的观点。

卡杜与沙米索

沙米索有将近十年的时间一直在反思他的大洋航行之旅。后来，他在晚年决定重述这个远航探险故事。[32]依然萦绕在沙米索脑海里的，既不是大洋的海洋生物或地质，也不是他的同事约翰·弗里德里希·埃施朔尔茨收集的众多植物和昆虫标本，而是他心心念念的拉达基亚朋友卡杜。沙米索正是以他与卡杜的关系为中心，最后讲述了他的这次远航探险。因此，在他最终版本的远航故事中，最为突出的是太平洋人种学，而不是其他的内容。

的确，1817 年，"鲁里克号"上的博物学家在拉塔克群岛上发现了罕见的事实：当地部落与欧洲人的交往极其有限。也许，经过这些小环礁的欧洲船只屈指可数，与当地人之间的交往就更少了。[33]那个群岛上的一切都处于原始状态，以致沙米索认为那里更原始，尽管那里的拉达基亚人与外来者的交往远比沙米索知道得多。沙米索笼统地把"鲁里克号"的到达当作当地岛民与外界的"初次相

140　　遇"，把拉塔克岛链描述为纯真无邪的岛上天堂。他写道："没有什么地方的天空比这些低地岛屿的更明朗，没有什么地方的温度比这些低地岛屿的更宜人。如果你觉得头上的太阳太热，那么就一头扎进深蓝的（水里）凉爽一下；如果你在外面过了一夜后觉得清晨的空气有点寒冷，那么就一头扎进水里暖和一下。"根据沙米索的描述，这儿的环境对人非常友好，生活在这样的环境中不需要什么技术，当地的岛民只有"几件铁器工具"。他推测，即便是这些工具，也是"在失事的船上找到的"，而不是通过贸易交换获得的。沙米索是欧洲浪漫主义作家约翰·戈特弗里德·冯·赫尔德（Johann Gottfried von Herder）和让-雅克·卢梭（Jean-Jacques Rousseau）的热心读者，他简直不敢相信竟然有那么好的运气，发现这个与"过度文明化"的欧洲形成鲜明对照的伊甸园。那么，沙米索怎么看待卡杜的呢？他写道："我的朋友卡杜……是我一生中遇到的具有最好品质的人之一，是我最爱的人之一。"[34]至少沙米索认为，通过在空间狭窄的"鲁里克号"上九个月的相处，两人之间建立了深厚的感情。

　　在同行期间，沙米索研究卡杜沉稳安静的性格，认真观察他对新环境的反应。他写道："在乌纳拉斯卡和我们登陆的每一个地方，卡杜看见我们关注大自然的所有东西，观察它们，收集它们。"卡杜一方面参与这些观察调查，另一方面还收集他自己喜欢的东西。[35]卡杜搜罗的物件都是有实用价值的，比如钉子、丢弃的铁片以及打磨工具的磨刀石。返回拉塔克岛后，他把这些东西作为礼物送给他的朋友。沙米索赞赏卡杜的慷慨，尽管他也可能误解了卡杜的动机，因为卡杜送礼物的目的是提升其在部落社会等级中的地位。

　　沙米索、埃施朔尔茨和科利斯都特别想看看卡杜对他们的一个收藏品的反应，那是这几位博物学家上一次去北太平洋探险的时候

"发现"的。沙米索在圣劳伦斯岛"最高点"的沙砾土丘里（极有可能是一个墓地）挖出了一个头盖骨，秘密地把它"藏"了起来，以免返回船上的时候遇到当地的居民。另外两个头盖骨是在别的岛上发现的。据沙米索说，至少其中一个是从一个"古老的墓地"挖出来的，好像"古老"这个词就可以说明偷死人骨头的正当性似的。当博物学家在"鲁里克号"启航离开卡杜家乡不久就把这三个颅骨递给他看的时候，没有人能想象他脑子里的思维过程。沙米索完整地记录下来卡杜的惊愕："这是啥?"据沙米索说，卡杜看了这三个头骨后谨慎地提出，"他自己愿意从拉达基亚他的部落中给我弄一个头盖骨"[36]。当然，卡杜是绝不会践行他的诺言的，因为这违背了所有拉达基亚人的丧葬习俗，也是对死者的不尊重。

　　虽然沙米索可能没有全面了解卡杜的真实想法，但是他们之间的关系依然对他如何看待途中所遇到的土著部落产生了决定性的影响。在火奴鲁鲁港，沙米索对看到的一幕非常震惊。"围着我们的所有女人都大声地喊着向我们求欢，所有的男人也都向我们喊着那些女人的名字。"他把夏威夷性交易的淫秽与卡杜部落的纯洁进行了对比。他谴责夏威夷人"放荡的习俗"，不过也把这种习俗看作是欧洲殖民主义带来的。"我们把贪婪、贪心和贪欲嫁接给了（夏威夷人），将他们的遮羞布扒下来了。"[37]当卡杜"消失在（夏威夷）土著人群中的时候"，沙米索不安地望着，担心夏威夷人的"习俗"会把他带坏。卡杜倒是看起来非常享受与夏威夷人的相处，他"很轻松地就学会了如何与夏威夷人交流"，可能也很享受夏威夷女人的陪伴。沙米索同样也喜欢亲密的行为，但是他没有细说。[38]在沙米索看来，夏威夷代表着纯真的崩塌，代表着天堂的污染，他很担心，欧洲人很快就会给卡杜的族人带来同样的影响。

141

　　如果说，拉塔克岛上的社会给沙米索留下了自由自在、完美无缺的印象，那么上加利福尼亚的印第安人则与之形成了最强烈的对比。与卡杜的族人不同，加利福尼亚的土著人受到西班牙殖民主义者的"奴役"，生活在"被征服的状态之中"，尤其是他们还被圣方济各传教团管制着，沙米索把那些传教团比作"奴隶的主人"。很明显，沙米索同情他遇到的印第安人，那些印第安人是被精心挑选出来的，归属于圣方济各会阿西斯修道院（Mission San Francisco de Asis）。但是，沙米索的同情并不能阻止他把加利福尼亚土著人和其他土著人列入劣等种族等级的图表中。他给加利福尼亚土著人的定位是"远低于那些生活在北部海岸和美洲内陆的土著人"，相比拉塔克岛上那些清白纯真的土著人的地位，就更低了。[39]他与卡杜之间的关系当然对这种偏见产生了影响，因为卡杜的个人自由和个性特质都是对加利福尼亚教区中印第安人没有自由的境遇的讽刺。

　　不过，沙米索依然在上加利福尼亚感受到某种另外的东西，那就是土著居民对"自由"的"需求"。这是一股强劲的暗流，"鲁里克号"上的官员在 1816 年 10 月 9 日的圣方济各节（Feast of Saint Francis）上近距离看得清清楚楚。这个节日是圣方济各会阿西斯修道院在"鲁里克号"抵达后不久举办的，其中包括一次天主教弥撒和圣像出游。沙米索和他兼具艺术家气质的同事路易·科利斯将他们的关注点聚焦于那天在修道院前进行的土著居民表演。科利斯用他的画笔描绘了那一瞬间，并起名为"圣方济各会修道院加利福尼亚土著人的舞蹈"，成为他最打动人的素描之一。科利斯画笔下的印第安人个性鲜明，生动活泼，有的在跳舞，有的在咏唱，有的在拍掌，其他人则坐在地上击打着手里的打击乐器。两名圣方济各神父站在修道院的入口，这个壮观的教会建筑就是由正在其前面跳舞

图 5.3　圣方济各会修道院加利福尼亚土著人的舞蹈，1816 年。**德裔俄国画家路易·科利斯曾乘"鲁里克号"远航，在描绘 19 世纪初期太平洋土著人的作品中，他的画作是最引人注目的作品之一。在 1816 年 10 月 9 日举行的圣方济各节上，圣方济各会阿西斯修道院所管辖的印第安人正在跳舞，这是节日表演的一部分。图片来源：亨廷根图书馆。**

庆祝的那些人被强制建造的。对于前来聚集在这儿庆祝的人，神父们可能没怀什么戒备之心，而从科利斯所描绘的那个情景中，人们一点也看不出来土著人生活在奴役之中，反而感受到那么多土著人依然保持着土著文化的元素，还拥有进行暴力反抗的力量。西班牙士兵肯定在某个地方全副武装、戒备森严地警惕着这么大规模的印第安人聚集，尽管在这幅画上看不到他们。

142

如果说科利斯的这幅画《圣方济各会修道院加利福尼亚土著人的舞蹈》是描绘教区内印第安人的一个视角，那么这位画家的另一幅画则讲述了一个完全不同的故事。《旧金山要塞图》展示的是骑马的西班牙士兵往前驱赶着至少两队印第安人。这些新近皈依上帝的印第安人背上背着捆束的东西，前后靠得很紧，在骑马的士兵前

图 5.4　旧金山要塞图，1816 年。路易·科利斯一方面描绘了在圣方济各节上跳舞的印第安人暂时的自由，另一方面也描绘了在西班牙士兵控制之下被迫劳动的加利福尼亚土著人。图片来源：亨廷根图书馆。

面急匆匆地走着。看起来，印第安人成了奴隶，或者至少他们是背景中若隐若现的西班牙要塞征用的劳力。科利斯的《圣方济各会修道院加利福尼亚土著人的舞蹈》和《旧金山要塞图》这两幅画所描述的内容并不矛盾，而是显示了西班牙统治下上加利福尼亚印第安人的悲惨命运。天主教区的印第安人只能在某些特定时日才能享受一点自由，那里的士兵和神父则通过暴力管制着印第安人的日常生活。

沙米索认为，这些画作是"一系列难能可贵的作品"中的一部分，由此而有助于阐释这位博物学家关于人种论的观点。他相信，他在拉塔克岛上亲眼看到了未被玷污的土著社会的美德和善行。窥一斑而知全貌，他以卡杜为个案来解读卡杜的部落，同时，卡杜与他在海上同行也为他解读大洋中的其他社会提供了一个参照。如此一来，在对比之下，那些其他社会就显得黯然失色，因为沙米索认为，殖民主义者的暴力、疾病和奴役造成了美德和善行崩塌的后果。

但是，沙米索的人种学观点不止于此。与科利斯对土著舞蹈者的描绘相似，沙米索在他遇到的很多东太平洋部落的土著居民举止上，看到了尊严和坚守。他常常对土著居民的原初品质给以浪漫化的想象，同时也贬低他们的某些种族特征。种族差异既吸引又排斥了这位受过高等教育、心怀启蒙思想的作家。科利斯画画的时候，沙米索是站在旁边的。科利斯的画蕴含着他们两位对于征服和"画中土著人"衰落的矛盾心情，同时还展示了土著人强壮的体格以及抗争的潜力。

奥古斯特·杜豪特-西里和"英雄号"（1826—1829）

法国船只"英雄号"在"鲁里克号"启航离开上加利福尼亚以后的第 11 个年头到达了这里。在过去的十年里，上加利福尼亚发生了很多变化。这一地区的墨西哥独立（1821 年）只是太平洋海岸从上加利福尼亚到智利一线众多独立运动中的一个。随着新政府废除贸易限制，这些前西班牙殖民地的海上贸易迅速增长。从大西洋和太平洋很多港口启航的船只，此时进入加利福尼亚水域，前来进行贸易和考察，很多船上都有专注于科学考察的人员，他们的自由度比沙米索 1816 年那时候要大，可以更加随意地沿着海岸或进入内陆山谷进行考察。

奥古斯特·杜豪特-西里船长领导的这次法国远航探险尽管恰逢人种学的研究热潮，尽管其探险队员发表了各种各样的考察报告，但没有怎么引起那些研究太平洋自然探险的学者的注意。杜豪特-西里出身贵族，有着在大西洋和太平洋率领船队航行的丰富经验，他撰写了《世界环游记》（*Voyage autour du Monde*），对"英雄号"三年的航行进行了详细的记述，讲述了自然的历史。杜豪特-西里也是一位很有天赋的画家，用工笔线条的描绘展现了一位船长眼里所关注的海岸和沿海风景。他自己的观察正好与保罗·埃米利奥·博塔（Paulo Emilio Botta）热心收集的动物形成互补。博塔是"英雄号"上的博物学家，出生于意大利。他在晚年由于对亚述考古的重大发现而获得了享誉世界的声名，但是在这次探险中没有取得如此知名的发现。不过，他的研究却反映了一位年轻人对航海的向往和对在加利福尼亚发现丰富自然资源的惊叹。船上的二副埃德蒙·勒·尼特莱尔（Edmond Le Netrel）在不需要陪同那位令人鄙视的"R先生＿＿"去岸上做买卖时，就记录他对植物和人种的观察结果。[40]

"R先生＿＿"指的是让·巴蒂斯特·李维斯（Jean Baptiste Rives），他是出生于法国的海滩流浪者，大约在 1810 年来到夏威夷群岛，最终给里豪里豪国王（卡米哈米哈二世）担任翻译，那是在里豪里豪继承王位的 1819 年。李维斯在 1824 年陪同里豪里豪国王和卡玛玛璐王后（Queen Kamāmalu）来到伦敦，进行皇家访问，没想到这次访问有点欠考虑，两位皇室成员在感染麻疹后都很快去世了。[41]李维斯一直都是机会主义者，他立即在法国金融大亨中广为游说，说里豪里豪国王授予他在夏威夷群岛上开展贸易的"特权"。对于他这样一个矮小的人来说（杜豪特-西里描述李维斯"有着一个猴头，长在四英尺八寸的瘦弱身体之上"），他当然是在说大话了。[42]不知用了什么手段，李维斯成功地说服巴黎和勒阿弗尔（Le

Havre）的一批金融大亨赞助了一次去往美洲海岸、夏威夷群岛以及中国的商业远航，他本人则在"英雄号"上担任货物押运员的角色。这次远航的推动者给船员队伍增加了一个小型"科学团队"，包括博塔、尼特莱尔以及船长杜豪特-西里，其任务是"抓住一切机会，对水文和其他特别的事物进行观察"[43]。这种科学考察方面的要求如此含糊，而商业方面的要求非常明确，而且比科学更加优先，因此，这个"科学团队"总体上就有些随心所欲了，只是追寻自己感兴趣的知识。

杜豪特-西里领导的这次远航正好用了三年，完成了环球航行，在利马、马萨特兰（Mazatlan）、加利福尼亚、夏威夷群岛以及广州开展贸易。这次远航的商业收获当然让法国的赞助者失望了，李维斯信誓旦旦的在夏威夷的"特权"从来就没有兑现，因为他在这次航行中没有跟着走那么远，他在加利福尼亚海岸就搭乘另一艘船，不顾人们质疑的目光离开了队伍。[44] 尽管"英雄号"的这次航行在商业上是一次失败，但在科学考察的维度上却作出了非同寻常的贡献。这艘船在从俄国罗斯要塞到下加利福尼亚南边的加利福尼亚海岸上进行了近两年的贸易，为船上的博物学家提供了最持久的研究海岸及其土著居民的机会。

1827 年 1 月 15 日，"英雄号"到达旧金山湾的外面，杜豪特-西里描述了船上所有人都有的乐观心情。他写道："事实上，船上所有的人都有一个共同的感受，并以此团结在一起，这个感受至少是和此次远航的危险或成功相关联的。每个人都认为，他的命运和此行同伴的命运是联系在一起的。"[45] 他们在加利福尼亚共同的"命运"就是等待，因为一场难以穿越的大雾在瞬间笼罩了"英雄号"，让他们寸步难行，进入不了港湾，停在外面一个多星期。一旦在海湾抛锚，"英雄号"的船长就去拜见要塞的指挥官唐·伊格纳西奥·马丁内斯（Don Ignacio Martinez），并向他解释此行的目的，博塔则趁机溜出去，开展自己的考察。据杜豪特-西里说，博塔手里拿着步枪，想在"那些不太野蛮的空中和水中传播恐怖和死亡"。[46]

在此后的一年半时间里，博塔的枪极少有闲下来的时候。只要在枪的射程以内，他一定会瞄准每一只鸟，包括水鸟、鹰、喜鹊、黑鹂、麻雀、鹅、鹌鹑、鸥鸽以及大蓝鹭。博塔尤其痴迷于蜂鸟，并对不同的蜂鸟进行分门别类，尽管它们之间的区别很小，却给他带来分类的挫败感。[47]在蒙特雷湾，杜豪特-西里很喜欢那里鸟类的多样性。"各种鸟儿在葱茏草木的阴凉下悠闲地漫步"，不过，"如果博塔博士经常来加利福尼亚收集鸟的毛皮，那么情景可能就不会是这样。他在圣克鲁斯停留了两天，已经干了许多扰乱这些可怜的生灵习惯的事儿，公正地说，必须承认，我也参加了这种残忍的入侵"[48]。只要"英雄号"靠岸，这两个人，往往后边还跟着勒·讷特利尔，不仅抓住每个机会打鸟，而且还捕杀野生动物。尤其是熊，似乎在他们关于加利福尼亚野生动物的报告中经常出现，虽然这个"科学团队"实际上连一头熊都没有猎杀到。[49]

在圣迭戈以北的洛马岬（Point Loma），他们发现野生动物如此丰富，以致杜豪特-西里都担心他的读者会"指责（他）夸大事实"。他在日记中写道："真理并不总是令人相信。"[50]这句话是他引用的法国诗人尼古拉·布瓦洛（Nicolas Boileau）的诗句。在这个事例中，"真理"包括大量的兔子，一大群一大群的"兔子尤其是野兔移动着……穿过香气袭人、鲜花盛开的草地"，杜豪特-西里写道，"有好几次，竟然发生了我们一枪打死两只兔子的事"。他在日记中十分罕见地描述了一次印第安人在洛马岬"赶兔子"的场景：

> 那些来自圣迭戈教区的（印第安人）一年有两三次可以获得西班牙探险队神父的批准，出外捕猎。猎手有两三百人，他们自己形成一字形的战斗队形，一头是山峦陡峭的崖壁，另一头是海湾的岸边。他们肩并肩地往前走，驱赶着他们前面长耳朵兔子组成的兔群。印第安人手里拿着武器，这种武器是一种弯曲、磨光的棍子，扔起来需要很高的技巧。印第安人往前赶着猎物，每前进一步，兔子的数量就会增加，同时也就引起捕猎者兴奋的喊叫……随着前方的空间越来越狭窄，山坡的尽头是悬崖峭壁，那些野兔看见自己的左边被崖壁阻断，右边也被拉洛马（La Loma）难以逾越的陡坡切断，前方则是难以穿越的灌木丛，开始认识到逼近的危险。它们惊慌失措，在恐惧中冲到这儿，又冲向那儿，拼命地寻找出逃之路……最终，印第安人开始了一场大杀戮，很多兔子在还没有穿过印第安人的战斗队形之前就死了。这是名副其实的圣徒巴尔多禄茂（Saint Bartholomew）受难的场景。[51]

杜豪特-西里称赞印第安人猎杀兔子的"高超技巧"隐含着第二个信息，那就是兔子数量众多，多得令人无法想象，它们左冲右突，前后乱奔，显示出在这片太平洋海岸上有着极为丰富的野生动物。

对博塔、杜豪特-西里来说，甚至勒·讷特利尔也认为，丰富是他们看到的加利福尼亚大自然的核心要义。处于生态底层的兔子

146

繁殖迅速，数量达到惊人的地步；体格健硕的熊则时时出没，司空见惯；一群又一群的鸟如乌云般遮蔽了天空，从人们头顶飞过时，带起的"声音就像是飓风刮过一样"；鱼把沿海的海湾都填满了，很容易捕捞。勒·讷特利尔在他停留蒙特雷期间的报告中说："想在其他地方找个比这儿的鱼更多的海湾，是不可能的。"这句话与杜豪特-西里的惊叹可谓英雄所见略同，这里的大自然资源太丰富了，这一"真理"简直令人难以置信。[52]海岸线一带的植物也让这些来访者震惊不已，特别是旧金山湾北面茂密的森林。博塔去俄国人控制的罗斯要塞附近的密林深处打猎，杜豪特-西里则对头顶上空高耸入云的乔木叹为观止。他思忖着，这里的红木是"我见过的最高大的树"。他比量了一棵不久前伐倒的红木（直径 20 英尺，高 230 英尺），然后感慨道："这么大的一棵树能制出多少木板啊。"接着，他就把那些树木的规模换算成更加切实可感的东西："我要把这片森林变成一支庞大的船队。我现在仿佛看到了高高的桅杆，依然带着它们繁茂的枝叶，在附近的山梁上摇摆。"[53]

丰饶、多样、宏大、富足，上加利福尼亚大自然的这些特征极大地震慑了"英雄号"上的博物学家们，他们每个人都把那种富饶丰赡变换成自己想象的东西。[54]有时候，他们会把那些自然资源看成具有市场价值的商品，比如杜豪特-西里就估算一棵红木可以产出多少木材。在其他时候，这些丰富的资源对于他们远航的漫漫前路具有实际的意义。比如，埃德蒙·勒·讷特利尔在"英雄号"启航离开上加利福尼亚驶往夏威夷之前，储存了很多桶咸鱼。他以人员劳动的方式来体现鱼的丰富性，他说："三个人干活，不用三个小时，就可以把一艘普通的船装满（鱼）。"[55]正如这些博物学家在他们的记述中所描述的，上加利福尼亚是一个有着丰富资源并且处于本初状态、没有被开发利用的海岸。

　　当然，这个海岸地区既不是处于本初状态，也不是没有被开发利用。杜豪特-西里及其同伴所看到的资源丰富是特殊历史时期造成的，尤其是这一时期土著群落的人口崩塌造成的。这无疑是他们所狩猎的海岸地区野生动物丰富的主要因素。在西班牙殖民之前，加利福尼亚土著人用各种各样的武器在海岸地带以及内陆河谷中捕猎，包括采用故意纵火的方式以及使用杜豪特-西里所描述的像回飞镖一样的马卡纳（macana）。印第安人爱惜地"护理着野生资源"，通过捕猎和收集大自然的馈赠过着很好的生活。[56]但是，西班牙的殖民行动改变了猎人与猎物之间的这种互动作用，特别是在由于疾病传播而印第安人口骤减的海岸教区。这一时期，加利福尼亚地区的非本地居民（安家落户的地主、殖民定居者以及士兵）依然很少。杜豪特-西里和勒·讷特利尔都注意到了加利福尼亚居民对于捕猎野生动物的漠不关心，并解释说这种漠不关心源自那些人的"懒散"与"懒惰"。[57]因此，"英雄号"博物学家在1826年和1827年所描述的资源丰富就代表着当时一幅特别的风景，即捕猎压力减弱造成了海岸地区野生动物泛滥，这是土著人口减少的直接结果。

　　不过，"英雄号"的博物学家谁都没有认识到这一点，他们每个人只是描述了印第安人的悲惨状况，并用人种的明显差异来解释印第安人的衰落。埃德蒙·勒·讷特利尔把生活在圣克拉拉（Santa Clara）教区的印第安人看作"蠢货"，那些土著只是由于圣方济各会的"容忍和坚守"才接近了"文明"的水平。勒·讷特利尔的科学"好奇心"迫使他去进一步调查。一个教会建筑物的阴影笼罩着印第安人的草房，他往里面窥探，发现"四五个印第安人躺在一个大火堆附近"。他继续描述："难以想象还有什么地方比我看到的那个小空间更脏乱、更恶心。我进来的时候，草房里的人正在捉身上的虱子，并将捕获的猎物吃掉。"对于印第安人显而易见的贫困以及如此的行为，勒·讷特利尔没有给出任何的解释，他的科学兴趣也没有让他对自己对于印第安人生活的初始印象有所质疑。事实上，他的眼界极少超越他自己的期待。1828 年 6 月靠近罗斯要塞周边海岸的时候，勒·讷特利尔有机会观察一个居住着很多土著人的地区，包括与俄国人居住点相连的印第安人，也包括离得很远的印第安人。但是，勒·讷特利尔没有看到什么特别的东西。他写道："这片地区没有什么人居住，只有几个印第安人，生活在海岸上特别糟糕的草房里……这些印第安人通常都很脏。住的地方地上长满了草莓，味道倒是很鲜美。"[58]

148　　杜豪特-西里认识到勒·讷特利尔观点的局限性，所以对印第安人的生活进行了更细致、更具有同情心的观察。杜豪特-西里船长很有教养，对于他称为"原始人"的印第安人的困境感同身受。他从传教团里收集了关于印第安人口减少的数据，渴望更多地了解"纯真的印第安人"。所谓"纯真的印第安人"，在他那里指的是还没有与西班牙人或"克里奥尔"墨西哥人"混杂的当地印第安人"。[59]杜豪特-西里发现，"克里奥尔"定居者是一个"枯燥乏味的群体，没有生机，也没有特征"，是退化的"西班牙人、英国人、墨西哥人以及印第安人的混杂"，完全体现着殖民主义的恶劣影响。关于印第安人的劳动生产力，他写道："支撑克里奥尔人口的，主要是印第安人。"他赞扬某些圣方济各会的传教士（比如圣巴巴拉教区的安东尼奥·里波尔神父，这位神父学会了一种丘马什方言），同时也严厉批评了其他神父，说他们"没有知识和能力"完成传教任务。[60]

　　与勒·讷特利尔不同的是，杜豪特-西里称赞他所认为的印第安人的"自由精神"。他说："印第安人追求自由的渴望可能被扼杀……但是不能被熄灭。"[61]他支持这种启蒙思想，从自己的观察和最近的事件中列举了一系列的例子。比如，丘马什人在1824年的起义，海岸教区印第安人向内陆沼泽地区的频繁逃亡，内陆土著居民为反抗墨西哥定居者而进行的"复仇和报复性"袭击，诸如蓬波尼奥（Pomponio）和瓦莱里奥（Valerio）等叛教者的殉难，还有杜豪特-西里在圣巴巴拉看到的一位年轻印第安姑娘那带着"邪恶笑容"的一瞥。[62]

　　博塔一点都不认同杜豪特-西里对于加利福尼亚土著人的同情，他写了《对于加利福尼亚土著人的观察》（*Observations sur les habitans de la californie*，1831）。这本书读起来就像是在看虚幻的野人漫画，也许是因为他跟随"英雄号"去往广州并在那里染上了终生吸食鸦片的习惯。（博塔在1830年完成的博士论文《吸食鸦片的作用》中称赞尼古丁在医学和创造力方面的作用。）[63]在博塔的认知中，印第安人的身体缺乏明显的区别性特征，特别是女人，好像缺乏"鲜明的女性特征"。教区里的印第安人"可能会犯下各种罪恶"，但他们又"无法获得任何关于……当地野蛮印第安人的专门数据"。不管是不可能，还是可能，博塔终究是拼凑了足够的"数据"，从而说明"野蛮印第安人"比教区里其他种族的人"更残忍、更野蛮"，以至于"显露出可怕怪物的形象"。[64]博塔在吸食鸦片成瘾三年后才发表他的记述，这可能影响了他对印第安人的"观察"。

　　勒·讷特利尔、杜豪特-西里和博塔的这些评价符合加利福尼亚印第安人及太平洋其他土著人的人种学特征。博塔和勒·讷特利尔把他们看作原始人的标本，是可怜而又贫困的人，因为他们的身体结构很难接受现代文明。比如，博塔在他《对于加利福尼亚土著人的观察》一文的开头就讨论了印第安人的身体构造，"手……太小，与身体的其他部位不匹配"，他们的鼻子"就像是黑人的鼻子"。[65]这两位观察者的记述和此前很多民族志的记述同声相应，将种族劣等性与贫困、强加于人的懒惰联系在一起。

　　杜豪特-西里持有与阿德尔贝特·冯·沙米索相似的观点，符合人种学的传统。这两人往往把土著人与欧洲人接触之前的"自然状态"理想化，痛惜于接触和殖民造成的种族"混杂"，但同时也认识到土著人对于自由的渴望。[66]他们对于土著人健康的恶化、被奴役以及贫困的同情，也与更早期的博物学家的感受是一样的，比如乔治·福斯特（跟随库克船长第二次远航）和马丁·绍尔（跟随俄国比林斯探险队）。[67]就杜豪特-西里而言，他最理解加利福尼亚印第安人在此特殊历史时刻的困境：西班牙对其 50 年的统治结束了，新的墨西哥主人也不可能改善土著居民的命运。印第安人的命运不仅不能被改善，而且随着海上贸易的增加和对驯服劳动力需求的扩大，土著居民被剥削奴役的日子还会延长下去。

当苏格兰医生变成盗墓人

　　杜豪特-西里指挥"英雄号"离开太平洋三年后，梅雷迪斯·盖尔德纳博士搭乘"盖尼米得号"（Ganymede）驶入了太平洋。这两个人在很多方面都截然不同。杜豪特-西里举止文雅，是一位严以律己的海军军官，对身边所有的人都很谦逊。盖尔德纳则"傲慢自大，盛气凌人，具有很强的优越感"，尽管他在 1832 年乘坐"盖尼米得号"离开英国格雷夫森德（Gravesend）的时候还不到 22 岁。[68]杜豪特-西里这位法国人精于绘画和写作，而盖尔德纳这位英国人则是纯粹从科学的棱镜中观察世界。他从爱丁堡大学获得医学学位，在德国完成研究生阶段的学习，随即发表了他长达 420 页的博士论文《论矿物质和热泉的自然史、起源、构成及其对医学的影响》（*An Essay on the Natural History, Origin, Composition, and Medical Effects of Mineral and Thermal Springs*）。杜豪特-西里一直到晚年都身体健康，而盖尔德纳在去往温哥华要塞的时候则携带了处于早期阶段的结核分枝杆菌。盖尔德纳在哈得孙湾公司担任医生，干了两年，医治了数不清的英国和土著病人，他自己的这种传染病当然不会给他的病人带来什么好处。不过，杜豪特-西里和盖尔德纳这两个人都对自然史有浓厚的兴趣，包括对植物、动物和印第安人民族志的研究，并且就盖尔德纳博士来说，还包括单枪匹马地涉险去盗墓和偷头盖骨。

对大多数太平洋博物学家来说，大洋航行以及利用各种机会收集标本是他们加入探险团队的目的和受雇要完成的职责。他们搭乘探险船驶入太平洋，收集植物和动物标本，返航回家，然后根据他们各自在专业上的抱负，发表研究和考察成果。而盖尔德纳则有所不同，他去太平洋航行的目的是得到一份适当的工作。哈得孙湾公司在温哥华要塞急需一位医生，因为上一任医生约翰·弗里德里克·肯尼迪（John Frederick Kennedy）在 1831 年的间歇热流行季中受到感染，差点死去。肯尼迪接受安排，转移到哈得孙湾公司的辛普森要塞（Fort Simpson）。辛普森要塞在北方很远的地方，处于远离海滨"发热区"的内陆。盖尔德纳接替了肯尼迪的职位，年薪

100 英镑。[69]（他与另一位苏格兰医生威廉·弗拉瑟·托尔米一起抵达，托尔米在附近的尼斯阔利要塞担任医生。）不过，从当医生的第一天起，盖尔德纳就有着比救治温哥华要塞病人更宏大的愿望，他是一位崇奉科学的博物学家，他的兴趣可以说无所不包。

　　事实上，在"盖尼米得号"还没有从哥伦比亚河河口靠岸的时候，他就开启了自己的研究，撰写了一篇学术论文的初稿。他写的《从英格兰到温哥华要塞的航行途中在美国西北海岸的观察》（*Observations during a Voyage from England to Fort Vancouver, on the North-West Coast of America*）发表于《爱丁堡新哲学学报》（*Edinburgh New Philosophical Journal*），是他写给他的导师、在爱丁堡大学研究自然史的罗伯特·詹姆森（Robert Jameson）教授的一封长信的一部分。盖尔德纳向他的导师和《爱丁堡新哲学学报》的读者报告了他此次远航的技术方面的情况，包括对大气压力和天文的测量、"我们途中见到的空中和水中不同动物的习惯和结构"、大西洋和太平洋之间海洋温度的差异（根据纬度），还有其他很多方面，比如他对夏威夷冒纳罗亚火山（Mauna Loa）以及冒纳凯阿火山（Mauna Kea）高度的测量。他干巴巴地写道："沿着奥怀希的北面航行，我抓住机会从几个角度通过三角定位确定了（火山）的海拔高度。"[70]这当然不是海洋冒险故事。1833 年 5 月 1 日，"盖尼米得号"抵达哥伦比亚河，盖尔德纳立即投身于西北海岸的混杂文化之中，对于这个突然变化，他没有吐露任何心声。根据盖尔德纳的同事威廉·弗拉瑟·托尔米的说法，上岸没几个小时，他们两人就又登上了一条独木舟，并趴伏于其中，独木舟由五名印第安人操纵，船上还有一名来自夏威夷的岛民和一名哈得孙湾公司的翻译。他们顺河而上，走了 48 个小时，才抵达温哥华要塞。关于这些情况，盖尔德纳只说了一句听起来头脑特别清醒的话："我发现这儿的情况与我在离开苏格兰时被告知的情况有着很大的不同。"[71]

就他在温哥华要塞的治病救人来说，"情况"也有很大的不同。哈得孙湾公司在英国北美地区建立了一系列的居民点，温哥华要塞则是在最西边的前哨。盖尔德纳面前好像永远都有排队等着他看病的病人，既有土著人，也有哈得孙湾公司的雇员，他们都是疟疾季节性暴发的受害者（见第二章）。在一年多的时间里，他治疗了650名这样的病人。对此，他心怀抱怨，因为他没有多少时间开展他的"科学研究"了。[72]不过，盖尔德纳还是能挤出宝贵的时间追求自己科学研究的爱好。他把岩石和矿物"标本"寄给詹姆森教授，此后又寄去一只成年雄细纹黑啄木鸟（Dryocopus lineatus）。几年后，约翰·詹姆斯·奥杜邦（John James Audubon）又把该鸟还给盖尔德纳。对于他治疗的当地美国人，盖尔德纳也渐渐地滋生了科学上的兴趣，因为其中一些人在寒热相间的疟疾中幸存了下来。[73]

盖尔德纳1835年上半年的日记显示了他在研究自然史方面所采取的极为综合的方法，涉及地理学、植物学和详细的印第安人民族志（这个日记的摘录成为他最后的遗作，发表在《伦敦皇家地理学会学报》[Journal of Royal Geographical Society of London]上）。[74]他对海岸线上的主要河系进行了详细的描述，特别强调了从印第安人那里搜集的有关河道以及数百英里之外界标的信息。这种对当地人提供的信息的依赖，是哈得孙湾公司管理人员以及毛皮商人的通常做法，可以说，他们的知识和生存几乎都依赖印第安人。盖尔德纳是酷爱科学的医生，一开始就显露出其与众不同的，是他"傲慢自大的神气"以及对日常医疗工作的不满，而他很快就沉迷于当地的文化和风景。他渴望寻求更多关于内陆地区和土著部落的

151

知识，也期待让自己患有结核病的肺休息一下，因此在 1835 年 5 月获准沿着哥伦比亚河溯流而上 250 多英里，到达瓦拉瓦拉要塞（Fort Walla Walla）。盖尔德纳这十个星期的考察记述反映了他作为博物学家追求自己风格的实践，其中有关于水道、各种各样地形地貌、地质、热泉以及高山之巅植物多样性的长篇记录。[75]

盖尔德纳认真研究了哥伦比亚河、斯内克河（Snake River）、萨蒙河（Salmon River）以及格兰德龙德河（Grande Ronde River）等沿岸的土著部落。有一天，他观察妇女剥松树内皮的方式，次日他这样描述说，在一片沼泽地带，"印第安妇女在挖掘卡马夏"的树根。他写道："干这个活儿很费力，每个妇女在中午前必须挖两大袋子，每袋子都有一蒲式耳多。"盖尔德纳的小团队在 6 月 3 日参加了卡尤塞（Cayuse）和瓦拉瓦拉印第安人的聚会，他描写了印第安人用苇席搭盖的长长的草屋、一大群一大群的马以及"来回飞奔的印第安人"。盖尔德纳等人感受到了印第安人的欢迎，于是"我们就挨着印第安人的草屋搭建了我们营地"[76]。他坦承自己"听不懂当地语言"，就通过翻译与那些印第安人交流，获得了该地区"不同部落"的详细名单。他注意到内兹佩尔塞人（Nez Perce）、帕鲁希人（Palouse）、黑脚族人（Black feet）、扁头族人（Flat head）、卡尤塞人、瓦拉瓦拉人、布卢德人（Blood）和皮埃甘人（Piegan）等部落都有两个不同的分支。通过研究，他对印第安人的婚姻习俗、部落之间的紧张关系以及人口规模等都进行了一些综合评价，这些信息只有从当地人那里才可以得到。他评价说，卡尤塞人"走起路来有一种尊严感，行为举止中显露着庄重，这些是（瓦拉瓦拉人）所不具备的"。[77]除了这些关于人种方面的评述，他还附加了一份名单，上面写着 33 个村庄的名字，分布在哥伦比亚河沿岸以及

太平洋海岸。作为一位苏格兰医生，他所受的科学培训不超过热泉
等知识范围，能做到这一点，完全是出于对当地情况的真正好奇。 152

不仅如此，盖尔德纳的好奇心又把他带入了通常来说属于颅相
学者和食尸鬼的科学领域。他在这方面探寻的对象是一个死人，名
叫康克姆利（Concomly）。在西北海岸要想找一位比康克姆利更知
名、更有势力的头人，是很难的。康克姆利生于 18 世纪 60 年代，
生活在哥伦比亚河沿岸的切努克部落中，并成长为一位酋长，他把
他的家安在了恰萨姆斯（Qwatsa'mts）村，就在哥伦比亚河河口的
失望角（Cape Disappointment）附近。[78] 他最为白人所熟知的，是他
高超的航海技术、精明的贸易头脑以及他的独眼。梅里韦瑟·刘易
斯（Meriwether Lewis）说，他 1805 年 11 月在恰萨姆斯附近见过
这位"康-康-姆利"，并送给他一枚奖章，不过，康克姆利也没有
充分的理由去回访克拉特索普要塞（Fort Clatsop），那里很偏僻，
是美国探险军团（Corps of Discovery）的营地。几年后，康克姆利
也许脑子里还记着这档子事，出于来而无往非礼也的外交规则，他
鼓励他的女儿莱文（Raven）嫁给一名临时住在阿斯托里亚要塞
（Fort Astoria）的苏格兰毛皮商人，后来再嫁给一位在哈得孙湾公
司工作的苏格兰人。[79] 即使在毛皮生意开始式微的 19 世纪 20 年代，
康克姆利的影响力依然很大，但是，即便是这位最强势的头领，也
逃脱不了 1830 年肆虐他村子的疟疾。他那些幸存下来的亲戚把他
的尸体放在一个用树皮扎成的独木舟里，并根据切努克人的习俗，
将独木舟在一个高高的平台上放了两年，然后埋葬在波因特艾里斯
（Point Ellice），从那里可以清晰地看到哥伦比亚河流向太平洋的
入口。

盖尔德纳要盗挖切努克人这位伟大首领的墓地的决定，好像是

仓促间作出的，而且一定是某种想法促成他这么做的。他知道康克姆利的名气大，足智多谋，影响深远；他还知道康克姆利伟大的思想装在一个扁头里。根据切努克人的传统，婴儿出生后，要用板子把他的头"夹起来"，从而重塑他的头颅，让它变扁。这一风俗让盖尔德纳心驰神往，他在后来写给理查森（Richardson）的信中说："如果骨相学家看见这么一个头颅的脸型，他们会怎么说？"[80] 一个著名的印第安人，长着一个这么扁的头颅，如此独特的战利品对于这位年轻的医生和博物学家来说，诱惑力太大了。在温哥华要塞的第一年，他的肺因为肺结核而轻度出血。为了从这种"肺结核症状"中获得好转，他定期从自己的胳膊上放血，期望以此降低血压。[81] 但是，当 1835 年 6 月从瓦拉瓦拉要塞返回时，他知道自己再也不能履行治疗下一个疟疾暴发季中的感染者的责任了。他也知道，在如此潮湿的气候里，他的生命没有多久了。盖尔德纳决定请假离开哈得孙湾公司，要西行去夏威夷，因为那边的气候干燥。

　　但是，就在 9 月离开之前，他决定要盗走那个科学战利品。他独自走到波因特艾里斯的康克姆利墓地。酋长的亲属在墓地上做了记号，尽管不太引人注目。盖尔德纳在夜色的掩盖下挖掘墓地，他清楚地知道，盗墓是对所有切努克人的严重犯罪。他后来在给他的博物学家朋友约翰·理查森的信中承认："我一点都不骗你，挖到康克姆利的（尸体）一点都不容易，很费功夫。"在十分消耗体力的盗墓过程中，他经历了他所描述的"严重阵发性咳血"，用通俗的话说就是，他在墓地里用尽全身力气把酋长的头从身上割下来时，大口大口地吐血，甚至把肺组织都吐出来了。

　　在这个亵渎尸体的夜晚，这位医生感到内心冲突了吗？很显然，没有。也许在那个时候他主要是担心他自己能否从"严重阵发性咳血"中活下来，担心他的盗墓行为会不会被人抓住。盗墓所得的这个战利品让他欣喜若狂，他骄傲地说，康克姆利的头颅已达到"最完美的脱水变干状态"，或者说是，完全干透了。[82]这位医生把头颅捆包好，回到温哥华要塞，几天后坐船去往夏威夷。盖尔德纳被病魔折磨的身体"渐渐地枯萎了"，16 个月后就死在了夏威夷。

切努克人很快就能将盖尔德纳的突然离开和康克姆利尸体的被亵渎联系起来，他们对盗墓贼的行为很熟悉，此前曾向哈得孙湾公司的管理人员抱怨过这种对于他们埋葬的祖先的大不敬的残忍行为。他们还获悉了盖尔德纳的死讯，有这样一种说法："他们认为，恶有恶报，都是因果，伟大的神灵是公正的，一定会替他们惩罚那些他们无法惩罚的人。"[83]对于康克姆利那些依然活着的亲属来说，这可能是唯一的安慰。盖尔德纳已经将康克姆利的头颅交给了在英国朴次茅斯（Portsmouth）附近皇家海军医院工作的医生理查森博士。直到 1972 年，切努克人才重新见到康克姆利的头颅，当时拥有这个头骨的史密森学会（Smithsonian Institution）把它归还了。1946 年，皇家海军医院认为，它们再也不需要收藏盗来的头骨，于是就将它交给了史密森学会。

小结：博物学家的使命

最后来问一句，梅雷迪斯·盖尔德纳博士所做的与在太平洋考察的博物学家所做的相比，有什么非同寻常之处吗？应该指出，大多数欧洲和美国的博物学家没有打着科学的名义去盗墓或亵渎尸体。很多人都会拒绝干这样的事，至少，会害怕被抓住。不过，从另一个层面，也就是从工艺品收藏的角度来看，盖尔德纳的行为就利用了自然史的悠久传统，因为它没有确定的界限来对"科学"方法和伦理道德进行规范。尤其是，头颅收集满足了颅骨收藏者和颅骨学者的需求，因为他们要测量头颅的大小、形状以及脑容量。在历史学家安·法比亚（Ann Fabian）看来，那些收集或收藏头骨的人对于目下的"种族差异'科学'"作出了贡献，这门科学仅从19世纪才得到人们的支持。[84] 对于盗取康克姆利的头颅，盖尔德纳从来没有完整地说出他这样做的原因，只是给理查森提出了一个令人玩味的问题："（颅相学者）会对这个（扁的头颅）说什么呢?!"[85] 但是，盖尔德纳在其他地方很明确地表达过这样的愿望，那就是把自然物品运送到英国，请那些最伟大的科学头脑对这些物品进行恰当的研究。他有一次写道："看到……距离温哥华要塞40英里之外高耸入云的胡德山（Mount Hood），我多么希望把它运到英国啊，让物理研究年鉴上的众多著名学者对其触手可及。"[86] 为了研究的缘故，把一座山搬运半个地球的距离，这个想法当然很怪异。就像康克姆利的头颅一样，更好的做法当然是让胡德山留在它原来所在的地方。

自18世纪60年代起，博物学家就一直在收集物品，并把它们运回来。在很多人看来，他们的物品收集都有着专业的研究目的，即收集、比较和增加林奈生物分类系统中的植物、动物和矿物。由于博物学家在18世纪末19世纪初的努力，帝国科学得以繁荣发展，很多博物学家也由于自己付出的努力而得到约瑟夫·班克斯爵士、尼古拉·彼得罗维奇·鲁缅采夫伯爵等科学资助人的奖赏。

博物学家对于土著人也进行分类、比较和分等级。每当"奋进号"在1769年和1770年靠岸的时候，班克斯就会这样做：那里的人有没有以前和外来人接触的迹象？他们皮肤的颜色表明他们有智力吗？他们有运输货物的技艺吗？他们身上有虱子吗？两代人以后，对于"鲁里克号""英雄号""盖尼米得号"上的博物学家来说，很多问题和关切都发生了变化。阿德尔贝特·冯·沙米索是见到相对健康的土著居民的唯一博物学家，那些人是拉达基亚人，他与拉达基亚人卡杜的关系让他对太平洋所有土著居民抱有好奇与同情的态度。奥古斯特·杜豪特-西里对于上加利福尼亚和夏威夷的土著居民表现出一样的怜悯之心，而"英雄号"上的另外两位博物学家则持有不同的态度，把土著人的衰落看作是自然现象，如果不是天意的话。梅雷迪斯·盖尔德纳和沙米索及杜豪特-西里一样，没有到过东太平洋，没有调查过那里的土著部落。但是在 19 世纪 20 年代到 30 年代的这段时间里，由于可怕的瘟疫将西北海岸的土著村庄肆虐得支离破碎，人口大大减少，因此，盖尔德纳出于科学上的好奇心，对土著人进行了研究。面对自己的死亡，怀着获取一个能超越自己生命的科学战利品的渴望，盖尔德纳盗取了他所能找到的最好的头盖骨。

第六章

整合太平洋

　　科学能够深入地洞悉关于我们一切事情的本质，即便是受到视野模糊的限制，也能发现一切秘密。

　　　　　——詹姆斯·德怀特·达纳：《珊瑚和珊瑚岛》（1872 年）

美国探险远征队（1838—1842）

　　多数欧洲海洋国家早在 1800 年以前就资助过探险船去太平洋进行科学考察，在拿破仑战争以后，又进一步加强了远洋航海的探索探险。但是直到 1838 年，美国才开始从事这方面的工作，组建美国探险远征队，而这支探险队不是只有一两艘船，而是包括六艘船，是一支船队，有几百位水手和六位博物学家。1838 年 8 月，美国探险远征队从位于弗吉尼亚汉普顿港群（Hampton Roads）的海军基地启航，整个团队充满着乐观主义精神。海军候补少尉威廉·

雷诺德在日记中写道："嗨，瞧，这个国家，不久前它本身才刚刚被发现，整个国土都是荒野，现在，它已经居于世界文明国家之林，并努力为增加人类知识和研究成果而尽自己的绵薄之力。因为，人类现在好像进入这么一个时代，所有人都不遗余力地探索其居住的这个世界的所有秘密。"[1]

雷诺德参加了美国探险远征队，他这一走就是三年。当他再一次踏上北美土地的时候，是在美国大陆的西端，哥伦比亚河从那里流入太平洋。他站在沙滩上，"海浪卷着泡沫，向我们的脚下漫过来"。雷诺德望向散落在周边的枯树，喃喃地说道："森林中的猛犸象，曾经不可一世，令人望而生畏，不能接近……现在却成批成批地腐烂了。"秃鹰在头顶上盘旋，海鸟在岸边觅食。雷诺德凝视着"那一排白色的浪花"，并将目光移向远方。几天前，他曾绝望地看着探险远征队中"可怜的、老旧的""孔雀号"科考船在哥伦比亚河河口"找到自己的墓地"。他打量着太平洋，这个大洋在过去的三年里消耗着他的生命。接着，他将视野转向他的北美大地。"在柔和的南方岛屿中度过那么长久的时间，眼前的一切在我们的眼睛里显得狂野荒凉，陌生奇异。"[2] 他周围的大自然荒蛮无羁，让他迷惑不解，自认故乡为他乡，这根本不是他从东海岸（Eastern Seaboard）离开时记忆中的北美了。

美国探险远征队是通过好望角返航回美国的，好像每个人都盼望着回家。探险队里的科学家期待在未来的日子里整理他们探险期间收集到的材料，开展各种研究并撰写发表论文。探险队的队长查尔斯·威尔克斯则希望获得荣耀和海军职衔的晋升。但是，他回来后不久就受到军事法庭的审判，原因是他被控虐待水手。威廉·雷诺德渴望回家，早日结束那永无止境的远航：

156

　　我认为，这次探险期间所遭受的苦难、危险以及所付出的艰辛劳作，在程度上可以与美国独立战争最艰苦的岁月相提并论。如果这次行动再延长 48 个月，即便是没有其他变故，我们每个人也会在考察探险中因精疲力竭而崩溃。[3]

　　这次探险远航让威廉·雷诺德不论在身体上还是心理上都付出了惨重的代价。当他的船"鼠海豚号"（Porpoise）在 1842 年 7 月 1 日驶入纽约港的时候，他特别想见的，是他的家人。三天后，也就是 7 月 4 日美国国庆节那天，雷诺德的哥哥山姆（Sam）登上"鼠海豚号"来找他。山姆一个个地打量着站在他面前的、经历过风霜、被太阳晒得黝黑的水手，大声问："哪个是你？"[4]

　　威廉·雷诺德离开了"鼠海豚号"，仅仅成为历史上一个微不足道的注脚，而他的同伴詹姆斯·德怀特·达纳从纽约港下船后不久就成为全美国首屈一指的地质学家之一。在最初的四年时间里，达纳对地质起源、结构以及太平洋和其陆地的意义进行了深入思考。就像比他早的阿德尔贝特·冯·沙米索一样，达纳在一开始的论文里也提出，应该把太平洋作为一个统一的整体来看待。但是，沙米索在关于太平洋这个大洋的描述中没有做更深入的分析，而达纳则上升到理论的高度，建立了自己的学说，为大洋盆地的地质结构和交互关系提供了强有力的支持。四年的探险远航对这位年轻的博物学家产生了深远的影响，那炽热的火山、美丽的珊瑚礁、幽深的海沟都给达纳提出了需要思考的地质问题。他返回美国后，就开始尝试回答所有这些问题。

　　达纳与他在太平洋航行中遇到的土著人一样，以毫不掩饰的好

奇甚至是迷恋，来看待反映着大自然的整体统一性和力量的太平洋
地形。他在《地质学》（*Geology*，1849）中写道："世界上没有任
何一个地方像这里一样，庄严雄伟与亮丽如画形成奇异的融合。"
他撰写的这部《地质学》长达 735 页，是美国探险远征队出版的系
列成果之一。创造这些奇妙组合的"始作俑者"让达纳深深着迷：
"（太平洋盆地）的任何一个地方都有火山口，通过喷发而形成了山
峦，并通过再次喷发而改变已有的山峦结构；巨大的海洋冲击着裸
露的海岸；陡峭的斜坡加速着顺坡而下的湍流；适宜的气候孕育出
大洋中的珊瑚丛林，珊瑚的枝叶完全遮掩着最崎岖嶙峋的陡坡。"[5]
大自然的活力，从高耸的火山，到微小的珊瑚，都让这位年轻的科
学家兴奋不已。通过研究太平洋岛屿及其周围的大陆架，达纳认识
到大洋盆地的基本特征。特别是他还写道："大洋盆地的重要性不
仅限于太平洋……因为它与涵盖整个世界的系统有着明显的联
系。"[6]随着达纳对太平洋研究的深入，他越来越相信，太平洋有助
于了解整个地球的结构。

　　本章探讨美国探险远征队尤其是达纳科考的情况，提出几个关
于 19 世纪 40 年代太平洋认识的相互关联的观点。第一，达纳之前
的博物学家研究了太平洋上一个个独立的地点和民族，而他是第一
个从整体上系统研究塑造太平洋力量的人。他从综合关系和地质体
系的角度创建了关于太平洋的理论，采取了洪堡式的一体化研究方
法（强调大自然的"联系链"）。如果没有长期对太平洋岛屿、火山
以及陆地的观察，他是不会有这种研究方法的。第二，达纳把大洋
以及与之相连的所有陆地都当作相互连接的太平洋盆地的一部分。
即便是他 1841 年从哥伦比亚河到旧金山的内陆"旅行"，也让他确
信，北美西部是太平洋盆地的一个组成部分。在这方面，重要的不

157

158

仅有达纳对太平洋的空间了解，还有时间上的契合。正是在美国征服和壮大的前夜，达纳从超越大陆的角度把美国大陆解读为太平洋的一部分，而不仅仅是美国向亚洲扩张之"路"的起步区。[7] 最后，无论是对太平洋进行研究的综合性和全球性视角，还是将美国西部边陲解读为太平洋一部分的空间视角，达纳都不会坚持太久。至 19 世纪 50 年代初期，为了满足国家新的大陆边界的要求，美国最著名的地质学家发现他们有理由和动力从大陆的角度对太平洋进行地质学阐释，把太平洋作为大陆的一部分。达纳的科学当然要为美国的帝国壮大之路让道了。

图 6.1　詹姆斯·德怀特·达纳是世界杰出的地质学家之一，他在 1838 年至 1842 年期间参加美国探险远征队，开展了大量、多样的研究。图片来源：耶鲁大学图书馆。

七位科学人、六艘探险船与一位粗野的船长

美国探险远征队的太平洋远航超越此前大多数探险航行之处，是其承担了政府支持的科学研究。[8]虽然从前欧洲国家的太平洋航行也有某些特定的科学目标，队伍中包括具有很高声誉的博物学家，但是美国探险远征队更胜一筹，队伍中有七位在某些专门领域训练有素的"科学人"，分别是达纳（地质学家）、霍雷肖·黑尔（语文学家）、提歇恩·R. 皮尔（博物学家）、查尔斯·皮克林（博物学家）、威廉·D. 布拉肯里奇（植物学家）、威廉·里奇（植物学家）以及约瑟夫·P. 考特霍伊（贝壳学家）。[9]的确，美国国会和海军筹划的这次"全球远航"，从某种意义上来说是为了彰显美国科学领域的独特性以及国家科学队伍的成熟性。[10]美国探险远征队还有另外两个目标：第一，帮助扩大美国在太平洋的海上贸易，绘制详细的关于海岸线以及捕鲸基地的地图。第二，在覆盖地球表面三分之一的大洋上明确宣示美国海军的实力。太平洋代表了美国展示综合实力的舞台，其中融合了探险、科学、商业和扩张的愿望等。未来的美国远西地区（及其所暗指的大陆帝国）在这些筹划中占据着很大的分量。约翰·查理·弗里蒙特（John C. Frémont）在 19 世纪 40 年代初期曾从内陆出发去远西地区探险，美国的这次考察探险则不同，是从海洋到达远西地区的。这一安排对达纳等科学家看待美国大陆西部边缘所依据的地理背景产生了决定性的影响。弗里蒙特假定美国这个大陆帝国一直延伸到太平洋海岸，从而完成他的资助人同时也是他的岳父的梦想，在太平洋海岸找到通往远东的道路。与

159

此相比，达纳在心里所想的以及他期待进行科学考察的领域，依然是太平洋本身及其相互关联的地质类型。

如果从发表文章、收集标本和统计数据方面考虑，美国这次探险取得了惊人的科学成果：从太平洋诸岛和周围陆地获得 4 000 多个人种学标本、50 000 个园艺标本、2 000 多个鸟类标本、134 种哺乳动物、将近 600 种鱼、1 000 多种昆虫（包括死的和活的），以及达纳收集的众多化石、珊瑚和甲壳纲动物。[11] 仅仅这次收集的材料，就足够建立一个自然历史博物馆，后来也的确这样做了，创建了史密森学会。就文字资料而言，此次探险产生了 23 卷探险记述和科学报告，再加上很多地图、勘察图表以及插图，足以填满一个现代图书馆。[12]除了官方发表的这些成果外，还有基于美国探险远征队的数据和经历所进行的科学研究，可以说，这次考察探险在学术界产生的影响，是很惊人的。尽管有这些成就，但是对于这次探险行动的争议和指责产生了很不好的影响，以致很多观察家都认为这次探险行动是失败的。探险队的队长查尔斯·威尔克斯面临着军事法庭的好几项指控，最后受到了有罪判决。由于缺乏一个像西北通道那样的发现，缺乏一个像加利福尼亚谢拉（Sierra）金山那样的发现，人们不禁怀疑，此次探险中的科学发现，是否能让美国享有长期利益。

1838 年 8 月，40 岁的威尔克斯上尉下令由六艘船组成的探险队离开弗吉尼亚诺福克（Norfolk）造船厂，去寻找（并绘制图表）南极洲的南大陆，考察对美国航运以及科学发现有帮助的某些特定太平洋岛屿和港口。[13]威尔克斯张狂自恋，刚愎自用，越来越达到偏执狂的地步，很明显他要把这次探险作为自己通向职业荣耀和个人财富的康庄大道。因此，在探险队还没有到达太平洋的时候，他就自己把自己的军衔提高到上校的级别，而这项荣誉早在探险队出发之前就被海军拒绝了。[14]美国探险远征队的军官、水手和科学家对此都心知肚明，威尔克斯会鲁莽轻率地干他自以为是的事情，以后会有更加鲁莽轻率的行为。

这次探险取得的最大成就是绘制了南极洲一块面积为 1 500 平方英里土地的地图，那个地方至今依然被称为威尔克斯地（Wilkes Land），尽管这块土地的发现权可能应该归属于 19 世纪 20 年代初期看见南极大陆的英国水手和美国水手。除了这个探险成就，美国探险远征队还大张旗鼓地去了很多人从前都去过的地方，因为到了 19 世纪 40 年代，太平洋已经没有多少大的地理秘密等待被人们发现了。自从 1839 年初在火地岛以南对南极洲进行了第一次探索以后，美国探险队（此时已减少到五艘船，"海鸥号"及船员已经在海上失事）沿着南美洲太平洋海岸驶向卡亚俄，然后途经塔希提、萨摩亚和马绍尔群岛穿越太平洋。到了 11 月底，美国探险远征队已经勘察了澳大利亚的悉尼，从而准备第二次驶往南极洲。1839 年 12 月 26 日，在剩下的五艘船只中，有四艘驶往南极洲，海军候补少尉威廉·雷诺德在 1840 年 1 月 16 日从"孔雀号"高高的缆索上对南极洲大陆的眺望是历史性的一幕。绘制完南极洲海岸图以后，美国探险远征队在那一年的大部分时间里考察了通往夏威夷途中的南太平洋诸岛，然后又考察了西北美洲海岸。达纳所在的船只"孔雀号"在 1841 年上半年重新测量了南太平洋的岛屿，然后驶往哥伦比亚河，在河口的沙洲上搁浅，最终被水浪击碎。船上的所有人都生还了，达纳和其他几个人继续他们的旅行，从陆路抵达旧金山。到了 1841 年底，漫长的回家之路使他们环绕了整个地球：夏威夷、马尼拉、新加坡，途经印度洋到达开普敦、圣海伦娜（Saint

160

Helena），最后是纽约城。

美国探险远征队在海上航行了四年多的时间，大部分航行都是沿着从前的航线，这些航线可以追溯到 18 世纪 70 年代。不过，美国探险远征队也留下了自己的遗产，可以和国家的狂飙西进相比肩，那就是其针对土著人口及其自己船员的极端暴力。海军候补少尉威廉·雷诺德看起来对此颇为苦恼，他在私人日记中写道："在我看来，我们通往太平洋的道路沾染着血迹。"[15] 雷诺德记录了三年的太平洋航行，他日记中所说的血迹指的是 1841 年 5 月 1 日在基里巴斯部族人居住的塔比特韦亚（Tabiteuea）岛上屠杀了 20 名当地居民。由于一名水手在前一天消失，"孔雀号"的船长威廉·哈德森（William Hudson）下令进攻土著人的村庄。虽然威尔克斯和哈德森都义正词严地把这次进攻作为一种报复，但是雷诺德则把它看作让整个探险队蒙羞的暴力行为。这种暴力部分源自威尔克斯火暴、不理智的脾气（雷诺德把他比作"魔鬼"），在船上就表现为他因一点小摩擦而过分地处罚水手，以致在返回美国后被军事法庭指控。[16]

探险队对土著人的残暴在 1840 年 7 月达到顶峰，他们在斐济焚烧了一个名叫所勒乌（Solevu）的村庄，两周后又纵火烧毁了一个名叫马勒勒（Malolo）的村庄，烧死了近 100 名村民。威尔克斯对这次暴行争辩说，因为村民前一天杀了两名船员，包括他的侄子威尔克斯·亨利（Wilkes Henry）。[17] 在这次暴力事件中，威尔克斯绑架了一位名叫洛-韦多弗（Ro-Veidovi）的斐济首领，把他当作囚犯，以便探险队返回美国后对他进行审问。洛-韦多弗在抵达纽约的第二天因病去世，海军医生立即割下这位首领的头，并用盐腌制起来，标志着美国探险远征队对太平洋土著居民进行侵犯的恐怖终结。[18]

大洋中的达纳

对于如此暴力的行为，美国探险远征队里的"科学人"（威尔克斯给他们起的绰号）显得有点超然物外，因为太平洋航行对他们来说是无与伦比的机会，可以在海上进行长久的野外考察，从而为以后的理论创建和论文写作做准备。对詹姆斯·德怀特·达纳而言，情况尤其如此。他在返航后的七年时间里，在火山爆发、大陆和岛屿以及珊瑚礁起源、地球冷降过程等方面，提出了开创性的理论。在其后的几十年里，达纳的学术研究为他赢得了极高的声誉，并使其成为美国最杰出的科学家之一。太平洋盆地对达纳的科学人生产生了深远的影响，提升了他的观察能力，帮助他提出了独树一帜的地质理论，让他把太平洋看作一个整体并在此基础上研究其与世界的关系。与比他早的查尔斯·达尔文一样，达纳也是首先对某些特定地点和特定现象进行专门研究，进而创建了关于大自然相互联系的更宏大的科学理论。正是通过这种方式，太平洋的广袤无垠及其地质奥秘使他发展形成了自己的思想见解。达纳把太平洋及其周围的陆地看作是岛屿、大陆、地壳、海洋以及山峦等各种要素相互联系的巨大拼图。作为地质学家，达纳从三个维度来研究这个拼图（地壳之下和地壳之上）及其各部分是如何联系的，解释依然还在进行中的地球形成过程。

如此敏锐的科学思维（达纳当时还不到 30 岁）可能与他同样虔诚的基督教信仰有点格格不入。但是事实上，这两种信仰体系看起来在他身上却相互促进。达纳 1813 年生于尤蒂卡（Utica）一个有着宗教信仰的家庭，他的父亲经营着一家小商店，因此，他的早年岁月浸润在教育和商业市场主义相融合的大背景中，那里正是纽约宗教狂热越来越加剧的区域，各种教派"你方唱罢我登场"[19]。从青年时代起，达纳就搜罗植物、岩石以及矿物，还在尤蒂卡高中上学时他就培养起对自然史的兴趣。该中学是一所私人寄宿制学校，在自然科学教育方面有很强的实力（阿萨·格雷在那里教书十年，此后担任哈佛大学自然史专业的费舍尔讲席教授）。进入耶鲁大学以后，达纳在著名科学家本杰明·西利曼（Benjamin Silliman）的指导下继续学习自然科学，并于 1833 年毕业。经西利曼推荐，达纳到在地中海服役的美国海军舰船"特拉华号"（Delaware）上教授数学和科学。达纳在去往地中海的航行途中一直与西利曼保持着通信联系，在维苏威火山（Vesuvius）爆发前刚刚完成了一篇关于维苏威火山的文章，这篇文章发表于西利曼主编的美国顶尖科学期刊《美国科学与艺术学报》（*American Journal of Science and Arts*）上。[20]

　　从地中海回来后，达纳的科研事业进入了快车道，取得了一连串的进步。他先是于 1835 年在西利曼的研究团队中获得一个职位，担任科研和编辑助理；然后在 1837 年出版了《矿物学系统》（*A System of Mineralogy*，这部著作在他有生之年再版了六次，直到今天还在出版）。在阿萨·格雷的推荐下，他以地质学家的身份加入了美国探险远征队。在达纳职业生涯的这个上升阶段，他经历了个人信仰的转变，最终让这位年轻的科学家变得更加刚猛。他在 1835 年写给父亲的信中说："我从来没有想过我会成为一名基督教徒。"他这样说是为了将从前每周一次去教堂守礼拜和他个人对福音新教的皈依区别开来。[21] 三年以后，面对凶险的远航，听到他的同胞手足在尤蒂卡宗教复兴中皈依上帝的消息，达纳决定在"要么现在皈依要么永不皈依"的问题上最终作出取舍，从而确定自己"永恒的命运"。[22] 他在日记中用三页的篇幅书写了自己的声明：

> 今天，我以最庄重严肃的态度向你皈依。我放弃以前控制我的所有羁绊。我愿意拿出我的一切向你献祭。我愿意把我的心智、我的身体、我拥有的尘世上的一切、我的时间以及我对其他人的影响，全部用来光大你的荣耀，坚定地、恭顺地听从你的命令。[23]

达纳的"臣服"几乎没有妨碍他的科学研究，恰恰相反，好像是进一步聚焦了他的学术追求，点燃了他的科学探求。正如地质历史学家马丁·J. 拉德威克（Martin J. Rudwick）所说，这两种信仰体系——"地质学和创世纪"在他的头脑里相得益彰，并行不悖。[24] 至少，宗教信仰在那个时时充斥着惨痛代价的四年远航中给了他安慰。

达纳的个人信仰可能还给了他研究更大专题的信心，比如《地球总体地表特征的起源》（*Origin of the Grand Outline Features of the Earth*）。他从太平洋回来后就在《美国科学与艺术学报》上发表了他围绕这个题目撰写的论文。[25] 像达纳在这个学报上发表的其他很多文章一样，《地球总体地表特征的起源》在某种程度上具有一定的推理性，且较为简洁。他在文中提出的一系列理论在更大范围的科学界引发了反响。达纳提出的全球"体系"主要研究了地形的构成，认为不同的大陆海岸线是相互并行的，大洋诸岛屿（"淹没在水中的山峦"）都是朝着一致的方向伸展的，地球的主导特征是曲度，而且每当这些弯曲的地表交合时，总是有着恰切的角度。[26] 对于这些观点，他都用实例给予足够的支撑，列举的大量例证来自他对太平洋诸岛、海岸线以及山峦的观察。达纳还试图对最著名的地质学家和博物学家的理论进行综合与反驳，包括奥托·冯·布奇（Otto von Buch）、路易斯·阿尔贝特·内克尔（Louis Albert Necker）以及查尔斯·达尔文的理论。达纳的核心要义是要给他的读者提供一个关于地球地质结构的整体面貌，其中一部分源于创世纪，而对于另一部分，他希望能够揭开其神秘拼图的面纱，并找到相关的证据。达纳关于地球总体特征的思想来自他在太平洋航行的经历，这种经历自他第一眼看到太平洋上的一个岛就开始了。

珊瑚礁和"无数的小建筑师"

在达纳关于太平洋地质的思考中，岛屿是关键的钥匙。与美国探险远征队的很多其他成员以及之前的所有博物学家一样，达纳热爱太平洋岛屿。1839 年 9 月，他从塔希提给弟弟约翰写信，信中说："大洋中的这些珊瑚岛真的是童话般的地方。"

> 它们从水下露出来，只高出水面几英尺，覆盖着郁郁葱葱的热带植被。在其中的一个岛上，上面没有人居住，鸟儿非常温顺，让人从灌木丛或树丛中抓它们。它们在我们的头上盘旋，离我们很近，以至于我们用手就可以抓住它们。它们一点都不知道害怕。[27]

当探险队的其他成员都热切地盼望美食机会时，达纳却期待着太平洋诸岛提供的科学考察园地，每一个岛都是独一无二的，同时，它们之间的关系又都暗示着从分类角度看它们的地质模式和系统具有一定的相似性。达纳了解一些基本的不同，比如大陆岛屿和海洋岛屿之间的区别。在大卫·夸曼（David Quammen）看来，前者位于大陆架上，通常距离大陆不是太远，而后者则是通过地质行动"像跃出水面呼吸的鲸鱼"一样冲破海浪从洋底隆起的。[28]前者包括巴厘岛、新西兰岛、加利福尼亚海岸诸岛，后者则基本上包括太平洋两岸之间的每一个岛屿。大陆岛屿当然让达纳感兴趣，但真正让他着迷的，是海洋岛屿。海洋岛屿显示了其自身产生的地质过程，在达纳的认知里揭示了神的意志。这些海洋岛屿上还有珊瑚礁和火山，在达纳看来，这些都是神奇壮观的景象。

达纳在这次远航探险中的第一个科学突破是关于珊瑚礁和岛屿环礁的。这一科学发现带来了后续很多的科研成果。美国哲学学会（American Philosophical Society）请求海军部部长下令让探险队中的科学家研究珊瑚岛：

164

> 珊瑚岛的环形结构和深水特征不免让人猜测，这些植物形动物的根基源于水下火山的火山口。旨在说明这一问题的情况调查和数据收集，应该是地质学家乐于承担的职责之一。[29]

达纳"承担"了这一职责，那是在 1839 年，美国探险远征队第一次穿越太平洋，在驶往澳大利亚的途中考察了珊瑚资源丰富的土阿莫土群岛（Tuamotus）、社会群岛和萨摩亚群岛。在此后的两年时间里，达纳比此前任何科学家都详细考察了更多的珊瑚岛和植物形动物（比如珊瑚，这是一种无脊椎动物）。他给美国探险远征队撰写的官方报告《植物形动物》（1846 年）超过 700 页，其中包括精细的图表，很多都是达纳手绘的。但是他对珊瑚岛的研究也得益于查尔斯·达尔文在这个问题上的成果，达尔文的著作在美国探险远征队进入太平洋之前刚刚开始印刷发行。在"贝格尔号"（Beagle）1835 年穿越太平洋的时候，达尔文研究了几种珊瑚和环礁，1837 年首次向伦敦地质学会（Geological Society of London）提交了他的研究发现。查尔斯·莱伊尔（Charles Lyell）在 1838 年出版的《地质学原理》（*Principles of Geology*）中简要介绍了达尔文的成果。达纳在这次美国探险远征队航行中携带了这部著作，在瓦尔帕莱索停留时，还收到了莱伊尔的《地质学要素》（*Elements of Geology*）。[30] 达纳还可能在美国探险远征队到达澳大利亚时有机会看到达尔文的岛屿"下沉说"（subsidence theory）理论的报纸综述。30 年以后，达纳在他的著作《珊瑚和珊瑚岛》（*Corals and Corals Islands*）中写道："（报纸）综述对这个问题讲解得非常明白，让我特别满意，同时也激发了我对达尔文先生的感激之情。"[31] 达尔文的思想从不同的渠道为达纳所知，并为达纳开展更广泛的调查研究提供了关键性的帮助。

达尔文解决了关于珊瑚岛和环礁的许多"经典地质学问题"。[32] 他假定，由于沉降到水下，岛屿在植物形动物的不断作用下，就生长出了珊瑚。不断增加的珊瑚礁或者形成了对大洋开放的海湾，或者形成了完全封闭的环礁湖，具体如何要根据影响珊瑚生长的外部因素来定。最终，岛屿完全消失了，代之而形成的，是堡礁、裙礁或环礁。因此，达尔文的下沉理论基本解释了珊瑚礁和海洋岛屿的成因，但是他也只能做到这一步，因为他搭乘"贝格尔号"时的实地考察机会实在太少。达尔文看到土阿莫土群岛上有好几个环礁，但那只能是站在"贝格尔号"的甲板上远望。在塔希提有第二个观察珊瑚的机会，不过他在这一个月的停留期间没有记下关于珊瑚的只言片语。[33] 最后，当他在印度洋观察科科斯-基灵群岛（Cocos-Keeling Island）上的珊瑚时，才在日记里写下了一些想法："我们在太平洋看到了一些岛屿，比如塔希提和伊艾美欧岛（Eimeo），本日记中都有提及，它们被珊瑚礁环绕着，而珊瑚礁又被水道和静静的水湾同海岸分隔开来。在如此情况下，影响这些最旺盛的珊瑚生长的原因，不一而足。"达尔文考虑的因素有岛屿沉降、大洋水流以及环礁湖形成，对于大洋中这个微不足道的景观，达尔文以其独到的审美眼光总结道："如此看来，我们必须把环礁湖岛看作众多微小建筑师建造起的丰碑，以此表明从前曾经存在的一个岛，现在却沉没在海洋深处了。"[34]

　　海洋洋流和波浪运动会影响珊瑚的生长以及珊瑚礁的形成，达尔文认为这是完全符合逻辑的。但是，他的推测却止步于此，而达纳则从这里出发为珊瑚和珊瑚礁科学作出了他的第一个重要贡献。达纳的思索转向了侵蚀，他认为那是形成大多数地形的机制。这一思想直接源自一位地质学家枯燥乏味的田野考察，他在山里上上下下地徒步，看看泥土，看看岩石，这最终让他成为最初的河海地貌学家之一。[35] 山峦隆起让达尔文和达纳两个人都心醉神迷，但是达纳花费了比达尔文更多的时间来思考所有那些从山顶上滑落和滚落下来的碎石碎块。侵蚀是一种地质因素，早在美国探险远征队进入太平洋之前，就激起了达纳的好奇心。他在一封信件中描述道："大山景色（里约热内卢附近）最迷人的特别之处是山梁参差不齐的轮廓……以及深深的陡峭险峻的峡谷，几乎从最高的山顶一直下切到山脚。"[36]这些"陡峭险峻的峡谷"是怎样形成的？当他爬上塔希提海拔6 770英尺的奥拉伊峰（Aorai）看到湍急的水流从上面流下来时，顿时知道了答案，那就是侵蚀。[37]

当水滴撬动尘埃时，侵蚀就发生了。当暴风雨连根拔起树木、移动巨石、松动大山表面的土层，并进而使一切东西以雷霆万钧之势冲向山下的时候，也同样在发生侵蚀。通过这种方式，侵蚀切割形成了山谷；在岛屿上，那些山谷如果逐渐出现沉降，低于岛屿平面，就变成了海湾或环礁湖。汹涌而来的水流也能在礁石上打开缺口，从而部分地解释了岛礁的形状。达纳在《地质学》中写道："如果我们记得，当暴雨袭来形成洪涝时，这些山中溪流的冲击力往往会增加一百万倍。在这个问题上，所有的疑问都必须解除。"[38]他这样说是对詹姆斯·库克船长第一次航行太平洋时所描述的具有浪漫情调与奇异风光的太平洋山峰和山谷，提供一个地质学上的解释。三代太平洋探险考察者都对创造那些具有标志性的太平洋风景的自然力量进行了思考，达纳的答案很简单，那个自然力量是"侵蚀"。

达尔文和达纳在各自出版关于珊瑚岛礁成果后的30年时间里，一直保持着通信交流和批评性审视。这些交流总体上是友好的，是相互支持的。尽管两人的神学观念不同，但依然怀有相互的基本尊重。1849年，达尔文在阅读了达纳的《地质学》后给查尔斯·莱伊尔写信说："（达纳）给我的印象是非常聪明，（但是）我希望他不要太泛泛而谈。"[39]的确，达纳关于太平洋地质及其对于全球地质过程的重大意义的描述有些简括了，他的理论显示出沉迷于日常观察、富有想象力的大脑的恣意纵横。比如，看到岛上有一座山峰，他会惊叹不已，山峰"因瀑布而充满了生机，瀑布从高高的山巅一路往下，滑落着、跳跃着、滚动着"，也只有在那时，达纳的大脑才会用科学术语来思考眼前景色的意义。[40]达尔文本人往往进行科学知识的综合化，会假定一个进化时间表。同样，达纳对于大自然的内部运转机制也进行了综合性思考，经历了从人类时间到地质时间的穿越。在整个航行探险期间，达纳一直都在为亚历山大·冯·洪堡（Alexander von Humboldt）提出的著名论断寻找地质上的证据，那个论断是"连接链，通过这个链条，所有的大自然力量都连接在一起，而且彼此之间相互依存"[41]。

岛屿、火山和热点

在思考太平洋岛屿起源的问题上，詹姆斯·德怀特·达纳可能参考了波利尼西亚半人半神的毛伊传说。从神话的角度来看，毛伊一直过着非常忙碌的生活。他用渔网网住太阳，希望减缓太阳在天空中行走的步伐，从而每天给大地上的生灵带来温暖。他驯服吃人的植物和动物，从而让人类耕种畜牧。毛伊总是关切人类的需求，从火神那里偷来了火的秘密，因此人类才知道如何烧饭和取暖，尽管他在这个过程中几乎点燃了整个世界。与多数冒失鬼一样，毛伊往往行事匆匆，不大顾及行为的后果，但是他在让宇宙变得有秩序时总是试图最大限度地保护那些生活在地球上的生灵的利益。

毛伊还创立了夏威夷群岛。那是在孩童时代，有一天，他和兄弟们去钓鱼。他们划船去了一个钓鱼的地方，叫坡欧（Po'o），毛伊往水里下了一个很大的钓鱼钩，那是用他奶奶的骨头制成的。[42]他们从深及洋底的地方钓到很多大鱼，但要将它们拉上来却是一个漫长的过程。他们用了两天的时间，在把大鱼拉到独木舟上时，那些大鱼变成了一群岛屿，分散在大洋的水面上，从而解释了夏威夷岛链呈现现在格局的原因。[43]

毛伊故事对夏威夷群岛的解释比西方要早，甚至还反映了 19 世纪西方的科学观点，特别是地质学方面的理论。地质过程塑造了这个地球，而大洋岛屿从海底的隆起则是这一过程的一部分。与西方科学一样，毛伊传说清晰地解释了岛屿上升的过程，甚至可以说，影响了更多的人。太平洋岛民的宇宙观融合了娱乐与科学，通过毛伊和其他传说中的人物，他们了解到，山峦从大洋中破水而崛起，火山是大变革、大变动的动力，陆地会渐渐地沉入大海。岛民生活在一小片陆地上，周围环绕着浩渺的大洋，毛伊传说故事涉及这些岛民的主要疑问："岛屿是怎样产生的？""它们与地球形成的总过程有什么样的联系？"

这些问题涉及地质、宇宙、精神等层面。对这三个层次的探究可以单独处理，也可以理解为具有内在联系的统一性。毛伊传说揭示了这种内在联系。毛伊将岛屿从洋底拉上来，并把它们置放到大洋中应该在的位置（地质学）。半人半神的毛伊操控着火、水和食物等基本的生命元素，从而创建了宇宙，使得人类在其中舒适地生活（宇宙）。毛伊做的这一切并没有创造一个完美的伊甸园，因为里面没有神灵，但是通过神话传说和历史演进，人们从创世故事中和他们崇奉的神灵的参与中，实现了解疑释惑，获得了精神上的力量。通过这些方式，毛伊的一生回答了科学、人性和宗教的基本问题。

詹姆斯·德怀特·达纳的《地质学》是他给美国探险远征队撰

写的关于太平洋海盆的主题报告，其中没有提及毛伊。达纳好奇心强，求知欲旺，精于观察，善于倾听，很难相信他没有听说过关于毛伊的故事。如果他在美国探险远征队的四年航行期间听到过，毛伊的故事很可能让他入迷。他会认可毛伊钓鱼故事中关于岛屿隆起的基本过程，也会心悦诚服地同意那些有关地质事件的神话起源。但达纳是福音派信徒，这会让他认为毛伊这个角色是"当地的迷信说法"，是"异教徒的"。达纳常常用这些说法来描写当地土生土长的宗教信仰。[44]对于夏威夷群岛的起源，达纳提出了一套不同的、高度技术上的原因。他的《地质学》佶屈聱牙般地描述了"火成因素在塑造地球表面中的作用"，援引了大量的"剥蚀和裂解案例，与山峦隆起的量级是相符的"[45]夏威夷、塔希提、新西兰以及美国的多数人都会认为这样的解释完全让人如坠云里雾中，不知所云。但是达纳的《地质学》是写给西方科学界的，不是为了迎合满足大众喜好的。

那么，岩石从结构上是如何整合在一起的？不管是珊瑚礁，还是金字塔，多数东西都是一点一点、一块一块累积起来的，既体现着结构上的特质，也体现着时间上的演进。对达纳来说，时间上的演进非常重要，因为他把地质学看作是地球宏大历史的记录。在达纳看来，不管是以人类的时间尺度，还是以地质的时间尺度，历史都是从一个时代向另一个时代的运动，它向前运动着，遵循由"万能造物主"制定的"规划或发展体系"。[46]土著岛民和陆地居民也同样看重历史，只不过，多数土著居民和陆地居民会认为，达纳依赖线性时间来解读历史有点太简单化和生硬了。与此不同，他们相信时间循环能更好地解释地球的运转体系以及人类的生活体验。过去不只是存在于现在的意义中，在有些情况下，过去甚至都还没有过

168

去。比如，火山女神佩勒（Pele）在过去某个时间来到了夏威夷群岛，最终在夏威夷岛的基拉韦厄（Kilauea）火山口安了家。[47]但是，她与半人半神的毛伊一样，依然活跃在今天很多夏威夷人的生活和故事之中，体现着联结人类和宇宙的自然力量。

1840年11月，达纳在基拉韦厄体验了那些自然力量。也许因为他不是典型的福音派基督徒，在讲述火山的时候也对夏威夷的神灵佩勒给予高度的尊重。他徒步走到海拔4190英尺高的火山口边缘，与他的几个同伴在火山口附近宿营，看到了"火山静谧中的奇异景色。血红的火山岩浆池持续地冒着泡，就像是一口大锅在不停地沸腾"。达纳写到，火山在白天一直沉默着，到了夜里，"佩勒之坑"就展现出"难以描述的壮美"。

> 我们在火山口的边缘安营扎寨，可以看到完整的火山口景象。那口大锅，不再是张着血盆大口，不再是对人金刚怒目，而是闪耀着热烈的光芒，火山池表面不时溅起星星点点，发出夺目的光亮，那是由不断喷发的岩浆引起的……火山坑另外一个地方的两个岩浆池就像是更大的锅，翻动着里面融化了的岩石，偶尔会喷发岩浆，高达四五十英尺……在这个永不停息的火山和炽热的气焰之上，是漆黑的夜空，显得很怪异，只有这儿那儿的几点星光，都非常微弱，与火山坑的明亮形成鲜明的对照……佩勒现在的状态很平静，不过我们相信这是她通常的状态，我们也深信，即便在她安静的时候，也有震人心魄的壮美。[48]

即使处于"平静的状态"，基拉韦厄火山也在不停地喷发，产生岩浆流动。基拉韦厄曾经是（现在依然是）世界上最活跃的火山之一。

达纳可能从相关的渠道了解到关于佩勒的传说，所以在文中提及这位女神一点都不让人奇怪。[49]但是，让人奇怪的是他把佩勒作为他关于基拉韦厄报告的叙述工具，那份报告可是科学研究报告啊，里面全是密密麻麻的田野调查数据和科学理论阐述。达纳讲述，他站在火山口边缘、心中充满恐惧时，一再祈求女神的保佑（他往"佩勒之坑深处"凝望着，把自己当作"佩勒之坑的探索者"）。达纳写道："火山坑的边缘两次坍塌，发出长久、持续的轰隆声，打破了火山坑中的寂静，而我就站在火山坑陡峭的边缘上。"[50]达纳研究的第一座火山是维苏威火山，他在 1834 年将基拉韦厄与维苏威火山进行了比较："基拉韦厄的行为如此简洁、安静，也许这份沉静比维苏威火山的莽撞更可怕、更壮美。"[51]

达纳对基拉韦厄火山的描述会引发人的思考，他既提出了科学体验中个体的重要性，也提出了火山本身中科学的重要性。就个体而言，他很清楚，他走向了"恐惧的边缘"，关于这一观点，拉尔夫·沃尔多·爱默生（Ralph Waldo Emerson）在达纳观察基拉韦厄火山四年前出版的《论自然》（Nature）中就表达过。达纳在他的报告中总结道，"佩勒"的沉静"比维苏威火山的莽撞更可怕、更壮美"。他在此处以及在其他地方使用的"壮美"这个词有着特别的内涵，不仅表达景色的宏大、美好，还表达着一种难以压制的恐惧以及某些神力的在场。[52]在基拉韦厄火山口的边缘，达纳当然体验到了巨大的恐惧，这从他对当时情景的叙述中就可明显看出来。这份恐惧更进一步将达纳的宗教信仰和他的地质学研究联系起来，他感觉到某种神力的存在，是神力以某种方式创造了他站在其旁边

169

的火山。这种与强大自然力量的简短邂逅深深地影响了他的思想，激发了他的科学研究，让他在海上枯燥乏味的漫长日子里得到慰藉。

在美国探险远征队进入太平洋之前，达纳就已经在马德拉（Madeira）、佛得角群岛（Cape Verde Islands）观察了火山。更早几年，还观看了维苏威火山。但是，如果说他在火山研究上取得了成功，那是在太平洋盆地，他在那里研究了塔希提、斐济、太平洋西北海岸、加利福尼亚和夏威夷等地的火山。比起从前的博物学家，他在太平洋获得了看到更多火山的机会，所进行的火山观察让他从理论上提升了火山的重要性。返回美国以后，达纳进一步厘清了他在航行中所写的信函里概述的一个观点，他写道："一条巨大的火山带"环绕着太平洋。[53] 地质学家现在所说的火圈（Ring of Fire）呈弧状延伸，从新西兰一直延伸到亚洲的东部边缘，中间穿越阿留申群岛，然后沿着北美洲和南美洲海岸向南延展。这个"圈"的边缘上有地球上大约 75% 的活火山和死火山，这在很大程度上是由于太平洋板块和其周围六个板块的冲撞以及俯冲下沉。下沉区产生了巨大的火山和地震能量，将岩石变成岩浆，然后以熔岩的形式抬升至地面，从而形成了火山。[54]

达纳虽然难以想象沉降区的情形，但他可以推理火山行动将太平洋盆地中迥然有异的地形统一起来。"饶有兴趣的事实是，死火山也好，活火山也罢，太平洋几乎被火山以及高山环绕起来，而相对比较窄的大西洋和印度洋的两边则很少有火山活动的痕迹，似乎印证着那个被否决的观点：地球上的深沟和高山都是火山运动造成的。"[55] 在这里，达纳批判了克里斯蒂安·利奥波特·冯·布赫（Christian Leopold von Buch）的观点。布赫是德国顶级地质学家

（洪堡的亲密助手），他提出了 U 型火山带的设想，将苏门答腊岛 170
（Sumatra）、爪哇岛和菲律宾岛连接了起来。实际上，利奥波特·
冯·布赫从来没有观察过这条带，因为他从来没有远离过欧洲。[56]但
是，达纳可以以他自己的亲身经验，居高临下地教导这位德国贵
族：冯·布赫描述的那个火山带只不过是环绕整个太平洋火山圈的
一部分。

　　在这个炽热的 U 型火山带中间，是夏威夷火山链。达纳相信，
这个火山链是了解"波利尼西亚地质学的钥匙"，因为它展现了岛
屿是如何从海里出现的，展现了岛链的布局，展现了火山爆发和沉
降对岛屿的毁灭，展现了太平洋洋底和周围大陆在地质上的不同。[57]
尽管达纳特别强调夏威夷岛链的重要性，但是他在那里只度过了三
个月，而且大部分时间还待在"孔雀号"上。在火山活跃的夏威夷
岛上，他只停留了五天，因为在那个当口，威尔克斯船长命令"孔
雀号"（达纳乘坐的船）完成对南太平洋的岛屿考察。虽然只有五
天时间，但对达纳来说足够了，他从凯阿拉凯夸（Kealakekua）一
路走到希勒，沿途停下来隔着一段距离观察冒纳罗亚火山，站在火
山口边缘观看基拉韦厄火山。达纳兴致勃勃地在这两个火山收集了
大量的数据（他还参加了威尔克斯的登山，到达海拔 13 679 英尺高
的冒纳罗亚山顶，并在那里建了第一座观景台），不过，在后来的
研究中，他仍然参考利用了查尔斯·皮克林、约瑟夫·德雷顿
（Joseph Drayton）以及查尔斯·威尔克斯等人收集的观察和测量数
据。尤其需要指出的是，在这个时候，达纳的科学研究更多的是酝
酿理论，而不是数据收集，那些理论在以后海上航行、回到美国以
及疯狂撰写学术文章的几个月里，才逐渐成形。

　　达纳关于火山的理论与他对太平洋珊瑚礁和岛屿的观察是相互

支撑的。岛屿慢慢地沉入大洋水面，珊瑚礁则逐渐地露出水面，生长出来，这就是珊瑚岛的年代演进。与此相似，火山岛也经历着从年轻、活跃的火山到死去、沉没的火山岛的年代演进。根据达纳的观点，导致珊瑚礁变化的要素是侵蚀，它也是形成太平洋海盆火山岛的要素。这两个可类比并行的观点让达纳不免本能地想到，珊瑚礁实际上是火山岛的"后代"（当然经历了漫长的地质时间）。达纳在西方科学背景的浸润下创立这些理论，而太平洋土著岛民已经掌握了其中的一些观点。援引两位最著名的火山学家的观点："早期的夏威夷人是知道夏威夷岛链独具特色的西北—东南走向的。他们的传说清楚地表明，他们已经认识到，从西北到东南一线，岛屿的年代越来越年轻。"[58]比如，女神佩勒最初落脚于考爱岛的一个火山坑，但是水神（娜-玛卡-奥-卡哈伊）不停地水淹佩勒的火山坑，使它逐渐不再喷发，直至最后严重侵蚀。然后佩勒就顺着夏威夷群岛不断迁徙，直至找到最年轻的、火山爆发最活跃的岛，才定居在冒纳罗亚火山和基拉韦厄火山。[59]古代夏威夷人对于火山和岛屿年代演进的了解已经达到这个程度，因此，这些概念早就渗透进他们对于宇宙的认知之中。

　　达纳经过研究认为，侵蚀程度和其他因素共同验证了夏威夷岛链火山的年代演进。冒纳罗亚火山几乎没有被严重侵蚀的迹象，因此是这个岛链中最年轻的活火山。[60]达纳推测，举目可见的火山，其形成需要40万年的时间，现代放射性测定研究显示，这一猜测非常准确。从形成年代上来说，基拉韦厄火山的时间排在冒纳罗亚火山的后面，因为它一直处于不停的爆发状态，其火山口边缘持续向里坍塌，达纳因此提出了关于"盾状"火山"喷发-坍塌"的新理论[61]（同样，现代研究也基本认可达纳的"喷发-坍塌"理论）。从基拉韦厄火山开始，火山年代演进往西北一线持续进行，穿过哈莱亚卡拉火山（Haleakala）、冒纳凯阿火山、柯劳火山（Koolau）、毛伊火山、瓦亚纳火山（Waianae）以及最后一个考爱火山。[62]

只要能够靠近，观察大洋中的火山岛是不难的。但是，如果要考察火山的水下部分，也就是被海洋淹没的部分，就需要更多的想象。就达纳而言，他还要思考整个太平洋盆地的地质过程。他猜测，太平洋岛屿基本上是大洋中的山峦，只有最高的山峰才能冲出大洋的水面。但是，这个夏威夷岛链到底有多大？达纳写道："我们可以说，这些（现存的岛屿）是由诸多未知的（山峰）形成的，连绵1 500英里，这是整个山脉的长度。这好像是对夏威夷群岛的正确认识。"[63]

达纳的推测（在没有现代声呐设备的帮助下）是对夏威夷群岛极为准确的描述。该群岛链从基拉韦厄火山往西北延伸1 860英里，然后突然往北转，与皇帝号海山（Emperor Seamounts）交汇，正好终结于阿留申群岛的西南。[64]夏威夷群岛-皇帝号海山这个链条，与更往南的莱恩群岛（Line Islands）和终结于皮特凯恩群岛（Pitcairn Islands）附近的土阿莫土群岛（Tuamotu Archipelago）一起形成了一条分界线，基本上将太平洋巨大的洋底一分为二，由此形成太平洋洋底的鲜明特色，即这条分界线的西边是水下的山峦、沟壑与岛屿，而这条线的东边则是并行的断裂带，一直扩展到美洲海岸线。这条分界线上连绵不断的山脉依然是火山爆发高发区，特别是阿拉斯加的阿留申群岛，太平洋板块在那里俯冲进入北美板块之下。夏威夷群岛正处于太平洋复杂洋底的中心位置，它们被达纳当作了解"波利尼西亚地质的钥匙"，打开了他的研究思路，让他归纳总结出能够将地球三分之一的表面融合在一起的力量及其特征。

　　夏威夷还是了解另一个秘密的"钥匙"，不过，这充其量也只是启发达纳思考的开端。太平洋包括地球上八个著名的"热点"（大约占总数的三分之一），所谓"热点"，是地球板块之下产生岩浆的极热地区。岩浆穿过板块以"热羽流"的形式喷发出来，通过火山口释放熔岩。加拿大地质学家约翰·图佐·威尔逊（John Tuzo Wilson）于 1963 年最早提出了热点理论，他的论文题目是《夏威夷群岛起源的一种可能》（*A Possible Origin of the Hawaiian Islands*），在被很多国际学术期刊拒绝后发表于《加拿大物理学报》（*Canadian Journal of Physics*）上。[65] 在最初发表的文章中，威尔逊并没有使用"热点"这个词，就像达纳提出的理论一样，他以带有很大推测性的措辞来假定，夏威夷岛链的线性结构是太平洋板块通过"地热对流系统"移动的结果。这些热流"可能冲破地壳，形成裂缝，进而从大洋中脊的下面往上冲击，将地幔炽热的表面暴露于水合与蚀化过程"，从而提供"源源不断的热动力"，以至于"每个火山都经历了同样的生命周期"。威尔逊认为，太平洋板块下的热源是稳定的（后来的研究证实，热点已经在那里存在 4000 万年了），但是他更为关注的是当时依然还在进行的科学论争，那就是：板块和大陆（岩石圈）是否沿着地球的内层，也就是岩流圈漂移。他主张大陆是移动的，"地球事实上是移动的"[66]。

　　达纳对热点的存在一无所知，但是威尔逊的理论参考了很多导致达纳把夏威夷看作是了解波利尼西亚以及太平洋的地质"钥匙"的因素。在太平洋火山年代演进（以及佩勒传说）的问题上，威尔逊的回应支持了达纳的看法，虽然他采用放射性碳元素的测定确定了火山岛的年代，但还是依靠达纳最受人尊重的侵蚀理论来展示岛屿年代的差别。[67]威尔逊写道（几乎是复述达纳的观点）："每一个火山岛都依次经历了相似的火山爆发和侵蚀的循环，一个循环接着一个循环。"[68]但是，与威尔逊不同，达纳只是用最广义的词汇来推测穿越地球并引发火山活动的能量来源（他用的是"地球内部的火"）。[69]他把能源来源看作是全球性的，而不是地方性的，这是非常正确的。他相信，火山的"熔岩通道"最终是与一个"共同来源"或深及地幔的"中心通道"相连的（威尔逊说的是"上升的地热流"）。[70]

达纳的思考并没有直接导致威尔逊形成他的热点理论。不过，达纳在火山问题上提供了一些很有远见的观点，那是他从长期的太平洋研究中总结出来的。作为一个地区，太平洋彰显着地球的很多地质形成过程。由于尝试研究全球地质过程，达纳就超越了地质研究的主流。当时的主流是欧洲科学家所确定的，主要研究欧洲的岩石形成和火山爆发，比如埃特纳火山（Etna）和维苏威火山。而太平洋则给达纳提供了完全不同的地质环境，如果用地质术语来衡量，太平洋是"一个大异常"，所以逼迫他不得不抛弃已有的课本知识，提出他自己关于地球的问题。[71]再说，长达四年的海上航行给达纳提供了似乎永远过不完的日日夜夜，他在船上没有别的事情可做，正可以思索那些问题。

通过这种方式，达纳在旅行中（不论是物理上的旅行还是知识上的旅行）都在追随前辈科学探索者的足迹，他们都曾从新的环境中得到启迪。比如跟随库克船长第二次太平洋航行的约翰·雷因霍尔德·福斯特和乔治·福斯特、19 世纪 50 年代在印度尼西亚从事科学考察的阿尔弗雷德·拉塞尔·华莱士（Alfred Russel Wallace）、乘坐"贝格尔号"去南美和太平洋进行科考的达尔文以

173

及考察大峡谷（The Grand Canyon）和大盆地（Grand Basin）的约翰·威斯利·鲍威尔（John Wesley Powell）。[72] 在这些考察探索中，他们都或多或少地进行整体性的科学思考，不同科学门类之间变得相互渗透。大自然本身好像借着地形、种类或表型的外衣，向人类提出各种各样的问题。事实上，这些科学考察远航所经过的地方似乎都是可以有新的解读的，比如发现了新的大陆（南极洲）、提出了新的动物地理学分区（华莱士线）、大洋盆地可以进行更大空间的整合（太平洋）等。达纳的航行与其他人的航行一样，是属于他那个时代的，他脑子里萦绕的是这些让人困惑不解的问题。

太平洋视角下的大陆地质学

达纳研究珊瑚礁、环状珊瑚岛、火山和"地热流"，认为它们都是明确的实体，是构成更大的太平洋的组成部分。1841 年以前，他主要是在太平洋之中而不是沿着太平洋的大陆边缘研究这些地质特色。当他乘坐的船"孔雀号"1841 年在哥伦比亚河口失事以后，他就来到了北美大陆，对于这片大陆，他只了解一点它的东端部分。在以后的几十年里，美国地质学家（包括乔赛亚·惠特尼、威廉·布尔和达纳的学生克拉伦斯·金）都会调查北美大陆西端的地理情况。与达纳的时代更接近一点的探险家是约翰·查尔斯·弗里蒙特，他在 1843 年至 1844 年的第二次西部探险中穿越了俄勒冈领地（Oregon Territory）和加利福尼亚中部地区，所写的《报告》中的一些地质文献材料还是达纳提供给他的。弗里蒙特和威尔克斯可能在关于美国远西地区的征服和商业方面有着共同的观点，特别是他们都认为应该尽快向太平洋扩展并发展与亚洲的贸易，这将给美国带来财富。[73]但是，达纳在他1841年对俄勒冈和加利福尼亚的简短考察期间，对于诸如此类的扩张主义观点是没有什么兴趣的。他对地势地形的审视是从地质的角度，而不是出于地理政治的考虑，因此把俄勒冈和加利福尼亚看作"太平洋的斜坡"，因为它们与太平洋的联系要比与美洲大陆的联系更密切。

事实上，达纳可能是美国往西部拓疆以前认真研究俄勒冈领地和上加利福尼亚的唯一地质学家，而且还是专门在太平洋地质学的背景下进行的研究。"孔雀号"失事以后，查尔斯·威尔克斯命令探险队里的科学人走陆路沿哥伦比亚河南行，去往旧金山湾。[74]在达纳的描述中，这是一个长达750英里的"陆地旅行"，他们这个小分队穿越威拉米特山谷（Willamette Valley），翻越沙斯塔山（Mount Shasta），来到萨克拉门托河（Sacramento River）上游，然后顺河而下，抵达旧金山湾。当达纳往东眺望高耸入云的谢拉山脉的时候，他可能看到了海拔13 061英尺高的约塞米蒂山峰（Yosemite），那座山的主峰在20年后以他的名字命名。在地质学家丹尼尔·阿普尔曼（Daniel Appleman）看来，这次长途跋涉让达纳"亲身体验了一些世界上最复杂的地质特征"。[75]科学人穿越了太平洋火圈的北美部分，包括火山活跃的喀斯喀特山脉（Cascade Range），这个山脉是两亿年前太平洋板块和北美板块发生碰撞形成的。达纳还发现了已经"死亡"的加利福尼亚火山，那座火山当时被称为萨特比尤特（Sutter Buttes），让他再一次想到了火山的年代演进以及他偏爱的地质力量——"侵蚀"。

尽管这次"陆地旅行"发生在北美的土地上，但是达纳在撰写那份67页的报告时依然坚守着太平洋盆地的概念，考虑到此前三

174

年他在太平洋盆地的经历，也许这样做一点都不奇怪。不过，从他的"陆地旅行"（1841 年）到他撰写《地质学》的第一章（1845—1846 年），再到这部著作的出版（1849 年），其间发生了很多变化，包括美国匆忙兼并加利福尼亚和俄勒冈。达纳在他的报告中对这些地方只间接提到一次，没有说加利福尼亚和俄勒冈的名字，只是说"那片属于美国领土的地区"。[76]他极有可能是在著作出版之前才把这句话加上去的，但是对于地质学家来说，还有一个遗憾是：他没有增加关于加利福尼亚发现大型金矿的地质信息（不知怎么回事，达纳没有注意到这个消息）。

　　达纳的报告把这个复杂的地质区域完全置放到太平洋盆地的背景之下。谢拉山脉和落基山脉（Rocky）都揭示了一个与东太平洋接壤的"巨大山脊"，这个"巨大山脊"在墨西哥（达纳援引洪堡的观点）和南美的安第斯山〔达纳援引法国博物学家阿尔西德·道比格尼（Alcide d'Orbigny）的观点〕再次出现。这些山峰在喀斯喀特山脉和海岸山脉之上凸显出来，形成"壮观的山脊隆起线"，"也许和地势趋低的太平洋连在一起"，他写到，进入大洋的河流平原清晰地展现出被侵蚀的迹象，就像"太平洋（岛）和澳大利亚的山谷"。西北海岸"狭窄的航道下切很深，就像人工开凿的运河"，这让达纳想起了下巴塔哥尼亚（Lower Patagonia）、火地岛以及白令海峡等地"相似的通道"。至于这些深深的海湾和通道形成的原因，达纳让他的读者去阅读他此前写过的关于塔希提和甘比尔群岛（Gambier Islands）的文章。[77]

　　达纳把北美海岸的地质作为太平洋的一部分，这很好理解，因为他与达尔文或任何此前的博物学家不同，他要做的是努力将地球上最大的洋盆的地质要素整合在一起。北美海岸是这项任务的核心部分。因此他认为，北美海岸的高山、火山、河流和侵蚀的山谷都与太平洋有着不可分割的密切联系，它们不仅仅是位于边缘的微不足道的个体，而且是组成太平洋整体的重要部分。达纳的"陆地旅行"是在大陆上完成的，这个大陆有着自己的地质历史，达纳对这个事实一点都不敢轻视。事实上，他希望"在将来的某个时期"，对"这个大陆进行一次全面的考察"，他在 1849 年写到，这样的考察"一定会为认识全球一直在进行的巨大地质变化提供新的启示"。[78]遗憾的是，当他七年后最终撰写大陆考察报告的时候，那个全球视野完全被他抛在脑后了。

爱国地质学

达纳于 1842 年 6 月回到纽黑文（New Haven），并在以后的十年时间里马不停蹄地撰写和发表研究成果。[79]他给美国探险远征队撰写的三份科学报告（植形动物、地质和甲壳类动物）超过 3000 页，每页的文字都很考究。同时，作为这些报告的补充，他还撰写了几十篇学术论文，编撰了两版《矿物学系统》，并开始撰写后来获得巨大成功的《地质学手册》（*Manual of Geology*）。[80]这些学术成果很多都源于他在太平洋进行的开创性研究，源于他充满活力的写作热情，他集博物学家和探险家于一身，取得了很大成就。他的地质（自然世界的一个侧面）研究融合了洪堡的整体观念和爱默生对自然的敬畏，既考察微小的植形动物，也考察巨大的高山峻岭；既对壮观的火山喷发惊奇不已，也对幽闭河谷中的无言侵蚀痴迷难忘。他提出了综合性的理论（他远航回来后写的第一批论文之一是《地球壮美地貌的起源》），进行了新颖的甚至是异想天开的比较（比如《月亮上的火山》）。总体来说，达纳在 19 世纪 40 年代末 50 年代初的研究工作显示了几年太平洋考察所带来的令人鼓舞的科学发现。

后来发生的事情标志着达纳与其太平洋研究的真正告别。他变成了美国地质学家，1854 年被选为美国科学促进会的主席，在1855 年的就职演讲中作了题为《论美国地质史》的报告。他回应了19 世纪美国生活和学术界弥漫的国家主义以及天选之民的呼声，宣布了北美地质学的独立，北美的地质学家、他们的思想甚至是北美的岩石都从欧洲科学中独立出来。在达纳看来，上帝赋予美国大陆简朴而完整的形式，完美地展现了地球的地质原则。北美从阿巴拉契亚山脉（Appalachian Mountains）一路向西，延伸至太平洋海岸，因其特有的地质地形而代表着自由的土地。达纳把美国的山峦奉为神圣的思想，在理论方面，上可以追溯到美国例外论（American Exceptionalism）的起源，下可以延续到 19 世纪的国家主义思潮，这种思潮从托马斯·杰斐逊（Thomas Jefferson）到拉尔夫·沃尔多·爱默生（Ralph Waldo Emerson）再到弗雷德里克·杰克逊·特纳（Frederick Jackson Turner），一脉相承下来。在倡导美国的独特性方面，不论在地质学领域，还是在其他科学领域，达纳都远不是孤家寡人。但是，他的主席就职演讲还是显示出，他已经远离了对太平洋世界的科学追问，远离了综合科学的全面探索，更多地转向了对美国国家地理的思想礼赞。

达纳的主席就职演讲所依据的，是他的美国同事的最新科研成果。达纳声称："每个大陆都有自己独领风骚的特点"，美国地质学家"慧眼识珠，已经认识到这一点，摆脱了对欧洲的依附，不再认为是欧洲地质研究的分支"。[81] 从一开始达纳就说："对于北美大陆的相对简洁性，不论在形式上，还是结构上，我们都深受震撼。从轮廓上看，北美大陆是个三角形，这是数学上最简单的图形；从地貌上看，北美大陆只是一个位于两大山脉之间的大平原……从外形上看，北美大陆的东西南北都是水。"与此相对应，他写到，欧洲"是一个复杂的世界，它只不过是东方大陆（Oriental Continent）的一个角，这个东方大陆包括欧洲、亚洲和非洲。海洋在北面和西边与其相接，而南面和东面则是陆地"。相比起来，如果说美洲的地质简洁整齐，完美无瑕，那么欧洲的地质则显得过于凌乱，纷繁芜杂；如果说北美高洁独立，就像一盏照亮世界的地质灯塔，那么欧洲则令人不悦地与黑暗大陆不甚清晰地勾连在一起。[82]

达纳究竟要走向何方？大陆地质学能支持政治、社会和宗教方面的思想意识吗？当然能。地质的"演进"和"破坏"标志着从一个时期到另一个时期的过渡。达纳认为，从东边往西边看，北美大陆"就像一朵按照自己的演进规律绽放的花"，"它的演进历史是有发展计划或体系的"，而这个演进历史是由"万能的创造者"（Infinite Creator）启动的。[83]对达纳来说，"宇宙之神"不仅"创造了和谐的万事万物"，还创建了"人类按部就班的演进系统"（这种神学观点引发了很多科学家对他的质疑）。[84]这个内涵深广的观点几乎完美地反映了美国 19 世纪民族主义和扩张主义的思想，"演进"的思想意味着美国向西部开疆拓土时的和谐氛围，这是上帝赐予美国人的土地，是为了更好地展现人类社会的演进。通过战争征服，美国最终抵达了其大陆最西部。尽管有些美国人（最有名的扩张主义者是参议员托马斯·哈特·本顿）不把太平洋海岸作为美国领土的边缘，而是作为踏上更远的"从北美到印度之路"的关键节点，但是达纳并不怎么持有这样的主张。[85]能够生活在庄严的帝国之中，能够居住在统一的大陆之内，他就很知足了。

　　不过，达纳所撰写的美国地质报告是否违背了他的初衷？他报告中的结论是这样的：

> 旧世界（Old World）的多样性特质和自然产出，所适应的是人类发展的儿童和青少年时代，当度过了那个求学阶段，当完成了自我拯救，当摆脱了周边的专横势力，当把大自然中的元素为我所用，人类就需要从学校的束缚中解脱出来，在思想、行动以及社会融合方面享受最全面的自由。居约教授对此进行了更进一步的考察，他说，美国从来都是自由的，是自由和融合的天选之地，这片土地上开阔的平原，整齐划一的结构，就是其最明显的象征，尽管在未来很长时间里看不到进步的迹象或希望，但它终将成为世界希望和光明的中心。[86]

　　达纳的结论没有多少原创性。恰恰相反，他只是给美国例外论的说法来了个新瓶装旧酒，旧世界哺育了"人类"，而新世界将孕育人类天性中的自由，从而给世界带来光明。达纳用北美地道的地质结构来支持这一思想。他关于大陆历史的理论将地理决定论和爱国主义热情结合在一起，成为一个完整的体系，而推动这一体系运行的最初力量则是达纳文章最后的几个字"上帝的旨意"。达纳在这个时期一直强化这一系统思考，并与在普林斯顿大学工作的地质学和地理学创始教授、来自瑞士的科学家阿诺德·亨利·居约（Arnold Henry Guyot）进行交流。[87] 居约的《地球和人类》（*The Earth and Man*，1853）描述了北美地质结构的"简易"与"统一"、"富饶的平原"和在"大洋中的位置"，并将其作为"壮美剧

场"的地理标志。居约认为，北美"不是要诞生和发展一个新文
明，而是接受一个现成的文明"，并为其提供"现代原则，即赋予
生命的原则，也就是交往的自由".[88] 所谓"现成的文明"，就是来自
欧洲的文明。达纳几乎一字不差地借用了居约的这些话。

　　达纳的爱国主义地质学几乎一点都没有超越 19 世纪中期的科
学规范。历史学家亚伦·萨克斯（Aaron Sachs）说道："所有 19
世纪的科学包括洪堡的科学研究，都打上了帝国主义的烙印。"[89] 不
过，在威廉·戈兹曼（William Goetzmann）看来，美国科学家还
有更特殊的条件，并以此进行思考和行动，那就是"需要对这个新
（大陆）疆域中的自然和人类资源进行大规模的科学勘察"[90]。因此，
帝国主义和资源勘察这两种动力就对美国探险远征队的"地理政
治"产生了影响，而此时，也就是 19 世纪 50 年代中期，这些动力
加速推动了约西亚·惠特尼（Josiah Whitney）、克拉伦斯·金
（Clarence King）、费迪南德·海登（Ferdinand Hayden）、约翰·
威斯利·鲍威尔（John Wesley Powell）以及其他人所实施的对美
国西部进行的大规模地质勘察。[91] 所有这些兼顾探险考察和地质勘探
的科学家，没有一个人愿意研究美国远西地区和太平洋之间的地质
构造和空间关系。[92]

小结：焦点的转变

　　美国地质学家向当地和国家地质勘察的转向，反映了地质领域
更大规模的转变。在 19 世纪七八十年代，国家勘察在欧洲和北美
蓬勃兴起，对地质的综合研究和理论探讨让位于更加本土化的地质

研究。瑞士地质学家爱德华·修斯（Eduard Suess）的《地球的面貌》（*The Face of the Earth*，1883）是对地质进行综合研究的杰作，吸收了几十年来本地地质研究的成果（包括达纳的研究），但尽管这部书的名字中有"地球"这样的字眼，其实际聚焦的内容基本上没怎么远离欧洲。当《地球的面貌》一书中提及太平洋的时候，修斯便引用达纳的成果，并将其作为权威的文献资料。19 世纪末 20 世纪初的重要理论家，包括修斯、马赛尔·伯特兰德（Marcel Bertrand）以及张伯林（T. C. Chamberlin）等人，都借鉴利用了达纳首次对太平洋所做的一些思考。在 20 世纪中叶以前，没有一位地质学家像达纳一样在全球地质的背景下研究太平洋。第二次世界大战以后，利用声呐技术绘制洋底的地图给太平洋地质研究带来了革命性的变化，在 20 世纪 50 年代引领这方面研究的是劳伦斯·丘博（Lawrence Chubb）和 H. W. 米纳德（H. W. Menard）。[93]

　　在 19 世纪末期，美国地质学家几乎完全专注于美国地形地貌的研究，当然就错失了一些东西，在他们的地质研究中，已经没有了太平洋的踪影，不再研究与美国西部接壤的太平洋边缘，不再研究与美国有着相互作用的太平洋的火山和地质构造，不再研究太平洋的岛屿和洋底。地质学依然是美国人可以（照理说，应该）从大陆以外的角度了解其国家的一个研究领域，但是这需要超越急功近利的雄心。考虑到越来越多的科学家和工程师蜂拥聚焦于美国西部的研究和开发（尤其是加利福尼亚），那么美国地质学家，尤其是研究美国西部的地质学家如果能围绕太平洋开展一些比较研究，是很合适的。其他科学家已经开始考虑这种可能性了，涉及各个领域，包括海洋生物学（威廉·利特［William Ritter］帮助创建了斯克利普斯海洋研究所［Scripps Institution of Oceanography］）、历史学（赫伯特·尤因·博尔顿［Herbert Eugene Bolton］关于西班牙边疆的研究就采取了太平洋的视角）以及生态学（乔治·帕金斯·马什［George Perkins Marsh］的研究关注太平洋的森林）。但是在多数美国人和美国地质学家看来，位于美国大陆西边的浩瀚太平洋与他们的大陆国家之间没有什么直接的关系。

　　其实，没有几个人阅读过达纳关于太平洋海盆地质学的报告。美国政府印制这份报告的数量十分有限，在赠送给外国首脑和重要的图书馆之后，就所剩无几了，而且，到了 1849 年（达纳的《地质学》报告出版的那一年），全球对太平洋的注意力都转向了被达纳完全忽视的一个地质要素"金子"。对于那些真正读过这份报告的人来说，主要是美国和欧洲的科学家，达纳的《地质学》所产生的影响已经超出了地理问题范围。这份报告建立了富有创新性的地质理论，对太平洋的地质进行了细致的考察，它考察了太平洋海盆特殊的地质结构，并把它作为整个地球结构的一部分。在珊瑚岛的形成、火山的性质、太平洋诸岛的年代演进、大洋海盆山脉的存在以及固定热点的可能存在等方面，它都得出了新颖的结论。作为一位在地质学专业少有训练的年轻科学家，达纳对于太平洋的综合研究是一项了不起的成就。19 世纪最伟大的博物学家亚历山大·冯·洪堡认为，达纳的研究成果"对于当今科学的发展做出了最重要的贡献"[94]。

　　尽管达纳的《地质学》报告取得了开创性的成就，但是美国政府可能只印制了 100 册，其中还包括赠送给外国首脑和知名图书馆的。[95]达纳写道："真是令人生气，我自己撰写的地质报告，政府都没有给我一本。"[96]不过，美国政府却是远隔重洋给中国的皇家图书

179

馆赠送了一本。在广州的总督也确实收到了，但是并没有上呈给皇帝，因为当时正值太平天国运动时期。19 世纪 50 年代中期，达纳的朋友卫三畏（Samuel Wells Williams）博士在广州一家书店里发现了这份报告，于是就买下来，跨越太平洋寄了回来。1858 年，达纳收到这份经历千山万水的《地质学》报告，也许是因为它两次穿越它所研究并试图理解的大洋，所以达纳在他的私人图书馆里一直珍藏着它。[97]

结　语
当太平洋东岸变成美国西部

　　1848 年初，萨克拉门托河谷发现储量极其丰富的金矿，这一消息很快地传遍太平洋。没过几个月，在马格达莱娜海湾捕鲸的人就从来自火奴鲁鲁的船只那里听到了传言，因为只要有加利福尼亚的船只到达火奴鲁鲁，那里发现金矿的信息就会迅速传播开来。到了 1848 年夏天，从阿卡普尔科到卡亚俄，身强力壮的捕鲸人纷纷逃离海港，"淘金热"从美洲西北海岸蔓延到澳大利亚。[1] 1848 年年中第一艘来自加利福尼亚的商船到达广州以后，那里的商人也得到了同样的消息。随着这些传言得到证实，诸如琼记洋行的约翰·赫德（John Heard）等商人开始琢磨采取一定的行动。赫德是谨慎、保守的商人，他千挑万选地准备了一船商品，装满了"伊芙琳号"（Eveline），在 1849 年初往东穿越了太平洋。几个月后，"伊芙琳号"返回广州，带来了不管是啥东西都能在加利福尼亚卖个好价钱的信息。于是，赫德很快地又装满了一船货物，这次使用的船是商船"嬉戏号"（Frolic），船长为爱德华·霍雷肖·福孔（Edward Horatio Faucon），赫德希望福孔率领商船安全返回。

　　福孔在太平洋贸易方面有着丰富的经验。[2]此前四年，他一直带领着"嬉戏号"往返于印度和广州，从事鸦片生意。他对这艘载重209吨的船只非常了解，是这艘船建造完成以后率领它的唯一一位船长。福孔还对加利福尼亚非常了解，或者至少是对上加利福尼亚非常熟悉，因为在19世纪30年代，他在动物毛皮与油脂贸易方面最成功的布莱恩特和斯特吉斯公司的商船上担任船长。[3]福孔船长在航行太平洋方面经验丰富，成熟老练，但是有一点不足，那就是他从来没有指挥船只从中国东行穿越太平洋，去往加利福尼亚危机四伏、通常来说浓雾弥漫的北部海岸。在送别"嬉戏号"启航之前，约翰·赫德只买到一幅他在广州能找到的北美海岸地图，上面仅有一个关于加利福尼亚北部的笼统轮廓，那还是根据乔治·温哥华船长在1792—1793年绘制的北太平洋图表制作的。这幅地图缺少很多细节，与其说是一幅实用的航行指南图，毋宁说是一幅粗略、草率的涂鸦图。

　　"嬉戏号"在1850年6月10日离开香港，载着大宗的丝绸和"价值15 000美元的杂货"，所谓杂货，就是门类多样、五花八门的中国商品。这些"杂货"包括瓷器、啤酒、家具、绘画、刀剑以及一间用预制件搭建的房子。在福孔手下，有两位美国出生的高级船员，整个船员队伍共有23人，他们是拉斯卡（Lascar）、马雷（Malay）以及最近在"嬉戏号"上运输鸦片的中国水手。这艘商船顺利地穿越了太平洋，在起锚后的第46天傍晚，福孔船长在远处看到了"一个高地的模糊轮廓"。他推测，"嬉戏号"此时已抵达位于旧金山湾以北100英里的位置。不幸的是，他看到的那个"高地"实际上是远在内陆的一个山梁，而离陡峭的岩石海岸已经非常近了，只是在逐渐变暗的光线中，这位船长却没有看到。靠近午夜的时候，附近海浪拍打的声音是对即将到来的灾难的唯一警告。

　　几分钟后，"嬉戏号"就在北美失事了，这艘船撞上了卡布里洛角（Point Cabrillo）正北方一块高耸的岩石，船上的人大多挤上"嬉戏号"的两艘救生艇，安全地在失事地点往南几英里的地方上了岸，但是有六位船员莫名其妙地选择留在下沉的船上。第二天上午，福孔船长下命令，让船员回到失事地点，而包括船长在内的三位高级船员则步行，经过长途跋涉，去了旧金山。十天后，一到旧金山，福孔就给琼记洋行写信，报告了船只失事的情况和其他细节。[4]对于"嬉戏号"失事后留在船上的那几位船员，福孔船长根本不知道发生了什么，其实，他们幸运地随波逐流，漂进了一个浅湾。他也不知道那些他命令返回失事船只的船员的命运，其实，那些人尽可能多地拿走了船上的货物，然后消失在去往金矿区的方向。他也不知道，米托姆坡莫（Mitom Pomo）族印第安人一直在岸上注视着船只失事的整个过程，耐心等待着他们的机会，好在船沉到海底之前，把船上的货物搬出来。那些被打捞上来的货物卖出去后，能给米托姆坡莫土著人以及他们的印第安人邻居带来可观的收益。这些土著人当时都生活在早期淘金热居住区北面很远的地方，相对比较安全。

　　福孔船长尽管19世纪30年代在加利福尼亚沿海生活了很多年，但当他1850年再次踏入这片土地的时候，简直都认不出来了。只见旧金山的码头上船只林立，拥挤摇摆，其落帆的桅杆直直地刺向天空，看起来就像是一片晃动的森林。整个商业区熙熙攘攘，人声嘈杂，此起彼伏，福孔听到全球各地涌来的淘金者操着不同的语言说话，但他一点也听不懂。尽管如此混杂，不过福孔还是能辨认出，加利福尼亚现在绝对是美国的领土了。美国的旗帜在商业区和住宅区悬挂着，不论是坊间沙龙，还是土地管理部门，都谈论着加利福尼亚在 1850 年匆忙加入美国的事。福孔船长是在美国出生的美国公民，但在这个美国港口却感到很陌生、很拘束，因为在他的记忆中，这里曾经是一个非常不同的海上世界。

183   淘金热彻底改变了加利福尼亚，同时也在太平洋掀起了滔天巨浪。人们争先恐后地涌入加利福尼亚，影响了海上商业的模式和贸易量，这是加利福尼亚人口增长、市场扩大、投资增加的结果。[5]同时，淘金热还不断引发新的人口流入，他们来自亚洲、拉丁美洲、美国其他地方、太平洋诸岛以及欧洲。美国通过与墨西哥的战争把加利福尼亚纳入自己的版图，但是最终巩固帝国扩张的，是淘金热这一爆炸性事件。通过淘金热，美国占领了长长的海岸，一路向北，直到阿拉斯加，而且在此后几十年里还把夏威夷收入囊中。这个辽阔的、悠长的太平洋东部海岸，以前是基于太平洋海上贸易发展起来的，现在则变成了美国的远西地区，成为一个有着"边疆"的大陆帝国的组成部分，而这一局面很早就被美国商人预言过，可以追溯到"莱利亚·拜尔德号"的船长威廉·谢勒。[6]同时，剩下的几个由当地土著自治的沿海地区在 19 世纪 50 年代则面临着剧烈的变革。到了 1857 年，从"嬉戏号"沉船打捞物品的米托姆坡莫村民被"疏散"，被强行迁徙到两个印第安人保护区。美国政府批准的这一强制迁徙反映了其在领土扩张和发展历史上对土著印第安人的征服。[7]

但是，这并不是与过去的完全告别。这些经济的、人口的、文化的变革也是 18 世纪末以来在整个太平洋所发生事件的最终结果。在此前几十年里，海上贸易逐渐扩大，给一些人带来了物质财富，也给其他人带来了灭顶之灾，还一路给很多土著居民带去了致命的病原体。在这些岁月里，不管是商船上，还是沿海地区，都形成了外国人和本地人融合相处的多语环境，海上贸易呈现出国际化、混杂化的特征。在东太平洋地区，没有一个帝国，没有一个国家，没有一个种族，能够对那里的一切实现全部的控制。从这个意义上说，所谓能力，实际上表现为具体、可感的行为，比如杀人的能力、剥削别人劳动的能力、安全航行以及返回并实现利润的能力。东太平洋所包含的海上世界在某种程度上是由商品、贸易模式、社会交往以及相互连接的港口决定的。在外来者看来，东太平洋的空间融合既体现为他们基于综合知识的自我认知，也体现为穿越大洋巨大空间的熟悉航线，为了在漫长的航海过程中生存下来，他们不得不把太平洋作为一个统一的整体来对待。

在美墨战争以前，谁都不敢预料美国最终会在太平洋崛起。因为美国在参与太平洋方面是很缓慢的，甚至是单打独斗的，主要依赖海上投机贸易。直到 1800 年，西北海岸的土著居民才第一次在毛皮贸易中认识来自美国的商人，东印度公司的官员也是从那时候才注意到美国商人在对华贸易中所起到的日益重要的作用，并感到震惊。在 19 世纪 20 年代，美国商人在夏威夷群岛设立商行，并在此后的十年里开展一些零星的沿海贸易，范围涉及从上加利福尼亚到秘鲁等的沿海地区，从那里他们收购了牛皮、牛脂以及制成品。在 19 世纪三四十年代，美国工业经济异军突起，为了满足工业经济日益增长的需求，美国商人在整个太平洋屠杀鲸鱼，这些捕鲸船活跃的时期是截至今日美国在太平洋上人数最多的时候。在海洋活动方面，美国人既不出类拔萃，也不是经常能获得成功，每次远航都伴随着潜在的悲剧和失败，比如约翰·帕蒂把天花传染给塔希提人，再比如约翰·珀金斯被鲸鱼的尾巴夺去了年轻的生命。

尽管美国商人、捕鲸人以及探险队在太平洋的影响越来越大，

184

但这其中最具典型的代表却是美国探险远征队，不过这些还不能说明太平洋在这一时期已经成为美国的边疆。美国人几十年里在太平洋上航行，积累了关于太平洋的丰富知识，从太平洋里获得了巨大的财富。但是，这些行为并不是有意识地推进美国领土扩张的进程，只是航海者为了满足自己的财富野心。19 世纪 40 年代以前，在与大西洋接壤的这个年轻共和国，很少有领导人或公民会想到，那个大洋，也就是太平洋，在地理上会与他们的国土有什么瓜葛。在他们看来，太平洋是一个远离他们生活的地方，与他们没有任何关系。詹姆斯·德怀特·达纳认为，太平洋海盆是一个与美国没有联系的独立地理单元，根本不是美国西部的水域纵深。这种对太平洋差异的科学认识还暗示着其与所有周边大陆的相邻关系，而不是仅限于与北美的关系。有些极富洞见的观察家，比如阿德尔贝特·冯·沙米索，已经认识到这个大洋空间的巨大多样性，其中有多个文化的交融，有多种关系的交流，好像与世界上其他任何地方都不一样。在所有这些元素中，美国商人只是众多活跃于太平洋的人群中的一支力量。

那些努力在东太平洋获得优势的人，包括土著居民、欧洲人和美国人，屡次三番地遭遇意想不到的航线，获得出乎意料的结果。在绘制不同地点之间的航线图时，他们进入水域和沿海地带，眼前所看到的一切往往颠覆他们的想象。[8]约翰·肯德里克在 1787 年开始航行太平洋，希望揭开太平洋的秘密。当他的船只在随后的六年里绕着太平洋转圈圈时，他很有可能迷失了方向。20 年后，从奴隶成长起来并担任探险队队长的俄国人季莫费·塔拉卡诺夫在北美海岸进入了一个令他困惑不解的、复杂的土著世界，那里既有充满敌意的对手，也有临时结盟的朋友，那个沿海地区的复杂多样性恰如

一个镜像，也反映了太平洋其他混杂地区的情况。在塔拉卡诺夫灾
难性的航海之后又过了二三十年，爱德华·霍雷肖·福孔率领"嬉
戏号"从中国出发，其航线是从亚洲海岸到北美海岸，这条航海线
路是西班牙大帆船在几个世纪前开创的，后来又有数不胜数的商船
通过这条航线抵达东太平洋。1850 年，"嬉戏号"在一个土著领地
的海岸触礁失事，在此后的几年里，那片土地一直保存着土著人原
始生活的样貌，和过去的几百年一模一样。在这几十年里，从约
翰·肯德里克到"嬉戏号"商船的淘金热航行，东太平洋都是一个
错综复杂、边界交叠的集合体，连接不同边界的往往是一些变幻莫
测的海域。

　　1850 年，"嬉戏号"在北美岩石海岸遭遇了自己悲惨的命运，
但是太平洋上发生的重大变革却昭示着一个新时代的到来。美国海
军准将马修·佩里（Commodore Matthew Perry）忙于阅读有关日
本德川幕府的资料，从而为他 1853 年第一次不请自到地访问日本
岛国做准备。佩里的这次炮舰外交结束了日本长期实行的闭关锁
国、与世界隔离的状态。在北太平洋，阿拉斯加很快成为俄帝国
"丧失的殖民地"，其原因既有俄帝国政府实行的波及范围很广的改
革，也有俄美公司本身的衰落。同时，夏威夷在 1848 年推行的土
地改革（Māhalelanddivision）将夏威夷原居民的公有土地进行了
私有化。这个"静悄悄的革命"极大地惠及了外国人，因为他们从
其购买的土地中获得了巨大的利润。太平洋地区其他独立的国家通
过对外贸易获得了财富。至 19 世纪 50 年代初期，通过向英国商人
出售海鸟粪，秘鲁已经从沉重的债务深渊中爬了出来，当时的英国
商人在海上航行方面越来越多地采用革命性的蒸汽机技术，而不再
用风和船帆作为动力。当"嬉戏号"商船静静地躺在卡布里洛角附

近的海底时，美国第一艘蒸汽邮政船已经驶向了加利福尼亚北部的海岸，标志着美国西海岸航海技术进入了一个新阶段。[9]

在 19 世纪中叶，日本、阿拉斯加、夏威夷、秘鲁、加利福尼亚以及太平洋周边很多地方所发生的这些重大变革预示着在此后几十年里还会有进一步的变化。不过，这些变化也是此前 70 年全球趋势和当地情况交互影响的结果，其中有自由贸易商人对市场开放的需求，有土著居民的动荡和人口减少，有某些自然物种的濒临灭绝，有各种各样的帝国衰落与崛起，有关于太平洋的知识在全世界的传播。通过航线的连接，通过外来者和土著居民之间往往充满着残暴的关系，太平洋中那些禀性迥异的地区越来越多地实现了融合。至 19 世纪 50 年代，太平洋上的人员、市场和自然资源已经完全与周边的世界交织在一起。赫尔曼·梅尔维尔笔下那个无所不知的讲述者以实玛利（Ishmael）认识到了这一点，并在此基础上更往前走了一步，反映了大洋地区土著人那永恒的信仰："因此，这个神秘、神圣的太平洋容纳了整个世界，把所有的海岸都变成它的海湾，好像是地球怦然跳动的心脏。太平洋里那些永恒的波浪激荡着你，让你觉得，大自然中一定有让人心醉神迷的神祇，那就是潘神，你需要向他低头膜拜。"[10]

注　释

导言

1. 斯科特·里德雷（Scott Ridley）提出了令人信服的理由，认为肯德里克的死亡并非意外，而是其与英国商人，尤其是"杰卡尔号"船长威廉·布朗关系交恶的结果。至于"华盛顿夫人号"是否向"杰卡尔号"鸣炮致敬，众说纷纭。关于对肯德里克非凡的生平及其远航的详细描述，参见 Scott Ridley, *Morning of Fire: John Kendrick's Daring American Odyssey in the Pacific* (New York: William Morrow, 2010)。关于这两艘商船以及西北海岸的毛皮贸易，参见*Voyages of the "Columbia" to the Northwest Coast*, 1787—1790 and 1790—1793, ed. Frederic W. Howay (Boston: Massachusetts Historical Society, 1941); *Fur Traders from New England: The Boston Men in the North Pacific*, 1787—1800, ed. Briton C. Busch and Barry M. Gough (Spokane, WA: Arthur H. Clark, 1997)。

2. John Kendrick to Joseph Barrell, March 28, 1792; in Howay, *Voyages of the "Columbia,"* 473.

3. 关于太平洋地理，尤其是西北海岸地理情况的复杂性，参见 Paul W. Mapp, *The Elusive West and the Contest for Empire*, 1713—1763 (Chapel Hill: University of North Carolina Press, 2011)。

4. Pedro Fagés to Lt. José Darío Argüello, May 13, 1789, C—A I: 53, Bancroft Library, University of California, Berkeley.

5. 里德雷在《鸣炮开火的早晨》（*Morning of Fire*）一书中描述了肯德里克和其他商人之间的紧张关系。关于阿玛萨·德拉诺对肯德里克的看法，参见 Amasa Delano, *A Narrative of Voyages and Travels, in the Northern and Southern Hemispheres: Comprising Three Voyages round the World* (Boston: E. G. House, 1817), 400。

6. 土著居民通过创世纪故事所形成的世界观的两个例子，参见 *The Kumulipo: A Hawaiian Creation Chant*, ed. Martha Beckwith (Honolulu: University of Hawai'i

Press, 1951); *California's Chumash Indians: A Project of the Santa Barbara Museum of Natural History Education Center,* ed. Lynne McCall and Rosalind Perry (Santa Barbara: John Daniel, 1986)。

7. Epeli Hau'ofa, "Our Sea of Islands," *Contemporary Pacific* 6 (Spring 1994): 153. 关于土著学者对于太平洋进行研究的精彩介绍，参见 Vicente M. Diaz and J. Kehaulani Kauanui, "Native Pacific Cultural Studies on the Edge," *Contemporary Pacific* 13 (Fall 2001): 315—341。

8. Jon M. Erlandson, Madonna L. Moss, and Matthew Des Lauriers, "Life on the Edge: Early Maritime Cultures of the Pacific Coast of North America," *Quaternary Science Reviews* 27 (2008): 2232—2245.

9. *Seascapes: Maritime Histories, Littoral Cultures, and Transoceanic Exchanges,* ed. Jerry H. Bentley, Renate Bridenthal, and Kären Wigen (Honolulu: University of Hawai'i Press, 2007), 1. 关于近代对海洋史的研究, 参见 Rainer F. Buschmann, *Oceans in World History* (New York: McGraw—Hill, 2007); Helen M. Rozwadowski, "Ocean's Depths," *Environmental History* 15 (July 2010): 520—525; Jerry H. Bentley, "Sea and Ocean Basins as Frameworks of Historical Analysis," *Geographical Review* 89 (April 1999): 215—224; W. Jeffrey Bolster, "Putting the Ocean in Atlantic History: Maritime Communities and Marine Ecology in the Northwest Atlantic, 1500—1800," *American Historical Review* 113 (February 2008): 19—47; Michael N. Pearson, "Littoral Society: The Concept and the Problems," *Journal of World History* 17 (December 2006): 353—373。

10. Lilikalā Kame'eleihiwa, *Native Land and Foreign Desires: Pehea Lā E Pono Ai? How Shall We Live in Harmony?* (Honolulu: Bishop Museum Press, 1992), 1; Greg Dening, "Encompassing the Sea of Islands," *Common—place* 5 (January 2005); Patrick Kirch and Roger Green, *Hawaiki, Ancestral Polynesia: An Essay in Historical Anthropology* (Cambridge: Cambridge University Press, 2001); Patrick Vinton Kirch, *A Shark Going Inland Is My Chief: The Island Civilization of Ancient Hawai'i* (Berkeley: University of California Press, 2012); Geoffrey Irwin, *The Prehistoric Exploration and Colonisation of the Pacific* (Cambridge: Cambridge University Press, 1992).

11. Dennis O. Flynn and Arturo Giraldez, "Spanish Profitability in the Pacific: The Philippines in the Sixteenth and Seventeenth Centuries," in Pacific *Centuries: Pacific and Pacific Rim History since the Sixteenth Century,* ed. Dennis O. Flynn, Lionel Frost, and A. J. H. Latham (London: Routledge, 1999), 23—37; Flynn and Giraldez, "Cycles of Silver: Global Economic Unity through the Mid — Eighteenth Century," *Journal of World History* 13 (Fall 2002), 391—427; O. H. K. Spate, *Monopolists and Freebooters* (Minneapolis: University of Minnesota Press, 1983); K. N. Chaudhuri, *The Trading World of Asia and the English East India Company* (Cambridge: Cambridge

University Press, 1985); Yen-p'ing Hao, *The Commercial Revolution in Nineteenth-Century China: The Rise of Sino-Western Mercantile Capitalism* (Berkeley: University of California Press, 1986); Kenneth Pomeranz and Steven Topik, *The World Th at Trade Created: Society, Culture, and the World Economy*, 1400 *to the Present* (Armonk, NY: M. E. Sharpe, 1999); Tonio Andrade, *How Taiwan Became Chinese: Dutch, Spanish, and Han Colonization in the Seventeenth Century* (New York: Columbia University Press, 2007).

12. 关于这一点，参见 Kornel Chang, Pacific *Connections: The Making of the U. S.‐Canadian Borderlands* (Berkeley: University of California Press, 2012), 6—11。

13. 本书参考借鉴了传教士关于太平洋的大量记述，但并没有涉及他们的活动以及更广泛的宗教问题。关于传教士和土著居民之间众说纷纭的关系，参见 Vicente Diaz, *Repositioning the Missionary: Rewriting the Histories of Colonialism, Native Catholicism, and Indigeneity in Guam* (Honolulu: University of Hawai'i Press, 2010). 关于宗教传教和科学考察，参见 Sujit Sivasundaram, *Nature and the Godly Empire: Science and Evangelical Mission in the Pacific*, 1795 — 1850 (Cambridge: Cambridge University Press, 2005)。

14. 这一观点呼应了杰里米·阿德尔曼（Jeremy Adelman）和斯蒂芬·阿伦（Stephen Aron）提出的边疆/边地框架，"随着殖民边地让位于国家边疆，柔和的、包容的跨文化边地也让位于更加强硬的、'排外的'等级边疆"。参见 Jeremy Adelman and Stephen Aron, "From Borderlands to Borders: Empires, Nation-States, and the Peoples in between in North American History," *American Historical Review* 104 (June 1999): 816. 关于对边疆研究的最新评价，参见 Pekka Hämäläinen and Samuel Truett, "On Borderlands," *Journal of American History* 98 (September 2011): 338—361。

15. 关于近期对太平洋世界这一观念的赞同，参见 Katrina Gulliver, "Finding the Pacific World," *Journal of World History* 22 (March 2011): 83—100. 关于对太平洋历史的不同的细微研究，参见 Matt K. Matsuda, "AHR Forum: The Pacific," *American Historical Review* 111 (June 2006): 758—780; Greg Dening, "History 'in' the Pacific," in *Voyaging through the Contemporary Pacific*, ed. David Hanlon and Geoffrey M. White (Lanham, MD: Rowman and Littlefield, 2000), 135—140; Ryan Tucker Jones, "A'Havoc Made among Them': Animals, Empire, and Extinction in the Russian North Pacific, 1741 — 1810," *Environmental History* 16 (September 2011): 585—609。

16. 关于对大西洋世界的学术研究，参见 Joyce E. Chaplin, "Expansion and Exceptionalism in Early American History," *Journal of American History* 89 (March 2003): 1431—1455; Nicholas Canny, "Writing Atlantic History; or, Reconfiguring the History of Colonial British America," *Journal of American History* 86 (December 1999): 1093—1114; Peter A. Coclanis, " *Drang Nach Osten* : Bernard Bailyn, the World-Island, and the Idea of Atlantic History," *Journal of World History* 13 (Spring

2002), 169 — 182; Robin D. G. Kelley, "How the West Was One: The African Diaspora and the Re-Mapping of U. S. History," in *Rethinking American History in a Global Age*, ed. Thomas Bender (Berkeley: University of California Press, 2002), 123— 147; *The Atlantic World and Virginia*, ed. Peter Mancall (Chapel Hill: University of North Carolina Press, 2007); Alison Games, "Atlantic History: Definitions, Challenges, and Opportunities," *American Historical Review* 111 (June 2006): 741—757。

17. 关于对大洋盆地相互连接的精彩论述，参见 Rainer F. Buschmann, "Oceans of World History: Delineating Aquacentric Notions in the Global Past," *History Compass* 2 (January 2004): 1—5。

18. Fernand Braudel, *The Mediterranean and the Mediterranean World in the Age of Philip II*, trans. Sian Reynolds (New York: Harper and Row, 1972 — 1973 [1949]), vol. 1:224。

19. Matsuda, "AHR Forum: The Pacific," 758, 759. 对这一概念更加完整的解释，参见 Matt K. Matsuda, Pacific *Worlds: A History of Seas, Peoples, and Cultures* (Cambridge: Cambridge University Press, 2012)。

20. *The Cambridge History of the Pacific Islanders*, ed. Donald Denoon (Cambridge: Cambridge University Press, 1997); Greg Dening, *Islands and Beaches: Discourse on a Silent Land: arquesas 1774 — 1880* (Honolulu: University of Hawai'i Press, 1980); David A. Chappell, "Active Agents versus Passive Victims: Decolonized Historiography or Problematic Paradigm?" *Contemporary Pacific* 7 (Spring 1995): 303—326.

21. 关于地中海世界的一致性，费尔南·布罗代尔坦承："地中海并不统一，但其一致性来源于地中海上人们采取的行动、人们暗示的关系以及人们遵循的航行。"我们可能在很多层面都不同意费尔南·布罗代尔的观点（最不能同意的，也许是他忽略地中海世界中的女性），但是他对人的流动的认识以及由此导致的不同地域之间的联系或"航线"，则为大洋世界的讨论提供了清晰的起点。Braudel, *The Mediterranean and the Mediterranean World in the Age of Philip II*, vol. 1: 267. 关于以海本身为中心的最新的地中海历史，参见 David Abulafia, *The Great Sea: A Human History of the Mediterranean* (New York: Oxford University Press, 2011)。

22. 关于历史"尺度"的讨论，参见 Richard White, "The Nationalization of Nature," *Journal of American History* 86 (December 1999): 976 — 986; Tonio Andrade, "A Chinese Farmer, Two African Boys, and a Warlord: Toward a Global Microhistory," *Journal of World History* 21 (December 2010): 573—591。我对历史尺度的认识还深受安妮·萨尔蒙德（Anne Salmond）著作的影响，参见 Salmond, *The Trial of the Cannibal Dog: The Remarkable Story of Captain Cook's Encounters in the South Seas* (New Haven, CT: Yale University Press, 2003)。

23. Ann Laura Stoler, "Preface to the 2010 Edition: Zones of the Intimate in

Imperial Formation, "*Carnal Knowledge and Imperial Power: Race and the Intimate in Colonial Rule* (Berkeley: University of California Press, 2010), xx.

24. Patrick Vinton Kirch, *How Chiefs Became Kings: Divine Kingship and the Rise of Archaic States in Ancient Hawai'i* (Berkeley: University of California Press, 2010).

25. 关于马奎纳酋长，参见 Anya Zilberstein, "Objects of Distant Exchange: The Northwest Coast, Early America, and the Global Imagination," *William and Mary Quarterly* 64 (July 2007): 589－618。关于当地与更广阔的外界积极联系的例子，参见 Coll Thrush, *Native Seattle: Histories from the Crossing-Over Place* (Seattle: University of Washington Press, 2007)。

26. Alejandro Malaspina, *The Malaspina Expedition*, 1789－1794: *Journal of the Voyage by Alejandro Malaspina*, ed. Andrew David et al. (London: Hakluyt Society, 2001－2004).

27. 我没有采用彭慕兰 (Ken Pomeranz) 在其杰出的著作的书名中的说法，希望得到他的谅解，他的著作是: *The Great Divergence: China, Europe, and the Making of the Modern World Economy* (Princeton, NJ: Princeton University Press, 2000)。关于对这个问题更加现代的视角，参见 *China in Oceania: Reshaping the Future?* ed. Terence Wesley Smith and Edgar A. Porter (New York: Berghahn Books, 2010)。

28. John Kendrick to Joseph Barrell, March 28, 1792, in Howay, *Voyages of the "Columbia,"* 473.

第一章

1. T. T. Waterman, *Yurok Geography* (Berkeley: University of California Press, 1920); and Alfred L. Kroeber, *Yurok Myths* (Berkeley: University of California Press, 1976).

2. William Shaler, *Journal of a Voyage between China and the North-Western Coast of America, Made in* 1804 (Philadelphia, 1808), 140. 另见谢勒的商业伙伴理查德·杰弗瑞·克利夫兰(Richard Jeffrey Cleveland) 的记述，Richard Jeffrey Cleveland, *Voyages and Commercial Enterprises, of the Sons of New England* (New York: Burt Franklin, 1857), 404－407。

3. Shaler, *Journal of a Voyage*, 145.

4. Ibid., 160.

5. Ibid., 161.

6. Ibid., 171.

7. John T. Hudson, "Journal and Logbook of John T. Hudson, 1805－1807," Huntington Library; and Adele Ogden, *The California Sea Otter Trade*, 1784－1848 (Berkeley: University of California Press, 1941), 42－43.

8. 关于边地历史的最新著述，特别是涉及海洋空间的，参见 Pekka Hämäläinen

and Samuel Truett, "On Borderlands," *Journal of American History* 98 (September 2011): 338－361。另见 Jeremy Adelman and Stephen Aron, "From Borderlands to Borders: Empires, Nation-States, and the Peoples in Between in North American History," *American Historical Review* 104 (June 1999): 816。

9. Waterman, *Yurok Geography*, 220－221.

10. Jeanne E. Arnold, "The Chumash in World and Regional Perspectives," in *The Origins of a Pacific Coast Chiefdom: The Chumash of the Channel Islands*, ed. Jeanne E. Arnold (Salt Lake City: University of Utah Press, 2001), 1－19.

11. Jeanne E. Arnold, Aimee M. Preziosi, and Paul Shattuck, "Flaked Stone Craft Production and Exchange in Island Chumash Territory," in Arnold, *Origins of a Pacific Coast Chiefdom*, 113－131.

12. Gwenn A. Miller, *Kodiak Kreol: Communities of Empire in Early Russian America* (Ithaca, NY: Cornell University Press, 2010) 1－48; *Looking Both Ways: Heritage and Identity of the Alutiiq People*, ed. Aron L. Crowell, Amy F. Steffian, and Gordon L. Pullar (Fairbanks: University of Alaska Press, 2001); John R. Bockstoce, *The Opening of the Maritime Fur Trade at Bering Strait* (Philadelphia: American Antiquarian Society, 2005), 18－21; and Ogden, *California Sea Otter Trade*, 11－14.

13. Theodore Morgan, *Hawai'i: A Century of Economic Change*, 1778－1876 (Cambridge, MA: Harvard University Press, 1948), 47－49; William Ellis, *A Journal of a Tour around Hawai'i* (Boston: Crocker and Brewster, 1825), 30－31.

14. 关于库拉圈的经典研究，见 Bronislaw Malinowski, *Argonauts of the Western Pacific: An Account of Native Enterprise and Adventure in the Archipelagoes of Melanesian New Guinea* (New York: Dutton, 1922)。另见 Jerry W. Leach and Edmund Ronald Leach, *The Kula: New Perspectives on Massim Exchange* (Cambridge: Cambridge University Press, 1983)。

15. Marshall I. Weisler and Patrick V. Kirch, "Interisland and Interarchipelago Transfer of Stone Tools in Prehistoric Polynesia," *Proceedings of the National Academy of Science* 93 (February 1996): 1381－1385.

16. Robert Marks, "Maritime Trade and the Agro-Ecology of South China, 1685－1850," in *Pacific Centuries: Pacific Rim Economic History Since the Sixteenth Century*, ed. Dennis O. Flynn, A. J. H. Latham, and Lionel Frost (London: Routledge, 1998), 87.

17. Ibid., 91.

18. Dennis O. Flynn, Arturo Giraldez, and James Sobredo, *European Entry into the Pacific: Spain and the Acapulco-Manila Galleons* (Aldershot, UK: Ashgate, 2001); 特别参见 "Introduction," xiii－xxxviii; C. R. Boxer, "*Plata es Sangre*: Sidelights on the Drain of Spanish-American Silver in the Far East, 1550－1700," 165－

186；Maria Lourdes Diaz-Trechuelo, "Eighteenth Century Philippine Economy: Commerce," 281—308。关于对"西班牙内湖"概念的最新批评，参见 Ryan Crewe, "Sailing for the'Chinese Indies': Charting the Asian-Latin American Rim, Conduits, and Barriers of the Early Modern Pacific World," paper presented at the 18th Annual Conference of the Omohundro Institute of Early American History and Culture, June 16, 2012。

19. Hugh Golway, "The Cruise of the Lelia Byrd," *Journal of the West* 8 (July 1969): 396—398; Richard F. Pourade, *Time of the Bells* (San Diego: Union-Tribune Publishing, 1961), 96—101.

20. Richard Henry Dana, quoted in Richard Jeffry Cleveland, *Voyages of a Merchant Navigator of the Days That Are Past* (New York: Harper, 1886), 95.

21. Steven W. Hackel, "Land, Labor, and Production: The Colonial Economy of Spanish and Mexican California," in *Contested Eden: California Before the Gold Rush*, ed. Ramón A. Gutiérrez and Richard Orsi (Berkeley: University of California Press, 1998), 118—129.

22. 谢勒和理查德·杰弗瑞·克利夫兰在广州卖掉毛皮，买了大量的丝绸和茶叶。克利夫兰率领美国商船"戒备号"(Alert) 带着丝绸去往纽约，谢勒则带着茶叶去往加利福尼亚和夏威夷。通过这次贸易，克利夫兰赚了 7 万美元。Cleveland, *Voyages of a Merchant Navigator*, 100。

23. Shaler, *Journal of a Voyage*, 144.

24. Ogden, *California Sea Otter Trade*, 42—43.

25. Shaler, *Journal of a Voyage*, 148; Ogden, *California Sea Otter Trade*, 43.

26. Shaler, *Journal of a Voyage*, 153. Emphasis added.

27. William Shaler to R. J. Cleveland, n. d. in Cleveland, *Voyages and Commercial Enterprises*, 406.

28. 参见收集的手稿"Trading Vessels on the California Coast, 1786—1847," Adele Ogden Collection, Bancroft Library, University of California, Berkeley.

29. Fray José Señán to José de la Guerra, July 24, 1822, Bancroft Library; Hackel, "Land, Labor, and Production," 128—130; David J. Weber, *The Mexican Frontier*, 1821 — 1846: *The American Southwest under Mexico* (Albuquerque: University of New Mexico Press, 1982), 151—153.

30. Steven W. Hackel, *Children of Coyote, Missionaries of Saint Francis: Indian-Spanish Relations in Colonial California*, 1769—1850 (Chapel Hill: University of North Carolina Press, 2005), 371.

31. F. W. Howay, *A List of Trading Vessels in the Maritime Fur Trade*, 1785—1825 (Kingston, ON: Limestone Press, 1973); J. S. Cumpston, *Shipping Arrivals and Departures: Sydney*, 1788—1825, 3 vols. (Canberra: A.C.T.: Roebuck Society, 1963); Bernice Judd, *Voyages to Hawai'i before* 1860 (Honolulu: University of

Hawai'i Press, 1974); Rhys Richards, *Honolulu: Centre of Trans-Pacific Trade: Shipping Arrivals and Departures*, 1820 — 1840 (Honolulu: Hawaiian Historical Society, 2000); Rhys Richards, "United States Trade with China, 1784 — 1814," *American Neptune* 54 (1994): 5—76.

32. 戴维·伊格莱尔，"加利福尼亚航运数据库"（未出版）。这个数据库是根据阿德尔·奥格登收集的航运记录编制的，其记录的内容是"加利福尼亚 1786 年到 1847 年间的商船"（Trading Vessels on the California Coast, 1786—1847），收藏于班克洛夫特图书馆。奥格登记录的关于每艘商船信息的来源包括原始的航海日志、船员的航海记述、墨西哥和西班牙的档案记录以及大量二手资料的调查。我将每艘船的信息输入到电子表格之中，内容多达 44 项（包括船主、悬挂旗子、货物类别、目的地），然后用统计软件 Stata 对数据进行分析。尽管奥格登的记录可能不是最完整的，但截至目前，它仍然是关于淘金热之前加利福尼亚航运最翔实、最综合的材料。

33. 戴维·伊格莱尔，"加利福尼亚航运数据库"。虽然这个数据库中的所有船只都进入了加利福尼亚沿海水域，但并没有全部进入加利福尼亚的港口。这一重要的事实揭示了 1821 年以前西班牙对加利福尼亚进行统治的历史。从事海獭贸易的商船往往避免进入加利福尼亚和墨西哥的港口，其原因是害怕船上的货物被扣押（有时候船只也会被扣押）。因此，很多商船就不靠岸，而是在海岸岛屿的附近抛锚，因为大多数海獭捕猎是基于海岛而完成的。参见 Ogden, *California Sea Otter Trade*, 32—45。

34. 导致太平洋贸易激增的原因还有跨洋商船的改进、太平洋诸岛与中国之间的檀香木和干海参交易以及 19 世纪 20 年代美国捕鲸船队进入太平洋水域。在 19 世纪 20 年代，捕鲸船队的船只占加利福尼亚所有船只的 26%，在火奴鲁鲁港口停泊的捕鲸船占所有船只的比例比加利福尼亚还多。

35. 总体来说，在太平洋商业中，这一点非常重要。但是，对于加利福尼亚来说，它体现着一种特别的震荡，因为通常看来，加利福尼亚的历史阶段很明显，从印第安人统治到西班牙人统治，再到美国人统治，很少有其他方面参与。不过，对于加利福尼亚的沿海地区来说，情况则另当别论了，那里的船只来自四面八方，呈现着鲜明的国际特色。

36. 阿德尔·奥格登制作的商船全名单从国籍或地区（公司）看，包括西班牙、英国、秘鲁、俄国、墨西哥、美国（波士顿、纽约、哈特福德、巴尔的摩、费城）、法国、夏威夷、加利福尼亚、广州、哥伦比亚、哈得孙湾公司、德国、汉堡、撒丁岛、毛里求斯、厄瓜多尔、智利、瑞典、加拿大、中美洲和丹麦。

37. Karen Ordahl Kupperman, "International at the Creation: Early Modern American History," in *Rethinking American History in a Global Age,* ed. Thomas Bender (Berkeley: University of California Press, 2002), 105.

38. Igler, "Database of California Shipping."

39. Jennifer Newell, *Trading Nature: Tahitians, Europeans, and Ecological Exchange* (Honolulu: University of Hawai'i Press, 2010).

40. Gary Okihiro, *Island World: A History of Hawai'i and the United States*

(Berkeley: University of California Press, 2008).

41. 伯尼斯·朱迪（Bernice Judd），《1860 年以前通往夏威夷的航行》（*Voyages to Hawai'i before* 1860），1－17。朱迪的统计数据包括同一年内两次抵达夏威夷的船只，也就是说，那艘船因为两次抵达而被计算为两艘船，这就形成了她的数据和另一个来源的数据之间的差距。根据另一个来源的数据，1819 年以前抵达夏威夷的船只仅有 94 艘。参见"Ships to Hawai'i before 1819," http://www. hawaiian-roots. com/shipsB1880. htm, accessed July 2002。相比而言，在 1786 年和 1819 年之间进入加利福尼亚水域的船只达到 188 艘，但是其中的 102 艘是西班牙的船只，仅航行于圣布拉斯、加利福尼亚和西北海岸之间。因此，抵达加利福尼亚和夏威夷的跨洋商船的数量（绝大多数是英国和美国船只），大体上是相等的。

42. 这些数据来自历史学家和经济学家西奥多·摩根（Theodore Morgan）。摩根承认，对于这些数据的准确性，"他是持有一定程度的怀疑的"。他写道："从这些数据中，为了得到抵达船只的数量，需要做些减法，减去那些不止一次抵达的船只。就捕鲸船而言，减去的船只数量估计大约是总数的三分之一。"Morgan, *Hawai'i*, 225－226. 另一个可资比较的关于捕鲸船的数据来自里斯·理查兹（Rhys Richards），根据他的统计，从 1820 年到 1840 年停泊在火奴鲁鲁的捕鲸船有 1565 艘。他的数据不包括停泊在拉海纳港的捕鲸船，也没有统计 19 世纪 40 年代不断增长的捕鲸船的数量。统而言之，里斯·理查兹的数据比西奥多·摩根的数据少大约三分之一。Richards, *Honolulu*, 12.

43. Patrick Kirch, *Feathered Gods and Fishhooks: An Introduction to Hawaiian Archaeology and Prehistory* (Honolulu: University of Hawai'i Press, 1985), 27－30, 65－67, 215－231.

44. 马歇尔·萨林斯（Marshall Sahlins）认为，夏威夷统治者"把来自西方的商品用于强化他们自己的权力上，也就是说，强化他们自己作为神的传统认识——至于全球物质力量能带来怎样的特殊效果，那要看它们如何与当地文化融合，取决于它们与当地文化融合的方式。Marshall Sahlins, "Cosmologies of Capitalism: The Trans-Pacific Sector of 'The World System '," in *Culture/Power/History: A Reader in Contemporary Social Theory*, ed. Nicholas B. Dirks, Geoff Eley, and Sherry B. Ortner (Princeton, NJ: Princeton University Press, 1994), 414.关于夏威夷作为一个"古国"和日渐兴起的政治经济体，参见 Patrick Vinton Kirch, *How Chiefs Became Kings: Divine Kingship and the Rise of Archaic States in Ancient Hawai'i* (Berkeley: University of California Press, 2010), especially 114－123。

45. Charles Pierre Claret Fleurieu, *Voyage autour du monde: pendant les annees* 1790, 1791 *et* 1792 (Paris: De l'Imprimerie de la République, 1798 － 1800), vol. 1: 410.

46. Peter Corney, *Early Voyages in the North Pacific* (Fairfield, WA: Ye Galleon Press, 1965 [1836]).

47. Ibid., 127. 关于在太平洋西北海岸谋生的夏威夷人，参见 Jean Barman and

Bruce McIntyre Watson, *Leaving Paradise: Indigenous Hawaiians in the Pacific Northwest*, 1787—1898 (Honolulu: University of Hawai'i Press, 2006)。

48. Robert Crichton Wyllie, "Analytic view of the goods imported for consumption at... Honolulu... and of the goods transshipped... during the year 1843," *The Friend, of Temperance and Seamen* (June 1, 1844): 56—59.

49. 阿德尔·奥格登从班克洛夫特图书馆、哈佛商学院以及哈佛大学霍顿图书馆 (Houghton Library) 收藏的各种商人资料中搜罗了几千封这类的信函，参见 Ogden, "Mexican California: Topics Found in Maritime MS Materials," Bancroft Library, University of California, Berkeley。

50. O. A. Bushnell, *The Gifts of Civilization: Germs and Genocide in Hawai'i* (Honolulu: University of Hawai'i Press, 1983), 215—264.

51. Marks, "Maritime Trade and the Agro-Ecology of South China, 1685—1850," 97, 100. 马立博进一步指出，中国在对外贸易中长期出超，直到 19 世纪 30 年代从英国和美国商人那里大量进口鸦片，才变为入超。

52. Howay, *List of Trading Vessels in the Maritime Fur Trade.*

53. Paul A. Van Dyke, *The Canton Trade: Life and Enterprise on the China Coast*, 1700—1845 (Hong Kong: Hong Kong University Press, 2005), 5—18.

54. Lord George Macartney to Erasmus Gower, July 27, 1793, "China Embassy Letters Received," box G/12/92, East India Company Collection, British Library.

55. C. H. Philips, *The East India Company*, 1784—1834 (Manchester, UK: Manchester University Press, 1940), 302; John Keay, *The Honourable Company: A History of the English East India Company* (New York: Macmillan, 1994), 430.

56. Van Dyke, *Canton Trade*, 117—142. 关于贸易走私，参见 Robert J. Antony, "Sea Bandits of the Canton Delta, 1780—1839," *International Journal of Maritime History* 17 (December 2005): 1—29。

57. William Dane Phelps to Joseph B. Eaton, November 17, 1868, William Dane Phelps Collection, Widener Memorial Library, Harvard University.

58. 关于 "雄鹰号" 商船贸易情况的估计，源自加利福尼亚商人约翰·米克斯 (John Meeks)，参见 William Heath Davis, *Sixty Years in California* (San Francisco: A. J. Leary, 1889), 299。

59. "List of American Vessels at the Port of Canton, Season 1820, 1821," in "Canton Diary for Season 1820/1821," East India Company Collection, British Library.

60. N. H. C. Plowden to Joseph Dart, Secret Committee/Department, June 27, 1821, "Secret Letters Received from China, June 27, 1821 to February 6, 1823," box G/12/284, East India Company Collection, British Library.

61. "List of American Vessels at the Port of Canton, Season 1821, 1822" and "Estimate of the Import Trade on American Vessels at the Port of Canton, Season 1821, 1822," in "Canton Diary for Season 1821/1822," East India Company Collection, British

Library.

62. Plowden to Dart, June 27, 1821.

63. 关于这期间广州和广东省的市场活动情况，参见 Robert Marks, *Tigers, Rice, Silk, and Silt: Environment and Economy in Late Imperial South China* (Cambridge: Cambridge University Press, 1998), 163—194。

64. Jacques M. Downs, *The Golden Ghetto: The American Commercial Community in Canton and the Shaping of American China Policy*, 1784 — 1844 (Bethlehem, PA: Lehigh University Press, 1997), 44.

65. Keay, *Honourable Company*, 454—456; Downs, *Golden Ghetto*, 46.

66. 关于特选委员会和秘密委员会之间的来往信函，见 March 19 and April 18, 1822, box G/12/284; "Statement of Opium imported into China Season 1821, 1822," box G/12/225, East India Company Collection, British Library.

67. Howay, *Trading Vessels in the Maritime Fur Trade.* 这个数字代表着年度船只到访情况，其中有些船只在同一次航行中会在这里停留不止一次。感谢马里奥·基 (Marion Gee) 将豪威（Howay）记录中的信息录入到数据库里。

68. 豪威的记录显示，英国船只占所有船只的 14%，而美国船只占所有商船的 75%。Howay, *Trading Vessels in the Maritime Fur Trade*, 2.

69. Camille de Roquefeuil, *Journal d'un voyage autour du monde: Pendant les années* 1816, 1817, 1818, *et* 1819 (Paris: Ponthieu, 1823), vol. 1: 191. 俄国船只"鲁里克号"上的阿德尔贝特·冯·沙米索提到了这艘船"奇里克号"（Chirik）和它的船长"宾泽曼先生"（Mr. Binzemann），并说，那名船长的右腿是木头安装的假腿，参见 Chamisso, *A Voyage around the World with the Romanzov Expedition in the Years* 1815—1818 (Honolulu: University of Hawai'i Press, 1986), 95。

70. James R. Gibson, *Otter Skins, Boston Ships, and China Goods: The Maritime Fur Trade of the Pacific Northwest*, 1785—1841 (Seattle: University of Washington Press, 1992), 38.

71. Howay, *Trading Vessels in the Maritime Fur Trade.*

72. Robin Fisher, *Contact and Conflict: Indian-European Relations in British Columbia*, 1774—1890 (Vancouver: University of British Columbia Press, 1977), 1—48; Daniel W. Clayton, *Islands of Truth: The Imperial Fashioning of Vancouver Island* (Vancouver: University of British Columbia Press, 2000), 78.

73. John Meares, *Voyages Made in the Years* 1788 *and* 1789, *From China to the North West Coast of America* (London: Logographic Press, 1790), 141—142.

74. James Cook, *The Journals of Captain Cook*, ed. Philip Edwards (London: Penguin Books, 1999), 545—546.

75. 豪威的"商船目录"（List of Trading Vessels）包括印第安人和外来商人之间发生的数不胜数的冲突事件，不过，只有少数事件的目的是为了抢夺船只。另见 Robin Fisher, "Arms and Men on the Northwest Coast, 1774—1825," *BC Studies* 29

(1976)：3—18。

76. Dorothy Burne Goebel, "British Trade to the Spanish Colonies, 1796—1823," *American Historical Review* 43 (January 1938)：318.

77. Ibid., 319.

78. Charles Darwin, *The Voyage of the Beagle*, ed. Leonard Engel (New York: Natural History Library, 1962), 365—368; W. M. Mathew, "The Imperialism of Free Trade: Peru, 1820—70," *Economic History Review* 21 (December 1968)：562—579; Mathew, "Peru and the British Guano Market, 1840—1870," *Economic History Review* 23 (April 1970)：112—128.

79. Edward Inskeep, "San Blas, Nayarit: An Historical and Geographic Study," *Journal of the West* 2 (1963)：133—144; Warren L. Cook, *Flood Tide of Empire: Spain and the Pacific Northwest, 1543—1819* (New Haven, CT: Yale University Press, 1973), 48—51.

80. Ogden, *California Sea Otter Trade*, 45—65; Ivan Veniaminov, *Notes on the Islands of the Unalaska District*, ed. Lydia T. Black and R. H. Geoghegan (Fairbanks, AK: Limestone Press, 1984 [1804]), 248—258; Miller, *Kodiak Kreol*, 44, 71—72. 关于俄美公司，参见 Ilya Vinkovetsky, *Russian America: An Overseas Colony of a Continental Empire, 1804—1867* (New York: Oxford University Press, 2011); Ryan Tucker Jones, "A 'Havoc Made among Them': Animals, Empire, and Extinction in the Russian North Pacific, 1741—1810," *Environmental History* 16 (September 2011)：585—609。

81. 阿比·简·莫雷尔不仅将她的记述献给她的"妇女同胞"，还献给那些"选择单身"和"同意结婚"的人。Abby Jane Morrell, *Narrative of a Voyage to the Ethiopic and South Atlantic Ocean, Indian Ocean, Chinese Sea, North and South Pacific Ocean, in the years 1829, 1830, 1831* (New York: J. and J. Harper, 1833), 2. 另见 Benjamin Morrell, *A Narrative of Four Voyages: To the South Sea, North and South Pacific Ocean, Ethiopic and Southern Atlantic Ocean, Indian and Antarctic Ocean, from the year 1822 to 1831* (New York: J. and J. Harper, 1832)。这两部记述都被出版社雇用的枪手进行了大量的修改润色。参见 Eugene Exman, *The Brothers Harper: A Unique Publishing Partnership and Its Impact upon the Cultural Life of America from 1817 to 1853* (New York: Harper and Row, 1965), 29—30。感谢迈克尔·布洛克（Michael Block）让我注意到这一点。

82. 关于干海参贸易，参见 R. Gerald Ward, "The Pacific *Bêche-de-mer* Trade with Special Reference to Fiji," in *Man in the Pacific Islands: Essays on Geographical Change in the Pacific Islands* (Oxford: Clarendon Press, 1972), 91—123。

83. Morrell, *Narrative of a Voyage*, 57.

84. Ibid., 59, 67; and Morrell, *Narrative of Four Voyages*, 450.

85. Morrell, *Narrative of a Voyage*, 68.

86. Ibid., 70, 143.

87. 莫雷尔写道："我希望能活着看到这个大洋中的岛屿，上面居住着我的同胞，完全受到我的国家的保护。" Ibid., 224.

88. John Turnbull, *A Voyage round the World, in the Years* 1800, 1801, 1802, 1803, *and* 1804 (Richard Phillips: London 1805), vol.2: 13—14.

89. Captain [Alexander] M'Konochie, *A Summary View of the Statistics and Existing Commerce of the Principal Shores of the Pacific Ocean* (London: J. M. Richardson, 1818), ix, 98.

90. Ibid., 98.

91. Ibid., ix.

92. Ibid., 100.

93. Ibid., 225. Emphasis added.

94. Ibid., 98.

95. Shaler, *Journal of a Voyage,* 166, 168.

96. Robert C. Schmitt, "The Okuu-Hawai'i's Greatest Epidemic," *Hawai'i Medical Journal* 29 (May-June 1970): 359—364.

97. 最直接的记述来自俄国船长尤里·莱希安斯基（Urey Lisiansky）。1804 年，他就在考爱岛和夏威夷岛上。参见 Urey Lisiansky, *A Voyage round the World in the Years* 1803, 1804, 1805, *and* 1806 (London: John Booth, 1814), 111—113。

98. Lorrin Andrews, *A Dictionary of the Hawaiian Language* (Honolulu: Henry M. Whitney, 1865), 97.

99. Golway, "The Cruise of the Lelia Byrd," 399.

第二章

1. *The Journals of Captain James Cook on His Voyages of Discovery*, J. C. Beaglehole, ed. (Cambridge: Hakluyt Society, 1955 — 1974), vol. 3, pt. 1: 540, 699, 700.

2. Clerke to Banks, August 10, 1779; in Beaglehole, *Journals,* vol. 3, pt. 2: 1542—1543. 多数历史学家指出，克拉克蹲的监狱是另一个，叫弗利特监狱（Fleet）。不管是哪个监狱，克拉克之所以进去服刑，是因为他的兄弟为了逃避债主而乘船去了印度。

3. Anne Salmond, *The Trial of the Cannibal Dog: The Remarkable Story of Captain Cook's Encounters in the South Seas* (New Haven, CT: Yale University Press, 2003), 309; Clerke to Admiralty Secretary, August 1, 1776; Clerke to Banks, August 1, 1776; Clerke to Banks, November 23, 1776; in Beaglehole, *Journals,* vol. 3, pt. 2: 1513, 1514, 1518.

4. Beaglehole, *Journals,* vol. 3, pt. 1: 259. 根据海军中尉詹姆斯·伯尼（James Burney）的说法，克拉克和威廉·安德森为了改善他们的健康状况，曾考虑请假，在胡阿希内岛（Huahine）离开船队，参见 Burney, *A Chronological History of North*－*Eastern Voyages of Discovery* (London: Paine and Foss, 1819), 233－234.

5. Beaglehole, *Journals*, vol. 3, pt. 1: 406.

6. Sir James Watt, "Medical Aspects and Consequences of Cook's Voyages," in *Captain James Cook and His Times*, ed. Robin Fisher and Hugh Johnston (Seattle: University of Washington Press, 1979), 149.

7. Ibid., 134－149.

8. 关于美洲瘟疫的文献可以说是汗牛充栋，包括 Alfred W. Crosby, *The Columbian Exchange: Biological and Cultural Consequences of 1492* (Westport, CT: Greenwood Publishers, 1972); Henry Dobyns, *Their Numbers Become Th inned: Native American Population Dynamics in Eastern North America* (Knoxville: University of Tennessee Press, 1983); Ann F. Ramenofsky, *Vectors of Death: The Archaeology of European Contact* (Albuquerque: University of New Mexico Press, 1987); Suzanne Alchon, *A Pest in the Land: New World Epidemics in a Global Perspective* (Albuquerque: University of New Mexico Press, 2003); Robert Boyd, *The Coming of the Spirit of Pestilence: Introduced Infectious Diseases and Population Decline among Northwest Coast Indians*, 1774 － 1874 (Seattle: University of Washington Press, 1999)。

9. Emmanuel Le Roy Ladurie, *The Mind and Method of the Historian*, trans. Sian Reynolds and Ben Reynolds (Chicago: University of Chicago Press, 1981), 12.

10. 关于太平洋群岛的疾病和人口减少情况，参见 *The Growth and Collapse of Pacific Island Societies: Archaeological and Demographic Perspectives*, ed. Patrick V. Kirch and Jean-Louis Rallu (Honolulu: University of Hawai'i Press, 2007); A. D. Cliff, P. Haggett, and M. R. Smallman-Raynor, *Island Epidemics* (New York: Oxford University Press, 1998); David E. Stannard, "Disease, Human Migration, and History," in *The Cambridge World History of Human Disease*, ed. K. F. Kiple (Cambridge: Cambridge University Press, 1993), 35 － 43; John Miles, *Infectious Diseases: Colonising the Pacific?* (Dunedin, NZ: University of Otago Press, 1997); David E. Stannard, *Before the Horror: The Population of Hawai'i on the Eve of Western Contact* (Honolulu: University of Hawai'i Press, 1989); O. A. Bushnell, *The Gifts of Civilization: Germs and Genocide in Hawai'i* (Honolulu: University of Hawai'i Press, 1983); Alan Moorehead, *The Fatal Impact: An Account of the Invasion of the South Pacific* (New York: Harper and Row, 1966)。研究土著人口下降及其影响的太平洋本土学者作品，包括 K. R. Howe, *The Loyalty Islands: A History of Culture Contact*, 1840 － 1900 (Honolulu: University of Hawai'i Press, 1977); Howe, "The Fateof the' Savage' in Pacific Historiography," *New Zealand Journal of History* 11 (1977): 137－ 154; David Hanlon, *Upon a Stone Altar: A History of the Island of Pohnpei to 1890* (Honolulu: University of Hawai'i Press,

1988）; Lilikalā Kame'eleihiwa, *Native Land and Foreign Desires: Pehea Lā E Pono Ai? How Shall We Live in Harmony?* (Honolulu: Bishop Museum Press, 1992)。

11. David S. Jones, "Virgin Soils Revisited," *William and Mary Quarterly* 60 (October 2003): 703—742.

12. 根据地理学家琳达·纽森（Linda Newson）的观点，环境是构成"疾病生态"的三个要素之一。她写道："人类的疾病，起源于寄生虫、宿主及其环境之间的相互作用。这三个要素，如果缺少任何一个，人们都不可能理解疾病的根源、传播以及影响。"参见 Linda A. Newson, "A Historical-Ecological Perspective on Epidemic Disease," in *Advances in Historical Ecology*, ed. William Balee (New York: Columbia University Press, 1998), 42。

13. 关于太平洋土著与外界接触之前的健康状况，参见 Ramenofsky, *Vectors of Death*; O. A. Bushnell, "Hygiene and Sanitation Among the Ancient Hawaiians," *Hawai'i Historical Review* 2 (1966): 316—336; Patrick Kirch, *On the Road of the Winds: An Archaeological History of the Pacific Islands* (Berkeley: University of California Press, 2000), 56—57。关于疾病的不同种类和类别，参见 Leslie B. Marshall, "Disease Ecologies of Australia and Oceania"; and Stannard, "Disease, Human Migration, and History," 482—496, 35—43。

14. Mary Kawena Pukui, ed. *'Ōlelo No'eau: Hawaiian Proverbs and Poetical Sayings* (Honolulu: Bishop Museum Press, 1983), 211; Joseph Keawe'aimoku Kaholokula, "Colonialism, Acculturation, and Depression among Kānaka Maoli of Hawai'i," in *Penina uliuli: Contemporary Challenges in Mental Health for Pacific Peoples*, ed. Philip Culbertson and Margaret Nelson Agee (Honolulu: University of Hawai'i Press, 2007), 181.

15. 英国传教士约翰·威廉姆斯（John Williams）描述了在 19 世纪 20 年代末传染到拉罗汤加岛（Rarotonga）上的一种疾病，是这种思考最典型的范例之一："土著人说，瘟疫是由一艘到他们这儿的船带来的，然后就在岛上暴发了。这当然是一个事实，无法进行任何反驳。我在岛上停留期间，观察到大部分疾病是到访的船只带来的，并在岛上肆虐传染。在这个事实的背后，一个令人惊异的地方是，携带并传播这一可怕病菌的船员自身，却没有任何感染疾病的迹象。疾病的传染不是通过船员伤天害理的行为造成的，而是通过普通常见的性行为造成的。" John Williams, *A Narrative of Missionary Enterprises in the South Sea Islands* (London: J. Snow, 1837), 281—282.

16. 传教士威廉·瓦特·基尔（William Wyatt Gill）将土著人的这句话翻译成"我感染了一个船上带过来的疾病"。参见 Gill, *Life in the Southern Isles: or, Scenes and Incidents in the South Pacific and New Guinea* (London: Religious Tract Society, 1876), 106。

17. Boyd, *Coming of the Spirit of Pestilence*, 54.

18. Samuel M. Kamakau, *Ka Po'e Kahiko: The People of Old* (Honolulu:

University of Hawai'i Press, 1964), 109.

19. August Hirsch, *Handbook of Historical and Geographical Pathology*, 3 vols. (London: New Sydenham Society, 1883 [1864]). 关于 19 世纪医学的发展历史，参见 Linda Nash, *Inescapable Ecologies: A History of Environment, Disease, and Knowledge* (Berkeley: University of California Press, 2006), 28 − 30; Nicolaas A. Rupke, "Humboldtian Medicine," *Medical History* 40 (July 1996): 293−310。

20. Hirsch, *Handbook of Historical and Geographical Pathology*, vol.2: 74.

21. 这些"礼物"不仅限于疾病，还包括动物、植物以及物品，参见 Bushnell, *Gifts of Civilization*, 1 − 23; Alfred W. Crosby, *Ecological Imperialism: The Biological Expansion of Europe*, 900−1900 (New York: Cambridge University Press, 1986), 217−268。关于新西兰殖民地药物的详细情况，参见 Toeolesulusulu Damon Salesa, "'The Power of the Physician': Doctors and the 'Dying Maori' in Early Colonial New Zealand," *Health and History* 3 (2001):13−40。

22. Elizabeth A. Fenn, *Pox Americana: The Great Smallpox Epidemic of 1775−82* (New York: Hill and Wang, 2001); Boyd, *Coming of the Spirit of Pestilence*.

23. 关于天花以及西北海岸的情况，参见 Cole Harris, "Voices of Disaster: Smallpox around the Strait of Georgia in 1782," *Ethnohistory* 41 (Fall 1994): 591−626; Christon I. Archer, "Whose Scourge? Smallpox Epidemics on the Northwest Coast," in Pacific *Empires: Essays in Honour of Glyndwr Williams*, ed. Alan Frost and Jane Samson (Vancouver: University of British Columbia Press, 1999), 165−191; Boyd, *Coming of the Spirit of Pestilence*, 21−60。

24. William Charley, "The First White Man among the Klikitats," cited in Boyd, *Coming of the Spirit of Pestilence*, 115.

25. William Shaler, *Journal of a Voyage between China and the North-Western Coast of America, Made in 1804* (Philadelphia, 1808), 152. 关于俄属阿拉斯加地区疾病和饥饿的其他记述，参见 Ivan Veniaminov, *Notes on the Islands of the Unalashka District*, trans. Lydia T. Black and R. H. Geoghegan, ed. Richard A. Pierce (Kingston, ON: Limestone Press, 1984 [1840]), 257−258。

26. Clerke to Banks, August 1, 1776, *Journals*, vol.3, pt.2: 1514. 关于他出狱的情况，参见 Richard Hough, *Captain James Cook* (New York: W. W. Norton, 1994), 286。

27. Hough, *Captain James Cook*, 275.

28. Anonymous, August 26, 1805, "Supercargo's Log of the Brig *Lydia*, 1804−1807," Western Americana Collection, Beinecke Rare Book and Manuscript Library, Yale University. 感谢詹妮弗-斯通 (Jennifer Staver) 的帮助，让我注意到这个文献。

29. William Reynolds, *The Private Journal of William Reynolds, United States Exploring Expedition*, 1838 − 1842, ed. Nathaniel Philbrick and Thomas Philbrick (New York: Penguin Books, 2004), 119.

30. 关于陶培（Taupou）制度以及对于萨摩亚人性爱风俗更广泛人类学意义上的争论，参见 Paul Shankman, "The History of Samoan Sexual Conduct and the Mead-Freeman Controversy," *American Anthropologist* 98 (September 1996): 555 — 567; Jeanette Marie Mageo, *Theorizing Self in Samoa: Emotions, Genders, and Sexualities* (Ann Arbor: University of Michigan Press, 1998)。

31. Reynolds, *Private Journal*, 119. Emphasis in original.

32. Ibid.

33. David A. Chappell, "Shipboard Relations between Pacific Island Women and Euroamerican Men, 1767 — 1887," *Journal of Pacific History* 27 (December 1992): 131 — 149.

34. Shaler, *Journal of a Voyage*, 171.

35. David Samwell, *Some Account of a Voyage to South Seas in* 1776 — 1778; in Beaglehole, *Journals*, vol. 3, pt. 2: 1083.

36. William Ellis, *Authentic Narrative of a Voyage Performed by Captain Cook and Captain Clerke,* 1776 — 1780 (London: G. Robinson, 1783), 152.

37. Edmond Le Netrel, *Voyage of the Héros: Around the World with Duhaut-Cilly in the Years* 1826, 1827, 1828 & 1829, trans. Blanche Collet Wagner (Los Angeles: Glen Dawson, 1951), 172.

38. *News from New Cythera: A Report of Bougainville's Voyage* 1766 — 1769, ed. L. Davis Hammond (Minneapolis: University of Minnesota Press, 1970), 44.

39. J[ean]. F[rançois]. G[alaup]. La Pérouse, *A Voyage round the World in the Years* 1785, 1786, 1787, *and* 1788 (London: J. Johnson, 1798), vol. 2: 18, emphasis added.

40. Nicholas Thomas, *Cook: The Extraordinary Voyages of Captain James Cook* (New York: Walker, 2003), 159.

41. Bougainville, quoted in Salmond, *Trial of the Cannibal Dog*, 52.

42. Marshall Sahlins, *Islands of History* (Chicago: University of Chicago Press, 1985), 26.

43. Caroline Ralston, "Changes in the Lives of Ordinary Women in Early Post-Contact Hawai'i," in *Family and Gender in the Pacific: Domestic Contradictions and the Colonial Impact,* ed. Margaret Jolly and Martha Macintyre (Cambridge: Cambridge University Press, 1989), 64.

44. Ibid., 64. 乔斯琳·林纳金（Jocelyn Linnekin）对此进行了同样的分析："在同外国人的最初交往中，夏威夷妇女往往主动地利用自己的性爱魅力，期待为她们的孩子获得更高的社会地位并为自己获得更安全的未来。" Linnekin, *Sacred Queens and Women of Consequence: Rank, Gender, and Colonialism in the Hawaiian Islands* (Ann Arbor: University of Michigan Press, 1990), 55.

45. Reynolds, *Private Journal of William Reynolds*, 110.

46. 关于夏威夷的娼妓情况，参见 Jennifer Fish Kashay, "Competing Imperialisms and Hawaiian Authority: The Cannonading of Lāhainā in 1827," Pacific *Historical Review* 77 (August 2008): 369—390。

47. 关于不同种族之间的性事情况，基尔斯滕·费舍尔（Kirsten Fischer）在她对殖民地时期的北卡罗莱纳的研究中表达了类似的观点，参见 Fischer, *Suspect Relations: Sex, Race, and Resistance in Colonial North Carolina* (Ithaca, NY: Cornell University Press, 2002), 56—57。关于殖民地时期的性交往情况，参见 Ann Laura Stoler, *Race and the Education of Desire: Foucault's History of Sexuality and the Colonial Order of Things* (Durham: University of North Carolina Press, 1995)。

48. Hammond, *News from New Cythera*, 43—44.

49. George Forster, *Observations Made during a Voyage round the World*, ed. Nicholas Thomas, Harriet Guest, and Michael Dettelbach (Honolulu: University of Hawai'i Press, 1996), 260. 威廉·威尔斯对于福斯特记录的这些关系进行了反驳，参见 Wales, *Remarks on Mr. Forster's Account of Captain Cook's Last Voyage round the World* (London: J. Nourse, 1778)。

50. Winston L. Sarafian, "Smallpox Strikes the Aleuts," *Alaska Journal* 7 (Winter 1977): 46—49; Jackson, "Epidemic Disease and Population Decline in the Baja California Missions," 308—346; Warren L. Cook, *Flood Tide of Empire: Spain and the Pacific Northwest*, 1543— 1819 (New Haven, CT: Yale University Press, 1973), 309—310.

51. 关于西北海岸的奴役情况，参见 Leland Donald, *Aboriginal Slavery on the Northwest Coast of North America* (Berkeley: University of California Press, 1997); Boyd, *Coming of the Spirit of Pestilence*, 65—66。

52. José Mariano Moziño, *Noticias de Nutka, An Account of Nootka Sound in 1792*, ed. Iris Higbie Wilson (Seattle: University of Washington Press, 1970), 43.

53. Daniel W. Clayton, *Islands of Truth: The Imperial Fashioning of Vancouver Island* (Vancouver: University of British Columbia Press, 2000), 111.

54. Shaler, *Journal of a Voyage*, 42.

55. Caroline Ralston, "Polyandry, 'Pollution', 'Prostitution': The Problems of Eurocentrism and Androcentrism in Polynesian Studies," in *Crossing Boundaries: Feminisms and the Critique of Knowledges*, ed. Barbara Caine, E. A. Grosz, and Marie de Lepervanche (Sydney: Allen and Unwin, 1988), 79.

56. 这些疾病的共同点使得一些欧洲航海家开始相信，梅毒早就在土著地区存在，至少是他们在土著身上看到了梅毒这一疾病的真实影响。关于雅司病在夏威夷群岛的影响，参见 Seth Archer, "A Hawaiian Shatter Zone," paper presented at the 18th Annual Conference of the Omohundro Institute of Early American History and Culture, June 16, 2012。

57. 上述讨论源自相关流行病和医学史文献，包括 *The Myth of Syphilis: The*

Natural History of Treponematosis in North America, ed. Mary Lucas Powell and Della Collins Cook（Gainesville: University of Florida Press, 2005）, 9 — 53; Miles, *Infectious Diseases*, 53 — 62; Deborah Hayden, *Pox: Genius, Madness, and the Mysteries of Syphilis*（New York: Basic Books, 2003）, 28 — 42; Claude Quétel, *The History of Syphilis*, trans. Judith Braddock and Brian Pike（Baltimore: Johns Hopkins University Press, 1992）; Boyd, *Coming of the Spirit of Pestilence*, 61—83; Stannard, *Before the Horror*, 69 — 77; Alfred Crosby, "The Early History of Syphilis: A Reappraisal," *American Anthropologist* 71（April 1969）: 218—227.

58. 关于疾病治疗，参见 Hayden, *Pox*, 43—50; Quetel, *History of Syphilis*, 90 —93。

59. 关于土著人与欧洲人接触前和接触后的波利尼西亚的草药情况，参见 Paul Alan Cox, "Polynesian Herbal Medicine," in *Islands, Plants, and Polynesians: An Introduction to Polynesian Ethnobotany*, ed. Paul Alan Cox and Sandra A. Banack（Portland, OR: Dioscorides Press, 1991）, 147—168。关于加利福尼亚的当地药物，参见 S. F. Cook, "Disease of the Indians of Lower California in the Eighteenth Century," *California and Western Medicine* 43（December 1935）: 432—434。

60. 关于梅毒来源的三个主要理论以及对于哥伦布航行带来病菌这一观点的怀疑，参见 Powell and Cook, *Myth of Syphilis*, 31—39; C. Meyer et al., "Syphilis 2001: A Palaeopathological Reappraisal," *HOMO* 53（2002）: 41 — 42; Brenda J. Baker and George J. Armelagos, "The Origin and Antiquity of Syphilis," *Current Anthropology* 29（December 1988）: 703—720. 关于对梅毒来源 "一元论" 的评价以及非性病的雅司病如何摇身一变为性病梅毒，参见 S. J. Watt s, *Epidemics and History: Disease, Power, and Imperialism*（New Haven, CT: Yale University Press, 1997）, 126—127。根据一项最近的研究，第四个 "备选的理论" 认为，梅毒可能起源于热带非洲，并被欧洲商人带回非洲。参见 Frank B. Livingstone, "On the Origins of Syphilis: An Alternative Approach," *Current Anthropology* 32（December 1991）: 587—590。

61. 见德西德里斯・伊拉斯谟（Desiderius Erasmus）转引自阿尔弗雷德・克罗斯比（Alfred Crosby）参见 "The Early History of Syphilis: A Reappraisal," *American Anthropologist* 71（April 1969）: 218. 关于对梅毒在全世界感染的评价，参见 Watts, *Epidemics and History*, 122—165。

62. Crosby, "Early History of Syphilis," 218.

63. M. Rollin, MD, "Dissertation on the Inhabitants of Easter Island and the Island of Mowee,"quoted in David E. Stannard, "Disease and Infertility: A New Look at the Demographic Collapse of Native Populations in the Wake of Western Contact," *Journal of American Studies* 24（December 1990）: 329—330.

64. *A Voyage to the North West Side of America: The Journals of James Colnett, 1786—1789*, ed. Robert Galois（Vancouver: UBC Press, 2004）, 186.

65. Ibid. , 200.

66. Clerke to Banks, November 23, 1776; in Beaglehole, *Journals,* vol. 3, pt. 2: 1518.

67. 关于 18 世纪的梅毒治疗，参见 Hayden, *Pox,* 43－50；Quétel, *History of Syphilis,* 90－93。

68. William Bayly, in Beaglehole, *Journals,* vol. 3, pt. 1: 233.

69. Stannard, *Before the Horror,* 70; Norma McArthur, *Island Populations of the Pacific* (Canberra: Australian National University Press, 1967), 244. 性病梅毒在库克船长的船员中暴发，库克船长将此归罪于塔希提岛的女人，并认为那些女人在上一年从路易斯·安托万·德·布干维尔手下的法国船员那里感染了此病。法国人则要么指责库克船长的船员，要么指责早在布干维尔之前到达塔希提岛的英国船只"海豚号"的船员。

70. Beaglehole, *Journals,* vol. 3, pt. 1: 265, 276. 关于对这些事件的详细讨论，参见 O. Bushnell, *Gifts of Civilization,* 135－141。库克船长打了一名已确诊患有梅毒的人 20 多皮鞭，那个人的名字是威廉·布拉德利（William Bradeley），他与夏威夷女人发生了性关系。

71. Beaglehole, *Journals,* vol. 3, pt. 1: 474. 威廉·艾里斯（William Ellis）是"发现号"商船上医生的助手，也确认了性病在群岛上的传播。参见 William Ellis, *An Authentic Narrative of a Voyage* (London, 1783), 73－74。

72. Beaglehole, *Journals,* vol. 3, pt. 1: 474.

73. "Log of Edward Riou," quoted in Beaglehole, *Journals,* vol. 3, pt. 1: 474－475.

74. Beaglehole, *Journals,* vol. 3, pt. 1: 474, 576.

75. Stannard, "Disease and Infertility," 330. 斯坦纳德（Stannard）援引了乔治·温哥华、伊凡·克鲁森斯坦（Ivan Krusenstern）以及伊萨克·伊丝琳（Isaac Iselin）关于 1788 年至 1806 年期间的特别记述。

76. David M. K. I. Liu, "Eao luau a hualima: Writing and Rewriting the Body and the Nation," *Californian Journal of Health Promotion* (December 2005): 73－75; Kameʻeleihiwa, *Native Land and Foreign Desires,* 25－33.

77. 关于 19 世纪 70 年代一名夏威夷精英请传统法师治病的案例，参见 Alfons L. Korn and Mary Kawena Pukui, "News from Molokai: The Letters of Peter Young Kaeo (Kekuakalani) to Queen Emma, 1873－1876," Pacific *Historical Review* 32 (February 1963): 20－23。

78. David Malo, "On the Decrease of Population on the Hawaiian Islands," *Hawaiian Spectator* 2 (April 1839): 128, 130.

79. On Hawaiian missionary physicians, 关于夏威夷传教团中的医生，参见 Seth Archer, "Remedial Agents: Missionary Physicians and the Depopulation of Hawaiʻi," Pacific *Historical Review* 79 (November 2010): 513－544. 关于土著人与欧洲人接触之前婴儿死亡率非常低的情况，参见 Stannard, *Before the Horror,* 64.

80. Artemas Bishop, "An Inquiry into the Causes of Decrease of the Population of the Sandwich Islands," *Hawaiian Spectator* 1 (1838): 61.

81. For a survey of mission census records, 关于传教团人口普查记录的考察情况, 参见 Stannard, "Disease and Infertility," 331 — 333。另见 Robert C. Schmitt, *The Missionary Censuses of Hawai'i* (Honolulu: Bishop Museum, 1973)。

82. Linnekin, *Sacred Queens and Women of Consequence*, 210.

83. 毛伊岛卡西基努（Kahikinui）地区位于库克船长第二次远航登陆地点的南面，帕特里克·基尔希（Patrick Kirch）对于该地区的人口研究显示了 19 世纪初期人口的陡然下降，还显示了未成年人和成年人的比例非常低。基尔希推测，截至 19 世纪 30 年代，与欧洲人接触过的土著人口下降至原人口数量的六分之一到八分之一，当然，他也指出，人口迁徙、干旱和其他状况也造成了人口的减少。他写道："这的的确确是名副其实的人口崩溃，即便不是真正意义上的人口大屠杀。" Patrick V. Kirch, "Paleodemography in Kahikinui, Maui: An Archaeological Approach," in Kirch and Rallu, *Growth and Collapse of Pacific Island Societies*, 105.

84. Jean-Louis Rallu, "Pre-and Post-Contact Population in Island Polynesia," in Kirch and Rallu, *Growth and Collapse of Pacific Island Societies*, 15 — 34.

85. Greg Dening, *Islands and Beaches: Discourse on a Silent Land: Marquesas 1774 — 1880* (Honolulu: University of Hawai'i Press, 1980), 184; Rallu, "Pre-and Post-Contact Population in Island Polynesia," 30 — 31.

86. Linda A. Newson, "Conquest, Pestilence, and Demographic Collapse in the Early Spanish Philippines," *Journal of Historical Geography* 32 (January 2006): 3 — 20.

87. Veniaminov, "Notes on the Islands of the Unalaska District," 258.

88. 疾病可能是非性病梅毒、雅司病和品他病，最有可能的疾病是非性病梅毒（或者与在世界上其他地方发现的非性病梅毒 "等量齐观" 的类似疾病）。参见 J. El Molto, Bruce M. Rothschild, Robert Woods, and Christine Rothschild, "Unique Aspects of West Coast Treponematosis," *Chungara* 32 (July 2000), http://www. scielo. cl/scielo. php? pid = S0717 — 73562000000200004&.; script = sci _ arttext accessed November 10, 2009。

89. Phillip L. Walker, Patricia M. Lambert, Michael Schultz, and Jon M. Erlandson, "The Evolution of Treponemal Disease in the Santa Barbara Channel Area of Southern California," in Powell and Cook, *Myth of Syphilis*, 281 — 305.

90. Ibid., 296.

91. 琳恩·甘伯（Lynn Gamble）认为有这种可能，并指出胡安·克雷斯皮（Juan Crespí）在 1769 年观察到的丘马什人社会混乱和暴力也许就是疾病传播造成的。参见 Gamble, *The Chumash World at European Contact: Power, Trade, and Feasting Among Complex Hunter-Gatherers* (Berkeley: University of California Press, 2008), 272 — 273。

92. Ibid., 267—269.

93. 关于土著居民与西班牙殖民以前的探险者的接触，参见 Kent G. Lightfoot and William S. Simmons, "Culture Contact in Protohistoric California: Social Contexts of Native and European Encounters," *Journal of California and Great Basin Anthropology* 20 (1998): 138—169。关于西班牙殖民定居以前疾病输入的可能性，参见 Preston, "Portents of Plague from California's Protohistoric Period," *Ethnohistory* 49 (Winter 2002): 69—121; Jon M. Erlandson et al., "Dates, Demography, and Disease: Cultural Contacts and Possible Evidence for Old World Epidemics among the Protohistoric Island Chumash," Pacific *Coast Archaeological Society Quarterly* 37 (Summer 2001): 11—26。

94. Jean-Baptiste Chappe D'Auterouche, *A Voyage to California* (London: Edward and Charles Dilly, 1778), 70; Iris Engstrand, *Royal Officer in Baja California, 1768—1770, Joaquín Velázquez de Léon* (Los Angeles: Dawson's Book Shop, 1976), 81. 关于人口数量的估计，参见 Sherburne Cook, "Extent and Significance of Disease among the Indians of Baja California from 1697 to 1773," *Ibero-Americana* 2 (1937): 25—30; Steven W. Hackel, *Children of Coyote, Missionaries of Saint Francis: Indian-Spanish Relations in Colonial California*, 1769—1850 (Chapel Hill: University of North Carolina Press, 2005), 40; Jackson, "Epidemic Disease and Population Decline," 330—336。

95. 关于 18 世纪 90 年代宗教受洗和葬礼的情况，参见 Jackson, "Epidemic Disease and Population Decline," 332。

96. 除了上述援引的疾病输入来源以外，参见 Homer Aschmann, *The Central Desert of Baja California: Demography and Ecology* (Berkeley: University of California Press, 1959), 181—268。

97. Cook, "Extent and Significance of Disease among the Indians of Baja California," 23.

98. Ibid., 29. 从锡那罗亚（Sinaloa）调拨来的镇压叛乱的士兵可能导致了梅毒的传播。

99. Engstrand, *Royal Officer in Baja California*, 51—52.

100. Pedro Fages, "Informe del Estado de las Misiones," (1786), quoted in Fr. Zephyrin Engelhardt, O. F. M., *The Missions and Missionaries of California* (San Francisco: James H. Barry, 1908), vol.1: 530. 佩德罗·法吉斯（Pedro Fages）看起来对印第安人的苦难缺乏同情。他写道："（下）加利福尼亚的所有印第安人都同样懒惰、无能、愚蠢，他们唯一的激情是到处逛荡。"（529).

101. Moziño, *Noticias de Nutka*, 44.

102. 关于对西班牙人所观察到的情况以及性病梅毒和淋病后果的详细描述，参见 James Sandos, *Converting California: Indians and Franciscans in the Missions* (New Haven, CT: Yale University Press, 2004), 111—127。桑多斯（Sandos）赞同舍伯

恩·库克（Sherburne F. Cook）的观点，将性病梅毒输入到上加利福尼亚土著地区归咎于嘉斯帕·德·伯特拉（Gaspar de Portola）1769 年率领的探险。参见库克的经典著作：*The Conflict between the California Indians and White Civilization*（Berkeley: University of California Press, 1943）。

103. 关于圣方济各传教士携带性病梅毒的可能性，参见 Sandos, *Converting California*, 122—124。

104. José Longinos Martínez, *Journal of José Longinos Martínez: Notes and Observations of the Naturalist of the Botanical Expedition in Old and New California and the South Coast*, 1791 — 1792, ed. Lesley Byrd Simpson（San Francisco: John Howell Books, 1961）, 44.

105. 关于"双重变革"，参见 Hackel, *Children of Coyote, Missionaries of Saint Francis*, 65—123。

106. Ibid., 123.

107. 根据史蒂文·哈克尔的研究，这些婴儿死亡率总体来说相当于"17 世纪和18 世纪欧洲健康状况最差的社区"，但是，其儿童死亡率却几乎相当于同时期英国的四倍。Ibid., 103—107.

108. George Peard, *To the Pacific and Arctic with Beechey: The Journal of Lieutenant George Peard of H. M. S. "Blossom"* 1825 — 1828, ed. Barry M. Gough（Cambridge, UK: Hakluyt Society, 1973）, 178. 乔治·皮尔德对于西班牙传教士不怎么看好，他认为，总体而言，西班牙传教士"傲慢无知、心胸狭窄"。（179).

109. Steven Hackel, "Beyond Virgin Soil: Impaired Fertility in the Indian Population of Spanish California," paper presented at Social Science History Association meeting, Long Beach, 2009. 哈克尔谨慎地指出，这些数字既说明了成年人不孕不育的情况，也说明了夫妻结婚后其中一人死亡的情况。

110. Nataly Zappia, "The Interior World: Trading and Raiding in Native California," PhD dissertation, University of California, Santa Cruz, 2008.

111. Shaler, *Journal of a Voyage*, 42; Richard A. Gould, "Tolowa," in *Handbook of North American Indians*, ed. Robert F. Heizer（Washington, DC: Smithsonian Institution, 1978）, vol. 8: 128—135.

112. Kent G. Lightfoot, *Indians, Missionaries, and Merchants: The Legacy of Colonial Encounters on the California Frontiers*（Berkeley: University of California Press, 2005）, 158.

113. William Bauer Jr., "Native Californians in the Nineteenth Century," in *A Companion to California History*, ed. William Deverell and David Igler（Oxford, UK: Wiley-Blackwell, 2008）, 196.

114. Charles Wilkes, *Narrative of the United States Exploring Expedition during the Years* 1838, 1839, 1840, 1841, 1842（Philadelphia: Lea and Blanchard, 1845）, vol. 1: 325. 另见 Reynolds, *Private Journal of William Reynolds*, 85—86.

115. Andrew Cheyne, *The Trading Voyages of Andrew Cheyne*, 1841—1844, ed. Dorothy Shineberg (Honolulu: University of Hawai‘i Press, 1971), 257, 271—272.

116. Cliff et al., *Island Epidemics*, 176; Robert C. Schmitt and Eleanor C. Nordyke, "Death in Hawai‘i: The Epidemics of 1848—1849," *Hawaiian Journal of History* 35 (Winter 2001): 2.

117. 在太平洋西岸，中国的医书记载了三千多年前的天花暴发情况，但是美洲和东太平洋沿岸的天花暴发要等到 16 世纪，那是欧洲人及其携带的病原体引发的。在 16 世纪 20 年代，天花肆虐了阿兹台克和印加帝国。秘鲁的太平洋海岸线长达两千多英里，从 18 世纪 20 年代起，就不断地遭受疾病的输入，这些疾病暴发几乎将太平洋沿岸以及安第斯山脉的原居民消灭殆尽。关于天花的总体历史及其在美洲的特殊作用，参见 Donald R. Hopkins, *The Greatest Killer: Smallpox in History* (Chicago: University of Chicago Press, 2002); Watt s, *Epidemics and History*, 84—93; Fenn, *Pox Americana*。

118. 爱德华·詹纳（Edward Jenner）1796 年发明疫苗接种后的十年里，西班牙和俄国医生受雇给一些土著人接种了疫苗。这一医学干预的新技术传播得很快。比如，在 1803 年至 1806 年期间，一支由弗朗西斯科·泽维尔·德·巴尔米斯（Francisco Xavier de Balmis）率领的医疗远征队进行了全球航行，给西班牙帝国的十几万人接种了天花疫苗。巴尔米斯在长达三年的远航中利用幼童作为疫苗的载体，实现了天花疫苗的活体运输。关于巴尔米斯医疗远征队的情况，参见 J. Antonio Aldrete, "Smallpox Vaccination in the Early 19th Century Using Live Carriers: The Travels of Francisco Xavier de Balmis," *Southern Medical Journal* 97 (April 2004): 375—378; Rosemary Keupper Valle, "Prevention of Smallpox in Alta California during the Franciscan Mission Period (1769—1833)," *California Medicine* 119 (July 1973): 73—77。

119. 罗伯特·博伊德（Robert T. Boyd）对这次天花暴发进行了综合研究，提出三条可能的天花输入路线，一是源于俄国通过堪察加半岛输入的，18 世纪 60 年代末天花在堪察加半岛流行；二是源于西班牙通过商船在 1774 年和 1776 年之间输入的；三是在 18 世纪 70 年代末通过北美大平原和哥伦比亚河输入的。伊丽莎白·芬恩（Elizabeth Fenn）对 18 世纪七八十年代暴发的天花进行了研究，认为天花是通过北美大平原和哥伦比亚河输入的。参见 Boyd, *Coming of the Spirit of Pestilence*, 21—45; Fenn, *Pox Americana*, 226—232。

120. 英国商人纳撒尼尔·波特洛克（Nathaniel Portlock）描述了他在 1787 年看到的天花暴发给一个沿海的特令吉特族村庄所造成的后果："海滩上有一艘大船，有 3 艘小一点的船。大船可以搭载 30 人，小船每艘可搭乘 10 人。通过这一情景，我猜测这是一个人数众多的部落，但是我惊讶地发现，那个村庄只有 3 名男人、3 名女人、3 个女孩、2 个大约 12 岁的男孩，还有 2 个婴儿……我看到，年龄最大的男人身上，有着非常明显的天花留下的痕迹，有个女孩也是如此，那个女孩看起来 14 岁左右。年纪大的男人……告诉我，大瘟热夺去了绝大多数村民的生命，他自己因此失去了 10

个孩子，所以他就在自己的一只胳膊上划了 10 个道道。我想，那可能是标记他失去的孩子的数量。我发现，10 岁或 12 岁以下孩子没有感染天花的痕迹，因此，我有充分的理由相信，天花瘟疫应该是在十几年前肆虐这个村庄的。"波特洛克记述中特别有趣的地方是，他提出了患病的身体、瘟疫暴发的时间以及与悼念亲人之间的关系。他通过身体感染天花后留下痘痕或麻子来解读瘟疫暴发的时间。同样，那位"上了年纪的男人"在他自己的胳膊上文身，是为了纪念和悼念他失去的 10 个孩子。参见 Nathaniel Portlock, *A Voyage round the World; But More Particularly to the North-West Coast of America: Performed in the Years* 1785, 1786, 1787, *and* 1788 (London: John Stockdale, 1789), 270—271。

　　121. 关于约翰·帕蒂（John Paty）的删节本日记，参见 John Paty, "Journal of Captain John Paty, 1807 — 1868," *California Historical Society Quarterly* 14 (December 1935): 291—346。

　　122. Ibid., 322.

　　123. William Heath Davis, *Sixty Years in California: A History of Events and Life in California* (San Francisco: A. J. Leary, 1889), 373.

　　124. Paty, "Journal of Captain John Paty," 323.

　　125. Charles Wilson to George Bennet, November 9, 1841; in *South Sea Letters*, London Missionary Society, Mitchell Library, Sydney, Australia.

　　126. Cliff et al., *Island Epidemics*, 140—141.

　　127. 特别是在 19 世纪初，船长要完全负责给船上的水手寻找疫苗。比如，美国船长阿玛萨·德拉诺在 1801 年率领他的商船"坚韧号"（Perseverance）从夏威夷驶往广州，船上有五名来自夏威夷的船员。他写道："到达广州以后，我首先要做的，是给这些人接种天花疫苗。在前几次航行中，我看到很多可怜的船员因为那个讨厌的、致命的疾病而死于广州。"参见 Amasa Delano, *A Narrative of Voyages and Travels in the Northern and Southern Hemispheres: Comprising Three Voyages round the World; Together with a Voyage of Survey and Discovery, in the Pacific Ocean and Oriental Islands* (Boston: E. G. House, 1818), 393。

　　128. David A. Chappell, *Double Ghosts: Oceanian Voyagers on Euroamerican Ships* (Armonk, NY: M. E. Sharpe, 1997), 161. 大卫·查培尔（David Chappell）研究的样本人群中包括 250 名"信息详细备案"的土著船员。关于死于天花的夏威夷船员情况，参见 Mary Brewster, *"She Was a Sister Sailor": The Whaling Journals of Mary Brewster*, 1845—1851, ed. Joan Druett. (Mystic, CT: Mystic Seaport Museum, 1992), 350; "Edward Vischer's First Visit to California," edited and translated by Erwin Gustav Gudde, *California Historical Society Quarterly* 19 (September 1940): 195。

　　129. 罗伯特·博伊德在他的著作《瘟疫幽灵的到来》（*The Coming of the Spirit of Pestilence*）第 54 页讨论了亚库塔特－特令吉特关于"疾病船"这个说法的使用问题。

130. Ibid. , 93.

131. 这一描述来自威廉·查雷，他是克里克塔特族人，善于讲故事，见 "The First White Man among the Klickitats," Lucullus McWhorter Collection, Holland Library, Washington State University, Pullman; cited in Boyd, *Coming of the Spirit of Pestilence*, 114。

132. "奥怀希号"（Owyhee）商船为波士顿商人马歇尔和维尔德斯共同所有，在 19 世纪 20 年代经常航行于太平洋。它第一次航行上加利福尼亚是在 1822 年，在此之前，至少去过一次西北海岸开展贸易。参见 Adele Ogden, "California Trading Vessels, 1786－1847," Bancroft Library, University of California, Berkeley。

133. 关于船长约翰·多米尼斯以及商船日志中"奥怀希号"的活动情况，参见 F. W. Howay, "The Brig Owhyhee in the Columbia, 1829－1830," *Oregon Historical Society Quarterly* 35 (March 1934): 12。

134. Boyd, *Coming of the Spirit of Pestilence*, appendix 2, 289－293.

135. Ibid. , 86.

136. David Douglas, "Second Journey to the Northwestern Parts of the Continent of North America during the Years 1829 － ' 30 － ' 31 － ' 32 － ' 33," *Oregon Historical Society Quarterly* 6 (September 1905): 292. Italics in original.

137. 奥格登和迈凯的陈述，参见 Boyd, *Coming of the Spirit of Pestilence*, 86－87。

138. Douglas, "Second Journey to the Northwestern Parts," 303, 306－307, 308.

139. Boyd, *Coming of the Spirit of Pestilence*, 84.

140. 有些传统习俗后来被证明尤其危险。在罗伯特·博伊德的描述中，印第安女人去哥伦比亚河下游的沼泽地带采挖 wapato bulbs （一种根茎类蔬菜），那里距离天花暴发的中心索斐岛特别近。印第安人还在夏季到河边或湖边的空旷地带宿营，那里正是蚊子繁殖的地方。参见 Boyd, *Coming of the Spirit of Pestilence*, 108－109。

141. Ibid. , 90.

142. "Big-Tail," in John R. Swanton, *Haida Texts and Myths* (Washington, DC: Smithsonian Institution, Bureau of American Ethnology, 1905), 299; cited in Boyd, *Coming of the Spirit of Pestilence*, 54.

143. 威廉·查雷口头讲述的历史在罗伯特·博伊德的书中得到充分的引用，参见 Boyd, *Coming of the Spirit of Pestilence*, 114－115。

144. William Tolmie, *The Journals of William Fraser Tolmie: Physician and Fur Trader* (Vancouver, BC: Mitchell Press, 1963), 238.

145. Jason Lee, quoted in Boyd, *Coming of the Spirit of Pestilence*, 113.

146. Boyd, *Coming of the Spirit of Pestilence*, 46, 112－113.

147. Le Roy Ladurie, *Mind and Method of the Historian*, 13.

148. Epeli Hau ' ofa, "Our Sea of Islands," *Contemporary Pacific* (Spring 1994): 155.

第三章

1. 关于季莫费·塔拉卡诺夫对这些事件的讲述，参见 *The Wreck of the Sv. Nikolai*, ed. Kenneth Owens (Lincoln: University of Nebraska Press, 2001), 41, 42—43。关于塔拉卡诺夫更加全面的情况，参见 Kenneth Owens, "Frontiersman for the Tsar: Timofei Tarakanov and the Expansion of Russian America," *Montana* 56 (Autumn 2006): 3—21。俄美公司的亚历山大·安·巴拉诺夫（Aleksandr A. Baranov）派遣"圣尼古拉号"去寻找捕猎地点，并考察在现今的俄勒冈地区建立俄国贸易要塞的可能性"。关于巴拉诺夫的意图，参见"Instructions from Aleksandr A. Baranov to his Assistant, Ivan A. Kuskov, Regarding the Dispatch of a Hunting Party to the Coast of Spanish California," October 14, 1808, in *The Russian American Colonies: To Siberia and Russian America, Three Centuries of Russian Eastward Expansion*, 1798—1867, ed. Basil Dmytryshyn, E. A. P. Crownhart-Vaughan, and Thomas Vaughan (Portland: Oregon Historical Society, 1989), vol. 3: 165—174。关于塔曼（Tamana），参见"Journal and Logbook of John T. Hudson, 1805—1807," Huntington Library, San Marino。

2. Owens, *Wreck of the Sv. Nikolai*, 44.

3. Ibid. 塔拉卡诺夫的著述基于两个来源，一个是在长达两年的艰苦磨难中他保存的粗疏的日记，二是他后来和俄国著名船长瓦西里·戈洛文关于那些事件的回忆。正是这些来源，形成了 1822 年出版的《"圣尼古拉号"失事记》（*The Wreck of* the *Sv. Nikolai*）. 关于这个故事的出版史，参见 *Wreck of the Sv. Nikolai*, 13—14。

4. Ibid., 44, 45.

5. 在 I. C. 坎贝尔看来，"当两种不同的文化第一次相互接触时，往往存在着好奇和半信半疑，充满着意想不到的各种可能性"。他认为，事实上，这样的时刻会"引发一些行为形式，而这样的形式可能在描述中不被当作参与各方的正常文化表达的一部分"。参见 I. C. Campbell, "The Culture of Culture Contact: Refractions from Polynesia," *Journal of World History* 14 (March 2003): 63, 64, 66。在第一次接触很久以后，这样的"碰撞"时刻依然会持续。格雷格·德宁（Greg Dening）写道："在我们已形成的历史的偏见中，碰撞是短暂的、突然的、猛烈的。其实，碰撞是缓慢的、持续的，属于生活的常态。"参见 Greg Dening, "Deep Times, Deep Spaces: Civilizing the Sea," in *Sea Changes: Historicizing the Ocean*, ed. Bernhard Klein and Gesa Mackenthus (New York: Routledge, 2004), 27。另见 Malama Meleisea and Penelope Schoeffel, "Discovering Outsiders," in *The Cambridge History of the Pacific Islanders*, ed. Donald Denoon (Cambridge: Cambridge University Press, 1997), 120。

6. 关于对待俘虏的不同方式，参见 Linda Colley, *Captives: Britain, Empire, and the World*, 1600—1850 (New York: Anchor Books, 2002); June Namias, *White Captives: Gender and Ethnicity on the American Frontier* (Chapel Hill: University of North Carolina Press, 1995); Leland Donald, *Aboriginal Slavery on the Northwest*

Coast of North America (Berkeley: University of California Press, 1997); Robert H. Ruby and John A. Brown, *Indian Slavery in the Pacific Northwest* (Spokane, WA: Arthur H. Clark, 1993); John Demos, *The Unredeemed Captive: A Family Story from Early America* (New York: Vintage, 1995)。关于西南边地土著对待俘虏的做法，参见 James F. Brooks, *Captives and Cousins: Slavery, Kinship, and Community in the Southwest Borderlands* (Chapel Hill: University of North Carolina Press, 2002); Ned Blackhawk, *Violence over the Land: Indians and Empires in the Early American West* (Cambridge, MA: Harvard University Press, 2006)。

　　7. 关于俄国人对待俘虏的做法，参见 Ilya Vinkovetsky, *Russian America: An Overseas Colony of a Continental Empire, 1804—1867* (New York: Oxford University Press, 2011), 121—126; Gwenn A. Miller, *Kodiak Kreol: Communities of Empire in Early Russian America* (Ithaca, NY: Cornell University Press, 2010), 39—48。第一个到欧洲的日本人是传兵卫（Dembei），他在 17 世纪末被堪察加半岛的土著渔民捉为俘虏，然后在 1701 年被哥萨克探险家弗拉基米尔·阿特拉索夫（Vladimir Atlasov）带到俄国，拜见彼得大帝。参见 Walter A. McDougall, *Let the Sea Make a Noise: A History of the North Pacific from Magellan to MacArthur* (New York: Basic Books, 1993), 57。

　　8. 在这样的背景下，"帝国"可能表示欧洲帝国的正式代表，也可能只是表示那些悬挂某一特定旗帜而航行的人，但是，正如安·劳拉·斯托勒（Ann Laura Stoler）所主张的，那些悬挂某个帝国旗帜的人"可能拒绝为他们的买卖加上什么'帝国的'或'殖民的'等形容词修饰语"。参见 Stoler, *Carnal Knowledge and Imperial Power: Race and the Intimate in Colonial Rule*, 2nd ed. (Berkeley: University of California Press, 2010), xx. Emphasis in original。

　　9. *Voyages of the "Columbia" to the Northwest Coast, 1787—1790 and 1790—1793*, ed. Frederic W. Howay (New York: Da Capo Press, 1969)。

　　10. John Hoskins, "The Narrative of a Voyage, etc.," in ibid., 186。

　　11. Ibid., 185。

　　12. 关于维克尼尼斯酋长和努查努尔特人诸首领之间的权力关系，参见 Daniel W. Clayton, *Islands of Truth: The Imperial Fashioning of Vancouver Island* (Vancouver: University of British Columbia Press, 2000), 154—156; Yvonne Marshall, "A Political History of the Nuu-chah-nulth: A Case Study of the Mowachaht and Muchalaht tribes," PhD dissertation, Department of Archaeology, Simon Fraser University, 1993。

　　13. Hoskins, "Narrative of a Voyage, etc.," 186—187。

　　14. Clayton, *Islands of Truth*, 129。

　　15. 1790 年 11 月，英国船只"阿尔戈号"（Argonaut）的船长詹姆斯·科尔奈特（James Colnett）（他曾参加库克船长的第二次远航，并于 1789 年在努特卡海湾被西班牙俘获，短暂扣押了一段时间）把图迪斯库塞特和另一名小头目扣押为人质，要求土著人归还六名水手的尸体。这些水手的小艇因为触礁而撞毁了。科尔奈特威胁到，如果不归还尸体，他"就会杀两个头领以及他能发现的每一个土著人"。参见 Hoskins, "Narrative of a Voyage, etc.," 188。

16. John Boit, "Remarks on the Ship Columbia's Voyage from Boston," in Howay, *Voyages of the "Columbia" to the Northwest Coast,* 370.

17. Hoskins, "Narrative of a Voyage, etc.," 186.

18. David A. Chappell, *Double Ghosts: Oceanian Voyagers on Euroamerican Ships* (Armonk, NY: M. E. Sharpe, 1997), 101.

19. Howay, *Voyages of the "Columbia,"* x—xiii. 关于阿图，见 Howay, "Early Relations with the Pacific Northwest," in *The Hawaiian Islands,* ed. Albert P. Taylor (Ann Arbor: University of Michigan Press, 2005), 14—17。

20. Howay, "Early Relations with the Pacific Northwest," 14.

21. "Officers and Crew of the Columbia," in Howay, *Voyages of the "Columbia,"* 447.

22. Hoskins, "Narrative of a Voyage, etc.," 185.

23. *Joseph Ingraham's Journal of the Brigantine Hope on a Voyage to the Northwest Coast of North America, 1790—1792,* ed. Mark D. Kaplanoff (Barre, MA: Imprint Society, 1971), 76.

24. Kaplanoff, *Joseph Ingraham's Journal,* 233.

25. Howay, "Early Relations with the Pacific Northwest," 16.

26. F. W. Howay, *A List of Trading Vessels in the Maritime Fur Trade, 1785—1825* (Kingston, ON: Limestone Press, 1973), 13—18.

27. *A New Vancouver Journal on the Discovery of Puget Sound,* ed. Edmond S. Meany (Seattle: n. p., 1915), 33. 关于这部日记的出处及其作者是否为詹姆斯·贝尔 (James Bell)，参见 ii—iii。

28. George Vancouver, *A Voyage of Discovery to the North Pacific Ocean and around the World, 1791—1795,* ed. W. Kaye Lamb (London: Hakluyt Society, 1984 [1798]), vol. 3: 894—895, 893.

29. 温哥华船长极度冗长的关于将年轻女人送回夏威夷的陈述好像是对美国报告的回应。根据美国的报告，英国人在西北海岸售卖夏威夷俘虏。参见 ibid., vol. 3: 839。

30. Kaplanoff, *Joseph Ingraham's Journal,* 109—110, 207.

31. "The Voyage of Juan Rodriquez Cabrillo up the Pacific Coast," in *New American World: A Documentary History of North America to 1612,* ed. David B. Quinn (New York: Arno Press, 1979), vol. 1: 453, 455, 460. 关于其他去加利福尼亚的西班牙探险队和扣押人质，参见 Kent Lightfoot and William Simmons, "Culture Contact in Protohistoric California: Social Contexts of Native and European Encounters," *Journal of California and Great Basin Anthropology* 20 (1998): 138—169。

32. 乔伊斯·查普林（Joyce Chaplin）认为，最常见的对待俘虏的办法，是让他们充当向导，因为他们知道欧洲人所不了解的港口和海岸线。参见 Chaplin, "Atlantic Antislavery and Pacific Navigation," paper presented at The New Maritime History: A Conference in Honor of Robert C. Ritchie, Huntington Library, San Marino, November 11, 2011。

33. 这些案例选自库克船长的日记以及两个关于库克船长远航研究的最新成果：Anne Salmond, *The Trial of the Cannibal Dog: The Remarkable Story of Captain Cook's Encounters in the South Seas* (New Haven, CT: Yale University Press, 2003); Nicholas Thomas, *Cook: The Extraordinary Voyages of Captain James Cook* (New York: Walker, 2003)。

34. Greg Dening, "The Hegemony of Laughter: Purea's Theatre," in Pacific *Empires: Essays in Honour of Glyndwr Williams*, ed. Alan Frost and Jane Samson (Vancouver: University of British Columbia Press, 1999), 143.

35. James Cook, *The Journals of Captain James Cook on His Voyages of Discovery*, ed. J. C. Beaglehole (London: Hakluyt Society, 1955—1974), vol. 3, pt 1: 530. 强调为作者所加。

36. Anne Salmond, *Two Worlds: First Meetings Between Maori and Europeans*, 1642—1772(Honolulu: University of Hawai'i Press, 1996), 87.

37. Ibid., 88.

38. Ibid.

39. Charles Ryskamp, *Boswell: The Ominous Years* (New York: McGraw-Hill, 1963), 341.

40. Anya Zilberstein, "Objects of Distant Exchange: The Northwest Coast, Early America, and the Global Imagination," *William and Mary Quarterly*, 3rd series, 64 (July 2007): 589—618.

41. 关于约翰·朱伊特的被俘，最原汁原味的版本是约翰·朱伊特的讲述，*A Journal, Kept at Nootka Sound by John Rodgers Jewitt, One of the Surviving Crew of the Ship Boston, John Salter, Commander, Who Was Massacred on the 22d of March*, 1803; *Interspersed with Some Account of the Natives, Their Manners and Customs* (Boston: n.p., 1807)。下面两个 "讲述" 都被编辑进行了高度加工和润色，如果引用，需要特别谨慎。参见 John Jewitt, *A Narrative of the Adventures and Sufferings of John R. Jewitt*, ed. Richard Alsop (Middletown, CT: S. Richards, 1815); John Jewitt, *The Captive of Nootka: Or the Adventures of John R. Jewitt*, ed. Samuel Griswold Goodrich (New York: J. P. Peaslee, 1835)。关于这些不同的版本，我非常感谢安雅·齐伯尔斯坦（Anya Zilberstein）的建议。

42. Jewitt, *Journal*, 3.

43. Ibid., 4.

44. Ibid., 23.

45. Ibid., 30－31. 有一个人是这场婚姻的见证者，他后来告诉一位早期定居在印第安地区的白人，当年朱伊特是如何"勾引"并"最终诱拐了阿侯萨特部落酋长的美丽女儿"。当然，朱伊特坚持说，他是被马奎那强迫结婚的。参见 Gilbert Malcolm Sproat, *Scenes and Studies of Savage Life* (London: Smith, Elder, 1868), 6。

46. 根据朱伊特的说法，马奎那"给了我自由，让我认识那个女孩，并强迫我把她作为生活伴侣。对此，我心满意足地接受了"。Jewitt, *Journal*, 40.

47. Jewitt, *Narrative*, 120－124.

48. Jewitt, *Journal*, 29; and Jewitt, *Narrative*, 124.

49. Jewitt, *Journal*, 47－48.

50. Cole Harris, "Social Power and Cultural Change in Pre-Colonial British Columbia," *BC Studies* 115/116 (Autumn/Winter 1997/1998): 73. 另见 Zilberstein, "Objects of Distant Exchange"。

51. Clayton, *Islands of Truth*, 154－155.

52. Jewitt, *Journal*, 20. 对于这些紧张的关系，最恰当的评价来自齐伯尔斯坦，她认为，那是一个生态危机。"Objects of Distant Exchange," 606－608.

53. Jewitt, *Narrative*, 24－25. 朱伊特的《日记》（*Journal*）确立了这个故事的轮廓，但是《讲述》（*Narrative*）提供了更详细的细节，特别是关于马奎那的反应。

54. Clayton, *Island of Truth*, 23.

55. Owens, "Frontiersman for the Tsar," 3－8.

56. Owens, *Wreck of the Sv. Nikolai*, 45.

57. Ben Hobucket, "The Narrative of Ben Hobucket," in ibid., 69. 大约在 1905 年至 1909 年期间，本·霍巴克特让他的印第安代言人和人种学者阿尔伯特·里根（Albert Reagan）听写了这个故事。当时，本·霍巴克特病得很厉害，他得的是肺结核，这个病至少造成了他三代祖先的死亡。参见 Owens, *Wreck of the Sv. Nikolai*, 15－17。

58. "Narrative of Ben Hobucket," 70. On the Quileute, see George A. Pettitt, *The Quileute of La Push*, 1775 － 1945 (Berkeley: University of California Press, 1950).

59. "Narrative of Ben Hobucket," 72－73.

60. 比如，有些毛利人称呼欧洲航海者为"浅水贝类"，从而与他们自称的"深海贝类"相对照。浅水贝类随波逐流，居无定所。毛利族的酋长们也可能只是表示浅的、不坚固的意思。诸如此类的关于外来者的特别称呼，反映了土著人心中不同程度的惊讶，这些惊讶是由外来者奇异的外貌和突然的到达引发的。根据一个文献记录，萨摩亚人和汤加人称新来的人为"*papālagi*"，即"天空划破器"，目的是解释他们所乘坐的船。他们的船出现在地平线上，好像是刚好划破天空。关于这些称呼，参见 Anne Salmond, "Kidnapped: Tuki and Huri's Involuntary Visit to Norfolk Island in 1793," in *From Maps to Metaphors: The Pacific World of George Vancouver,* ed. Robin Fisher and Hugh Johnston (Vancouver: University of British Columbia Press,

1993), 192; and Meleisea and Schoeffel, "Discovering Outsiders," 119。

61. "Narrative of Ben Hobucket," 73.

62. Namias, *White Captives*, especially 84—115.

63. Owens, *Wreck of the Sv. Nikolai*, 53.

64. Ibid., 59.

65. Ibid.

66. 关于在太平洋语境下如何解读这一选择，参见 I. C. Campbell, *Gone Native in Polynesia: Captivity Narratives and Experiences from the South Pacific* (Westport, CT: Greenwood Press, 1998)。

67. Richard Pierce, *Russian America: A Biographical Dictionary* (Kingston, ON: Limestone Press, 1990), 24; Owens, *Wreck of the Sv. Nikolai*, v.

68. 关于约翰·迈凯，参见 Warren L. Cook, *Flood Tide of Empire: Spain and the Pacific Northwest*, 1543—1819 (New Haven, CT: Yale University Press, 1973), 102—103; Owens, *Wreck of the Sv. Nikolai*, 24。

69. Jewitt, *Narrative*, 124.

70. Owens, *Wreck of the Sv. Nikolai*, 64.

71. Owens, "Frontiersman for the Tsar," 4.

72. Richard A. Pierce, *Russia's Hawaiian Adventure*, 1815—1818 (Berkeley: University of California Press, 1965).

73. Owens, "Frontiersman for the Tsar," 17—20.

74. Hobucket, "Narrative of Ben Hobucket," 69.

75. 本·霍巴克特的讲述中也表明了流浪者的恶意。他说："几年后，一艘大船停泊在奎拉尤特湾（Quillayute Bay），公然诱骗印第安人上船，目的是扣押他们，把他们作为奴隶。但是，对于奎鲁特人来说，他们很幸运，因为船上的一个土著妇女警告他们不要上船。根据本·霍巴克特的说法，那个女人是阿留申人，是他们从"圣尼古拉号"上抢夺来的俘虏。参见 ibid., 73。

76. 比如，在上加利福尼亚，性暴力的程度标志着西班牙人与教区和非教区印第安妇女的社会关系。1772 年，路易斯·杰米（Luís Jayme）神父记录了西班牙士兵对圣迭戈教区库米亚（Kumeyaay）族妇女犯下的"持续不断的暴行"，包括至少两次不同的轮奸。这样的事件在上加利福尼亚并非例外，在更大范围的西班牙属美洲殖民地，对于非自由的土著居民，依然会如此。参见 Albert L. Hurtado, *Intimate Frontiers: Sex, Gender, and Culture in Old California* (Albuquerque: University of New Mexico Press, 1999), 13。关于上加利福尼亚的性暴力，参见 Miroslava Chavez-Garcia, *Negotiating Conquest: Gender and Power in California*, 1770—1880 (Tucson: University of Arizona Press, 2004); James A. Sandos, *Converting California: Indians and Franciscans in the Missions* (New Haven, CT: Yale University Press, 2004)。

77. 根据历史学家罗宾·费舍尔（Robin Fisher）的观点，"通过卖淫获得经济收益，是印第安人从欧洲人那里学来的"。Robin Fisher, *Contact and Conflict: Indian—*

European Relations in British Columbia, 1774—1890 (Vancouver: University of British Columbia Press, 1977), 19. 关于土著人的奴隶制，参见 William Christie MacLeod, "Economic Aspects of Indigenous American Slavery," *American Anthropologist* 30 (October 1928): 632—650。关于西北海岸的奴隶制，参见 Ruby and Brown, *Indian Slavery on the Northwest Coast; and Donald, Aboriginal Slavery on the Northwest Coast*。

78. David Samwell, in Cook, *Journals of Captain James Cook*, vol. 4, 1094—1095.

79. 对于这些不同的讲述，罗伯特·博伊德在他的著作中进行了考察，见 *The Coming of the Spirit of Pestilence: Introduced Infectious Diseases and Population Decline among Northwest Coast Indians*, 1774 — 1874 (Seattle: University of Washington Press, 1999), 65。

80. Alejandro Malaspina, *The Malaspina Expedition*, 1789—1794: *Journal of the Voyage by Alejandro Malaspina*, ed. Andrew David et al. (London: Hakluyt Society, 2001—2004), vol. 2: 110.

81. Ibid.

82. Alejandro Malaspina, *Viaje político-científico alrededor del mundo por las Corbetas Descubierta y Atrevida, al mando de los capitanes de navío D. Alejandro Malaspina y D. José Bustamante y Guerra desde* 1789 a 1794, ed. Pedro Novo y Colson (Madrid: Impr. de la viuda é hijos de Abienzo, 1885), 347.

83. Malaspina, *Malaspina Expedition*, vol. 2: 114.

84. Ibid., 105—106.

第四章

1. Mary Brewster, *"She Was a Sister Sailor": The Whaling Journals of Mary Brewster*, 1845—1851, ed. Joan Druett (Mystic, CT: Mystic Seaport Museum, 1992), 317; hereafter cited as Brewster, *Journals*. 琼·朱埃特（Joan Druett）在深入研究的基础上，编辑出版了玛丽·布鲁斯特的日记，并提供了大量的注释。这个版本的玛丽·布鲁斯特日记和朱埃特的其他著作不仅仅是把"女水手"看作 19 世纪太平洋远航中的点缀。对此，我谨致以深深的敬意。另见 Druett, *Hen Frigates: The Wives of Merchant Captains under Sail* (New York: Simon and Schuster, 1998); Druett, *Petticoat Whalers: Whaling Wives at Sea*, 1820—1920 (Auckland: Collins, 1991); Druett, *Rough Medicine: Surgeons at Sea in the Age of Sail* (New York: Routledge, 2001). 玛丽·布鲁斯特的原始日记被保存在康涅狄格州神秘海港博物馆（Mystic Seaport Museum）的布伦特-怀特图书馆（G. W. Blunt White Library）。

2. John T. Perkins, *John T. Perkins' Journal at Sea*, 1845 (Mystic, CT: Marine Historical Association, 1943), 142. 关于船员对于船长夫人搭乘捕鲸船所持迷信认识的另一个例子，参见 Charles Goodall, "Log of a Whaler's Voyage from New Bedford into

the Pacific and Back, 1843 — 1846," December 27, 1844, unpublished journal, Huntington Library, San Marino。

　　3. October 6, 1846, *Whalemen's Shipping List* (New Bedford, MA).

　　4. Perkins, *Journal at Sea*, 145, 146, 149.

　　5. Brewster, *Journals*, 90—91. Emphasis in original.

　　6. Ibid., 116; Prentice Mulford, *Prentice Mulford's Story: Life by Land and Sea* (New York: F. J. Needham, 1889), 73.

　　7. Mark Twain, *Roughing It* (Hartford, CT: American Publishing, 1872): 448; Brewster, *Journals*, 163.

　　8. Barnard L. Colby, *Whaling Captains of New London County, Connecticut: For Oil and Buggy Whips* (Mystic, CT: Mystic Seaport Museum, 1990), 45, 47; 另见 Brewster, *Journals*, 177。

　　9. Brewster, *Journals*, 177.

　　10. 关于海洋哺乳动物大捕猎不同要素的二手文献浩如烟海。如果从全球角度把毛皮贸易作为现代早期资源掠夺的一部分，那么参见 John F. Richards, *The Unending Frontier: An Environmental History of the Early Modern World* (Berkeley: University of California Press, 2003), 463—616。关于土著猎人和阿拉斯加以及北极区的俄国猎人，参见 John R. Bockstoce, *Furs and Frontiers in the Far North: The Contest among Native and Foreign Nations for the Bering Strait Fur Trade* (New Haven, CT: Yale University Press, 2009); Ryan Jones, "Empire of Extinction: Nature and Natural History in the Russian North Pacific, 1739 — 1799," PhD dissertation, Columbia University, 2008. On sea Otters and seals, see Briton Cooper Busch, *The War against the Seals: A History of the North American Seal Industry* (Kingston, ON: McGill—Queen's University Press, 1985); Jim Hardee, "Soft Gold: Animal Skins and the Early Economy of California," in *Studies in Pacific History: Economics, Politics, and Migration*, ed. Dennis O. Flynn, Arturo Giráldez, and James Sobredo (Aldershop, UK: Ashgate, 2002), 23 — 39。关于捕鲸，尤其是捕猎灰鲸，参见 Margaret S. Creighton, *Rites and Passages: The Experience of American Whaling*, 1830—1870 (Cambridge: Cambridge University Press, 1995); David A. Henderson, *Men & Whales at Scammon's Lagoon* (Los Angeles: Dawson's Book Shop, 1972); Lance E. Davis, Robert E. Gallman, and Karin Gleiter, *In Pursuit of Leviathan: Technology, Institutions, Productivity, and Profits in American Whaling*, 1816—1906 (Chicago: University of Chicago Press, 1997)。关于捕鲸，已出版的最有用途的资料来源依然是：Charles R. Scammon, *The Marine Mammals of the Northwest Coast of North America* (San Francisco: John H. Carmany, 1874); Alexander Starbuck, *History of the American Whale Fishery from its Earliest Inception to* 1876 (Waltham, MA: n. p., 1878)。

　　11. 就捕鲸而言，西北海岸的玛卡部落可能是最著名的捕猎能手，尽管其他部落的人也捕猎鲸鱼。玛卡人乘坐着他们长长的独木舟捕获灰鲸。根据历史学家约什·瑞德的介绍，"（玛卡部落）捕鲸人会用他的鱼叉对准他的猎物投掷好几次，直至让鲸鱼流血而死，那喷出来的血就像是深红色的巨大喷泉"。"在极端的情况下，如果被鱼叉刺中的鲸鱼长时间不死，捕鲸人会跳到鲸鱼的身上。他们一边紧紧抓着连接鲸鱼和独木舟的绳索，一边不停地刺杀那个庞然大物，希望尽快了结它的小命。"西北海岸的土著捕鲸部落一年可能捕杀 12 头鲸鱼，对于他们的生存和换些生活费用，是足够的，同时也不会对太平洋的鲸鱼种群产生不良的影响。参见 Joshua Leonard Reid, "'The Sea Is My Country': The Maritime World of the Makah: An Indigenous Borderlands People," PhD dissertation, University of California, Davis, 2009, 219。

12. William Cronon, *Nature's Metropolis: Chicago and the Great West* (New York: W. W. Norton, 1991), 340.

13. Lewis Coolidge, *Lewis Coolidge and the Voyage of the Amethyst*, 1806 — 1811, ed. Evabeth Miller Kienast and John Phillip Felt (Columbia: University of South Carolina Press, 2009), 19.

14. Georg Steller, "Journal of His Sea Voyage," in F. A. Golder, *Bering's Voyages: An Account of the Efforts of the Russians to Determine the Relations of Asia and America* (New York: American Geographical Society, 1925), vol.2: 220.

15. 关于英国人第一次描述在恰克图和买卖城的这种贸易，参见 William Coxe, *Account of the Russian Discoveries between Asia and America* (London: J. Nichols, 1780), 211—243; 另见 Bockstoce, *Furs and Frontiers*, 104—110。关于 1800 年对于海獭捕获的估计，参见 Ryan Jones, "Sea Otters and Savages in the Russian Empire: The Billings Expedition, 1785 — 1793," *Journal of Maritime Research* (December 2006), www. jmr. nmm. ac. uk/server/show/ConJmrArticle. 217, accessed April 28, 2010; Karl W. Kenyon, *The Sea Otter in the Eastern Pacific Ocean* (Washington, DC: US Bureau of Sport Fisheries and Wildlife, 1969), 136; Busch, *War against the Seals*, 6—7。关于海獭贸易起源于西太平洋，参见 Richard Ravalli, "Soft Gold and the Pacific Frontier: Geopolitics and Environment in the Sea Otter Trade," PhD dissertation, University of California, Merced, 2009。

16. P. A. Tikhmenev, *A History of the Russian American Company*, trans. Richard A. Pierce and Alton S. Donnelly (Seattle: University of Washington Press, 1978 [1861—1863]), 201—204.

17. Ryan Tucker Jones, "A 'Havoc Made among Them': Animals, Empire, and Extinction in the Russian North Pacific, 1741 — 1810," *Environmental History* 16 (September 2011): 585 — 609; Martin Sauer, *An Account of a Geographical and Astronomical Expedition to the Northern Parts of Russia* (London: T. Cadell, 1802), 161, 166.

18. 关于海獭的生态和行为，参见 Kenyon, *Sea Otter in the Eastern Pacific Ocean*; M. L. Reidman and J. A. Estes, *The Sea Otter* (Enhydra lutris): *Behavior*,

Ecology, and Natural History (Washington, DC: Fish and Wildlife Service, 1990);
Scammon, *Marine Mammals*, 168—175。

19. Kenyon, *Sea Otter in the Eastern Pacific Ocean*, 216.

20. William Sturgis, "The Northwest Fur Trade," *Hunt's Merchants' Magazine* 14
(1846): 534; reprinted in *Fur Traders from New England: The Boston Men in the
North Pacific*, 1787—1800, ed. Briton C. Busch and Barry Gough (Spokane, WA:
Arthur C. Clark, 1996).

21. Sauer, *Account*, 267; cited in Jones, "A 'Havoc Made among Them,'" 596.
如果要了解关于俄美公司的俄语文献，那么参见 Andrei V. Grinëv, "A Brief Survey of
the Russian Historiography of Russian America of Recent Years," trans. Richard L.
Bland, Pacific *Historical Review* 79 (May 2010): 265—278。

22. J[ean]. F[rançois]. G[alaup]. La Pérouse, *A Voyage round the World in the
Years* 1785, 1786, 1787, *and* 1788 (London: J. Johnson, 1798), vol. 1: 189—190; G.
T. Emmons, "Native Account of the Meeting between La Perouse and the Tlingit,"
American Anthropologist 13 (April—June 1911): 294—298.

23. La Pérouse, *Voyage round the World*, vol. 1: 190. 关于文森特·瓦萨德雷·
依维加和菲律宾公司，参见 Adele Ogden, *The California Sea Otter Trade*, 1784—
1848 (Berkeley: University of California Press, 1941), 15—21。

24. Odgen, *California Sea Otter Trade*, 18—31. 据威廉·拉福林 (William S.
Laughlin) 推测，至 18 世纪 90 年代，阿留申人的数量减少了 80％。参见 Laughlin,
Aleuts: Survivors of the Bering Land Bridge (New York: Holt, Rinehart, and
Winston, 1980), 21。

25. 在 18 世纪 90 年代，去往西北海岸美国商人占所有商人的比例大致是 50％。
1800 年及以后，从事毛皮贸易航行的美国人占所有商人的比例超过 90％。参见 F.
W. Howay, *A List of Trading Vessels in the Maritime Fur Trade*, 1785—1825
(Kingston, ON: Limestone Press, 1973)。

26. "A Report by Imperial Russian Navy Lieutenant Nikolai A. Khvostov
concerning the Condition of the Ships of the Russian American Company," June 1804, in
*The Russian American Colonies: To Siberia and Russian America, Three Centuries of
Russian Eastward Expansion*, 1798—1867, ed. Basil Dmytryshyn, E. A. P.
Crownhart-Vaughan, and Thomas Vaughan (Portland: Oregon Historical Society,
1989), vol. 3: 47.

27. "Secret Instructions from the Main Administration of the Russian American
Company in Irkutsk to Chief Administrator in America," April 18, 1802, in *Russian
American Colonies*, vol. 3: 27.

28. Lydia T. Black, "The Nature of Evil: Of Whales and Sea Otters," in *Indians,
Animals, and the Fur Trade: A Critique of Keepers of the Game*, ed. Shepard Krech
III (Athens: University of Georgia Press, 1981), 109—147; Jones, "A 'Havoc Made

among Them.' "

29. Black, "The Nature of Evil," 120. 关于俄美公司提出的对于阿留申劳动力的新需求，另见 Lydia T. Black, *Russians in Alaska*, 1732—1867 (Fairbanks: University of Alaska Press, 2004), 127—132. 肯尼斯·欧文斯 (Kenneth Owens) 认为，阿留申人和科迪亚克岛民（也叫 阿留提克人）在佣人、战争俘虏和征募劳工方面有着自己的体系。这些以契约卖身或被奴役的人通常被称为 "kalgas" 或 "kaiurs"。这是我在 2010 年 7 月 1 日与肯尼斯·欧文斯的个人交往中获悉的。关于西伯利亚和北美捕猎者的类似境遇，参见 Yuri Slezkine, *Arctic Mirrors: Russia and the Small Peoples of the North* (Ithaca, NY: Cornell University Press, 1994); Arthur Ray, *Indians and the Fur Trade: Their Role as Trappers, Hunters, and Middlemen in the Lands Southwest of Hudson Bay* (Toronto: University of Toronto Press, 1974), 117—136。

30. Ivan Veniaminov, *Notes on the Islands of the Unalaska District*, trans. L. T. Black and R. H. Geoghegan, ed. R. A. Pierce (Kingston, ON: Limestone Press, 1984), 192.

31. Jonathan Winship, quoted in Thomas Vaughan, *Soft Gold: The Fur Trade & Cultural Exchange on the Northwest Coast of America* (Portland: Oregon Historical Society, 1982), 22.

32. José Joaquín Arrillaga to José de Iturrigaray, March 2, 1804, Arrillaga Correspondence, 1794—1814, Bancroft Library, University of California, Berkeley.

33. William Dane Phelps, "Solid Men of Boston in the Northwest," in Busch and Gough, *Fur Traders from New England*, 45, 46, 47.

34. Georg Heinrich von Langsdorff, *Voyages and Travels in Various Parts of the World, during the Years*, 1803, 1804, 1805, 1806, *and* 1807 (London: H. Colburn, 1813—1814), vol.2: 180.

35. 这些数据源于阿德尔·奥格登对众多俄国和美国文献的综合调查，参见 Ogden, *California Sea Otter Trade*, 50。

36. 威廉·希斯·戴维斯 (William Heath Davis) 船长是小威廉·希斯·戴维斯的父亲，是著名的《加利福尼亚六十年》(*Sixty Years in California*, 1889) 一书的作者。关于戴维斯船长在美洲海岸活动的情况，目前只有一些零散的资料。参见 "Miscellaneous Papers" in the William Heath Davis Papers, 1840 — 1905, Bancroft Library, University of California, Berkeley。

37. Phelps, "Solid Men of Boston in the Northwest," 50—51.

38. George Nidever, *The Life and Adventures of George Nidever*, ed. William Henry Ellison (Berkeley: University of California Press, 1937), 45. 这个故事最早是由尼德弗 (Nidever) 在 1878 年讲述给爱德华·穆雷 (Edward F. Murray) 的，穆雷是休伯特·豪·班克洛夫特 (Hubert Howe Bancroft) 的助手之一。口述原版现存于班克洛夫特图书馆。

39. Kenyon, *Sea Otter in the Eastern Pacific Ocean*, 41.

40. Ilya Vinkovetsky, "The Russian-American Company as a Colonial Contractor for the Russian Empire," in *Imperial Rule,* ed. Alexei Miller and Alfred J. Rieber (Budapest: Central European University Press, 2004), 171.

41. Vasili Nikolaevich Berkh, *A Chronological History of the Discovery of the Aleutian Islands, or, The Exploits of Russian Merchants: With A Supplement of Historical Data on the Fur Trade,* ed. Richard A. Pierce, trans. Dmitri Krenov (Kingston, ON: Limestone Press, 1974 [1823]), 93.

42. 关于数据，参见 Jones, "Sea Otters and Savages in the Russian Empire"; Kenyon, *Sea Otter in the Eastern Pacific Ocean,* 136; Busch, *War against the Seals,* 6—7。

43. Amasa Delano, *A Narrative of Voyages and Travels, in the Northern and Southern Hemispheres: Comprising Three Voyages round the World* (Boston: E. G. House, 1817), 306.

44. 这个数字只是个近似值。布什（Busch）估计，在太平洋的南部，被猎杀的海狗有 520 万只，其中将近 60%的海狗是在胡安-费尔南德斯群岛捕杀的。在北太平洋，被杀的海狗也几乎是这个数字，其中在普里比洛夫群岛捕杀的海狗最多。参见 Busch, *War against the Seals,* 36, 111; Berkh, *Chronological History of the Discovery of the Aleutian Islands,* 93。

45. John Meares, *Voyages Made in the Years* 1788 *and* 1789, *from China to the North West Coast of America* (London: Logographic Press, 1790): 203; and Scammon, *Marine Mammals,* 119. 关于玛卡人对于海狗副产品的诸多用途，参见 Reid, "'The Sea Is My Country,'" 220。

46. Aleksandr F. Kashevarov, "A Description of Hunting and Conservation in the Russian American Colonies," March 9, 1862, in Dmytryshyn, *Russian American Colonies,* 519.

47. Jones, "A 'Havoc Made among Them,'" 594.

48. William Dampier, *A New Voyage round the World: The Journal of an English Buccaneer* (London: Hummingbird Press, 1998 [1697]), 54.

49. 除了马斯阿富埃拉岛和马萨铁拉岛（现在分别被称为亚历山大·塞尔柯克岛和鲁滨逊·克鲁索岛，还有另外两个岛，它们是圣费利克斯岛和圣安布罗西奥岛）。

50. Busch, *War against the Seals,* 10—11.

51. Edmund Fanning, *Voyages and Discoveries in the South Seas,* 1792—1832 (Salem, MA: Marine Research Society, 1924 [1833]), 79.

52. "Log of the *Minerva,*" cited in Busch, *War against the Seals,* 16.

53. Busch, *War against the Seals,* 16.

54. Lewis Coolidge, "Journal of a Voyage Perform'd on the Ship Amethyst," in *Lewis Coolidge and the Voyage of the Amethyst,* ed. Evabeth Miller Kienast and John Phillip Felt (Columbia, SC: University of South Carolina Press, 2009), 7. Hereafter

cited as Coolidge, "Journal." 关于"紫水晶号"（Amethyst）的更多信息，参见 "Typescript log of ship Amethyst, 1806—1811," Phillips Library, Peabody Museum, Salem。

55. Coolidge, "Journal," 1—2.

56. 路易斯·柯立芝的《日记》中列举了他能记住的来自波士顿的 40 名船员的名字，其中 17 名在四年的航行中被标注为"死亡"。参见 ibid., 62—63。在广州出售的 35000 张毛皮包括来自纽黑文的兄弟船只"胜利号"（Triumph）上装载的货物。

57. Ibid., 3.

58. 路易斯·柯立芝的《日记》援引了很多诗句以及关于风景画家的资料，反映了他的家乡波士顿高水准的教育。他的《日记》的编辑伊娃贝丝·米勒·基纳斯特（Evabeth Miller Kienast）和约翰·菲利普·费尔特（John Phillip Felt）认真仔细地核对了书中的很多参考资料，更正了很多错误。比如，路易斯·柯立芝认为是托马斯·查特顿的诗句，实际上出自苏格兰诗人詹姆斯·比蒂（James Beattie, 1735—1803）在 1774 年写的两卷本的长诗《吟游诗人或天才的进步》（*The Minstrel; Or, The Progress of Genius*）。

59. 还有一种解释，可能是营养缺乏导致了坏血病，从而影响了那些有基础病的船员，比如性病。水手蒂姆·康纳（Tim Connor）可能就是这样。

60. Coolidge, "Journal," 21.

61. Ibid., 18. 船主在广州卖了货物，也把商船"紫水晶号"卖了。柯立芝是乘坐"布鲁姆号"（Brum）返回纽约的。

62. Foster Rhea Dulles, *The Old China Trade* (Boston: Houghton Mifflin, 1930), 106, 210.

63. 关于种群恢复和濒危状况，参见 http://www. nmfs. noaa. gov/pr/species/ mammals/ pinnipeds/guadalupefurseal. htm, accessed June 9, 2010。

64. Coolidge, "Journal," 11. This line of verse comes from Ann Ward Radcliffe's *The Mysteries of Udolpho* (London: G. G. and J. Robinson, 1794).

65. Reuben Delano, *Wanderings and Adventures of Reuben Delano: Being a Narrative of Twelve Years Life in a Whale Ship!* (Boston: Redding, 1846); quoted in Brewster, *Journals*, 177, fn. 26.

66. John Adams to Secretary [John] Jay, August 25, 1785, *Works of John Adams, Second President of the United States*, ed. Charles Francis Adams (Boston: Little, Brown, 1853), vol. 8, 308—309.

67. Davis et al., *In Pursuit of Leviathan*, 364.

68. 关于这些工业趋势的最好文献，见 ibid., 344—358。

69. Ibid., 18—19; Scammon, *Marine Mammals*, 212—215; Starbuck, *History of the American Whale Fishery*, 700—702.

70. Davis et al., *In Pursuit of Leviathan*, 323.

71. 捕鲸船通常装配四只小艇（往往还有两只作为替补）。根据下水的不同位置，这四只小艇有不同的称呼标记，分别是右舷艇（SB）、左舷艇（LB）、船腰艇（WB）和船首艇（BB）。关于各种各样捕鲸术语、船的种类以及装备的详细信息，参见 http://www.whalecraft.net/, accessed July 8, 2010。

72. Brewster, *Journals*, 179.

73. Ibid., 185−186. 朱埃特对玛丽·布鲁斯特的《日记》进行了精心的编辑，核对了众多的事件，比如这次死亡事故，当时的期刊上对此也有报道，可以相互参照。1847 年 4 月 1 日出版的《朋友》对威尔金森的死亡进行了报道。

74. Brewster, *Journals*, 189.

75. *Friend* (Honolulu, HI), April 1, 1847.

76. Brewster, *Journals*, 187.

77. *Friend*, April 2, 1849.

78. Henderson, *Men & Whales*, 88; Mulford, *Prentice Mulford's Story*, 70; J. Ross Browne, "Explorations in Lower California," *Harper's New Monthly Magazine* 37 (October 1868): 10. 法国船只"金星号"（La Venus）和英国船只"硫黄号"（Sulphur）各自在 1839 年考察探测了马格达莱娜海湾。至 19 世纪 30 年代，有些捕鲸人还把马格达莱娜海湾当作安全港湾，在那里对他们的船只做些修理完善工作。参见 Henderson, *Whales & Men*, 82.

79. David S. Wilcove, *No Way Home: The Decline of the World's Great Animal Migrations* (Washington, DC: Island Press, 2008): 144; 另见 *The Gray Whale: Eschrichtius robustus*, ed. Mary Lou Jones, Steven L. Swartz, and Stephen Leatherwood (Orlando, FL: Academic Press, 1984).

80. 灰鲸还被嘲讽地称作"干巴鲸"，因为它们背上那些"干巴巴"的隆起物，是它们的背鳍退化演变的。灰鲸是海底觅食者，是"贝类动物掘食者"。它们从洋底的"黑暗污泥"中再次浮出，来到大洋的水面，同时也给与它们共生的生物带来福利，那些共生生物有附着在它们身上的寄生生物和遍布全身的橘红色的虱子。灰鲸的这一副尊容让它在游动的时候看起来很怪异。灰鲸的鲸脂很容易剥离（所以人们给它起了另一个外号"撕袋子"）。除了这些不让人待见的特征，灰鲸还没有鲸须（鲸骨），鲸须很值钱，可以放进女人"挤压肋骨"的紧身胸衣里。鲸骨既坚韧，又柔韧，可以用来制作雨伞、鞭子以及女人紧身胸衣里面的支索。有人评价说，鲸须是"制作那些致命的、挤压肋骨的、压迫肝脏的紧身胸衣作用的骨头"。参见 Mulford, *Prentice Mulford's Story*, 76。

81. Ibid., 75.

82. *Polynesian* (Honolulu), March 21, 1846; and *Whalemen's Shipping List*, June 16, 1846.

83. "Diary of Benjamin Boodry, *Arnolda*," cited in Creighton, *Rites and Passages*, 75.

84. L. H. Vermilyea, "Whaling Adventure in the Pacific," *California Nautical Magazine* 1 (1862−1863): 229.

85. Scammon, *Marine Mammals*, 29.

86. Ibid., 26—27, 268.

87. Dennis Wood, "Abstracts of Whaling Voyages" (5-volume manuscript, 1831—1873), New Bedford Free Public Library, New Bedford, MA, vol. 2: 280, 652; *Whalemen's Shipping List*, June 16, 1846; Brewster, *Journals*, 189.

88. Brewster, *Journals*, 186. 琼·朱埃特认为,玛丽·布鲁斯特此后再也没有提及"顿奈尔号"(J. E. Donnell) 的赫西船长 (Captain Hussey),从而暗示他就是把女人送到另一艘船的那个人。

89. Ibid., 181. Emphasis added.

90. Ibid., 179.

91. 这个小孩是美国著名传教士亚提马斯·毕晓普的儿子,年幼的塞雷诺·爱德华·毕晓普把他在来自夏威夷的"李威廉号"(WilliamLee) 上看到的这一切都告诉了他在罗德岛寄宿学校的同学们。Sereno Edwards Bishop, "Journal Kept in Passage from Sandwich Islands to Newport in ship William Lee, 1839—1840," Papers of Sereno Edwards Bishop, Huntington Library, San Marino.

92. Bishop, "Journal," February 1, 1840.

93. Mulford, *Prentice Mulford's Story*, 77.

94. Bishop, "Journal," February 6, 1840.

95. Brewster, *Journals*, 93—94.

96. Thomas Atkinson, "Journal and Memoirs of Thomas Atkinson, 1845—1882," unpublished manuscript, Huntington Library, San Marino, 28.

97. Couper, *Sailors and Traders*, 121; reported in the *Mercury* (Hobart, Tasmania), December 2, 1880.

98. 水手的工资被称为"渔获收益",占所收获鲸油价值的一个固定比例。参见 Davis et al., *In Pursuit of Leviathan*, 364。

99. Brewster, *Journals*, 188, 195.

100. Scammon, *Marine Mammals*, 266.《朋友》(1848 年 3 月 1 日) 列举出来的 1848 年初停泊在玛格丽塔湾 (Margarita Bay) 的船只,有 20 多艘 (还有很多没有统计进去)。

101. *Friend*, March 1, 1848. 在这个捕猎季,捕鲸船"希望号"(Hope) 在马格达莱娜海湾触礁沉入海底,没有造成人员伤亡,船主获得保险赔偿三万美元。参见 *Whalemen's Shipping List*, May 2, 1848。

102. 根据《捕鲸信息周报》(1848 年 6 月 27 日),这七名逃离者沿着海岸只走了 40 英里,"就受到了攻击,其中两人被杀身亡"。《捕鲸信息周报》没有提供更具体的细节。

103. *Whalemen's Shipping List*, March 12, 1850. 关于太平洋商船上的水手因为淘金热而逃离,参见 Davis et al., *In Pursuit of Leviathan*, 192—194; Brewster, *Journals*, 169。

104. Brewster, *Journals*, 165. 关于战争的消息，是捕鲸船"布鲁克林"(Brookline) 的船长塞缪尔·杰夫瑞 (Samuel Jeffrey) 带来的，他刚从拉巴斯 (La Paz) 抵达。

105. Ibid., 270.

106. Bruce Cumings, *Dominion from Sea to Sea: Pacific Ascendency and American Power* (New Haven, CT: Yale University Press, 2009), 74—78.

107. 关于丹尼尔·韦伯斯特反对扩张政治以及支持经济帝国，参见他的讲话 "The Mexican War, March 1, 1847" and "Objects of the Mexican War, March 23, 1848," in *The Papers of Daniel Webster: Speeches and Formal Writings*, ed. Charles M. Wiltse (Hanover, NH: Published for Dartmouth College by the University Press of New England, 1988), 2: 435—476; Robert V. Remini, *Daniel Webster: The Man and His Time* (New York: W. W. Norton, 1997), 574—580。

108. Daniel Webster to James K. Polk, May 14, 1846; Papers of John A. Rockwell, Huntington Library, San Marino. 另外四名来自新英格兰地区的议员共同签署了那封信。

109. George McDuffie, quoted in John W. Foster, *A Century of American Diplomacy* (Boston: Houghton, Mifflin, 1901), 312.

110. 关于捕鲸可以刺激整个经济的发展，参见 Howard Kushner, "Hellships: Yankee Whaling along the Coast of Russian-America, 1835 — 1852," *New England Quarterly* 45 (March 1972): 81—95。

111. Herman Melville, *Moby-Dick; or, The Whale* (New York: Harper and Brothers, 1851), 306.

112. Davis et al., *In Pursuit of Leviathan*, 359.

113. Brewster, *Journals*, 337.

114. Davis et al., *In Pursuit of Leviathan*, 357 — 362; Scammon, *Marine Mammals*, 242—243; Creighton, *Rites and Passages*, 35—37.

115. Jones et al., *Gray Whale*, 166 — 175; Henderson, *Men & Whales*, 175—179; and Wilcove, *No Way Home*, 145—147.

116. Scammon, *Marine Mammals*, 33.

117. Henderson, *Men & Whales*, 230. 关于 20 世纪的捕鲸，参见 J. N. Tonnessen and A. O. Johnsen, *A History of Modern Whaling*, trans. R. I. Christophersen (Berkeley: University of California Press, 1982)。

第五章

1. 关于马绍尔群岛和卡杜的背景，参见 Julianne M. Walsh, "Imagining the Marshalls: Chiefs, Tradition, and the State on the Fringes of United States Empire," PhD dissertation, University of Hawai'i, 2003, 128—146。

2. Adelbert von Chamisso, *A Voyage around the World with the Romanzov*

Exploring Expedition in the Years 1815－1818 *in the Brig Rurik, Captain Otto von Kotzebue,* trans. and ed. Henry Kratz (Honolulu: University of Hawai'i Press, 1986 [1836]), 159.

3. Ibid., 186.

4. Ibid., 69; Adelbert von Chamisso, "Remarks and Opinions, of the Naturalist of the Expedition,"in Otto von Kotzebue, *A Voyage of Discovery: into the South Sea and Beering's Straits for the Purpose of Exploring a North-East Passage, Undertaken in the Years* 1815－1818 (London, 1821), vol.3: 168.

5. Anne Salmond, *Two Worlds: First Meetings between Maori and Europeans, 1642－1772* (Honolulu: University of Hawai'i Press, 1991), 87.

6. 欧洲航海船只上的博物学家，就像是船上的军官和船员一样，基本上是清一色的男人。关于科学考察中有女人（往往假扮为男人）参加的情况，参见 Honore Forster, "Voyaging through Strange Seas: Four Women Travellers in the Pacific," *National Library of Australia News* (January 2000): 3－6; Londa Schiebinger, *Plants and Empire: Colonial Bioprospecting in the Atlantic World* (Cambridge, MA: Harvard University Press, 2004), 46－51。

7. William Reynolds, *The Private Journal of William Reynolds, United States Exploring Expedition,* 1838－1842, ed. Nathaniel Philbrick and Thomas Philbrick (New York: Penguin Books, 2004), 13, 8. 这句话的原文用的是斜体。美国探险远征队的队长查尔斯·威尔克斯使用的词是 "Scientifics"（科学人）。

8. 如果要综合了解太平洋上欧洲和美国博物学家的情况，那么参见 Jacques Brosse, *Great Voyages of Discovery: Circumnavigators and Scientists,* 1764－1843, trans. Stanley Hochman (New York: Facts on File Publications, 1983)。关于科学资助人的作用，参见 Harry Liebersohn, *The Travelers' World: Europe to the Pacific* (Cambridge, MA: Harvard University Press, 2006); and David Mackay, *In the Wake of Cook: Exploration, Science and Empire* (London: Croom Helm, 1985)。在科学探索方面，有两本重要的著作: *Darwin's Laboratory: Evolutionary Theory and Natural History in the Pacific,* ed. Roy MacLeod and Philip F. Rehbock (Honolulu: University of Hawai'i Press, 1994); *Visions of Empire: Voyages, Botany, and Representations of Nature,* ed. David P. Miller and Peter H. Reill (Cambridge: Cambridge University Press, 1996)。关于帝国探险和环境发展之间的关系，参见 Richard Grove, *Green Imperialism: Colonial Expansion, Tropical Island Edens, and the Origins of Environmentalism,* 1600－1860 (Cambridge: Cambridge University Press, 1995); John F. Richards, *The Unending Frontier: An Environmental History of the Early Modern World* (Berkeley: University of California Press, 2003); Aaron Sachs, *The Humboldt Current: Nineteenth-Century Exploration and the Roots of American Environmentalism* (New York: Viking, 2006)。关于自然历史和"生态学"的出现，参见 Donald Worster, *Nature's Economy: A History of Ecological Ideas* (New York: Cambridge

University Press, 1994)。

　　9. 关于七年战争和全球对于权力的争夺，参见 Paul W. Mapp's superb study, *The Elusive West and the Contest for Empire*, 1713 — 1763 (Chapel Hill: University of North Carolina Press, 2011); Fred Anderson, *Crucible of War: The Seven Years' War and the Fate of Empire in British North America* (New York: Vintage, 2001)。

　　10. 关于从科学和文化的交互视角来研究海洋的情况，参见海伦·罗兹瓦多夫斯基(Helen M. Rozwadowski)的卓越著作，特别是她的《海洋寻踪：深海的发现和探索》(*Fathoming the Ocean: The Discovery and Exploration of the Deep Sea*)(Cambridge, MA: Harvard University Press, 2005)。

　　11. 麦凯 (Mackay) 认为，随着库克船长的航行，经济动力不断增加。他说："库克船长的航行使得世界上遥远的地方也可以抵达，这就大大加速了帝国经济某种形式上的统一。对此，这些科学家几乎是本能地已经预想到了。"Mackay, *In the Wake of Cook*, 194.

　　12. Ryan Jones, "A 'Havoc Made among Them': Animals, Empire, and Extinction in the Russian North Pacific, 1741 — 1810." *Environmental History* 16 (September 2011): 587.

　　13. Anonymous [William Ellis], *An Authentic Narrative of a Voyage Performed by Captain Cook and Captain Clerke, in His Majesty's Ships Resolution and Discovery, during the Years 1776, 1777, 1778, 1779, and 1780* (Altenburg: Gott lob Emanuel Richter, 1788): 138—167.

　　14. Mackay, *In the Wake of Cook*, 41.

　　15. 关于对西北通道的寻找，参见 Glyn Williams, *Voyages of Delusion: The Quest for the Northwest Passage* (New Haven, CT: Yale University Press, 2002); Peter Mancall, *Fatal Journey: The Final Expedition of Henry Hudson—A Tale of Mutiny and Murder in the Arctic* (New York: Basic Books, 2009)。

　　16. 尼古拉·彼得罗维奇·鲁采夫伯爵经常被人称为洛曼佐夫 (Romanzov)。科策布上尉是德国著名剧作家奥古斯特·冯·科策布 (August von Kotzebue) 的儿子。关于这两人的情况，参见 Kratz "Introduction" in Chamisso, *A Voyage Around the World*, xi—xii. 关于俄国海洋探险背景下的此次远征，参见 Glynn Barratt, *Russia in Pacific Waters*, 1715—1825 (Vancouver: University of British Columbia Press, 1981), 176—185。

　　17. Kotzebue, *Voyage of Discovery*, 10—11. 关于科策布对拿破仑战争之后政治背景的评价，参见第 7—9 页。

　　18. 关于太平洋的艺术呈现如何反映了欧洲文明，参见 Harriet Guest, *Empire, Barbarism, and Civilisation: Captain Cook, William Hodges, and the Return to the Pacific* (Cambridge: Cambridge University Press, 2007)。

　　19. 关于约翰·弗里德里希·埃施朔尔茨的收藏，参见 Richard G. Beidleman, *California's Frontier Naturalists* (Berkeley: University of California Press, 2006),

48—55。

20. 关于阿德尔贝特·冯·沙米索，参见 Kratz, "Introduction," in Chamisso, *Voyage around the World*, xi—xxiv。

21. Chamisso, "Remarks and Opinions," in Kotzebue, *Voyage of Discovery*, vol. 2: 353, 354, 384, 398.

22. Ibid., vol. 3: 265.

23. Ibid., vol. 2: 404—405.

24. Ibid., vol. 3: 21, 24, 22. 沙米索继续写道："历史决定了这场革命的发生，因为这场革命，美国将获得独立、繁荣以及人口和实力的快速增长。"（22）.

25. Ibid., vol. 3: 42, 47, 43.

26. Ibid., vol. 3: 314—315. 关于更早期的博物学家的观点，参见 Ryan Tucker Jones, "Sea Otters and Savages in the Russian Empire: The Billings Expedition, 1785—1793," *Journal of Maritime Research* (December 2006): 106—121。

27. Barratt, *Russia in Pacific Waters*, 176—186.

28. Chamisso, *A Voyage around the World*, 198.

29. Ibid., 79. 科策布当时病得极其严重，因为寒冷而吐血，而且呼吸反常。

30. Kotzebue, *Voyage of Discovery*, 7—11. 关于探索寻找西北通道和东北通道，参见 Williams, *Voyages of Delusion*, 241—242, 276—278; William J. Mills, *Exploring Polar Frontiers: A Historical Encyclopedia* (Santa Barbara, CA: ABC—CLIO, 2003), vol. 1: 366—368。

31. Brosse, *Great Voyages of Discovery*, 124—167.

32. 根据沙米索的观点，科策布的正式报告"没有达到我的期望值"。Chamisso, *Voyage around the World*, 7.

33. Walsh, "Imagining the Marshalls," 129—130.

34. Chamisso, *Voyage around the World*, 129, 136, 139.

35. 沙米索继续评价说，卡杜"理解了这种无限制的知识好奇（和）我们的优势所赖以倚仗的知识之间的联系"。Ibid., 161.

36. Ibid., 80—81, 161. 沙米索将头盖骨捐赠给了柏林解剖博物馆（Berlin Anatomical Museum）. 关于卡杜参加了一次食人族的航行后是否害怕，参见第160页。

37. Ibid., 119—120.

38. Ibid., 168, 268, 352.

39. Ibid., 102; Chamisso, "Remarks and Opinions," v. 3, 45; 47.

40. 关于"英雄号"远航，法国出版的著作包括：Auguste Bernard Duhaut—Cilly, *Voyage autour du monde, principalement à la Californie et aux Iles Sandwich, pendant les années* 1826, 1827, 1828, *et* 1829, 2 vols. (Paris, 1834—1835); Paul—Emile Bott a, "Observations surles habitants des Iles Sandwich. Observations sur les habitans de la Californie. Observations diverses faites en mer," *Nouvelles annales des voyages* 22 (1831): 129—176; Edmond Le Netrel, "Voyage autour du monde pendant

les années 1826, 1827, 1828, 1829, par M. Duhautcilly commandant le navire *Le Héros. Extraits du journal de M. Edmond Le Netrel, lieutenant à bord ce vaisseau,*" *Nouvelles annales des voyages* 15 (1830)：129—182。我在研究中主要参考了以下三部最新的英译：Auguste Duhaut-Cilly, *A Voyage to California, the Sandwich Islands, and around the World in the Years* 1826—1829, trans. August Frugé and Neal Harlow (Berkeley: University of California Press, 1999); Paulo Emilio Bott a, *Observations on the Inhabitants of California,* 1827—1828, trans. John Francis Bricca (Los Angeles: Glen Dawson, 1952); and Lt. Edmond Le Netrel, *Voyage of the Héros: Around the World with Duhaut—Cilly in the Years* 1826, 1827, 1828, *and* 1829, trans. Blanche Collet Wagner (Los Angeles: Glen Dawson, 1951)。

41. 关于李维斯和夏威夷皇室这次远航访问的情况，参见 Alfons L. Korn, "Shadows of Destiny: A French Navigator's View of the Hawaiian Kingdom and Its Government in 1828," *Hawaiian Journal of History* 17 (1983): 1—39; Edgar C. Knowlton Jr. "Paul-Emile Bott a, Visitor to Hawai'i in 1828," *Hawaiian Journal of History* 18 (1984): 13—38。

42. Duhaut-Cilly, *Voyage,* 3, 79.

43. "Orders for the *Héros* expedition," quoted in Beidleman, *California's Frontier Naturalists,* 83.

44. 1828 年，李维斯根据船长杜豪特—西里的命令离开了"英雄号"，搭乘一艘租来的双桅船"韦弗利号"（Waverly），带着一船货物去往西北海岸和锡特卡。不过，李维斯并没有北上去西北海岸，而是带着那艘船南下去了马萨特兰（Mazatlan），在那里被墨西哥的官员没收了货物。李维斯好像是去了内陆漂泊，不久就死于霍乱。李维斯和船上其他官员之间的关系几乎从一开始就很别扭，当李维斯的仆人在船上试图自杀时，他和船员之间的关系更是糟糕得一塌糊涂。那位仆人之所以自杀，是因为害怕因为某件小事而受到李维斯的惩罚。参见 Duhaut-Cilly, *Voyage,* 14—15。

45. Ibid., 49.

46. Ibid., 51, 61.

47. Bott a, *Observations,* 16—17.

48. Duhaut-Cilly, *Voyage,* 65.

49. Le Netrel, *Voyage,* 24, 38.

50. Duhaut-Cilly, *Voyage,* 101.

51. Ibid., 101—102. 这当然是关于美国土著人"赶兔子"最早的描述之一。关于 19 世纪末美国西部广泛开展的赶兔子行动，参见 William Deverell and David Igler, "The Abattoir of the Prairie," *Rethinking History* 4 (Fall 1999): 321—323。

52. Duhaut-Cilly, *Voyage,* 133; and Le Netrel, *Voyage,* 26.

53. Duhaut-Cilly, *Voyage,* 128, 186.

54. 相比较而言，关于殖民背景下自然资源"丰富"的情况，参见 William Cronon, *Changes in the Land: Indians, Colonists, and the Ecology of New England*

(New York: Hill and Wang, 1983), 19—33。

55. Le Netrel, *Voyage,* 26.

56. 历史学家和人类学家最近的著作引发了这样的争论，反驳了从前把加利福尼亚印第安人描述为土地淳朴管理者的看法。参见 Kent Lightfoot and Otis Parrish, *California Indians and Their Environments: An Introduction* (Berkeley: University of California Press, 2009); M. Kat Anderson, *Tending the Wild: Native American Knowledge and the Management of California's Natural Resources* (Berkeley: University of California Press, 2006)。

57. Duhaut-Cilly, *Voyage,* 85, 153; and Le Netrel, *Voyage,* 46—47.

58. Le Netrel, *Voyage,* 24, 36, 44.

59. Duhaut-Cilly, *Voyage,* 31, 153.

60. Ibid., 55, 80—82, 85, 153.

61. Ibid., 167, 168.

62. Ibid., 79, 93—95, 137, 161, 168.

63. Frederick Stenn, "Paul Emile Bott a—Assyriologist, Physician," *Journal of the American Medical Association* 174 (November 1969): 1651.

64. Bott a, *Observations,* 3—7.

65. Ibid., 3.

66. Duhaut-Cilly, *Voyage,* 153.

67. 参见 George Forster, *A Voyage round the World,* ed. Nicholas Thomas and Oliver Berghof, 2 vols. (Honolulu: University of Hawai'i Press, 2000); Ryan Jones, "Sea Otters and Savages in the Enlightened Empire: The Billings Expedition, 1785—1793," *Journal for Maritime Research* (November 2006) at http://www. jmr. nmm. ac. uk/。

68. William Fraser Tolmie, *Diary,* March 28, 1833; William Fraser Tolmie Records, 1830—1883, British Columbia Archives, Victoria, Canada.

69. A. G. Harvey, "Meredith Gairdner: Doctor of Medicine," *British Columbia Historical Quarterly* 9 (April 1945): 91—92.

70. Meredith Gairdner, "Observations during a Voyage from England to Fort Vancouver, on the North-West Coast of America," *Edinburgh New Philosophical Journal* 16 (April 1834): 290, 299. 第二年，他发表了关于夏威夷的第二篇论文《三明治群岛之一瓦胡岛的物理和地质构造》(Physico-Geognostic Sketch of the Island of Oahu, One of the Sandwich Group), 刊载于《爱丁堡新哲学学报》(*Edinburgh New Philosophical Journal*)第 19 期 (1835): 1—14。

71. Tolmie, *Diary,* May 1, 1833; Gairdner, "Observations," 302.

72. Gairdner to William Hooker, November 7, 1834; cited in Harvey, "Meredith Gairdner," 100.

73. Robert Boyd, *The Coming of the Spirit of Pestilence: Introduced Infectious*

Diseases and Population Decline among Northwest Coast Indians, 1774 — 1874 (Seattle: University of Washington Press, 1999), 84—115.

74. Gairdner, "Notes on the Geography of the Columbia River," *Journal of the Royal Geographical Society of London* 11 (1841): 250—257. 这份学术期刊在他 1837 年死后的第二年送到了他的母亲那里，这篇文章可能是他的一个同事编辑发表的。

75. Ibid., 252—253.

76. Ibid., 253.

77. Ibid., 256.

78. 尽管现在没有康克姆利的出生记录，但大多数学者认为，他出生于 18 世纪 60 年代。有些观察家把他的名字写成"康姆康姆利"(Comcomly)。

79. 关于威廉·克拉克提及康克姆利一事，参见 *Original Journals of the Lewis and Clark Expedition,* 1804—1806, ed. Reuben Gold Th waites (New York: Dodd, Mead, 1905), vol.3: 238。莱文大约在 1812 年嫁给了邓肯·麦克杜加尔 (Duncan MacDougall)，麦克杜加尔在 1817 年离开了西北海岸。她在 1823 年又嫁给了阿奇博尔德·麦克唐纳 (Archibald McDonald)，两年后死于难产。

80. Gairdner to John Richardson, November 21, 1835; cited in A. G. Harvey, "Chief Concomly's Skull," *Oregon Historical Quarterly* 40 (June 1939): 166. 关于压扁头颅和头盖骨学，参见 Ann Fabian's marvelous study *The Skull Collectors: Race, Science, and America's Unburied Dead* (Chicago: University of Chicago Press, 2010), 47—76.

81. Gairdner to Hooker, November 19, 1835; cited in Harvey, "Meredith Gairdner," 102.

82. Gairdner to John Richardson, November 21, 1835; cited in Harvey, "Meredith Gairdner,"166.

83. Harvey, "Chief Concomly's Skull," 166—167. 盖尔德纳的前任之一约翰·斯库勒博士 (Dr. John Scouler) 从一个墓地偷了三个头盖骨，被切努克人捉住了，差点丢了性命。就在盖尔德纳盗挖头颅事件刚刚发生以后，美国人约翰·汤森德 (John Townsend) 被哈得孙湾公司的官员发现他偷了一具切努克人的尸体，于是他被强制将尸体归还给死者的悲伤的兄弟。见 Fabian, *Skull Collectors,* 67—68。

84. Fabian, *Skull Collectors,* 46.

85. Gairdner to John Richardson, November 21, 1835; cited in Harvey, "Meredith Gairdner,"166.

86. Gairdner, "Observations during a Voyage," 302.

第六章

1. William Reynolds, *The Private Journal of William Reynolds: United States Exploring Expedition,* 1838—1842, ed. Nathaniel Philbrick and Thomas Philbrick (New York: Penguin Books, 2004), 11.

2. Ibid., 259.

3. Ibid., 309.

4. Ibid., 316.

5. James D. Dana, *Geology* (New York: Geo. P. Putnam, 1849), 10. 詹姆斯·德怀特·达纳的《地质学》电子版以及美国探险远征队发表的全部资料可以在下面网站阅读：http://www.sil.si.edu/digitalcollections/usexex/。

6. Ibid., 13. 达纳这么说，主要是特指岛链，但是总体来说也适用于他的地质理论。

7. 关于国家扩张和太平洋以及亚洲的地位，参见 Henry Nash Smith, *Virgin Land: The American West as Symbol and Myth* (Cambridge, MA: Harvard University Press, 1950), 19—34。

8. 关于美国探险远征队的历史，参见 Nathaniel Philbrick, *Sea of Glory: America's Voyage of Discovery, The U. S. Exploring Expedition,* 1838—1842 (New York: Viking, 2003); William Stanton, *The Great United States Exploring Expedition* (Berkeley: University of California Press, 1975); Herman J. Viola and Carolyn Margolis, eds., *Magnificent Voyagers: The U. S. Exploring Expedition,* 1838—1842 (Washington, DC: Smithsonian Institution Press, 1985); Barry Alan Joyce, *The Shaping of American Ethnography: The Wilkes Exploring Expedition,* 1838—1842 (Lincoln: University of Nebraska Press, 2001)。

9. 科学团队中，还包括艺术家阿尔弗雷德·阿加特（Alfred T. Agate）和约瑟夫·德雷顿（Joseph Drayton）。

10. 关于科学远航的总体情况以及美国19世纪中叶的海洋科学考察的情况，参见 Helen M. Rozwadowski, *Fathoming the Ocean: The Discovery and Exploration of the Deep Sea* (Cambridge, MA: Harvard University Press, 2005), 46—62; Michael L. Smith, Pacific *Visions: California Scientists and the Environment,* 1850—1915 (New Haven, CT: Yale University Press, 1990), 12—16。

11. Philbrick, *Sea of Glory,* 331—333.

12. 如果需要所有这些材料，那么参见 http://www.sil.si.edu/digitalcollections/usexex/index.htm。

13. 这些船只包括：旗舰"文森斯号"（风帆战船，700吨）、"孔雀号"（风帆战船，559吨）、"鼠海豚号"（双桅船，224吨）、"救济号"（军需船，468吨）、"海鸥号"（交通补给船，110吨）和"飞鱼号"（交通补给船，96吨）。威尔克斯购买的是"俄勒冈号"（Oregon，双桅船，250吨），但是在阿斯托里亚（Astoria）换成了后来失事的"孔雀号"。

14. 关于威尔克斯，参见 Philbrick, *Sea of Glory*; and Joye Leonhart, "Charles Wilkes: A Biography" and E. Jeffrey Stann, "Charles Wilkes as Diplomat," in Herman and Margolis, *Magnificent Voyagers,* 189—204, 205—226。

15. Reynolds, *Private Journal of William Reynolds,* 237.

16. 关于军事法庭指控的情况，参见 Philbrick, *Sea of Glory*, 303—330。

17. 关于这些事件，最好的记述来自 Reynolds, *Private Journal of William Reynolds*, 182—199。

18. 洛-韦多弗（美国新闻媒体称之为温多弗）所谓犯罪，与这些事件无关。他被指控在 1834 年组织血腥进攻来自美国船只"查尔斯·达格号"（*Charles Dagget*）上的水手。进攻发生的时候，水手们正在斐济海滩上加工处理干海参。我特别感谢安·费必安在这个事件上的指点，感谢她撰写的优秀论文"One Man's Skull: A Tale from the Sea-Slug Trade," *Common-place* 8 (January 2008)。另见 *New York Herald*, June 11 and 26, 1842; and T. D. Stewart, "The Skull of Vendovi: A Contribution of the Wilkes Expedition to the Physical Anthropology of Fiji," *Archaeology and Physical Anthropology in Oceania* 13 (1978): 204—214。

19. 关于达纳出生的地点，参见 Mary Ryan, *Cradle of the Middle Class: The Family in Oneida County, New York, 1790—1865* (Cambridge: Cambridge University Press, 1981)。关于达纳的生平信息，参见 Daniel C. Gilman, *The Life of James Dwight Dana: Scientific Explorer, Mineralogist, Geologist, Zoologist, Professor in Yale University* (New York: Harper and Brothers, 1899), 3—20; M. L. Prendergast, "James Dwight Dana: Problems in American Geology," PhD dissertation, University of California, Los Angeles, 1978; Daniel E. Appleman, "James Dwight Dana and Pacific Geology," in Herman and Margolis, *Magnificent Voyagers*, 89 — 90; James H. Natland, "James Dwight Dana and the Beginnings of Planetary Volcanology," *American Journal of Science* 297 (March 1997): 317—319。

20. James Dwight Dana, "On the Conditions of Vesuvius in July, 1834," *American Journal of Science and Arts* 27 (1835): 281—288.

21. James Dwight Dana to James Dana, April 13, 1835; Dana Family Papers, Yale University Library, New Haven, Connecticut.

22. James Dwight Dana to Harriet Dana, May 17, 1838; Dana Family Papers.

23. Dana, "Dedication," April 29, 1838; Prendergast, "James Dwight Dana," 147—148. Dana joined New Haven's First Church in July 1838.

24. 关于"地质学和创世纪"的冲突，参见马丁·拉德威克（Martin J. S. Rudwick）的诸多著作，尤其是他的 *Bursting the Limits of Time: The Reconstruction of Geohistory in the Age of Revolution* (Chicago: University of Chicago Press, 2005), 115—118; Rudwick, *Worlds before Adam: The Reconstruction of Geohistory in the Age of Reform* (Chicago: University of Chicago Press, 2008), 563—565。

25. James Dwight Dana, "Origin of the Grand Outline Features of the Earth," *American Journal of Science and Arts* 3 (May 1847): 381—398.

26. Ibid., 382—388.

27. James Dwight Dana to John Dana, September 16, 1839; Dana Family Papers.

28. David Quammen, *The Song of the Dodo: Island Biogeography in an Age of*

Extinctions (New York: Simon and Schuster, 1996), 53.

29. David R. Stoddart, "'This Coral Episode': Darwin, Dana, and the Coral Reefs of the Pacific," in *Darwin's Laboratory: Evolutionary Theory and Natural History in the Pacific*, ed. Roy MacLeod and Philip F. Rehbock (Honolulu: University of Hawai'i Press, 1994), 24. 查尔斯·威尔克斯不相信小小的植形动物能够建成珊瑚礁和环礁。他写道："如果说这些巨大的珊瑚礁是由微小的植形动物的排泄物堆积而成的，那简直是荒谬可笑的。"参见 Charles Wilkes, *Narrative of the United States Exploring Expedition during the Years* 1838, 1839, 1840, 1841 (Philadelphia: Lea and Blanchard, 1845), vol. 4: 270。

30. 关于这一系列事件，参见 Stoddart, "'This Coral Episode,'" 22－26; and Prendergast, "James Dwight Dana," 165。

31. James Dwight Dana, *Corals and Coral Islands* (New York: Dodd and Mead, 1872), 7. 司徒塔特 (Stoddart) 说："所有评论达纳珊瑚研究的人都提及达纳的这句话，但奇怪的是，不论是在达纳本人停留澳大利亚期间，还是在他到达澳大利亚以前的一年里，悉尼的所有报纸都没有报道任何关于达尔文理论的消息。"Stoddart, "'This Coral Episode,'" 26.

32. Appleman, "James Dwight Dana and Pacific Geology," 91.

33. Stoddart, "This Coral Episode," 22.

34. Charles Darwin, *Charles Darwin's "Beagle" Diary*, ed. Richard Darwin Keynes (Cambridge: Cambridge University Press, 1988), 418.

35. 关于田野地质学家的工作，达纳写道："地质学最显著的特点是，它是一门室外科学，因为岩层、河流、海洋、山峦、河谷、火山不可能被带到教室和研究室里。在显示地质学研究的对象方面，草图和断面图可以起到很好的作用，但是它们不能替代物体本身，物体还是需要人们亲眼去看的。"James Dwight Dana, *The Geological Story Briefly Told: An Introduction to Geology for the General Reader and for Beginners in the Science* (New York: Ivison, Blakeman, 1875), iii.

36. James Dwight Dana to Edward C. Herrick, November 22, 1838; Dana Family Papers.

37. 达纳并不完全否认海洋力量在形成海岛海岸线方面的作用。参见 *Geology*, 379－393。

38. Ibid., 388－389.

39. Charles Darwin, *The Correspondence of Charles Darwin*, ed. Frederick Burkhardt and Sydney Smith (Cambridge: Cambridge University Press, 1985－1994), vol. 4: 290.

40. Gilman, *Life of James Dwight Dana*, 93.

41. Aaron Sachs, *The Humboldt Current: Nineteenth-Century Exploration and the Roots of American Environmentalism* (New York: Viking, 2006), 12.

42. 在毛利人的传说中，有关于新西兰两个大岛的形成来源的故事，说两个大岛是因为超自然的力量而从海洋中隆起的；也有关于其先祖是如何发现这两个大岛的故事。在有些讲述中，毛伊的大鱼钩不是用其祖母的骨头做的，而是来自上天。这就是毛伊在库木立波（Kumulipo）中出现的来源。库木立波是夏威夷一首古老的、篇幅很长的关于创世纪的圣歌，库克船长和他的手下在 1779 年 1 月停泊凯阿拉凯夸湾时可能听到过这首圣歌。参见 The *Kumulipo: A Hawaiian Creation Chant*, ed. and trans. Martha Beckwith (Honolulu: University of Hawai'i Press, 1951), 128—136; *Voyages and Beaches: Pacific Encounters*, 1769—1840, ed. Alex Calder, Jonathan Lamb, and Bridget Orr (Honolulu: University of Hawai'i Press, 1999), 46。

43. 根据有些文献和资料，诸岛的分散也说明了 19 世纪以前岛上诸部落之间的政治分歧和冲突。关于毛伊故事，参见 Martha Beckwith, *Hawaiian Mythology* (Honolulu: University of Hawai'i Press, 1970), 226—237; Katherine Luomala, *Voices on the Wind: Polynesian Myths and Chants* (Honolulu: Bishop Museum Press, 1986), 85—98。关于"神话"和"传说"在土著历史和思想中的地位，参见 Jocelyn Linnekin, "Contending Approaches," in *The Cambridge History of Pacific Islanders*, ed. Donald Denoon (Cambridge: Cambridge University Press, 1997), 3—36。

44. 关于达纳对太平洋岛民宗教以及传教士在那里传教尝试的描述，参见 Dana to Harriet Dana, December 1, 1839, and May 27, 1841; Dana Family Papers; Dana, "The Ways of the Feejees Half a Century Ago," in Gilman, *Life of James Dwight Dana*, 131—139。

45. Dana, *Geology*, 10.

46. Dana, "On American Geological History," *American Journal of Science and Arts* 22 (November 1856): 329—330.

47. Beckwith, *Hawaiian Mythology*, 168—179.

48. Dana, *Geology*, 172—173.

49. William Ellis, *Polynesian Researches: During a Residence of Nearly Six Years in the South Sea Islands* (London: Fisher, Son, and Jackson, 1829).

50. Dana, *Geology*, 175—176.

51. Ibid., 176.

52. 对于作为地质学家的达纳来说，"壮美"这个词还包含着另外一种含义，那就是"让一种物质在一个管状的物体内承受热量的运动，进而变成蒸汽，然后升腾喷发，最后通过冷却以固体的形式沉积下来"。参见 the *Oxford English Dictionary*。

53. Dana, "Origin of the Grand Outline Features of the Earth," 398. 达纳在航行期间与友人的通信中特别提及整个太平洋的火山和地质构造运动。参见 Dana to Benjamin Silliman, September 12, 1839; Dana to Edward C. Herrick, November 30, 1840; Dana Family Papers。

54. 关于"火圈"，参见 Philip Kearey and Frederck J. Vine, *Global Tectonics* (Oxford: Blackwell Scientific Publications, 1990); http://vulcan.wr.usgs.gov/Glossary/Plate-Tectonics/。

55. Dana, "Origin of the Grand Outline Features of the Earth," 398.

56. *Dictionary of Scientific Biography,* ed. Charles Coulston Gillispie (New York: Charles Scribner's Sons, 1973), vol.2: 552—557.

57. Dana, *Geology,* 156.

58. G. R. Foulger and Don L. Anderson, "The Emperor and Hawaiian Volcanic Chains: How Well Do They Fit the Plume Hypothesis?" See www.MantlePlumes.org.

59. Eckwith, *Hawaiian Mythology,* 167—180.

60. 如果从海底测量，冒纳罗亚火山的高度超过 5.5 英里，它在海底以下的部分还有 5 英里的高度。参见 Philbrick, *Sea of Glory,* 243。

61. 盾状火山通常不是猛烈爆发，而是在一个缓慢的喷发过程中排放出大量的液体熔岩。"盾"这个词来自山的形状，因为它就像一个武士所持的圆形的盾牌。达纳在描述夏威夷火山别具一格的外形时写道："看到火山，通常就联想到圆锥的形状，脑子里立马出现一个硕大高耸的棒棒糖的形象，喷发着熊熊的火焰，吐露着火红的岩石，流动着炽热的岩浆。火山喷发的振动让火山坑脆弱的坑壁坍塌，所以，火山口虽然很深，但夏威夷的山顶几乎是一块平地，火山口虽然周长有好几公里，但看起来就像是采石场的一个钻孔。" Dana, *Geology,* 168.

62. Daniel E. Appleman, "James D. Dana and the Origins of Hawaiian Volcanology: The U. S. Exploring Expedition in Hawai'i, 1840—41," in *Volcanism in Hawai'i,* ed. Robert W. Decker, Thomas L. Wright, and Peter H. Stauffer (Washington, DC: USGPO, 1987), vol.2:1615— 1617.

63. Dana, *Geology,* 280.

64. David A. Clague and G. Brent Dalrymple, "The Hawaiian-Emperor Volcanic Chain," in Decker et al., *Volcanism in Hawai'i,* 5—13.

65. J. Tuzo Wilson, "A Possible Origin of the Hawaiian Islands," *Canadian Journal of Physics* 41 (1963): 863—870.

66. Wilson, "Possible Origin of the Hawaiian Islands," 863, 867, 869; and Clague and Dalrymple, "Hawaiian-Emperor Volcanic Chain," 5. 与 19 世纪所有的地质学家一样，达纳相信，大陆"在很大程度上都保持着地球最早期的样貌，体现着地壳的本质"。Dana, *Geology,* 436.

67. Wilson, "Possible Origin of the Hawaiian Islands," 866, 867. 达纳没有意识到，火山衰亡的年代还与岛屿形成的年代相关。事实上，他拒绝了他的同事 J. P. 考休易(J. P. Couthouy)提出的这一观点。参见 Appleman, "James Dwight Dana and Pacific Geology," 112。

68. Wilson, "Possible Origin of the Hawaiian Islands," 867.

69. Dana, "On the Volcanoes of the Moon," *American Journal of Science and Arts* 2 (May 1846):343.

70. Ibid., 349; Appleman, "James D. Dana and the Origins of Hawaiian Volcanology," 1611.

71. Natland, "At Vulcan's Shoulder," 324. 对 18 世纪末、19 世纪初这一地质主流思想提供最好验证的是 Rudwick, *Bursting the Limits of Time*, and Rudwick, *Worlds before Adam*。

72. 参见 George Forster, *A Voyage round the World*, ed. Nicholas Thomas and Oliver Berghof (Honolulu: University of Hawai'i Press, 2000); Martin Fichman, *An Elusive Victorian: The Evolution of Alfred Russel Wallace* (Chicago: University of Chicago Press, 2004); Donald Worster, *A River Running West: The Life of John Wesley Powell* (New York: Oxford University Press, 2001); Stephen J. Pyne, *How the Canyon Became Grand: A Short History* (New York: Viking, 1998)。

73. Tom Chaffin, *Pathfinder: John Charles Frémont and the Course of American Empire* (New York: Hill and Wang, 2002), 246—247.

74. 这些人由乔治·埃蒙斯（George Emmons）上尉率领，成员包括达纳、威廉·里奇（William Rich）、威廉·布莱肯里基（William Brackenridge）、提坦·皮尔（Titian Peale）、阿尔弗雷德·阿加特、亨利·埃尔德（Henry Eld）以及哈罗德·科洛科特塞斯（Harold Colvocoresses）。

75. Appleman, "James Dwight Dana and Pacific Geology," 114.

76. Dana, *Geology*, 613.

77. Ibid., 612—613, 669, 673, 675, 676—678.

78. Ibid., 674.

79. 达纳回来四周后与他耶鲁大学的导师的女儿汉丽埃塔·斯里曼（Henrietta Silliman）订了婚。

80. 1846 年，他还承担着《美国科学和艺术学报》（*American Journal of Science and Arts*）的编辑职责；在 1850 年，他成为耶鲁大学自然历史和地质学斯里曼讲席教授。

81. Dana, "On American Geological History," 307.

82. Ibid., 311.

83. Ibid., 320, 329—330.

84. Ibid., 330. 对于宗教在达纳著作中的地位，一些世界最为知名的科学家对此有着复杂的反应。赫胥黎（T. H. Huxley）是达尔文最坚定的捍卫者，他发现，"达纳在撰写论文时，一只眼睛看着事实，一只眼睛看着创世纪"。亚历山大·冯·洪堡（Alexander von Humboldt）很难理解美国科学研究中宗教越来越重要的作用。他认为，达纳关于太平洋的著作是"对当今科学最卓越的贡献"，但是他也很担心美国会出现一个基于神学思想的地质学。据说，洪堡这样讲过，"在美国从事地质学研究，是不安全的，可能会在教会的禁令下吃尽苦头"。不过，就达纳而言，他从来没有担心过会在教会、国家或者制度科学的禁令下吃苦头，他多年来一直与大西洋彼岸的众多学术同行和评论家保持着友好的关系，包括查尔斯·达尔文。Robert H. Dott, "James Dwight Dana's Old Tectonics: Global Contraction under Divine Direction," *American Journal of Science* 297 (March 1997): 307; S. F. B. Morse to James Dwight

Dana, August 25, 1856, Dana Family Papers; Gilman, *Life of James Dwight Dana*, 185.

85. Smith, *Virgin Land*, 23.

86. Dana, "On American Geological History," 334.

87. 为了表示对于居约的尊重，达纳给他的第三个儿子起名为阿诺德·居约·达纳。关于达纳与居约的通信交往情况，参见 Gilman, *Life of James Dwight Dana*, 325—332。

88. Arnold Guyot, *The Earth and Man: Lectures on Comparative Physical Geography* (London: R. Bentley, 1850), 297—298.

89. Sachs, *Humboldt Current*, 20.

90. William Goetzmann, *Exploration and Empire: The Explorer and the Scientist in the Winning of the American West* (New York: Knopf, 1966), 232.

91. Smith, Pacific *Visions*, 14.

92. 达纳此后再也没有以研究人员的身份返回太平洋，出版《美国地质史》（*On American Geological History*）后不久，他罹患精神疾病，可能是以前十多年马不停蹄地疯狂进行学术研究的结果。在以后的 30 多年里，他继续教书和写作，虽然他学术研究的步子慢了下来，虽然他的地理框架变得更具地域性和大陆性，间或还写些关于宗教和科学的文章。

93. Natland, "At Vulcan's Shoulder," 336—337.

94. S. F. B. Morse to James Dwight Dana, August 25, 1856; Dana Family Papers. 萨缪尔·摩尔斯（Samuel Morse，摩尔斯码的发明者）曾经与洪堡会晤，他们两人的会谈讨论中显然会包括这位德国博物学家对达纳的称赞。

95. 达纳又自费印刷了 25 部，其中多数送给了他的朋友和同事。

96. Gilman, *Life of James Dwight Dana*, 145.

97. 关于包含这一信息的铭文，参见 ibid., 143。

结　语

1. Thomas N. Layton, *The Voyage of the "Frolic": New England Merchants and the Opium Trade* (Stanford: Stanford University Press, 1997), 116. 托马斯·莱顿（Thomas Layton）对于"嬉戏号"商船的历史进行了深入细致的研究，我要向他表示深深的谢意，因为他的《"嬉戏号"远航史》是激发我以新的视角研究海洋史和人类学的最早成果之一。后来的很多研究都是基于他的这一成果。关于淘金热消息在太平洋的传播，参见 P. Delgado, *To California by Sea: A Maritime History of the California Gold Rush* (Columbia, SC: University of South Carolina Press, 1990)。关于"淘金热"一词，见 Angela Hawk, "Madness, Mining, and Migration in the Pacific World, 1848—1900," PhD dissertation, University of California, Irvine, 2011。

2. Layton, *Voyage of the "Frolic*," 59—90.

3. Louise Pubols, *The Father of All: The de la Guerra Family, Power, and*

Patriarchy in Mexican California (Berkeley: University of California Press, 2009).

4. Layton, *Voyage of the "Frolic,"* 141.

5. Richard Walker, "California's Golden Road to Riches: Natural Resources and Regional Capitalism, 1848—1940," *Annals of the Association of American Geographers* 91 (March 2001): 167—199.

6. Jeremy Adelman and Stephen Aron, "From Borderlands to Borders: Empires, Nation—States, and the Peoples in between in North American History," *American Historical Review* 104 (June 1999): 814—841.

7. Layton, *Voyage of the "Frolic,"* 6.

8. Pekka Hämäläinen and Samuel Truett, "On Borderlands," *Journal of American History* 98 (September 2011): 338—361.

9. 关于这些各种各样的变革，参见 Marius B. Jansen, *The Making of Modern Japan* (Cambridge, MA: Harvard University Press, 2002); Ilya Vinkovetsky, *Russian America: An Overseas Colony of a Continental Empire,* 1804 — 1867 (New York: Oxford University Press, 2011); Lilikalā Kame ˙ eleihiwa, *Native Land and Foreign Desires: Pehea Lā E Pono Ai? How Shall We Live in Harmony?* (Honolulu: Bishop Museum Press, 1992); J. Kēhaulani Kauanui, *Hawaiian Blood: Colonialism and the Politics of Sovereignty and Indigeneity* (Durham, NC: Duke University Press, 2008), 74—80; W. M. Mathew, "Peru and the British Guano Market, 1840—1870," *Economic History Review* 23 (April 1970): 112—128; Karen Jenks, "The Pacific Mail Steamship Company, 1830—1860," PhD dissertation, University of California, Irvine, 2012。

10. Herman Melville, *Moby-Dick; The Whale* (New York: Charles Scribner's Sons, 1902 [1851]), 416.

参考文献

收集的手稿

班克洛夫特图书馆，加州大学，伯克利
Adele Ogden Collection
De la Guerra Family Archives
José Joaquín de Arrillaga Correspondence
William Heath Davis Papers

亨廷顿图书馆，圣马力诺
Atkinson, Thomas. "Journal and Memoirs of Thomas Atkinson, 1845—1882."
Goodall, Charles. "Log of a Whaler's Voyage from New Bedford into the Pacific and Back, 1843—1846."
Hudson, John T. "Journal and Logbook of John T. Hudson, 1805—1807."
John A. Rockwell Papers
John Haskell Kemble Collection
Sereno Edwards Bishop Papers

大英图书馆，伦敦
East India Company Collection

威德纳图书馆，哈佛大学
William Dane Phelps Collection

米切尔图书馆，悉尼，澳大利亚
South Sea Letters, London Missionary Society

G. W. 布朗特—怀特图书馆，神秘海港博物馆，康涅狄格州
Logbook, 1845—1848, *Tiger* (ship)

菲利普斯图书馆，皮博迪博物馆，马萨诸塞州
Typescript log of ship *Amethyst*, 1806—1811

不列颠哥伦比亚档案馆，维多利亚，加拿大
William Fraser Tolmie Records, 1830—1883

新贝德福德免费图书馆，新贝德福德，马萨诸塞州
Dennis Wood, "Abstracts of Whaling Voyages"

耶鲁大学图书馆，纽黑文，康涅狄格州
Anonymous, "Supercargo's Log of the Brig Lydia, 1804—1807." Western Americana
    Collection, Beinecke Rare Book and Manuscript Library.
Dana Family Papers

报纸

Friend (Honolulu, HI)
Hawaiian Spectator (Honolulu, HI)
The Mercury (Hobart, Tasmania)
New York Herald
The Polynesian (Honolulu, HI)
Whalemen's Shipping List (New Bedford, MA)

已出版的第一手资料

Adams, John. *The Works of John Adams*. 10 vols. Edited by Charles Francis Adams.
    Boston: Little, Brown, 1850—1856.
Anonymous [William Ellis]. *An Authentic Narrative of a Voyage Performed by
    Captain Cook and Captain Clerke, in His Majesty's Ships Resolution and Discovery,
    during the Years 1776, 1777, 1778, 1779, and 1780*. Altenburg: Gott lob Emanuel
    Richter, 1788.
Beaglehole, J. C., ed. *The Journals of Captain James Cook on His Voyages of
    Discovery*. 4 vols. Cambridge: Hakluyt Society, 1955—1974.
Beckwith, Martha, ed. *The Kumulipo: A Hawaiian Creation Chant*. Honolulu:
    University of Hawai'i Press, 1951.
Berkh, Vasiliĭ Nikolaevich. *A Chronological History of the Discovery of the Aleutian
    Islands, or, The Exploits of Russian Merchants: With a Supplement of Historical*

Data on the Fur Trade. Edited by Richard A. Pierce. Translated by Dmitri Krenov. Kingston, ON: Limestone Press, 1974 [1823].

Bishop, Artemas. "An Inquiry into the Causes of Decrease of the Population of the Sandwich Islands." *Hawaiian Spectator* 1 (1838).

Bott a, Paulo Emilio. "Observations sur les habitants des Iles Sandwich. Observations sur les habitans de la Californie. Observations diverses faites en mer." *Nouvelles annales des voyages* 22 (1831): 129−176.

────. *Observations on the Inhabitants of California, 1827−1828.* Translated by John Francis Bricca. Los Angeles: Glen Dawson, 1952.

Brewster, Mary. *"She Was a Sister Sailor": The Whaling Journals of Mary Brewster, 1845−1851.* Edited by Joan Druett. Mystic, CT: Mystic Seaport Museum, 1992.

Browne, J. Ross. "Explorations in Lower California." *Harper's New Monthly Magazine* 37 (October 1868): 10.

Chamisso, Adelbert von. "Remarks and Opinions, of the Naturalist of the Expedition." In *A Voyage of Discovery: Into the South Sea and Beering's Straits for the Purpose of Exploring a North-East Passage, Undertaken in the Years 1815−1818.* By Otto von Kotzebue, vol. 3: 168. London, 1821.

────. *A Voyage around the World with the Romanzov Expedition in the Years 1815−1818 in the Brig Rurik, Captain Otto von Kotzebue.* Translated and edited by Henry Kratz. Honolulu: University of Hawai'i Press, 1986 [1836].

Cheyne, Andrew. *The Trading Voyages of Andrew Cheyne, 1841−1844.* Edited by Dorothy Shineberg. Honolulu: University of Hawai'i Press, 1971.

Clark, William. *Original Journals of the Lewis and Clark Expedition, 1804−1806.* Edited by Reuben Gold Thwaites. New York: Dodd, Mead, 1905.

Cleveland, Richard Jeffry. *Voyages and Commercial Enterprises, of the Sons of New England.* New York: Burt Franklin, 1857.

────. *Voyages of a Merchant Navigator of the Days That Are Past.* New York: Harper, 1886. Cook, James. *The Journals of Captain Cook.* Edited by Philip Edwards. London: Penguin Books, 1999.

Coolidge, Lewis. "Journal of a Voyage Perform'd on the Ship Amethyst." In *Lewis Coolidge and the Voyage of the Amethyst.* Edited by Evabeth Miller Kienast and John Phillip Felt. Columbia, SC: University of South Carolina Press, 2009.

Corney, Peter. *Early Voyages in the North Pacific.* Fairfield, WA: Ye Galleon Press, 1965 [1836].

Coxe, William. *Account of the Russian Discoveries between Asia and America.* London: J. Nichols, 1780.

Cumpston, J. S. *Shipping Arrivals and Departures: Sydney, 1788−1825.* 3 vols. Canberra: A. C. T. : Roebuck Society, 1963.

Dampier, William. *A New Voyage round the World: The Journal of an English Buccaneer.* London: Hummingbird Press, 1998 [1697].

Dana, James Dwight. "On the Conditions of Vesuvius in July, 1834." *American Journal of Science and Arts* 27 (1835): 281—288.

——. "On the Volcanoes of the Moon." *American Journal of Science and Arts* 2 (May 1846):335—355.

——. "Origin of the Grand Outline Features of the Earth." *American Journal of Science and Arts* 3 (May 1847): 381—398.

——. *Geology.* New York: Geo. P. Putnam, 1849.

——. "On American Geological History." *American Journal of Science and Arts* 22 (November 1856): 305—334.

——. *Corals and Coral Islands.* New York: Dodd and Mead, 1872.

——. *The Geological Story Briefly Told: An Introduction to Geology for the General Reader and for Beginners in the Science.* New York: Ivison, Blakeman, 1875.

Darwin, Charles. *The Voyage of the Beagle.* Edited by Leonard Engel. New York: Natural History Library, 1962.

——. *The Correspondence of Charles Darwin.* Edited by Frederick Burkhardt and Sydney Smith. Cambridge: Cambridge University Press, 1985—1994.

——. *Charles Darwin's "Beagle" Diary.* Edited by Richard Darwin Keynes. Cambridge: Cambridge University Press, 1988.

D'Auterouche, Jean-Baptiste Chappe. *A Voyage to California.* London: Edward and Charles Dilly, 1778.

Delano, Amasa. *A Narrative of Voyages and Travels in the Northern and Southern Hemispheres: Comprising Three Voyages round the World; Together with a Voyage of Survey and Discovery, in the Pacific Ocean and Oriental Islands.* Boston: E. G. House, 1817.

Delano, Reuben. *Wanderings and Adventures of Reuben Delano: Being a Narrative of Twelve Years Life in a Whale Ship!* Boston: Redding, 1846.

Duhaut-Cilly, Auguste Bernard. *Voyage autour du monde, principalement à la Californie et aux Iles Sandwich, pendant les années* 1826, 1827, 1828, *et* 1829. 2 vols. Paris, 1834—1835.

——. *A Voyage to California, the Sandwich Islands, and around the World in the Years* 1826 — 1829. Translated by August Frugé and Neal Harlow. Berkeley: University of California Press, 1999.

Ellis, William. *An Authentic Narrative of a Voyage Performed by Captain Cook and Captain Clerke,* 1776—1780. London: G. Robinson, 1783.

——. *A Journal of a Tour around Hawai'i.* Boston: Crocker and Brewster, 1825.

——. *Polynesian Researches: During a Residence of Nearly Six Years in the South Sea*

Islands. London: Fisher, Son, and Jackson, 1829.

Fanning, Edmund. *Voyages and Discoveries in the South Seas*, 1792－1832. Salem, MA: Marine Research Society, 1924 [1833].

Fleurieu, Charles Pierre Claret. *Voyage autour du monde: pendant les annees* 1790, 1791 *et* 1792. Vol. 1. Paris: De l'Imprimerie de la République, 1798－1800.

Forster, George. *Observations Made during a Voyage round the World*. Edited by Nicholas Thomas, Harriet Guest, and Michael Dettelbach. Honolulu: University of Hawai'i Press, 1996.

——. *A Voyage round the World*. Edited by Nicholas Thomas and Oliver Berghof, 2 vols. Honolulu: University of Hawai'i Press, 2000.

Galois, Robert, ed. *A Voyage to the North West Side of America: The Journals of James Colnett*, 1786－1789. Vancouver: University of British Columbia Press, 2004.

Gairdner, Meredith. "Observations during a Voyage from England to Fort Vancouver, on the North-West Coast of America." *Edinburgh New Philosophical Journal* 16 (April 1834): 290－302.

——. "Physico-Geognostic Sketch of the Island of Oahu, One of the Sandwich Group." *Edinburgh New Philosophical Journal* 19 (1835): 1－14.

——. "Notes on the Geography of the Columbia River." *Journal of the Royal Geographical Society of London* 11 (1841): 250－257.

Gill, William Wyatt. *Life in the Southern Isles: or, Scenes and Incidents in the South Pacific and New Guinea*. London: Religious Tract Society, 1876.

Gudde, Erwin Gustav, ed., trans. "Edward Vischer's First Visit to California." *California Historical Society Quarterly* 19 (September 1940): 190－216.

Hammond, L. Davis, ed. *News from New Cythera: A Report of Bougainville's Voyage* 1766－1769. Minneapolis: University of Minnesota Press, 1970.

Hobucket, Ben. "The Narrative of Ben Hobucket." In *The Wreck of the Sv. Nikolai*. Edited by Kenneth Owens. Lincoln: University of Nebraska Press, 2001.

Howay, Frederic W., ed. *Voyages of the "Columbia" to the Northwest Coast*, 1787－1790 *and* 1790－1793. Boston: Massachusetts Historical Society, 1941.

——. *A List of Trading Vessels in the Maritime Fur Trade*, 1785－1825. Kingston, ON: Limestone Press, 1973.

Jewitt, John. *A Journal, Kept at Nootka Sound by John Rodgers Jewitt, One of the Surviving Crew of the Ship Boston, John Salter, Commander, Who Was Massacred on the 22nd of March*, 1803; *Interspersed with Some Account of the Natives, Their Manners and Customs*. Boston: n. p., 1807.

——. *A Narrative of the Adventures and Sufferings of John R. Jewitt*. Edited by Richard Alsop. Middletown, CT: S. Richards, 1815.

——. *The Captive of Nootka: Or the Adventures of John R. Jewitt*. Edited by Samuel

Griswold

Goodrich. New York: J. P. Peaslee, 1835.

Kaplanoff, Mark D. , ed. *Joseph Ingraham's Journal of the Brigantine Hope on a Voyage to the Northwest Coast of North America*, 1790—1792. Barre, MA: Imprint Society, 1971.

Kotzebue, Otto von. *A Voyage of Discovery: Into the South Sea and Beering's Straits for the Purpose of Exploring a North-East Passage, Undertaken in the Years* 1815 —1818. London, 1821.

Langsdorff, Georg Heinrich von. *Voyages and Travels in Various Parts of the World, during the Years*, 1803, 1804, 1805, 1806, *and* 1807. London: H. Colburn, 1813— 1814.

La Pérouse, J[ean]. F[rançois]. G[alaup]. *A Voyage round the World in the Years* 1785, 1786, 1787, *and* 1788. London: J. Johnson, 1798.

Le Netrel, Edmond. "Voyage autour du monde pendant les années 1826, 1827, 1828, 1829, par M. Duhautcilly commandant le navire Le Héros. Extraits du journal de M. Edmond Le Netrel, lieutenant à bord ce vaisseau." *Nouvelles annales des voyages* 15 (1830): 129—182.

——. *Voyage of the Héros: Around the World with Duhaut-Cilly in the years* 1826, 1827, 1828 & 1829. Translated by Blanche Collet Wagner. Los Angeles: Glen Dawson, 1951.

Lisiansky, Urey. *A Voyage round the World in the Years* 1803, 1804, 1805, *and* 1806. London: John Booth, 1814.

Malaspina, Alejandro. *Viaje político-científico alrededor del mundo por las Corbetas Descubierta y Atrevida, al mando de los capitanes de navio D. Alejandro Malaspina y D. José Bustamante y Guerra desde* 1789 a 1794. Edited by Pedro Novo y Colson. Madrid: Impr. de la viuda é hijos de Abienzo, 1885.

——. *The Malaspina Expedition*, 1789—1794: *Journal of the Voyage by Alejandro Malaspina*. 3 vols. Edited by Andrew David et al. London: Hakluyt Society, 2001— 2004.

Martínez, José Longinos. *Journal of José Longinos Martínez: Notes and Observations of the Naturalist of the Botanical Expedition in Old and New California and the South Coast*, 1791—1792. Edited by Lesley Byrd Simpson. San Francisco: John Howell Books, 1961.

Meany, Edmond S. , ed. *A New Vancouver Journal on the Discovery of Puget Sound*. Seattle: n. p., 1915.

Meares, John. *Voyages Made in the Years* 1788 *and* 1789, *From China to the North West Coast of America*. London: Logographic Press, 1790.

Melville, Herman. *Moby-Dick; or, The Whale*. New York: Charles Scribner's Sons,

(1902 [1851]).

M'Konochie, Captain [Alexander]. *A Summary View of the Statistics and Existing Commerce of the Principal Shores of the Pacific Ocean.* London: J. M. Richardson, 1818.

Morrell, Abby Jane. *Narrative of a Voyage to the Ethiopic and South Atlantic Ocean, Indian Ocean, Chinese Sea, North and South Pacific Ocean, in the years 1829, 1830, 1831.* New York: J. and J. Harper, 1833.

Morrell, Benjamin. *A Narrative of Four Voyages: To the South Sea, North and South Pacific Ocean, Chinese Sea, Ethiopic and Southern Atlantic Ocean, Indian and Antarctic Ocean, from the year 1822 to 1831.* New York: J. and J. Harper, 1832.

Moziño, José Mariano. *Noticias de Nutka, An Account of Nootka Sound in 1792.* Edited by Iris Higbie Wilson. Seattle: University of Washington Press, 1970.

Mulford, Prentice. *Prentice Mulford's Story: Life by Land and Sea.* New York: F. J. Needham, 1889.

Nidever, George. *The Life and Adventures of George Nidever.* Edited by William Henry Ellison. Berkeley: University of California Press, 1937.

Paty, John. "Journal of Captain John Paty, 1807 — 1868." *California Historical Society Quarterly* 14 (December 1935): 291—346.

Peard, George. *To the Pacific and Arctic with Beechey: The Journal of Lieutenant George Peard of H. M. S. "Blossom"* 1825 — 1828. Edited by Barry M. Gough. Cambridge, UK: Hakluyt Society, 1973.

Perkins, John T. *John T. Perkins' Journal at Sea, 1845.* Mystic, CT: Marine Historical Association, 1943.

Portlock, Nathaniel. *A Voyage round the World; But More Particularly to the North — West Coast of America: Performed in the Years 1785, 1786, 1787, and 1788.* London: John Stockdale, 1789.

Reynolds, William. *The Private Journal of William Reynolds, United States Exploring Expedition, 1838 — 1842.* Edited by Nathaniel Philbrick and Thomas Philbrick. New York: Penguin Books, 2004.

Roquefeuil, Camille de. *Journal d'un voyage autour du monde: Pendant les années 1816, 1817, 1818, et 1819.* Vol. 1. Paris: Ponthieu, 1823.

Samwell, David. "Some Account of a Voyage to South Sea's in 1776—1778." In *The Journals of Captain James Cook on His Voyages of Discovery.* Edited by J. C. Beaglehole. Cambridge: Hakluyt Society, 1955—1974.

Sauer, Martin. *An Account of a Geographical and Astronomical Expedition to the Northern Parts of Russia.* London: T. Cadell, 1802.

Scammon, Charles R. *The Marine Mammals of the Northwest Coast of North America.* San Francisco: John H. Carmany, 1874.

Shaler, William. *Journal of a Voyage between China and the North-Western Coast of America, Made in* 1804. Philadelphia, 1808.

Smithsonian Institution Libraries. "The United States Exploring Expedition, 1838—1842." http://www.sil.si.edu/digitalcollections/usexex/index.htm.

Sproat, Gilbert Malcolm. *Scenes and Studies of Savage Life.* London: Smith, Elder, 1868.

Starbuck, Alexander. *History of the American Whale Fishery from its Earliest Inception to* 1876. Waltham, MA: n. p., 1878.

Steller, Georg. "Journal of His Sea Voyage." In *Bering's Voyages: An Account of the Efforts of the Russians to Determine the Relations of Asia and America.* By F. A. Golder. New York: American Geographical Society, 1925.

Tarakanov, Timofei. *The Wreck of the Sv. Nikolai.* Edited by Kenneth Owens. Lincoln: University of Nebraska Press, 2001.

Tikhmenev, P. A. *A History of the Russian American Company.* Translated by Richard A. Pierce and Alton S. Donnelly. Seattle: University of Washington Press, 1978 [1861—1863].

Tolmie, William. *The Journals of William Fraser Tolmie: Physician and Fur Trader.* Vancouver, BC: Mitchell Press, 1963.

Turnbull, John. *A Voyage round the World, in the Years* 1800, 1801, 1802, 1803, *and* 1804. Vol. 2. London: Richard Phillips, 1805.

Twain, Mark. *Roughing It.* Hartford, CT: American Publishing, 1872.

Vancouver, George. *A Voyage of Discovery to the North Pacific Ocean and around the World,* 1791—1795. Edited by W. Kaye Lamb. London: Hakluyt Society, 1984 [1798].

Veniaminov, Ivan. *Notes on the Islands of the Unalaska District.* Edited by Lydia T. Black and R. H. Geoghegan. Fairbanks, AK: Limestone Press, 1984 [1804].

Vermilyea, L. H. "Whaling Adventure in the Pacific." *California Nautical Magazine* 1 (1862—1863): 229.

Wales, William. *Remarks on Mr. Forster's Account of Captain Cook's Last Voyage round the World.* London: J. Nourse, 1778.

Wallis, Mary. *Life in Feejee: Or, Five Years among the Cannibals.* Boston: W. Heath, 1851.

Webster, Daniel. *The Papers of Daniel Webster: Speeches and Formal Writings.* Edited by Charles M. Wiltse, vol. 2: 435—476. Hanover, NH: Published for Dartmouth College by the University Press of New England, 1988.

Wilkes, Charles. *Narrative of the United States Exploring Expedition during the Years* 1838, 1839, 1840, 1841, 1842. Philadelphia: Lea and Blanchard, 1845.

Williams, John. *A Narrative of Missionary Enterprises in the South Sea Islands.*

London: J. Snow, 1837.

第二手资料

Abulafia, David. *The Great Sea: A Human History of the Mediterranean.* New York: Oxford University Press, 2011.

Adelman, Jeremy, and Stephen Aron. "From Borderlands to Borders: Empires, Nation-States, and the Peoples in between in North American History." *American Historical Review* 104 (June 1999): 814—841.

Alchon, Suzanne. *A Pest in the Land: New World Epidemics in a Global Perspective.* Albuquerque: University of New Mexico Press, 2003.

Aldrete, J. Antonio. "Smallpox Vaccination in the Early 19th Century Using Live Carriers: The Travels of Francisco Xavier de Balmis." *Southern Medical Journal* 97 (April 2004): 375—378.

Anderson, Fred. *Crucible of War: The Seven Years' War and the Fate of Empire in British North America.* New York: Vintage, 2001.

Anderson, M. Kat. *Tending the Wild: Native American Knowledge and the Management of California's Natural Resources.* Berkeley: University of California Press, 2006.

Andrade, Tonio. *How Taiwan Became Chinese: Dutch, Spanish, and Han Colonization in the Seventeenth Century.* New York: Columbia University Press, 2007.

——. "A Chinese Farmer, Two African Boys, and a Warlord: Toward a Global Microhistory." *Journal of World History* 21 (December 2010): 573—591.

Andrews, Lorrin. *A Dictionary of the Hawaiian Language.* Honolulu: Henry M. Whitney, 1865.

Antony, Robert J. "Sea Bandits of the Canton Delta, 1780—1839." *International Journal of Maritime History* 17 (December 2005): 1—29.

Appleman, Daniel E. "James Dwight Dana and Pacific Geology." In *Magnificent Voyagers: The U.S. Exploring Expedition, 1838—1842.* Edited by Herman J. Viola and Carolyn Margolis. Washington, DC: Smithsonian Institution Press, 1985.

——. "James D. Dana and the Origins of Hawaiian Volcanology: The U.S. Exploring Expedition in Hawai'i, 1840—1841." In *Volcanism in Hawai'i.* Edited by Robert W. Decker, Thomas L. Wright, and Peter H. Stauffer, vol. 2. Washington, DC: USGPO, 1987.

Archer, Christon I. "Whose Scourge? Smallpox Epidemics on the Northwest Coast." In *Pacific Empires: Essays in Honour of Glyndwr Williams.* Edited by Alan Frost and Jane Samson. Vancouver: University of British Columbia Press, 1999.

Archer, Seth. "Remedial Agents: Missionary Physicians and the Depopulation of Hawai 'i. " Pacific *Historical Review* 79 (November 2010): 513—544.

——. "A Hawaiian Shatter Zone. " Paper presented at the 18th Annual Conference of the Omohundro Institute of Early American History and Culture, June 16, 2012.

Arnold, Jeanne E. , ed. "The Chumash in World and Regional Perspectives. " In *The Origins of a Pacific Coast Chiefdom: The Chumash of the Channel Islands.* Edited by Jeanne E. Arnold. Salt Lake City: University of Utah Press, 2001.

Arnold, Jeanne E. , Aimee M. Preziosi, and Paul Shattuck. "Flaked Stone Craft Production and Exchange in Island Chumash Territory. " In *The Origins of a Pacific Coast Chiefdom: The Chumash and the Channel Islands.* Edited by Jeanne E. Arnold. Salt Lake City: University of Utah Press, 2001.

Aschmann, Homer. *The Central Desert of Baja California: Demography and Ecology.* Berkeley: University of California Press, 1959.

Baker, Brenda J. , and George J. Armelagos. "The Origin and Antiquity of Syphilis. " *Current Anthropology* 29 (December 1988): 703—720.

Barman, Jean, and Bruce McIntyre Watson. *Leaving Paradise: Indigenous Hawaiians in the Pacific Northwest,* 1787 — 1898. Honolulu: University of Hawai ' i Press, 2006.

Barratt, Glynn. *Russia in Pacific Waters,* 1715 — 1825. Vancouver: University of British Columbia Press, 1981.

Bauer, William Jr. "Native Californians in the Nineteenth Century. " In *A Companion to California History.* Edited by William Deverell and David Igler. Oxford, UK: Wiley-Blackwell, 2008.

Beckwith, Martha. *Hawaiian Mythology.* Honolulu: University of Hawai ' i Press, 1970.

Beidleman, Richard G. *California's Frontier Naturalists.* Berkeley: University of California Press, 2006.

Bentley, Jerry H. "Sea and Ocean Basins as Frameworks of Historical Analysis. " *Geographical Review* 89 (April 1999): 215—224.

Bentley, Jerry H. , Renate Bridenthal, and Kären Wigen, eds. *Seascapes: Maritime Histories, Littoral Cultures, and Transoceanic Exchanges.* Honolulu: University of Hawai'i Press, 2007.

Black, Lydia T. "The Nature of Evil: Of Whales and Sea Otters. " In *Indians, Animals, and the Fur Trade: A Critique of Keepers of the Game.* Edited by Shepard Krech III. Athens: University of Georgia Press, 1981.

——. *Russians in Alaska,* 1732—1867. Fairbanks: University of Alaska Press, 2004.

Blackhawk, Ned. *Violence over the Land: Indians and Empires in the Early American West.* Cambridge, MA: Harvard University Press, 2006.

Bockstoce, John R. *The Opening of the Maritime Fur Trade at Bering Strait.*

Philadelphia: American Antiquarian Society, 2005.

———. *Furs and Frontiers in the Far North: The Contest among Native and Foreign Nations for the Bering Strait Fur Trade.* New Haven, CT: Yale University Press, 2009.

Bolster, W. Jeffrey. "Putting the Ocean in Atlantic History: Maritime Communities and Marine Ecology in the Northwest Atlantic, 1500 — 1800." *American Historical Review* 113 (February 2008): 19—47.

Boxer, C. R. *"Plata es Sangre*: Sidelights on the Drain of Spanish-American Silver in the Far East 1550 — 1700." In *European Entry into the Pacific: Spain and the Acapulco-Manila Galleons.* Edited by Dennis O. Flynn, Arturo Giraldez, and James Sobredo. Aldershot, UK: Ashgate, 2001.

Boyd, Robert. *The Coming of the Spirit of Pestilence: Introduced Infectious Diseases and Population Decline among Northwest Coast Indians, 1774 — 1874.* Seattle: University of Washington Press, 1999.

Braudel, Fernand. *The Mediterranean and the Mediterranean World in the Age of Philip II.* Translated by Sian Reynolds. 2 vols. New York: Harper and Row, 1972 —1973 [1949].

Brooks, James F. *Captives and Cousins: Slavery, Kinship, and Community in the Southwest Borderlands.* Chapel Hill: University of North Carolina Press, 2002.

Brosse, Jacques. *Great Voyages of Discovery: Circumnavigators and Scientists, 1764 — 1843.* Translated by Stanley Hochman. New York: Facts on File Publications, 1983.

Burney, James. *A Chronological History of North-Eastern Voyages of Discovery.* London: Paine and Foss, 1819.

Busch, Briton C. *The War against the Seals: A History of the North American Seal Industry.* Kingston, ON: McGill-Queen's University Press, 1985.

Busch, Briton C., and Barry M. Gough, eds. *Fur Traders from New England: The Boston Men in the North Pacific, 1787 — 1800.* Spokane, WA: Arthur H. Clark Company, 1997.

Buschmann, Rainer F. "Oceans of World History: Delineating Aquacentric Notions in the Global Past." *History Compass* 2 (January 2004): 1—9.

———. *Oceans in World History.* New York: McGraw-Hill, 2007.

Bushnell, O. A. "Hygiene and Sanitation Among the Ancient Hawaiians." *Hawai'i Historical Review* 2 (1966): 316—336.

———. *The Gifts of Civilization: Germs and Genocide in Hawai'i.* Honolulu: University of Hawai'i Press, 1983.

Calder, Alex, Jonathan Lamb, and Bridget Orr, eds. *Voyages and Beaches: Pacific Encounters, 1769—1840.* Honolulu: University of Hawai'i Press, 1999.

Campbell, I. C. *Gone Native in Polynesia: Captivity Narratives and Experiences from the South Pacific.* Westport, CT: Greenwood Press, 1998.

——. "The Culture of Culture Contact: Refractions from Polynesia." *Journal of World History* 14 (March 2003): 63, 64, 66.

Canny, Nicholas. "Writing Atlantic History; or, Reconfiguring the History of Colonial British America." *Journal of American History* 86 (December 1999): 1093—1114.

Chaffin, Tom. *Pathfinder: John Charles Frémont and the Course of American Empire.* New York: Hill and Wang, 2002.

Chang, David A. "Borderlands in a World at Sea: Concow Indians, Native Hawaiians, and South Chinese in Indigenous, Global, and National Spaces." *Journal of American History* 98 (September 2001): 384—403.

Chang, Kornel. Pacific *Connections: The Making of the U. S.-Canadian Borderlands.* Berkeley: University of California Press, 2012.

Chaplin, Joyce E. "Expansion and Exceptionalism in Early American History." *Journal of American History* 89 (March 2003): 1431—1455.

——. "Atlantic Antislavery and Pacific Navigation." Paper presented at "The New Maritime History: A Conference in Honor of Robert C. Ritchie," Huntington Library, San Marino, November 11, 2011.

Chappell, David A. "Shipboard Relations between Pacific Island Women and Euroamerican Men, 1767—1887." *Journal of Pacific History* 27 (December 1992): 131—149.

——. "Active Agents versus Passive Victims: Decolonized Historiography or Problematic Paradigm?" *Contemporary Pacific* 7 (Spring 1995): 303—326.

——. *Double Ghosts: Oceanian Voyagers on Euroamerican Ships.* Armonk, NY: M. E. Sharpe, 1997.

Chaudhuri, K. N. *The Trading World of Asia and the English East India Company.* Cambridge: Cambridge University Press, 1985.

Chavez-Garcia, Miroslava. *Negotiating Conquest: Gender and Power in California, 1770—1880.* Tucson: University of Arizona Press, 2004.

Clague, David A., and G. Brent Dalrymple. "The Hawaiian-Emperor Volcanic Chain." In *Volcanism in Hawai'i.* Edited by Robert W. Decker, Thomas L. Wright, and Peter H. Stauffer. Washington, DC: USGPO, 1987.

Clayton, Daniel W. *Islands of Truth: The Imperial Fashioning of Vancouver Island.* Vancouver: University of British Columbia Press, 2000.

Cliff, A. D., P. Haggett, and M. R. Smallman-Raynor. *Island Epidemics.* New York: Oxford University Press, 1998.

Coclanis, Peter A. "*Drang Nach Osten*: Bernard Bailyn, the World-Island, and the Idea of Atlantic History." *Journal of World History* 13 (Spring 2002): 169—182.

Colby, Barnard L. *Whaling Captains of New London County, Connecticut: For Oil and Buggy Whips*. Mystic, CT: Mystic Seaport Museum, 1990.

Colley, Linda. *Captives: Britain, Empire, and the World,* 1600－1850. New York: Anchor Books, 2002.

Cook, Sherburne F. "Disease of the Indians of Lower California in the Eighteenth Century." *California and Western Medicine* 43 (December 1935): 432－434.

———. "Extent and Significance of Disease among the Indians of Baja California from 1697 to 1773." *Ibero-Americana* 2 (1937): 2－48.

———. *The Conflict between the California Indians and White Civilization*. Berkeley: University of California Press, 1943.

Cook, Warren L. *Flood Tide of Empire: Spain and the Pacific Northwest,* 1543－1819. New Haven, CT: Yale University Press, 1973.

Cox, Paul Alan. "Polynesian Herbal Medicine." In *Islands, Plants, and Polynesians: An Introduction to Polynesian Ethnobotany*. Edited by Paul Alan Cox and Sandra A. Banack. Portland, OR: Dioscorides Press, 1991.

Creighton, Margaret S. *Rites and Passages: The Experience of American Whaling,* 1830－1870. Cambridge: Cambridge University Press, 1995.

Crewe, Ryan. "Sailing for the 'Chinese Indies': Charting the Asian-Latin American Rim, Conduits, and Barriers of the Early Modern Pacific World." Paper presented at the 18th Annual Conference of the Omohundro Institute of Early American History and Culture, June 16, 2012.

Cronon, William. *Changes in the Land: Indians, Settlers, and the Ecology of New England*. New York: Hill and Wang, 1983.

———. *Nature's Metropolis: Chicago and the Great West*. New York: W. W. Norton, 1991.

Crosby, Alfred W. "The Early History of Syphilis: A Reappraisal." *American Anthropologist* 71 (April 1969): 218－227.

———. *The Columbian Exchange: Biological and Cultural Consequences of* 1492. Westport, CT: Greenwood Publishers, 1972.

Crowell, Aron L., Amy F. Steffian, and Gordon L. Pullar, eds. *Looking Both Ways: Heritage and Identity of the Alutiiq People*. Fairbanks: University of Alaska Press, 2001.

Cumings, Bruce. *Dominion from Sea to Sea: Pacific Ascendency and American Power*. New Haven, CT: Yale University Press, 2009.

Davis, Lance E., Robert E. Gallman, and Karin Gleiter. *In Pursuit of Leviathan: Technology, Institutions, Productivity, and Profits in American Whaling,* 1816－1906. Chicago: University of Chicago Press, 1997.

Davis, William Heath. *Sixty Years in California: A History of Events and Life in*

California. San Francisco: A. J. Leary, 1889.

Delgado, James P. *To California by Sea: A Maritime History of the California Gold Rush*. Columbia: University of South Carolina Press, 1990.

Demos, John. *The Unredeemed Captive: A Family Story from Early America*. New York: Vintage, 1995.

Dening, Greg. *Islands and Beaches: Discourse on the Silent Land: Marquesas, 1774—1880*. Honolulu: University of Hawai'i Press, 1980.

——. "The Hegemony of Laughter: Purea's Theatre." In Pacific *Empires: Essays in Honour of Glyndwr Williams*. Edited by Alan Frost and Jane Samson. Vancouver: University of British Columbia Press, 1999.

——. "History 'in' the Pacific." In *Voyaging through the Contemporary Pacific*. Edited by David Hanlon and Geoffrey M. White. Lanham, MD: Rowman and Littlefield, 2000.

——. "Deep Times, Deep Spaces: Civilizing the Sea." In *Sea Changes: Historicizing the Ocean*. Edited by Bernhard Klein and Gesa Mackenthus. New York: Routledge, 2004.

——. "Encompassing the Sea of Islands." *Common-place* 5 (January 2005).

Denoon, Donald, ed. *The Cambridge History of the Pacific Islanders*. Cambridge: Cambridge University Press, 1997.

Deverell, William, and David Igler. "The Abattoir of the Prairie." *Rethinking History* 4 (Fall 1999): 321—323.

Diaz, Vicente. *Repositioning the Missionary: Rewriting the Histories of Colonialism, Native Catholicism, and Indigeneity in Guam*. Honolulu: University of Hawai'i Press, 2010.

Diaz, Vicente, and J. Kehaulani Kauanui, "Native Pacific Cultural Studies on the Edge." *Contemporary Pacific* 13 (Fall 2001): 315—341.

Diaz-Trechuelo, Maria Lourdes. "Eighteenth Century Philippine Economy: Commerce." In *European Entry into the Pacific: Spain and the Acapulco-Manila Galleons*. Edited by Dennis O. Flynn, Arturo Giraldez, and James Sobredo. Aldershot, UK: Ashgate, 2001.

Dmytryshyn, Basil, E. A. P. Crownhart-Vaughan, and Thomas Vaughan, eds. "Instructions from Aleksandr A. Baranov to His Assistant, Ivan A. Kuskov, Regarding the Dispatch of a Hunting Party to the Coast of Spanish California," October 14, 1808. In *The Russian American Colonies: To Siberia and Russian America, Three Centuries of Russian Eastward Expansion, 1798—1867*. Portland: Oregon Historical Society, 1989.

Dobyns, Henry. *Their Numbers Become Thinned: Native American Population Dynamics in Eastern North America*. Knoxville: University of Tennessee

Press, 1983.

Donald, Leland. *Aboriginal Slavery on the Northwest Coast of North America.* Berkeley: University of California Press, 1997.

Dott, Robert H. "James Dwight Dana's Old Tectonics: Global Contraction under Divine Direction." *American Journal of Science* 297 (March 1997): 283—311.

Douglas, David. "Second Journey to the Northwestern Parts of the Continent of North America during the Years 1829—'30—'31—'32—'33." *Oregon Historical Society Quarterly* 6 (September 1905): 292.

Downs, Jacques M. *The Golden Ghetto: The American Commercial Community in Canton and the Shaping of American China Policy,* 1784—1844. Bethlehem, PA: Lehigh University Press, 1997.

Druett, Joan. *Petticoat Whalers: Whaling Wives at Sea,* 1820 — 1920. Auckland: Collins, 1991.

——. *"She Was a Sister Sailor": The Whaling Journals of Mary Brewster,* 1845—1851. Mystic, CT: Mystic Seaport Museum, 1992.

——. *Hen Frigates: The Wives of Merchant Captains under Sail.* New York: Simon and Schuster, 1998.

——. *Rough Medicine: Surgeons at Sea in the Age of Sail.* New York: Routledge, 2001.

Dulles, Foster Rhea. *The Old China Trade.* Boston: Houghton Mifflin, 1930.

El Molto, J., Bruce M. Rothschild, Robert Woods, and Christine Rothschild. "Unique Aspects of West Coast Treponematosis." *Chungara* 32 (July 2000).

Emmons, G. T. "Native Account of the Meeting Between La Perouse and the Tlingit." *American Anthropologist* 13 (April—June 1911): 294—298.

Engelhardt, Fr. Zephyrin O. F. M. *The Missions and Missionaries of California.* Vol. 1. San Francisco: James H. Barry, 1908.

Engstrand, Iris. *Royal Officer in Baja California,* 1768—1770, *Joaquín Velázquez de Léon.* Los Angeles: Dawson's Book Shop, 1976.

Erlandson, Jon M., Madonna L. Moss, and Matthew Des Lauriers. "Life on the Edge: Early Maritime Cultures of the Pacific Coast of North America." *Quaternary Science Reviews* 27 (2008): 2232—2245.

Erlandson, Jon M., Torben C. Rick, Douglas J. Kennett, and Philip L. Walker. "Dates, Demography, and Disease: Cultural Contacts and Possible Evidence for Old World Epidemics among the Protohistoric Island Chumash." Pacific *Coast Archaeological Society Quarterly* 37 (Summer 2001): 11—26.

Exman, Eugene. *The Brothers Harper: A Unique Publishing Partnership and Its Impact upon the Cultural Life of America from* 1817 *to* 1853. New York: Harper and Row, 1965.

Fabian, Ann. "One Man's Skull: A Tale from the Sea-Slug Trade." *Common-place* 8 (January 2008).

———. *The Skull Collectors: Race, Science, and America's Unburied Dead*. Chicago: University of Chicago Press, 2010.

Fenn, Elizabeth A. *Pox Americana: The Great Smallpox Epidemic of* 1775—1782. New York: Hill and Wang, 2001.

Fichman, Martin. *An Elusive Victorian: The Evolution of Alfred Russel Wallace*. Chicago: University of Chicago Press, 2004.

Fischer, Kirsten. *Suspect Relations: Sex, Race, and Resistance in Colonial North Carolina*. Ithaca, NY: Cornell University Press, 2002.

Fisher, Robin. "Arms and Men on the Northwest Coast, 1774—1825." *BC Studies* 29 (1976): 3—18.

———. *Contact and Conflict: Indian-European Relations in British Columbia*, 1774—1890. Vancouver: University of British Columbia Press, 1977.

Flynn, Dennis O., and Arturo Giraldez. "Spanish Profitability in the Pacific: The Philippines in the Sixteenth and Seventeenth Centuries." In Pacific *Centuries: Pacific and Pacific Rim History since the Sixteenth Century*. Edited by Dennis O. Flynn, Lionel Frost, and A. J. H. Latham. London: Routledge, 1999.

———. "Cycles of Silver: Global Economic Unity through the Mid-Eighteenth Century." *Journal of World History* 13 (Fall 2002): 391—427.

Flynn, Dennis O., Arturo Giraldez, and James Sobredo, eds. *European Entry into the Pacific: Spain and the Acapulco-Manila Galleons*. Aldershot, UK: Ashgate, 2001.

Forster, Honore. "Voyaging through Strange Seas: Four Women Travellers in the Pacific." *National Library of Australia News* (January 2000): 3—6.

Foster, John W. *A Century of American Diplomacy*. Boston: Houghton Mifflin, 1901.

Foulger, G. R., and Don L. Anderson. "The Emperor and Hawaiian Volcanic Chains: How Well Do They Fit the Plume Hypothesis?" www. MantlePlumes. org.

Gamble, Lynn. *The Chumash World at European Contact: Power, Trade, and Feasting Among Complex Hunter-Gatherers*. Berkeley: University of California Press, 2008.

Games, Alison. *Migration and the Origins of the English Atlantic World*. Cambridge, MA: Harvard University Press, 1999.

———. "Atlantic History: Definitions, Challenges, and Opportunities." *American Historical Review* 111 (June 2006): 741—757.

Gibson, James R. *Otter Skins, Boston Ships, and China Goods: The Maritime Fur Trade of the Pacific Northwest*, 1785—1841. Seattle: University of Washington Press, 1992.

Gillispie, Charles Coulston, ed. *Dictionary of Scientific Biography*. Vol. 2. New

York: Charles Scribner's Sons, 1973.

Gilman, Daniel C. *The Life of James Dwight Dana: Scientific Explorer, Mineralogist, Geologist, Zoologist, Professor in Yale University.* New York: Harper and Brothers, 1899.

Goebel, Dorothy Burne. "British Trade to the Spanish Colonies, 1796 — 1823." *American Historical Review* 43 (January 1938): 288—320.

Goetzmann, William. *Exploration and Empire: The Explorer and the Scientist in the Winning of the American West.* New York: Knopf, 1966.

Golway, Hugh. "The Cruise of the Lelia Byrd." *Journal of the West* 8 (July 1969): 396—398.

Gould, Richard A. "Tolowa." In *Handbook of North American Indians.* Vol. 8. Edited by Robert F. Heizer. Washington, DC: Smithsonian Institution, 1978.

Grinëv, Andrei V. "A Brief Survey of the Russian Historiography of Russian America of Recent Years." Translated by Richard L. Bland. *Pacific Historical Review* 79 (May 2010): 265—278.

Grove, Richard. *Green Imperialism: Colonial Expansion, Tropical Island Edens, and the Origins of Environmentalism,* 1600 — 1860. Cambridge: Cambridge University Press, 1995.

Guest, Harriet. *Empire, Barbarism, and Civilisation: Captain Cook, William Hodges, and the Return to the Pacific.* Cambridge: Cambridge University Press, 2007.

Gulliver, Katrina. "Finding the Pacific World." *Journal of World History* 22 (March 2011): 83—100.

Guyot, Arnold. *The Earth and Man: Lectures on Comparative Physical Geography.* London: R. Bentley, 1850.

Hackel, Steven W. "Land, Labor, and Production: The Colonial Economy of Spanish and Mexican California." In *Contested Eden: California Before the Gold Rush.* Edited by Ramón A. Gutiérrez and Richard Orsi. Berkeley: University of California Press, 1998.

——. *Children of Coyote, Missionaries of Saint Francis: Indian-Spanish Relations in Colonial California,* 1769 — 1850. Chapel Hill: University of North Carolina Press, 2005.

——. "Beyond Virgin Soil: Impaired Fertility in the Indian Population of Spanish California." Paper presented at Social Science History Association meeting, Long Beach, 2009.

Hämäläinen, Pekka, and Samuel Truett. "On Borderlands." *Journal of American History* 98 (September 2011): 338—361.

Hanlon, David. *Upon a Stone Altar: A History of the Island of Pohnpei to* 1890.

Honolulu: University of Hawai'i Press, 1988.

Hao, Yen—p'ing. *The Commercial Revolution in Nineteenth—Century China: The Rise of Sino — Western Mercantile Capitalism.* Berkeley: University of California Press, 1986.

Hardee, Jim. "Soft Gold: Animal Skins and the Early Economy of California." In *Studies in Pacific History: Economics, Politics, and Migration.* Edited by Dennis O. Flynn, Arturo Giráldez, and James Sobredo. Aldershop, UK: Ashgate, 2002.

Harris, Cole. "Voices of Disaster: Smallpox around the Strait of Georgia in 1782." *Ethnohistory* 41 (Fall 1994): 591—626.

——. "Social Power and Cultural Change in Pre — Colonial British Columbia." *BC Studies* 115/116 (Autumn/Winter 1997/1998): 73.

Harvey, A. G. "Chief Concomly's Skull." *Oregon Historical Quarterly* 40 (June 1939): 161—167.

——. "Meredith Gairdner: Doctor of Medicine." *British Columbia Historical Quarterly* 9 (April 1945): 89—111.

Hau'ofa, Epeli. "Our Sea of Islands." *Contemporary Pacific* 6 (Spring 1994): 153.

Hawaiian Roots: Genealogy for Hawaiians. "Ships to Hawai'i before 1819." July 2002. http://www.hawaiian—roots.com/shipsB1880.htm.

Hawk, Angela. "Madness, Mining, and Migration in the Pacific World, 1848—1900." PhD dissertation, University of California, Irvine, 2011.

Hayden, Deborah. *Pox: Genius, Madness, and the Mysteries of Syphilis.* New York: Basic Books, 2003.

Henderson, David A. *Men & Whales at Scammon's Lagoon.* Los Angeles: Dawson's Book Shop, 1972.

Hirsch, August. *Handbook of Historical and Geographical Pathology.* 3 vols. London: The New Sydenham Society, 1883 [1864].

Hopkins, Donald R. *The Greatest Killer: Smallpox in History.* Chicago: University of Chicago Press, 2002.

Hough, Richard. *Captain James Cook.* New York: W. W. Norton, 1994.

Howay, F. W. "Early Relations with the Pacific Northwest." In *The Hawaiian Islands.* Edited by Albert P. Taylor. Ann Arbor: University of Michigan Press, 2005 [1930].

——. "The Brig Owyhee in the Columbia, 1829 — 1830." *Oregon Historical Society Quarterly* 35 (March 1934): 10—21.

——. *Voyages of the "Columbia" to the Northwest Coast, 1787 — 1790 and 1790 — 1793.* New York: Da Capo Press, 1969.

——. *A List of Trading Vessels in the Maritime Fur Trade, 1785—1825.* Kingston, ON: Limestone Press, 1973.

Howe, K. R. "The Fate of the 'Savage' in Pacific Historiography." *New Zealand Journal of History* 11 (1977): 137—154.

——. *The Loyalty Islands: A History of Culture Contact,* 1840—1900. Honolulu: University of Hawai'i Press, 1977.

Hurtado, Albert L. *Intimate Frontiers: Sex, Gender, and Culture in Old California.* Albuquerque: University of New Mexico Press, 1999.

Igler, David. "Diseased Goods: Global Exchanges in the Eastern Pacific Basin, 1770—1850." *American Historical Review* 109 (June 2004): 692—719.

Inskeep, Edward. "San Blas, Nayarit: An Historical and Geographic Study." *Journal of the West* 2 (1963): 133—144.

Irwin, Geoffrey. *The Prehistoric Exploration and Colonisation of the Pacific.* Cambridge: Cambridge University Press, 1992.

Jackson, Robert H. "Epidemic Disease and Population Decline in the Baja California Missions." *Southern California Quarterly* 63 (Winter 1982): 308—346.

Jansen, Marius B. *The Making of Modern Japan.* Cambridge, MA: Harvard University Press, 2002.

Jenks, Karen. "The Pacific Mail Steamship Company, 1830—1860." PhD dissertation, University of California, Irvine, 2012.

Jones, David S. "Virgin Soils Revisited." *William and Mary Quarterly* 60 (October 2003): 703—742.

Jones, Mary Lou, Steven L. Swartz, and Stephen Leatherwood, eds. *The Gray Whale: Eschrichtius robustus.* Orlando, FL: Academic Press, 1984.

Jones, Ryan Tucker. "Sea Otters and Savages in the Russian Empire: The Billings Expedition, 1785—1793." *Journal of Maritime Research* (December 2006): 106—121. www.jmr.nmm.ac.uk/server/show/ConJmrArticle.217. Accessed April 28, 2010.

——. "Empire of Extinction: Nature and Natural History in the Russian North Pacific, 1739—1799." PhD dissertation, Columbia University, 2008.

——. "A 'Havoc Made among Them': Animals, Empire, and Extinction in the Russian North Pacific, 1741—1810." *Environmental History* 16 (September 2011): 585—609.

Joyce, Barry Alan. *The Shaping of American Ethnography: The Wilkes Exploring Expedition,* 1838—1842. Lincoln: University of Nebraska Press, 2001.

Judd, Bernice. *Voyages to Hawai'i before* 1860. Honolulu: University of Hawai'i Press, 1974.

Kaholokula, Joseph Keawe'aimoku. "Colonialism, Acculturation, and Depression among Kānaka Maoli of Hawai'i." In *Penina uliuli: Contemporary Challenges in Mental Health for Pacific Peoples.* Edited by Philip Culbertson and Margaret Nelson

Agee. Honolulu: University of Hawai'i Press, 2007.

Kamakau, Samuel M. *Ka Po'e Kahiko: The People of Old*. Honolulu: University of Hawai'i Press, 1964.

Kame'eleihiwa, Lilikalā. *Native Land and Foreign Desires: Pehea Lā E Pono Ai? How Shall We Live in Harmony?* Honolulu: Bishop Museum Press, 1992.

Kashay, Jennifer Fish. "Competing Imperialisms and Hawaiian Authority: The Cannonading of Lāhainā in 1827." Pacific *Historical Review* 77 (August 2008): 369 －390.

Kauanui, J. K e-haulani. *Hawaiian Blood: Colonialism and the Politics of Sovereignty and Indigeneity*. Durham, NC: Duke University Press, 2008.

Kearey, Philip, and Frederck J. Vine. *Global Tectonics*. Oxford: Blackwell Scientific Publications, 1990.

Keay, John. *The Honourable Company: A History of the English East India Company*. New York: Macmillan, 1994.

Kelley, Robin D. G. "How the West Was One: The African Diaspora and the Re-Mapping of U. S. History." In *Rethinking American History in a Global Age*. Edited by Thomas Bender. Berkeley: University of California Press, 2002.

Kenyon, Karl W. *The Sea Otter in the Eastern Pacific Ocean*. Washington, DC: US Bureau of Sport Fisheries and Wildlife, 1969.

Kirch, Patrick. *Feathered Gods and Fishhooks: An Introduction to Hawaiian Archaeology and Prehistory*. Honolulu: University of Hawai'i Press, 1985.

——. *On the Road of the Winds: An Archaeological History of the Pacific Islands*. Berkeley: University of California Press, 2000.

——. "Paleodemography in Kahikinui, Maui: An Archaeological Approach." In *Growth and Collapse of Pacific Island Societies: Archaeological and Demographic Perspectives*. Edited by Patrick V. Kirch and Jean-Louis Rallu. Honolulu: University of Hawai'i Press, 2007.

——. *How Chiefs Became Kings: Divine Kingship and the Rise of Archaic States in Ancient Hawai'i*. Berkeley: University of California Press, 2010.

——. *A Shark Going Inland Is My Chief: The Island Civilization of Ancient Hawai'i*. Berkeley: University of California Press, 2012.

Kirch, Patrick, and Roger Green. *Hawaiki, Ancestral Polynesia: An Essay in Historical Anthropology*. Cambridge: Cambridge University Press, 2001.

Kirch, Patrick V. , and Jean-Louis Rallu, eds. *The Growth and Collapse of Pacific Island Societies: Archaeological and Demographic Perspectives*. Honolulu: University of Hawai'i Press, 2007.

Knowlton, Edgar C. Jr. "Paul-Emile Bott, a Visitor to Hawai'i in 1828." *Hawaiian Journal of History* 18 (1984): 13－38.

Korn, Alfons L. "Shadows of Destiny: A French Navigator's View of the Hawaiian Kingdom and Its Government in 1828." *Hawaiian Journal of History* 17 (1983): 1–39.

Korn, Alfons L., and Mary Kawena Pukui. "News from Molokai: The Letters of Peter Young Kaeo (Kekuakalani) to Queen Emma, 1873 – 1876." *Pacific Historical Review* 32 (February 1963): 20–23.

Kratz, Henry. "Introduction." In *A Voyage Around the World with the Romanzov Expedition in the Years 1815 – 1818*. By Adelbert von Chamisso. Honolulu: University of Hawai'i Press, 1986.

Kroeber, Alfred L. *Yurok Myths*. Berkeley: University of California Press, 1976.

Kupperman, Karen Ordahl. "International at the Creation: Early Modern American History." In *Rethinking American History in a Global Age*. Edited by Thomas Bender. Berkeley: University of California Press, 2002.

Kushner, Howard. "Hellships: Yankee Whaling along the Coast of Russian-America, 1835–1852." *New England Quarterly* 45 (March 1972): 81–95.

Ladurie, Emmanuel Le Roy. *The Mind and Method of the Historian*. Translated by Sian Reynolds and Ben Reynolds. Chicago: University of Chicago Press, 1981.

Laughlin, William S. *Aleuts: Survivors of the Bering Land Bridge*. New York: Holt, Rinehart, and Winston, 1980.

Layton, Thomas N. *The Voyage of the "Frolic": New England Merchants and the Opium Trade*. Stanford, CA: Stanford University Press, 1997.

Leach, Jerry W., and Edmund Ronald Leach. *The Kula: New Perspectives on Massim Exchange*. Cambridge: Cambridge University Press, 1983.

Leland, Donald. *Aboriginal Slavery on the Northwest Coast of North America*. Berkeley: University of California Press, 1997.

Liebersohn, Harry. *The Travelers' World: Europe to the Pacific*. Cambridge, MA: Harvard University Press, 2006.

Leonhart, Joye. "Charles Wilkes: A Biography." In *Magnificent Voyagers: The U.S. Exploring Expedition, 1838 – 1842*. Edited by Herman J. Viola and Carolyn Margolis. Washington, DC: Smithsonian Institution Press, 1985.

Lightfoot, Kent G. *Indians, Missionaries, and Merchants: The Legacy of Colonial Encounters on the California Frontiers*. Berkeley: University of California Press, 2006.

Lightfoot, Kent, and Otis Parrish. *California Indians and Their Environments: An Introduction*. Berkeley: University of California Press, 2009.

Lightfoot, Kent G., and William S. Simmons. "Culture Contact in Protohistoric California: Social Contexts of Native and European Encounters." *Journal of California and Great Basin Anthropology* 20 (1998): 138–169.

Linnekin, Jocelyn. *Sacred Queens and Women of Consequence: Rank, Gender, and Colonialism in the Hawaiian Islands.* Ann Arbor: University of Michigan Press, 1990.

——. "Contending Approaches." In *The Cambridge History of Pacific Islanders.* Edited by Donald Denoon. Cambridge: Cambridge University Press, 1997.

Liu, David M. K. I. "Eao luau a hualima: Writing and Rewriting the Body and the Nation." *Californian Journal of Health Promotion* (December 2005): 73—75.

Livingstone, Frank B. "On the Origins of Syphilis: An Alternative Approach." *Current Anthropology* 32 (December 1991): 587—590.

Luomala, Katherine. *Voices on the Wind: Polynesian Myths and Chants.* Honolulu: Bishop Museum Press, 1986.

Mackay, David. *In the Wake of Cook: Exploration, Science and Empire.* London: Croom Helm, 1985

MacLeod, William Christie. "Economic Aspects of Indigenous American Slavery." *American Anthropologist* 30 (October 1928): 632—650.

MacLeod, Roy, and Philip F. Rehbock, eds. *Darwin's Laboratory: Evolutionary Theory and Natural History in the Pacific.* Honolulu: University of Hawai'i Press, 1994.

Mageo, Jeanette Marie. *Theorizing Self in Samoa: Emotions, Genders, and Sexualities.* Ann Arbor: University of Michigan Press, 1998.

Malinowski, Bronislaw. *Argonauts of the Western Pacific: An Account of Native Enterprise and Adventure in the Archipelagoes of Melanesian New Guinea.* New York: Dutton, 1922.

Malo, David. "On the Decrease of Population on the Hawaiian Islands." *Hawaiian Spectator* 2 (April 1839): 127—131.

Mancall, Peter, ed. *The Atlantic World and Virginia.* Chapel Hill: University of North Carolina Press, 2007.

——. *Fatal Journey: The Final Expedition of Henry Hudson-A Tale of Mutiny and Murder in the Arctic.* New York: Basic Books, 2009.

Mapp, Paul W. *The Elusive West and the Contest for Empire, 1713—1763.* Chapel Hill: University of North Carolina Press, 2011.

Marks, Robert. *Tigers, Rice, Silk, and Silt: Environment and Economy in Late Imperial South China.* Cambridge: Cambridge University Press, 1998.

——. "Maritime Trade and the Agro-Ecology of South China, 1685—1850." In Pacific *Centuries: Pacific Rim Economic History since the Sixteenth Century.* Edited by Dennis O. Flynn, A. J. H. Latham, and Lionel Frost. London: Routledge, 1999.

Marshall, Leslie B. "Disease Ecologies of Australia and Oceania." In *The Cambridge World History of Human Disease.* Edited by K. F. Kiple. Cambridge: Cambridge

University Press, 1993.

Marshall, Yvonne. "A Political History of the Nuu-chah-nulth: A Case Study of the Mowachaht and Muchalaht Tribes." PhD dissertation, Simon Fraser University, 1993.

Mathew, W. M. "The Imperialism of Free Trade: Peru, 1820 — 1870." *Economic History Review* 21 (December 1968): 562—579.

———. "Peru and the British Guano Market, 1840—1870." *Economic History Review* 23 (April 1970): 112—128.

Matsuda, Matt K. "AHR Forum: The Pacific." *American Historical Review* 111 (June 2006): 758—780.

———. Pacific *Worlds: A History of Seas, Peoples, and Cultures.* Cambridge: Cambridge University Press, 2012.

McArthur, Norma. *Island Populations of the Pacific.* Canberra: Australian National University Press, 1967.

McCall, Lynne, and Rosalind Perry, eds. *California's Chumash Indians: A Project of the Santa Barbara Museum of Natural History Education Center.* Santa Barbara: John Daniel, 1986.

McDougall, Walter A. *Let the Sea Make a Noise: A History of the North Pacific from Magellan to MacArthur.* New York: Basic Books, 1993.

Meleisea, Malama, and Penelope Schoeffel. "Discovering Outsiders." In *The Cambridge History of the Pacific Islanders.* Edited by Donald Denoon. Cambridge: Cambridge University Press, 1997.

Meyer, C., et al. "Syphilis 2001: A Palaeopathological Reappraisal." *HOMO* 53 (2002): 39—58.

Miles, John. *Infectious Diseases: Colonising the Pacific?* Dunedin, NZ: University of Otago Press, 1997.

Miller, David P., and Peter H. Reill, eds. *Visions of Empire: Voyages, Botany, and Representations of Nature.* Cambridge: Cambridge University Press, 1996.

Miller, Gwenn A. *Kodiak Kreol: Communities of Empire in Early Russian America.* Ithaca, NY: Cornell University Press, 2010.

Mills, William J. *Exploring Polar Frontiers: A Historical Encyclopedia.* Vol. 1. Santa Barbara, CA: ABC-CLIO, 2003.

Moorehead, Alan. *The Fatal Impact: An Account of the Invasion of the South Pacific.* New York: Harper and Row, 1966.

Morgan, Theodore. *Hawai'i: A Century of Economic Change, 1778 — 1876.* Cambridge, MA: Harvard University Press, 1948.

Namias, June. *White Captives: Gender and Ethnicity on the American Frontier.* Chapel Hill: University of North Carolina Press, 1995.

Nash, Linda. *Inescapable Ecologies: A History of Environment, Disease, and Knowledge.* Berkeley: University of California Press, 2006.

Natland, James H. "James Dwight Dana and the Beginnings of Planetary Volcanology." *American Journal of Science* 297 (March 1997): 317—319.

Newell, Jennifer. *Trading Nature: Tahitians, Europeans, and Ecological Exchange.* Honolulu: University of Hawai'i Press, 2010.

Newson, Linda A. "A Historical — Ecological Perspective on Epidemic Disease." In *Advances in Historical Ecology.* Edited by William Balee. New York: Columbia University Press, 1998.

——. "Conquest, Pestilence, and Demographic Collapse in the Early Spanish Philippines." *Journal of Historical Geography* 32 (January 2006): 3—20.

Ogden, Adele. *The California Sea Otter Trade, 1784—1848.* Berkeley: University of California Press, 1941.

Okihiro, Gary. *Island World: A History of Hawai'i and the United States.* Berkeley: University of California Press, 2008.

Owens, Kenneth. *The Wreck of the* Sv. Nikolai. Lincoln: University of Nebraska Press, 2001.

——. "Frontiersman for the Tsar: Timofei Tarakanov and the Expansion of Russian America." *Montana* 56 (Autumn 2006): 3—21.

Pearson, Michael N. "Littoral Society: The Concept and the Problems." *Journal of World History* 17 (December 2006): 353—373.

Pettitt, George A. *The Quileute of La Push, 1775 — 1945.* Berkeley: University of California Press, 1950.

Pierce, Richard A. *Russia's Hawaiian Adventure, 1815 — 1818.* Berkeley: University of California Press, 1965.

——. *Russian America: A Biographical Dictionary.* Kingston, ON: Limestone Press, 1990.

Phelps, William Dane. "Solid Men of Boston in the Northwest." In *Fur Traders from New England: The Boston Men in the North Pacific, 1787—1800.* Edited by Briton C. Busch and Barry M. Gough. Spokane, WA: Arthur H. Clark, 1997.

Philbrick, Nathaniel. *Sea of Glory: America's Voyage of Discovery, The U. S. Exploring Expedition, 1838—1842.* New York: Viking, 2003.

Philips, C. H. *The East India Company, 1784—1834.* Manchester, UK: Manchester University Press, 1940.

Pomeranz, Kenneth. *The Great Divergence: China, Europe, and the Making of the Modern World Economy.* Princeton, NJ: Princeton University Press, 2000.

Pomeranz, Kenneth, and Steven Topik. *The World That Trade Created: Society, Culture, and the World Economy, 1400 to the Present.* Armonk, NY: M. E.

Sharpe, 1999.

Pourade, Richard F. *Time of the Bells*. San Diego: Union-Tribune Publishing, 1961.

Powell, Mary Lucas, and Della Collins Cook, eds. *The Myth of Syphilis: The Natural History of Treponematosis in North America*. Gainesville: University of Florida Press, 2005.

Prendergast, M. L. "James Dwight Dana: Problems in American Geology." PhD dissertation, University of California, Los Angeles, 1978.

Preston, William. "Portents of Plague from California's Protohistoric Period." *Ethnohistory* 49 (Winter 2002): 69-121.

Pubols, Louise. *The Father of All: The de la Guerra Family, Power, and Patriarchy in Mexican California*. Berkeley: University of California Press, 2009.

Pukui, Mary Kawena, ed. *'Ōlelo No'eau: Hawaiian Proverbs and Poetical Sayings*. Honolulu: Bishop Museum Press, 1983.

Pyne, Stephen J. *How the Canyon Became Grand: A Short History*. New York: Viking, 1998.

Quammen, David. *The Song of the Dodo: Island Biogeography in an Age of Extinctions*. New York: Simon and Schuster, 1996.

Quétel, Claude. *The History of Syphilis*. Translated by Judith Braddock and Brian Pike. Baltimore: Johns Hopkins University Press, 1992.

Quinn, David B., ed. "The Voyage of Juan Rodriquez Cabrillo up the Pacific Coast." In *New American World: A Documentary History of North America to 1612*. New York: Arno Press, 1979.

Radcliffe, Ann Ward. *The Mysteries of Udolpho*. London: G. G. and J. Robinson, 1794.

Rallu, Jean-Louis. "Pre-and Post-Contact Population in Island Polynesia." In *Growth and Collapse of Pacific Island Societies: Archaeological and Demographic Perspectives*. Edited by Patrick V. Kirch and Jean-Louis Rallu. Honolulu: University of Hawai'i Press, 2007.

Ralston, Caroline. "Polyandry, 'Pollution', 'Prostitution': The Problems of Eurocentrism and Androcentrism in Polynesian Studies." In *Crossing Boundaries: Feminisms and the Critique of Knowledges*. Edited by Barbara Caine, E. A. Grosz, and Marie de Lepervanche. Sydney: Allen and Unwin, 1988.

———. "Changes in the Lives of Ordinary Women in Early Post-Contact Hawai'i." In *Family and Gender in the Pacific: Domestic Contradictions and the Colonial Impact*. Edited by Margaret Jolly and Martha Macintyre. Cambridge: Cambridge University Press, 1989.

Ramenofsky, Ann F. *Vectors of Death: The Archaeology of European Contact*. Albuquerque: University of New Mexico Press, 1987.

Ravalli, Richard. "Soft Gold and the Pacific Frontier: Geopolitics and Environment in the Sea Otter Trade." PhD dissertation, University of California, Merced, 2009.

Ray, Arthur. *Indians and the Fur Trade: Their Role as Trappers, Hunters, and Middlemen in the Lands Southwest of Hudson Bay.* Toronto: University of Toronto Press, 1974.

Reid, Joshua Leonard. "'The Sea Is My Country': The Maritime World of the Makah: An Indigenous Borderlands People." PhD dissertation, University of California, Davis, 2009.

Reidman, M. L., and J. A. Estes. *The Sea Otter* (Enhydra lutris): *Behavior, Ecology, and Natural History.* Washington, DC: Fish and Wildlife Service, 1990.

Remini, Robert V. *Daniel Webster: The Man and His Time.* New York: W. W. Norton, 1997.

Richards, John F. *The Unending Frontier: An Environmental History of the Early Modern World.* Berkeley: University of California Press, 2003.

Richards, Rhys. "United States Trade with China, 1784—1814." *American Neptune* 54 (1994): 5—76.

——. *Honolulu: Centre of Trans-Pacific Trade: Shipping Arrivals and Departures, 1820—1840.* Honolulu: Hawaiian Historical Society, 2000.

Ridley, Scott. *Morning of Fire: John Kendrick's Daring American Odyssey in the Pacific.* New York: William Morrow, 2010.

Rozwadowski, Helen M. *Fathoming the Ocean: The Discovery and Exploration of the Deep Sea.* Cambridge, MA: Harvard University Press, 2005.

——. "Ocean's Depths." *Environmental History* 15 (July 2010): 520—525.

Ruby, Robert H., and John A. Brown. *Indian Slavery in the Pacific Northwest.* Spokane, WA: Arthur H. Clark Company, 1993.

Rudwick, Martin J. S. *Bursting the Limits of Time: The Reconstruction of Geohistory in the Age of Revolution.* Chicago: University of Chicago Press, 2005.

——. *Worlds Before Adam: The Reconstruction of Geohistory in the Age of Reform.* Chicago: University of Chicago Press, 2008.

Rupke, Nicolaas A. "Humboldtian Medicine." *Medical History* 40 (July 1996): 293—310.

Ryan, Mary. *Cradle of the Middle Class: The Family in Oneida County, New York, 1790—1865.* Cambridge: Cambridge University Press, 1981.

Ryskamp, Charles. *Boswell: The Ominous Years.* New York: McGraw-Hill, 1963.

Sachs, Aaron. *The Humboldt Current: Nineteenth-Century Exploration and the Roots of American Environmentalism.* New York: Viking, 2006.

Sahlins, Marshall. *Islands of History.* Chicago, University of Chicago Press, 1985.

——. "Cosmologies of Capitalism: The Trans-Pacific Sector of 'The World System.'"

In *Culture/ Power/History: A Reader in Contemporary Social Theory*. Edited by Nicholas B. Dirks, Geoff Eley, and Sherry B. Ortner. Princeton, NJ: Princeton University Press, 1994.

Salesa, Toelesulusulu Damon. "'The Power of the Physician': Doctors and the 'Dying Maori' in Early Colonial New Zealand." *Health and History* 3 (2001): 13—40.

———. *Racial Crossings: Race, Intermarriage, and the Victorian British Empire*. New York: Oxford University Press, 2011.

Salmond, Anne. *Two Worlds: First Meetings Between Maori and Europeans, 1642—1772*. Honolulu: University of Hawai'i Press, 1991.

———. "Kidnapped: Tuki and Huri's Involuntary Visit to Norfolk Island in 1793." In *From Maps to Metaphors: The Pacific World of George Vancouver*. Edited by Robin Fisher and Hugh Johnston. Vancouver: University of British Columbia Press, 1993.

———. *The Trial of the Cannibal Dog: The Remarkable Story of Captain Cook's Encounters in the South Seas*. New Haven, CT: Yale University Press, 2003.

Sandos, James. *Converting California: Indians and Franciscans in the Missions*. New Haven, CT: Yale University Press, 2004.

Sarafian, Winston L. "Smallpox Strikes the Aleuts." *Alaska Journal* 7 (Winter 1977): 46—49.

Schiebinger, Londa. *Plants and Empire: Colonial Bioprospecting in the Atlantic World*. Cambridge, MA: Harvard University Press, 2004.

Schmitt, Robert C. "The Okuu-Hawai'i's Greatest Epidemic." *Hawai'i Medical Journal* 29 (May—June 1970): 359—364.

———. *The Missionary Censuses of Hawai'i*. Honolulu: Bishop Museum, 1973.

Schmitt, Robert C., and Nordyke, Eleanor C. "Death in Hawai'i: The Epidemics of 1848—49." *Hawaiian Journal of History* 35 (Winter 2001): 1—13.

Shankman, Paul. "The History of Samoan Sexual Conduct and the Mead—Freeman Controversy." *American Anthropologist* 98 (September 1996): 555—567.

Sivasundaram, Sujit. *Nature and the Godly Empire: Science and Evangelical Mission in the Pacific, 1795—1850*. Cambridge: Cambridge University Press, 2005.

Slezkine, Yuri. *Arctic Mirrors: Russia and the Small Peoples of the North*. Ithaca, NY: Cornell University Press, 1994.

Smith, Henry Nash. *Virgin Land: The American West as Symbol and Myth*. Cambridge, MA: Harvard University Press, 1950.

Smith, Michael L. *Pacific Visions: California Scientists and the Environment, 1850—1915*. New Haven, CT: Yale University Press, 1990.

Smith, Terrence Wesley, and Edgar A. Porter, eds. *China in Oceania: Reshaping the Future?* New York: Berghahn Books, 2010.

Spate, O. H. K. *Monopolists and Freebooters*. Minneapolis: University of Minnesota

Press, 1983.

Stann, E. Jeffrey. "Charles Whiles as Diplomat." In *Magnificent Voyagers: The U. S. Exploring Expedition,* 1838 — 1842. Edited by Herman J. Viola and Carolyn Margolis. Washington, DC: Smithsonian Institution Press, 1985.

Stannard, David E. *Before the Horror: The Population of Hawai'i on the Eve of Western Contact.* Honolulu: University of Hawai'i Press, 1989.

——. "Disease and Infertility: A New Look at the Demographic Collapse of Native Populations in the Wake of Western Contact." *Journal of American Studies* 24 (December 1990): 325—350.

——. "Disease, Human Migration, and History." In *The Cambridge World History of Human Disease.* Edited by K. F. Kiple. Cambridge: Cambridge University Press, 1993.

Stanton, William. *The Great United States Exploring Expedition.* Berkeley: University of California Press, 1975.

Stenn, Frederick. "Paul Emile Bott a-Assyriologist, Physician." *Journal of the American Medical Association* 174 (November 1969): 1651—1652.

Stewart, T. D. "The Skull of Vendovi: A Contribution of the Wilkes Expedition to the Physical Anthropology of Fiji." *Archaeology and Physical Anthropology in Oceania* 13 (1978): 204—214.

Stoddart, David R. "'This Coral Episode': Darwin, Dana, and the Coral Reefs of the Pacific." In *Darwin's Laboratory: Evolutionary Theory and Natural History in the Pacific.* Edited by Roy MacLeod and Philip F. Rehbock. Honolulu: University of Hawai'i Press, 1994.

Stoler, Ann Laura. *Race and the Education of Desire: Foucault's History of Sexuality and the Colonial Order of Things.* Durham: University of North Carolina Press, 1995.

——. "Preface to the 2010 Edition: Zones of the Intimate in Imperial Formation." In *Carnal Knowledge and Imperial Power: Race and the Intimate in Colonial Rule.* Berkeley: University of California Press, 2010.

Sturgis, William. "The Northwest Fur Trade." *Hunt's Merchants' Magazine* 14 (1846): 534. Reprinted in *Fur Traders from New England: The Boston Men in the North Pacific,* 1787—1800. Edited by Briton C. Busch and Barry Gough. Spokane, WA: Arthur C. Clark Company, 1996.

Swanton, John R. "Big — Tail." In *Haida Texts and Myths.* Washington, DC: Smithsonian Institution, Bureau of American Ethnology, 1905.

Thomas, Nicholas. *Cook: The Extraordinary Voyages of Captain James Cook.* New York: Walker, 2003.

Thrush, Coll. *Native Seattle: Histories from the Crossing-Over Place.* Seattle:

University of Washington Press, 2007.

Tonnessen, J. N. , and A. O. Johnsen. *A History of Modern Whaling*. Translated by R. I. Christophersen. Berkeley: University of California Press, 1982.

Valle, Rosemary Keupper. "Prevention of Smallpox in Alta California during the Franciscan Mission Period (1769—1833)." *California Medicine* 119 (July 1973): 73 —77.

Van Dyke, Paul A. *The Canton Trade: Life and Enterprise on the China Coast*, 1700 —1845. Hong Kong: Hong Kong University Press, 2005.

Vaughan, Thomas. *Soft Gold: The Fur Trade & Cultural Exchange on the Northwest Coast of America*. Portland: Oregon Historical Society, 1982.

Vinkovetsky, Ilya. "The Russian-American Company as a Colonial Contractor for the Russian Empire." In *Imperial Rule*. Edited by Alexei Miller and Alfred J. Rieber. Budapest: Central European University Press, 2004.

——. *Russian America: An Overseas Colony of a Continental Empire*, 1804—1867. New York: Oxford University Press, 2011.

Viola, Herman J. , and Carolyn Margolis, eds. , *Magnificent Voyagers: The U. S. Exploring Expedition*, 1838 — 1842. Washington, DC: Smithsonian Institution Press, 1985.

Walker, Phillip L. , Patricia M. Lambert, Michael Schultz, and Jon M. Erlandson. "The Evolution of Treponemal Disease in the Santa Barbara Channel Area of Southern California." In *The Myth of Syphilis: The Natural History of Treponematosis in North America*. Edited by Mary Lucas Powell and Della Collins Cook. Gainesville: University of Florida Press, 2005.

Walker, Richard. "California's Golden Road to Riches: Natural Resources and Regional Capitalism, 1848—1940." *Annals of the Association of American Geographers* 91 (March 2001): 167—199.

Walsh, Julianne M. "Imagining the Marshalls: Chiefs, Tradition, and the State on the Fringes of United States Empire." PhD dissertation, University of Hawai'i, 2003.

Ward, R. Gerald. "The Pacific *Bêche-de-mer* Trade with Special Reference to Fiji." In *Man in the Pacific Islands: Essays on Geographical Change in the Pacific Islands*. Oxford: Clarendon Press, 1972.

Waterman, T. T. *Yurok Geography*. Berkeley: University of California Press, 1920.

Watt, Sir James. "Medical Aspects and Consequences of Cook's Voyages." In *Captain James Cook and His Times*. Edited by Robin Fisher and Hugh Johnston. Seattle: University of Washington Press, 1979.

Watt s, S. J. *Epidemics and History: Disease, Power, and Imperialism*. New Haven, CT: Yale University Press, 1997.

Weber, David. *The Mexican Frontier, 1821—1846: The American Southwest Under*

Mexico. Albuquerque: University of New Mexico Press, 1982.

Weisler, Marshall I., and Patrick V. Kirch. "Interisland and Interarchipelago Transfer of Stone Tools in Prehistoric Polynesia." *Proceedings of the National Academy of Science* 93 (February 1996): 1381—1385.

Whaley, Gray H. *Oregon and the Collapse of the Illahee: U. S. Empire and the Transformation of an Indigenous World*, 1792—1859. Chapel Hill: University of North Carolina Press, 2010.

White, Richard. "The Nationalization of Nature." *Journal of American History* 86 (December 1999): 976—986.

Wilcove, David S. *No Way Home: The Decline of the World's Great Animal Migrations*. Washington, DC: Island Press, 2008.

Williams, Glyn. *Voyages of Delusion: The Quest for the Northwest Passage*. New Haven, CT: Yale University Press, 2002.

Wilson, J. Tuzo. "A Possible Origin of the Hawaiian Islands." *Canadian Journal of Physics* 41 (1963): 863—870.

Worster, Donald. *Nature's Economy: A History of Ecological Ideas*. New York: Cambridge University Press, 1994.

——. *A River Running West: The Life of John Wesley Powell*. New York: Oxford University Press, 2001.

Zappia, Nataly. "The Interior World: Trading and Raiding in Native California." PhD dissertation, University of California, Santa Cruz, 2008.

Zilberstein, Anya. "Objects of Distant Exchange: The Northwest Coast, Early America, and the Global Imagination." *William and Mary Quarterly* 64 (July 2007): 589—618.

译后记

本书是根据牛津大学出版社 2013 年出版的 *The Great Ocean: Pacific Worlds from Captain Cook to the Gold Rush* 翻译的,作者为 David Igler,美国加州大学尔湾分校历史系教授、系主任,美国历史学会太平洋海岸分会主席,主要从事美国西部和环境史研究,尤其对 18 世纪 70 年代至 19 世纪 50 年代太平洋的环境变迁、贸易和文化发展情有独钟。

本书所探讨的时间段——从库克船长第一次远航太平洋的 1768 年到加利福尼亚淘金热开始的 1848 年,恰好是太平洋在贸易、人口、文化等方面发生转型的 80 年,前者开启了人类开发利用太平洋航运的新契机,太平洋的资源、港口、劳动力和贸易网逐渐进入人们的视线;后者引发了来自亚洲、欧洲、拉丁美洲、太平洋诸岛的人口大量流入加利福尼亚,太平洋全面融入了全球经济贸易体系。

作者戴维·伊格莱尔在撰写本书时运用了数百次珍贵的航海资料,包括 18 世纪 70 年代至 19 世纪 50 年代航行太平洋的亲历者记录下来的日记、航海日志、书信等,为我们观察、了解这些太平洋航行所带来的商业、生态、文化、科学上的发展巨变与知识交锋提供了一扇窗口。

海洋航行为本书提供了结构和叙事上的框架。书中的每一章都以一艘或几艘在历史上留下痕迹的航船开篇，以专题的形式展开，有效地运用个人故事来讲述太平洋上的航行、贸易、疾病、人质、捕猎、科考、地质裂变等。每一艘船都既装载着追求财富的贸易货物，也承载着各色人等的人生故事。如"老虎号"船长的妻子玛丽·布鲁斯特作为鲸鱼被大量捕杀的见证者，绘声绘色地描述了她在下加利福尼亚的亲眼所见：捕鲸船队如何攻击灰鲸设在隐蔽处的繁殖地，而鲸鱼群又如何进行绝地反击。科学家、博物学家阿德尔贝特·冯·沙米索和土著人卡杜之间的友情、英国医生梅雷迪斯·盖尔德纳为满足自己的科学野心而对印第安人的盗墓行为，则体现了科考工作中温情与残酷的交织。

在本书作者戴维·伊格莱尔教授的研究中，太平洋是一个大洋，不仅空间宽广巨大，而且内涵复杂多样，同时还具有很大的包容性，蕴藏着无限的机遇。从这些意义上看，太平洋这个大洋又怎一个"大"字了得。240 年前，美国商船"中国皇后号"跨越太平洋来中国寻求开展贸易；在 18 世纪和 19 世纪，广州都是太平洋区域最重要、最繁荣的商业港口之一。进入 21 世纪，太平洋依旧是伊格莱尔教授笔下那个浩瀚无垠的大洋，它的一边是中国，另一边是美国。太平洋很大，不仅容纳得下中美两国，甚至能容纳全世界。无论是在大洋的此岸，还是在大洋的彼岸，人们都期待太平洋带来太平与和平，带来合作与发展。

在翻译过程中，向伊格莱尔教授请教有关字句的理解，他都热情地给予细致的解释。根据出版社的要求，译者请他为本书撰写中文版序，他慨然应允，并在很短的时间完成。对此，谨向伊格莱尔教授表示衷心的感谢。莫莹萍女士联系我们翻译此书，在编辑过程中明察秋毫，并就个别语句的翻译认真与我们沟通，感谢她的信任和在编辑工作中所体现的敬业精神和专业素养。

本书囊括了海洋经济、生态环境、流行病学、博物学、地质、人种、土著居民及其社会文化等方方面面的知识和信息，引经据典而又不失扣人心弦，是一部可读性强且打动人的书。

姜智芹

2023 年 6 月于济南千佛山下